经济管理领域

定量研究方法及应用

孙旭东　张　博　高俊莲／著

知识产权出版社

全国百佳图书出版单位

—北京—

图书在版编目（CIP）数据

经济管理领域定量研究方法及应用／孙旭东，张博，高俊莲著. —北京：知识产权出版社，2024.4

ISBN 978-7-5130-8733-9

Ⅰ．①经… Ⅱ．①孙… ②张… ③高… Ⅲ．①经济管理–定量分析–研究方法 Ⅳ．①F2-3

中国国家版本馆 CIP 数据核字（2023）第 065617 号

责任编辑：张　珑　　　　　　　　责任印制：孙婷婷

经济管理领域定量研究方法及应用

JINGJI GUANLI LINGYU DINGLIANG YANJIU FANGFA JI YINGYONG

孙旭东　张　博　高俊莲　著

出版发行：**知识产权出版社** 有限责任公司	网　　址：http://www.ipph.cn
电　　话：010 - 82004826	http://www.laichushu.com
社　　址：北京市海淀区气象路 50 号院	邮　　编：100081
责编电话：010 - 82000860 转 8574	责编邮箱：laichushu@cnipr.com
发行电话：010 - 82000860 转 8101	发行传真：010 - 82000893
印　　刷：北京中献拓方科技发展有限公司	经　　销：新华书店、各大网上书店及相关专业书店
开　　本：720mm×1000mm　1/16	印　　张：24.25
版　　次：2024 年 4 月第 1 版	印　　次：2024 年 4 月第 1 次印刷
字　　数：506 千字	定　　价：128.00 元

ISBN 978-7-5130-8733-9

前　言

经济管理领域研究范式正在演变，科学决策不断向数据化、定量化发展，掌握和应用定量研究方法成为开展经济管理领域相关研究的基本要求，通过定量研究方法构建数学模型、辨识相关信息的数量关系与实现数据化分析已成为科学研究的核心诉求和发展趋势。

本书针对"定量研究理论方法不容易理解""数学公式难以解读""计算编程困难""定量分析应用论文读不懂"等定量研究与方法学习的痛点，旨在提供一本易于掌握的工具书，使读者"会用方法、会算结果、会看结果"，不被数学理论和软件编程所困扰，找到自我学习路径。

本书除第 1 章外，其余各章的内容设计均为首先对相关方法的概念、主要用途或功能进行全面的解读，系统给出相关方法的基本理论与主要的计算步骤；然后针对每种具体的研究方法，选择具有典型性的期刊论文为应用案例，重复再现论文中运用相关方法的编程计算全过程，实现了程序代码与运行结果的"1 对 1""手把手"可视化直观展示；最后开展经济管理热点的文献追踪，以帮助读者掌握研究的热点方向与方法应用的研究思路。

本书的写作契机来源于笔者多年的教学科研实践，根据一般的数学建模或评价方法的定量分析研究过程，选取了经济管理领域一些常用的定量研究方法，主要包括指标降维（预处理环节）、指标权重、集成或具有特定功能的定量分析模型。

本书的研究框架与写作由中国矿业大学（北京）孙旭东副教授和厦门大学张博教授、中国矿业大学（北京）高俊莲副教授协作而成；感谢为本书前期相关内容与案例编写工作贡献智慧的人员。其中各章节热点分析是由研究生刘庚慧、段星月协助完成，第 1~2 章由研究生张蕾欣、柳梦雪、徐思敏协助完成；第 3~4 章由研究生杨莹、耿佳美、赵园协助完成；第 5~6 章由研究生成雪蕾、栗泽宇、檀昌稳协助完成；第 7~8 章由研究生刘颖、张宗旭、蔡晨蕊协助完成；感谢研究生严江涛、顾栩瑞、胡雯娴、苏颖及中国矿业大学（北京）管理学院 2023 级学硕全体学生参与校稿。此外，感谢中国矿业大学（北京）汪文生教授、宁云才教授、张瑞教授、杨跃翔教授、杨洋教授、莫蕾钰副教授、黄辉副教授和仲冰讲师给予的帮助和资料支持。

必须强调的是，定量研究方法涉及范畴广、内容多、学科交叉，同时相关方法及其应用也在不断地迭代发展，受笔者学科背景和知识范围所限，本书内容还存在诸多有待完善之处，对方法及应用的选取与梳理难免有"遗珠之憾"，敬请专家学者及广大读者批评指正。期待本书的出版，能够有助于经济管理领域更好地开展定量分析研究，为促进我国哲学社会科学研究的繁荣贡献绵薄之力。

2024 年 3 月 5 日

目　录

第1章 概　　述

随着时代的发展，决策的科学性要求不断提升，定量分析方法在科学研究的基础上显著提高了问题解决的效率，因此被广泛应用于经济管理的各个领域。本章重点介绍了定量研究方法的研究背景、基本概念、建模过程和发展趋势。

1.1　经济管理领域相关研究背景

为进行经济管理领域研究趋势分析，本书采用文献计量的定量化工具 CiteSpace 软件开展研究。CiteSpace 软件是由美国德雷塞尔大学信息科学与技术学院陈超美教授研发的，可应用于自然科学与社会科学领域的文献计量，能够观察到具体研究领域的研究趋势或动向，并以可视化的方式呈现。CiteSpace 软件可呈现四类可视化图谱：第一类是作者、研究机构、国别；第二类是参引文献（cited reference）之间以及被引作者（cited author）之间的共引关系；第三类是关键词和术语；第四类是研究基金。对于一般研究人员来说，CiteSpace 软件可以直观捕捉相关研究领域的热点话题、主要学者和研究机构信息，还能展示特定时间跨度内新研究话题的激增情况。因此，通过该软件的论文图谱可视化技术可进行学术动态追踪，快速精准地找到前沿文献与经典文献。目前，基于 CiteSpace 软件的文献计量分析取得了大量研究成果。例如：社会保障领域，戴建兵等[1] 运用 CiteSpace 软件研究我国农村互助养老研究的发展阶段，梳理出互助模式和经验多维归类、互助服务需求和供给意愿以及可持续性发展困境与路径等热点主题；中医药领域，李婷婷等[2] 运用 CiteSpace 软件进行关键词聚类，分析了中医药治疗脑小血管疾病研究热点，包括临床相关后遗症、神经功能缺损症状、中医病因、中医病位、中医治法理论及药物等；生态经济领域，伍国勇等[3] 基于 CiteSpace 软件与 ArcGIS 技术平台，对 CNKI 数据库中以"流域生态补偿"为主题的核心文献进行可视化分析，得到研究主题主要有流域生态补偿逻辑、演化博弈、生态服务系统价值、融资效果、心理所有权、生态足迹等；教育领域，王立柱等[4] 借助 CiteSpace 软件进行可视化计量分析，热点包括科研人员可以重点构建学术共同体、努力丰富研究方法、大力拓宽研究视域和奋力促进各学科研究共同发展等；农业领域，项骁野等[5] 基于 CiteSpace 软件研究了热点的演变趋势，研究显示，从早期对粮食种植、粮食产量的关注已转变为对耕地质量提升和粮食主产区保护关注的研究阶段。鉴于上述不同领域的应用情况，CiteSpace 软件优点在于可通过历史发表论文实现对主题研究热点与研究演变趋势的定量化、可视化的分析与追踪。

综上，本书基于 CiteSpace 软件梳理了定量研究方法在经济管理领域的研究趋势与热点，分析了采用定量研究相关方法的发文数量与变化趋势、研究热点及高引高关注文献。文献数据库为中国知网 CNKI 数据库，研究期为 2012 年 01 月 01 日—2022 年 12 月 31 日。以定量分析或定量研究为关键词，对具有代表性的经济管理学术期刊的文献计量分析。结果显示：2012—2022 年共检索到 13 644 篇定量研究的论文，其中《管理世界》2275 篇、《系统工程理论与实践》3496 篇、《中国管理科学》3723 篇、《经济研究》2155 篇、《南开经济研究》684 篇、《数量经济技术经济研究》1311 篇，6 种代表性期刊具体发文数量以及变化趋势如图 1.1 所示。总体上，不难发现定量化的研究方式已成为经济管理领域研究的重要研究范式

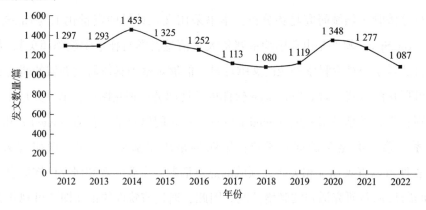

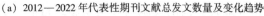

（a）2012—2022 年代表性期刊文献总发文数量及变化趋势

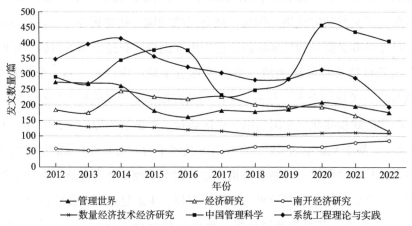

（b）2012—2022 年代表性期刊文献发文数量及变化趋势

图 1.1　6 种代表性期刊发文情况

图 1.2 为 6 种代表性期刊文献中作者共现网络知识图谱，以 "Author" 为分析对象，得到的网络节点数为 594 个，连线数为 368 条。一般节点的大小反映发文数量，连线的粗细反映合作密切程度。通过观察节点，发文量排名前三的作者分别为汪寿阳、刘思峰和陈晓红。通过观察连线，经济管理研究领域的学者呈现了较多的合作共现特征。例如，汪寿阳、刘思峰、杨善林、龚六堂和黄群慧等成为共现的中心。整体上，作者间关联分布显著，说明经济管理领域研究的交流合作较多，我国学者在经济管理领域逐步形成了协同、交叉的研究网络生态。

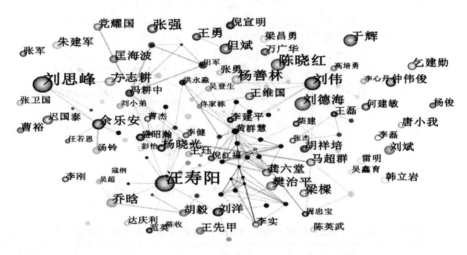

图 1.2　6 种代表性期刊文献作者共现网络知识图谱

图 1.3 为 6 种代表性期刊文献机构共现网络知识图谱，以 "Institution" 为分析对象，得到节点数 494 个，连线数 1967 条。根据发文量，排名前五的单位分别是重庆大学经济与工商管理学院、北京大学光华管理学院、中国科学院数学与系统科学研究院、合肥工业大学管理学院和武汉大学经济与管理学院，发文数分别为 257 篇、201 篇、200 篇、171 篇和 171 篇。根据节点数量及连线密度，可以看出各单位之间合作联系紧密，形成了复杂协作的立体网络。

高频关键词能够在一定程度上体现出当前研究热点，研究期刊中文献关键词词频、中介中心度统计情况如表 1.1 所示。前 5 频次的关键词为 "经济增长" "演化博弈" "供应链" "货币政策" 和 "公司治理"；前 5 中心度的关键词为 "经济增长" "供应链" "演化博弈" "货币政策" 和 "公司治理"。总体上，频次和中心度两个维度统计出的关键词基本一致，基本呈现了研究期内关注的热点问题。

表 1.2 给出了经济管理领域 6 种代表性期刊文献的热点关键词。其中，《管理世界》研究方向主要围绕 "经济增长" "案例研究" 和 "国有企业" 等；《经济研究》研究方向主要围绕 "经济增长" "货币政策" 和 "经济学" 等；《南开经济研究》研究方向主要围绕 "经济增长" "企业创新" 和 "金融发展" 等；《数量经济技术经济研究》研究方向主

要围绕"经济增长""区域差异"等;《中国管理科学》研究方向主要围绕"演化博弈""供应链"等;《系统工程理论与实践》研究方向主要围绕"演化博弈""复杂网络"等。

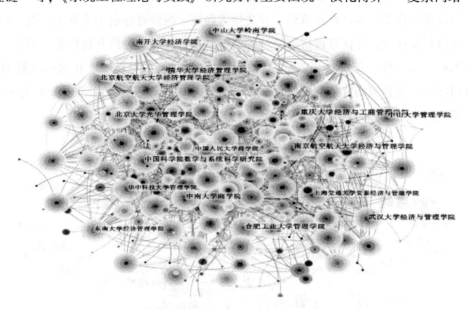

图 1.3　6 种代表性期刊文献机构共现网络知识图谱

表 1.1　2012—2022 年代表性期刊文献关键词词频、中介中心度统计表

序号	频次	中心度	年份	关键词
1	243	0.33	2012	经济增长
2	116	0.10	2012	演化博弈
3	115	0.26	2012	供应链
4	103	0.08	2012	货币政策
5	57	0.06	2012	公司治理
6	53	0.02	2012	国有企业
7	53	0.03	2012	人力资本
8	51	0.05	2013	复杂网络
9	51	0.03	2012	技术进步
10	48	0.02	2013	碳排放

表 1.2　2012—2022 年代表性期刊文献主要关键词及频次

期刊		排名				
		1	2	3	4	5
《管理世界》	频次	43	38	27	27	21
	关键词	经济增长	案例研究	国有企业	公司治理	家族企业
《经济研究》	频次	89	47	30	19	17
	关键词	经济增长	货币政策	经济学	人力资本	公司治理

续表

期刊		排名				
		1	2	3	4	5
《南开经济研究》	频次	28	13	9	7	6
	关键词	经济增长	企业创新	金融发展	货币政策	互联网
《数量经济技术经济研究》	频次	43	31	20	13	11
	关键词	经济增长	区域差异	制造业	技术进步	地区差异
《中国管理科学》	频次	84	79	32	22	20
	关键词	演化博弈	供应链	定价策略	投资组合	政府补贴
《系统工程理论与实践》	频次	31	29	27	25	19
	关键词	演化博弈	复杂网络	供应链	突发事件	灰色系统

　　图 1.4 为 6 种代表性期刊文献的关键词共现图谱，共有节点 526 个，连线 1084 条。"经济增长""演化博弈""货币政策""供应链""公司治理""碳排放""融资约束""区域差异"和"溢出效应"等处于关键词共现的中心。通过观察关键词共现图谱的网络连线，说明相关文献所关注的热点关键词具有趋同性，经济管理领域期刊间的关注点和研究问题不断交叉融合。

图 1.4　代表性期刊文献关键词共现图谱

表 1.3 为 6 种代表性期刊文献主要突现关键词，突现关键词是指文献中最早出现该关键词的研究年份。2012 年以来，突现的关键词包括"突发事件""通货膨胀""云计算"和"居民消费"，但 2016 年之后相关研究热度有所降低。2018 — 2022 年突现关键词为"资金约束""环境规制""互联网""风险规避""数字经济""演化博弈""人工智能"和"企业创新"，且研究热度不断提升。

表 1.3　代表性期刊文献主要突现关键词

序号	关键词	突现率/%	开始年份	结束年份	2012—2022 年
1	突发事件	11.10	2012	2015	
2	通货膨胀	7.25	2012	2016	
3	云计算	5.30	2012	2014	
4	居民消费	5.30	2012	2014	
5	资金约束	7.27	2018	2022	
6	环境规制	5.86	2018	2022	
7	互联网	5.08	2018	2022	
8	风险规避	5.02	2018	2022	
9	数字经济	10.33	2019	2022	
10	演化博弈	7.22	2019	2022	
11	人工智能	7.11	2019	2022	
12	企业创新	4.96	2020	2022	

整体上，经济管理领域相关研究方法定量化趋势显著。经济与管理两类期刊对比显示，发文量方面，管理类期刊发文量规模和平均强度都高于经济类期刊，同时《中国管理科学》《系统工程理论与实践》等管理研究为主的期刊更加关注定量研究方法的应用。在作者合作方面，我国学者在经济管理领域的交叉研究形成了一定的综合体系，学术交流合作较为广泛。在单位机构合作方面，各单位之间的联系较为紧密，且协作关系不断加强。在研究热点方面，"资金约束""环境规制""互联网""风险规避""数字经济""演化博弈""人工智能"和"企业创新"是近 5 年经济管理领域定量研究共同关注的热点词。

1.2　定量研究方法概述

定量研究是分析多因素或多对象之间的数量关系和数量特征，一般运用管理学、统计学、经济学、系统工程学等科学理论，旨在理清复杂问题的脉络，分析要点和关键环节，明确要素间的逻辑和数量关系，确定量化的原则，建立适合的数学模型，编写有效算法与实现计算求解，得到研究结果。

定量研究方法涵盖了多学科领域的理论方法，涉及统计学方法、最优化理论方法、模糊数学方法、多属性决策方法、随机过程方法、金融工程方法、风险管理方法等[6]。定量分析过程是通过应用上述理论方法对研究问题进行分类、预测、排序、评价、模拟和优化，侧重观察实验、收集信息资料，突出演绎推理。

定量研究方法不仅量化问题，更重要的是解决问题。有效的定量分析研究可以带来可观的经济效益，提高管理质量，降低管理成本。例如，当面对无显著特征或复杂海量的数据时，定量分析有助于甄别数据信息背后的深层特征及规律性，理清核心问题与本质特征，基于知识条理化与一般化，探求现象背后的理论规律和逻辑关系，以支撑决策与管理。

定量研究范式能够提高研究的精度，定量分析方法比其他方法更加客观、准确与严谨，它能够直观地反映研究问题的状态与变化趋势，有助于更好地界定问题、确定目标，更加科学地实现过程解析，给出更公平、更合理的研究结果。

培养和建立定量研究能力，一般需要具备以下条件和能力：

（1）建立定量分析逻辑与数据治理思维；

（2）了解定量分析方法的基本理论和解决问题的思路；

（3）具备较丰富的数学建模经验；

（4）具有计算机编程或定量分析软件操作能力；

（5）掌握定量分析结果的解读及表述技能。

在应用定量方法研究问题时，必须明确定量分析的目的，设立评估的标准，进而利用这些标准来实现研究的目标。不论用于评价、分类、分级还是预测或优化，每一种定量分析方法都具有明确的目标与功能[7]。定量研究利用数学模型来描述系统状态和发展变化规律，为决策者科学决策提供参考依据。

建立数学模型不能只靠"数据关系"，还要综合运用各类专业知识，结合实践与问题背景，通过科学分析、计算与推理，诠释数学模型构建的合理性与科学性。因此，不能"想当然"地开展研究，研究问题要具有科学性，不能是伪命题。如准确预测未来股价、评估一个投资者对未来项目投资能否成功等。定量分析是建立在一定的假设条件下，按相关准则得出评估结果，即要给出既定的分析流程和研究边界。同时，定量分析研究立足于解决实际问题，应充分考虑问题所处的环境与背景，通过识别核心影响要素，来寻求解决问题的可行方案。

如图 1.5 所示，一般而言，定量研究可按照数学建模过程来开展，建模开始前要明确具体的评价主题，即研究目的是明确的，在目标或主题导向的基础上，首先应选定评价对象，如开展学生的综合成绩评价，其主题是综合成绩，对象是学生。其次建立评价指标体系。评价指标是定量评价的基础，应结合评价主题辨识评价指标。仍以对学生的综合成绩评价为例，可选择数学成绩、语文成绩和体育成绩三个核心指标，用这三门课程来整体表述"综合"成绩。再次，结合评价指标建立或选择合适的量化模型，针对实际问题设计模型与评价准则，实现用数学语言来描述问题。本例中可以采用"求和"模型，即将三门课成绩加总来刻画综合成绩得分。最后，实现计算（包括数据处理与模型求解等过程），再进行结果分析，最终解决问题。定量分析建模主要是基于专业知识、经验和技巧，实现对需要解决的问题的抽象概括和严格的逻辑表达。因此，所构建的模型质量在很大程度上决定了定量分析的质量和效果。

图 1.5　定量研究方法的一般建模过程

1.3　经济管理定量研究发展趋势

随着科技的发展，数学特别是应用数学，在自然科学和社会科学领域得到广泛的应用，越来越多的问题需要用"数量"界定，并用于描述内部诸多因素或外部多个事物之间的关系。就一般意义而言，定量分析研究的是数量关系，可能表现为从数量上刻画几个对象的某些性质、特征或相互联系，研究的结果也是以明确的"数量"加以描述的[8]。例如，为了反映"2022 年某国家的经济形势比 2017 年更好"可以用"2022 年某国的 GDP 比 2017 年提升了 30%"来表述，这里的 30% 不是任意的猜测，而是对 2022 年和 2017 年某国的 GDP 指标做统计对比的结果。

定量研究方法是科学决策的有效工具，在运用定量研究方法时，分析人员首先从问题中提取量化资料和数据，对其进行分析，再运用数学表达式的形式把问题的目标、约束条件和其他关系表示出来。定量分析的结果一般认为是客观的，但在打分过程中又往往需要定性分析，其结论的科学性与准确性需要与定性研究方法相结合来校正。定性分析方法是与定量研究方法同时存在的研究方式，定性分析也是重要的研究方法，表 1.4

给出了定性研究和定量研究两种方法在研究依据、分析手段、科学理论和表述形式方面的特征。很多问题需要利用定量与定性相结合的方式开展研究。目前，数字经济和大数据的时代背景共同推动着定量方法的迅速发展，尽管定量分析方法的创新研究及应用的关注度远超过了定性方法，但采用定量与定性相结合的方法已成为复杂系统问题研究的必然趋势。

表 1.4　定量研究与定性研究特征

特征因素	定量研究	定性研究
研究依据	调查得到的现实资料数据	大量历史事实和生活经验材料
分析手段	主要运用经验测量、统计分析和建立模型等方法	主要运用逻辑推理、历史比较等方法
学科基础	以概率论、统计学等数学理论为基础	以逻辑学、历史学为基础
结论表述形式	主要以数据、表格、图形等来表达	多以文字描述为主

定量分析工具可以实现对复杂事物的量化处理与比较分析，能使问题更清晰，解决方案更准确。例如，"Our world in data" 是全球变化数据实验室的一个项目，该实验室是英格兰和威尔士的一家慈善机构。数据来源为论文文献，主要涉及全球范围内人口、食物、农业、健康、教育等方面的数据。该项目统计了各国数十年来全球有关人类生活水平的数据，通过对数据的定量分析来帮助人类认识世界的变化（图 1.6）。

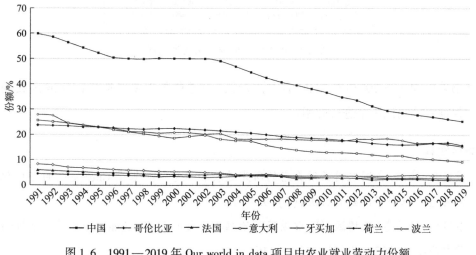

图 1.6　1991—2019 年 Our world in data 项目中农业就业劳动力份额

5G、区块链、知识图谱、数字孪生、元宇宙等现代化信息技术的发展，为定量分析方法研究提供大数据技术与工具支撑。同时，互联网不断产生大量的数据，提供了更加丰富的数据素材。当前智能驾驶、智能开采、智能制造、智能城市等智能化、数字化发展需求倒逼了定量研究的 "数据革命"，推动经济管理领域研究范式特别是研究方法的深刻变革，定量分析方法研究进入新一轮的快速发展阶段。

1.4 本书定量研究方法内容选定与研究逻辑

一般的数学建模关键环节或主要建模过程包括指标降维（预处理环节）、指标权重确定和模型方法选取。鉴于定量研究方法的建模步骤，本书研究内容设置（图 1.7）如下：第 1 章为概述，第 2 章为指标降维方法，第 3 章为指标权重确定方法，第 4~8 章分别为聚类分析、回归分析、集成或综合评价、预测和最优化等研究功能的定量分析方法。其中，指标降维方法部分主要介绍了主成分分析法和因子分析法；指标权重确定方法部分给出了熵权、层次分析方法等常见的主客观权重计算方法；聚类分析方法部分包括经典聚类分析方法、模糊聚类分析方法和判别分析方法。

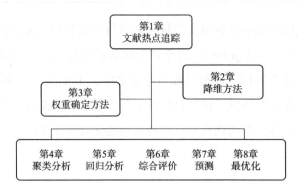

图 1.7　本书定量研究方法内容设置

本书采用 Matlab 2018b 版本进行程序设计，为避免版本差异造成语法或函数调用错误，建议读者使用该版本进行应用。

参考文献

［1］戴建兵,高焰.我国农村互助养老的研究进展和趋势——基于 CiteSpace 的可视化计量分析［J］.社会保障研究,2021(6):92-101.

［2］李婷婷,孙千惠,王博远,等.中医药防治脑小血管病的 CiteSpace 知识图谱分析［J］.中国中药杂志,2022,47(8):2228-2236.

［3］伍国勇,李浩鑫,杨丽莎,等.基于 CiteSpace 的中国流域生态补偿研究知识图谱分析［J］.生态经济,2021,37(10):164-172+184.

［4］王立柱,何云峰.基于 CiteSpace 的我国课程思政研究可视化分析［J］.教育理论与实践,2022,42(24):27-31.

［5］项骁野,王佑汉,李谦,等.中国耕地保护与粮食安全研究进展可视化分析［J］.中国农

业资源与区划,2022,43(10):267-277.

[6] 蒲晓晔.公共管理定量分析[M].北京:经济科学出版社,2018.

[7] 赵登虎.定量分析的特点及其重要性[J].数学学习与研究,2016(17):131.

[8] 张蔼珠,陈力君.定量分析方法[M].上海:复旦大学出版社,2003.

第2章 经济管理领域指标降维研究方法及应用

降维可以通过对原始数据充分且有意义的简化表示，进行线性或非线性映射，将高维数据空间投影到低维数据，并尽可能发现隐藏在高维数据中的规律和特征。本章重点介绍了与降维方法相关的研究方法，主要包括主成分分析法和因子分析法，同时基于 CiteSpace 对中国知网 CNKI 相关研究文献进行研究热点追踪。

2.1 指标降维研究方法概述

2.1.1 概念

随着信息技术的飞速发展，数据维度呈爆炸式增长，高维数据广泛存在于模式识别、医学统计、计算机视觉和数字图像处理等领域。降维可以从高维观测数据中找出有意义的低维结构，揭示数据本质。通过降维方法，可以减少高维数据的维数灾难问题，实现高维数据的分类、压缩和可视化。

简言之，指标降维是为了满足研究实际需要，将多个相关性较高的指标简化为少量不相关或相关性较小的指标，即减少指标数量的方法。降维方法的目标是将高维数据转化为适合的低维坐标，将原始数据投影到低维空间，实现数据的简洁表述。

降维方法的数学关系如下：

（1）高维数据空间 $P = \{p_i\}$，$i = 1, 2, \cdots n$，通常为实数集 $\mathbf{R}$ 的某一个子集；

（2）降维空间（也称低维表示空间）$Q = \{q_i\}$，$i = 1, 2, \cdots, n$；

（3）映射函数 γ。$\Gamma: P \to Q; p \to q = \gamma(p)$，称 q 为 p 的降维表示。

降维是将高维数据空间投影到低维数据空间过程，其主要目的有：

（1）压缩数据以减少存储量；

（2）去除噪声的影响；

（3）提取特征以便于进行分类或聚类；

（4）将数据投影到低维空间，便于理解数据分布。

2.1.2　典型降维方法

降维方法主要包括特征选择和特征变换两类。特征选择从高维数据中提取重要特征，常用算法有穷举法、启发式方法、随机方法和智能优化算法等。特征变换通过将原始数据映射到新空间，移除相关和冗余数据。特征变换的降维方法分为线性和非线性两类。线性降维方法包括主成分分析（Principal Component Analysis，PCA）法、线性判别分析法、非负矩阵分解法、因子分析（Factor Analysis，FA）法、奇异值分解法和独立成分分析法等；非线性降维方法包括局部线性嵌入法、拉普拉斯本征映射法、等距映射法和核主成分分析法等。本章主要介绍线性降维中的主成分分析法和因子分析法。

2.2　主成分分析法与建模实现

2.2.1　概念

主成分分析法是一种多元统计方法，通过正交变换将一组线性相关的变量转换为线性不相关的变量，这些转换后的变量称为主成分。主成分分析法应用广泛。例如，在图像处理中，通过提取图像库中图片的颜色、纹理等特征并保存，建立数据索引，之后根据查询图像的特征与数据库中的图像特征进行对比，可以找到最相似的图片。

主成分主要特点如下。

（1）主成分的个数一般远少于原始变量的个数；

（2）主成分能够反映原始变量的绝大部分信息；

（3）主成分之间应该不具备相关性。

2.2.2　基本原理

主成分分析法是数据降维的一种方法。其基本思想是通过最少的维度解释更多的原始信息来达到降维的目的，降维后的各成分线性无关，可由原始变量线性表示，根据累计贡献率排名的成分，排名越靠前，包含的原始信息越多。这相当于保留了原始数据信息的绝大多数维度，舍弃了那些几乎无用的维度，从而达到了对数据进行降维的效果。

设 $\boldsymbol{X} = (X_1, \cdots, X_n)^{\mathrm{T}}$ 是 n 维空间中的一组随机向量，$E(\boldsymbol{X}) = \mu$，$\boldsymbol{D}(\boldsymbol{X}) = \sum$ 分别是 $\boldsymbol{X}$ 的期望和离差矩阵，考虑它的线性变换。

$$
\begin{cases}
F_1 = \boldsymbol{a}_1^\mathsf{T} \boldsymbol{X} = a_{11}X_1 + a_{12}X_2 + \cdots + a_{1p}X_n \\
F_2 = \boldsymbol{a}_2^\mathsf{T} \boldsymbol{X} = a_{21}X_1 + a_{22}X_2 + \cdots + a_{2p}X_n \\
\qquad\qquad\cdots\cdots \\
F_n = \boldsymbol{a}_n^\mathsf{T} \boldsymbol{X} = a_{n1}X_1 + a_{n2}X_2 + \cdots + a_{np}X_n
\end{cases}
\tag{2-1}
$$

可知

$$
\mathrm{cov}(F_i, F_j) = \boldsymbol{a}_i^\mathsf{T} \sum \boldsymbol{a}_j (i = 1, 2, \cdots, n) \tag{2-2}
$$

$$
\mathrm{var}(F_i) = \boldsymbol{a}_i^\mathsf{T} \sum \boldsymbol{a}_i (i, j = 1, 2, \cdots, n) \tag{2-3}
$$

若用 F_1 表示第一个线性组合，即

$$
F_1 = a_{11}X_1 + a_{12}X_2 + \cdots + a_{1p}X_p \tag{2-4}
$$

需要保证其方差越大，F_1 包含的信息越多。若 $\boldsymbol{a}_1^\mathsf{T}\boldsymbol{a}_1 = 1$，则能使 $\mathrm{var}(F_1)$ 最大，则称称 F_1 为第一主成分。如果第一主成分 F_1 提取的重要信息不足以代表原来 p 个指标的信息，可以考虑选取第二个主成分指标 F_2 来弥补不足。为有效地反映原信息，在实际分析中，期望 F_1 已经反映的信息尽量不要在 F_2 中出现，即要求 $\mathrm{cov}(F_2, F_1) = \boldsymbol{a}_2^\mathsf{T} \sum \boldsymbol{a}_1 = 0$，此时求出令 $\mathrm{var}(F_2)$ 达到最大的 $\boldsymbol{a}_2$，将这里的 F_2 称为第二主成分。依次类推构造出的 $F_1, F_2, \cdots, F_n$ 为原变量指标 $X_1, X_2, \cdots, X_n$ 的第 1、第 2、$\cdots$、第 n 个主成分。

2.2.3　计算步骤

主成分分析法的具体计算步骤如下。

（1）标准化原始数据。

样本观测数据矩阵为

$$
\boldsymbol{X} = \begin{bmatrix}
x_{11} & x_{12} & \cdots & x_{1p} \\
x_{21} & x_{22} & \cdots & x_{2p} \\
\vdots & \vdots & \ddots & \vdots \\
x_{m1} & x_{m2} & \cdots & x_{mp}
\end{bmatrix}
\tag{2-5}
$$

对原始数据进行标准化处理

$$
x_{ij}^* = \frac{x_{ij} - \bar{x}_j}{s_j} (i = 1, 2, \cdots, \mathrm{m}; j = 1, 2, \cdots, p) \tag{2-6}
$$

其中

$$
\bar{x}_j = \frac{1}{n} \sum_{i=1}^{m} x_{ij}, s_j^2 = \frac{1}{n-1} \sum_{i=1}^{m} (x_{ij} - \bar{x}_j)^2 \tag{2-7}
$$

（2）求解标准化矩阵的相关系数矩阵。

计算样本相关系数矩阵

$$R = \begin{bmatrix} r_{11} & r_{12} & \cdots & r_{1p} \\ r_{21} & r_{22} & \cdots & r_{2p} \\ \vdots & \vdots & \ddots & \vdots \\ r_{m1} & r_{m2} & \cdots & r_{mp} \end{bmatrix} \tag{2-8}$$

相关系数为

$$r_{ij} = \frac{\sum F_{kj} \cdot F_{kj}}{n-1} \quad (i=1,2,\cdots,m; j=1,2,\cdots,p) \tag{2-9}$$

（3）求解特征值 ξ_i 与特征向量 $\boldsymbol{a}_i$。

解特征方程

$$|\lambda I - \boldsymbol{R}| = 0 \tag{2-10}$$

其中，$\boldsymbol{R}$ 为正定矩阵，求出特征值 ξ_i 及对应的单位特征向量 $\boldsymbol{a}_i$，进一步计算得到第 k 个主成分的方差与总体样本观测数据的方差之比，即方差贡献率。表示为 $\dfrac{\xi_k}{\sum\limits_{i=1}^{p} \xi_i}$。

（4）确定主成分。

累计方差贡献率指前 k 个主成分方差占总方差的比例。表示为

$$\text{FVE} = \frac{\sum\limits_{i=1}^{p} \xi_k}{\sum\limits_{k=1}^{n} \xi_i} \tag{2-11}$$

贡献率越大，说明该主成分所包含的原始变量的信息越强。为了保证前 k 个函数主成分可以替代原本的数据变量，包括原始变量的绝大多数信息，要求前 k 个函数主成分的累积贡献率不能低于 80 % 或选用特征值>1 的变量。

（5）计算主成分得分。

根据标准化的原始数据，按照各个样品，分别代入主成分表达式，就可以得到各主成分下的各个样品的新数据，即为主成分得分，具体形式如下

$$\begin{bmatrix} F_{11} & F_{12} & \cdots & F_{1p} \\ F_{21} & F_{22} & \cdots & F_{2p} \\ \vdots & \vdots & \ddots & \vdots \\ F_{n1} & F_{n2} & \cdots & F_{np} \end{bmatrix}$$

$$F = \frac{\xi_1}{\xi_1 + \xi_2 + \cdots + \xi_p} F_1 + \frac{\xi_2}{\xi_1 + \xi_2 + \cdots + \xi_p} F_2 + \cdots + \frac{\xi_p}{\xi_1 + \xi_2 + \cdots + \xi_p} F_p$$

$$\tag{2-12}$$

（6）进一步统计分析。

依据主成分得分的数据，则可以进行进一步的统计分析。

2.2.4　程序代码

（1）标准化原始数据。使用 zscore（）函数。

```
%标准化原始数据
SX=zscore(X)
```

（2）计算样本的协方差矩阵。对应函数为 cov（），调用格式。

```
%计算样本的协方差矩阵
R=cov(SX)
```

（3）计算各指标的相关系数矩阵、特征值和贡献率。对应函数为 pcacov（）。

```
%计算特征向量、特征值、贡献率
[pc,latent,explained]=pcacov(R)
```

pc 表示 p 个主成分的系数矩阵 $\boldsymbol{P}=(e_1,e_2,\cdots,e_p)$；latent 表示 X 的特征值（从大到小排列）构成的列向量；explained 表示主成分的贡献率（已转化为百分比）向量。

（4）确定主成分。

```
%计算相关系数矩阵的特征向量和特征值
[V,D]=eig(R);
for j =1:n
        %提取特征值矩阵 D 对角线上的值
        DD(j,1)=D(n+1-j,n+1-j);
end
for i =1:n
        %计算特征值的归一化比例
        DD(i,2)=DD(i,1)/sum(DD(:,1));
        %复制特征值
        DD1(i)=DD(i,1);
        %计算特征值的累计比例
```

```
        DD(i,3)=sum(DD1(1:i))/sum(DD(:,1));
end
%设置阈值
T=0.8;
for k=1:n
    if DD(k,3)>=T
        %确定所需的特征值个数
        num=k;
        break;
    end
end
```

（5）计算主成分得分。

```
%计算样本得分
score=SX*PV;
for i=1:m
%计算主成分得分
F(i,1)=score(i,:)*DD(1:3,2);
%记录样本的索引
F(i,2)=i;
end
%合并样本得分和主成分得分
Fscore=[score,F];
%按第4列的F值进行降序排列
F_sort=sortrows(Fscore,-4)
```

2.2.5　案例应用

1. 案例/数据说明

本案例[2] 节选自《现代商贸工业》于 2021 年第 42 卷第 34 期收录的论文《基于 Mat-lab 的中药主成分分析数学实验教学案例》。

2. 研究问题描述

通过 HPLC 法分析测定了不同厂家 10 批三黄片的大黄素、大黄酚、盐酸小檗碱和黄芩苷的成分含量，运用主成分分析和聚类分析的方法对 10 批样品的成分含量进行分析评价，为三黄片质量控制提供了依据。三黄片的 5 个指标大黄素、大黄酚、大黄素和大黄酚总量、盐酸小檗碱及黄芩苷见表 2.1。

表 2.1 评价指标参数

批次	大黄素	大黄酚	大黄素和大黄酚总量	盐酸小檗碱	黄芩苷
S1	0.61	1.28	1.89	4.02	14.33
S2	0.57	1.35	1.92	4.60	13.89
S3	1.03	1.56	2.59	5.85	17.53
S4	0.98	1.51	2.49	5.50	18.02
S5	0.50	1.96	2.46	5.26	15.97
S6	0.51	1.89	2.40	5.43	16.24
S7	0.64	1.77	2.41	4.85	20.21
S8	0.63	1.69	2.32	5.13	21.23
S9	0.46	1.36	1.82	9.07	16.05
S10	0.42	1.29	1.71	8.89	15.77

3. 案例实现过程

（1）输入表 2.1 的原始数据矩阵。

输入程序	输出变量值

```X= [0.61 1.28 1.89 4.02 14.33;```
```   0.57 1.35 1.92 4.60 13.89;```
```   1.03 1.56 2.59 5.85 17.53;```
```   0.98 1.51 2.49 5.50 18.02;```
```   0.50 1.96 2.46 5.26 15.97;```
```   0.51 1.89 2.40 5.43 16.24;```
```   0.64 1.77 2.41 4.85 20.21;```
```   0.63 1.69 2.32 5.13 21.23;```
```   0.46 1.36 1.82 9.07 16.05;```
```   0.42 1.29 1.71 8.89 15.77]```
%获取矩阵 X 的行数
```m=size (X, 1);```
%获取矩阵 X 的列数
```n=size (X, 2);```
	```X=0.6100 1.2800 1.8900 4.0200 14.3300```
	``` 0.5700 1.3500 1.9200 4.6000 13.8900```
	``` 1.0300 1.5600 2.5900 5.8500 17.5300```
	``` 0.9800 1.5100 2.4900 5.5000 18.0200```
	``` 0.5000 1.9600 2.4600 5.2600 15.9700```
	``` 0.5100 1.8900 2.4000 5.4300 16.2400```
	``` 0.6400 1.7700 2.4100 4.8500 20.2100```
	``` 0.6300 1.6900 2.3200 5.1300 21.2300```
	``` 0.4600 1.3600 1.8200 9.0700 16.0500```
	``` 0.4200 1.2900 1.7100 8.8900 15.7700```

（2）数据标准化处理。

调用 zscore 函数，将原始数据进行标准化处理，即将原始数据转为无量纲的数据，使其具有较好的可比性。

输入程序	输出变量值
%对矩阵 X 进行标准化处理 SX＝zscore（X）	SX = -0.1200　-1.1390　-0.9516　-1.0686　-1.0971 -0.3120　-0.8602　-0.8598　-0.7317　-1.2832 　1.8959　-0.0239　　1.1903　-0.0058　　0.2563 　1.6559　-0.2230　　0.8843　-0.2091　　0.4635 -0.6480　　1.5691　　0.7925　-0.3484　-0.4035 -0.6000　　1.2903　　0.6089　-0.2497　-0.2893 　0.0240　　0.8124　　0.6395　-0.5865　　1.3898 -0.0240　　0.4938　　0.3641　-0.4239　　1.8211 -0.8400　-0.8204　-1.1658　　1.8642　-0.3696 -1.0320　-1.0992　-1.5024　　1.7596　-0.4881

（3）计算样本的协方差矩阵。

调用 cov 函数，计算标准化处理后数据的协方差矩阵。

输入程序	输出变量值
%计算矩阵 SX 的相关系数矩阵 R＝corrcoef（SX）	R = 　1.0000　　0.0034　　0.6401　-0.3345　　0.3360 　0.0034　　1.0000　　0.7705　-0.3472　　0.4562 　0.6401　　0.7705　　1.0000　-0.4800　　0.5647 -0.3345　-0.3472　-0.4800　　1.0000　-0.1010 　0.3360　　0.4562　　0.5647　-0.1010　　1.0000

（4）计算各指标的特征向量和特征值。

调用 pcacov 函数，分别计算指标的相关系数矩阵、特征值，确定主成分数量，得到主成分贡献率、累计方差贡献率。

输入程序	输出变量值
%计算相关系数、特征值、贡献率 [pc, lalent, expiainde] ＝pcacov（R）	pc = 　0.3775　　0.7084　　0.3043　-0.2439　-0.4511 　0.4549　-0.5921　-0.2347　-0.3029　-0.5437 　0.5902　-0.0033　　0.0137　-0.3882　　0.7077 -0.3599　-0.2949　　0.7168　-0.5193　-0.0000 　0.4156　-0.2459　　0.5817　　0.6545　　0.0000

输入程序	输出变量值

```%计算相关系数、特征值、贡献率 [pc, lalent, expiainde] =pcacov (R)```	lalent =
	        2.6938
	        1.0168
	        0.8805
	        0.4089
	        0
	expiainde =
	      53.8755
	      20.3355
	      17.6101
	       8.1789
	       0

```
    %计算相关系数矩阵的特征向量和特征值
    [V, D] =eig (R);

for j=1: n
        %提取特征值矩阵D对角线上的值
        DD (j, 1) = D (n+1-j, n+1-j);
end

for i=1: n
        %计算特征值的归一化比例
        DD (i, 2) = DD (i, 1) ／sum (DD (:,
1) );
        %复制特征值
        DD1 (i) = DD (i, 1);
        %计算特征值的累计比例
        DD (i, 3) = sum (DD1 (1: i) ) ／sum
(DD (:, 1) );
    end

    %设置阈值
    T=0.8;

for k=1: n
    if DD (k, 3) >=T
            %确定所需的特征值个数
            num=k;
            break;
        end
    end
```

输入程序	输出变量值
disp ('主成分的个数为:') % 所需的特征值个数 num	主成分的个数为: num = 3

（5）确定主成分。

由上述结果可知，前 3 个主成分的累计贡献率大于 80 %，已经达到 91.82 %，因此保留了前 3 个主成分信息。前 3 个主成分的线性表达式为

$$\begin{cases} F_1 = 0.3775X_1 + 0.4549X_2 + 0.5902X_3 - 0.3599X_4 + 0.4156X_5 \\ F_2 = 0.7084X_1 - 0.5921X_2 - 0.0033X_3 - 0.2949X_4 - 0.2459X_5 \\ F_3 = 0.3043X_1 - 0.2347X_2 + 0.0137X_3 + 0.7168X_4 + 0.5817X_5 \end{cases} \quad (2-13)$$

（6）得到因子载荷矩阵 Q。

输入程序	输出变量值
% 获取特征向量矩阵 V 的行数 m1 = size (V, 1); % 初始化选择的特征向量矩阵 PV = zeros (m1, num); forj = 1: num 　　% 选择最大的特征值对应的特征向量 　　PV (:, j) = V (:, n+1-j); end % 初始化降维后的数据矩阵 Q = zeros (m1, num); fori = 1: n 　forj = 1: num 　　% 计算降维后的数据矩阵 　　Q (i, j) = PV (i, j) * sqrt (DD (j, 1)); 　　end end % 显示降维后的数据矩阵 Q	Q = 0.6195　0.7144　0.2855 　　　0.7467　-0.5971　-0.2202 　　　0.9686　-0.0033　0.0128 　　　-0.5906　-0.2974　0.6726 　　　0.6822　-0.2480　0.5458

（7）计算主成分得分。

输入程序	输出变量值
%计算样本得分 score = SX * PV; for i=1: m %计算主成分得分 F (i, 1) = score (i,:) * DD (1: 3, 2); %记录样本的索引 F (i, 2) = i; end %合并样本得分和主成分得分 Fscore= [score, F]; disp ('主成分得分、值及排序（按第4列的F值进行降序排列，前3列为各成分得分，第5列为三黄片的品种') %按第4列的F值进行降序排列 F_ sort =sortrows (Fscore, -4)	主成分得分、值及排序（按第4列的F值进行降序排列，前3列为各成分得分，第5列为三黄片的品种 F_ sort = 　1.5159　　1.2921　　0.7437　　1.2104　　3.0000 　1.3134　　1.2499　　0.6881　　1.0829　　4.0000 　1.5448　−0.6350　　0.2134　　0.7407　　7.0000 　1.3400　−0.6335　　0.6373　　0.7053　　8.0000 　0.8946　−1.1888　−1.0390　　0.0573　　5.0000 　0.6895　−1.0463　−0.8243　　0.0135　　6.0000 −1.1965　　1.1776　−1.1863　−0.6141　　1.0000 −1.2866　　0.8226　−1.1757　−0.7329　　2.0000 −2.2028　−0.5643　　1.0422　−1.1180　　9.0000 −2.6123　−0.4742　　0.9008　−1.3452　10.0000

由运行结果和表2.2可知，三黄片10批样品从高到低的排序的编号为：S3、S4、S7、S8、S5、S6、S1、S2、S9和S10。可以看出S3、S4的 F 值比较接近，S7和S8的 F 值接近，S5与S6的 F 值接近，S1、S2的 F 值接近，S9、S10的 F 值接近，这与文献聚类分析的结果一致。S3、S8的 F 值都大于0，说明样品的品质较高。最后可以根据样品的编号再确定对应实际厂家所生产的三黄片的质量。

表2.2　三黄片10批样品的前3个主成分得分、 F 值及排序

批次	主成分1	主成分2	主成分3	F 值	排序
S3	1.515 9	1.292 1	0.743 7	1.210 4	1
S4	1.313 4	1.249 9	0.688 1	1.082 9	2
S7	1.544 8	−0.635	0.213 4	0.740 7	3
S8	1.340 0	−0.633 5	0.637 3	0.705 3	4
S5	0.894 6	−1.188 8	−1.039 0	0.057 3	5
S6	0.689 5	−1.046 3	−0.824 3	0.013 5	6
S1	−1.196 5	1.177 6	−1.186 3	−0.614 1	7
S2	−1.286 6	0.822 6	−1.175 7	−0.732 9	8
S9	−2.202 8	−0.564 3	1.042 2	−1.118 0	9
S10	−2.612 3	−0.474 2	0.900 8	−1.345 2	10

2.3　因子分析法与建模实现

2.3.1　概念

因子分析法是一种多元统计方法，起源于 20 世纪初卡尔·皮尔森（Karl Pearson）和查尔斯·斯皮尔曼（Charles Spearman）等人对智力测验的统计分析，其核心在于用最少的独立因子描述原始变量的大部分信息。根据变量间相关性的大小进行分组，将相关性较高的变量分为一组，使不同组变量间的相关性较低，每个组称为公共因子[3]。

因子分析法可视为主成分分析法的推广，使用主成分分析法提取的主成分不能明确解释某些原始变量的概率，而因子分析通过因子旋转，使降维后的变量更易描述变量间的相关关系[4]。

2.3.2　基本原理

1. 建立模型

设有 n 个样本，每个样本有 p 个较强相关性的观测指标，即当有相关性较强的 p 个指标，才能从原始变量中提取出"公共因子"。在数据预处理过程中，需要消除观测量纲和数量级差异的影响，对样本观测数据进行标准化处理，使标准化后的变量均值为 0，方差为 1。为方便起见，把原始变量及标准化后的变量向量均用 X 表示，用 $Y_1, Y_2, \cdots, Y_m (m \leqslant p)$ 表示标准化的公共因子。若满足：

（1）$X = (X_1, X_2, \cdots, X_p)^{\mathsf{T}}$ 是可观测随机向量，且均值向量 $E(X) = \mu$，等于 0，协方差矩阵 $\mathrm{cov}(X) = \sum$；且要求协方差矩阵 $\sum$ 与相似系数矩阵 R 相等。令 $E(X) = 0$ 是为了更方便地处理问题，当 $E(X) = \mu$ 时，令 $X^* = X - \mu$，即有 $EX^* = 0$。

（2）$Y = (Y_1, Y_2, \cdots, Y_m) (m \leqslant p)$ 是不可观测的随机向量，其均值向量 $E(Y) = 0$，协方差矩阵 $\mathrm{cov}(Y) = \mathrm{I}_m$，即向量 Y 的各变量是相互独立的。

（3）$\varepsilon = (\varepsilon_1, \varepsilon_2, \cdots \varepsilon_p)^{\mathsf{T}}$ 是不可观测的随机向量，与 Y 相互独立，且 $E(\varepsilon) = 0$，ε 的协方差矩阵 D 是对角方阵。

$$\mathrm{cov}(\varepsilon) = \sum\nolimits_{\varepsilon} = \begin{bmatrix} \sigma_{11}^2 & & & 0 \\ & \sigma_{22}^2 & & \\ & & \ddots & \\ 0 & & & \sigma_{pp}^2 \end{bmatrix} \tag{2-14}$$

即 $\boldsymbol{\varepsilon}$ 的各变量之间也是独立的，则因子模型可表示为

$$\begin{cases} \boldsymbol{X}_1 = a_{11}Y_1 + a_{12}Y_2 + \cdots + a_{1m}Y_m + \varepsilon_1 \\ \boldsymbol{X}_2 = a_{21}Y_1 + a_{22}Y_2 + \cdots + a_{2m}Y_m + \varepsilon_2 \\ \qquad\qquad\qquad \cdots \\ \boldsymbol{X}_p = a_{p1}Y_1 + a_{p2}Y_2 + \cdots + a_{pm}Y_m + \varepsilon_p \end{cases} \qquad (2-15)$$

其中，系数矩阵为

$$\boldsymbol{A} = \begin{bmatrix} a_{11} & a_{12} & \cdots & a_{1m} \\ a_{21} & a_{22} & \cdots & a_{2m} \\ \vdots & \vdots & \ddots & \vdots \\ a_{p1} & a_{p2} & \cdots & a_{pm} \end{bmatrix} \qquad (2-16)$$

协方差矩阵可表示为

$$\sum = \boldsymbol{A}\boldsymbol{A}^{\mathsf{T}} + \sum{}_{\varepsilon} \qquad (2-17)$$

故其矩阵形式可表示为

$$\boldsymbol{X} = \boldsymbol{A}\boldsymbol{Y} + \boldsymbol{\varepsilon} \qquad (2-18)$$

其中，$\varepsilon_1, \varepsilon_2, \cdots, \varepsilon_p$ 称为特殊因子，是向量 $\boldsymbol{X}$ 的分量 $X_i(i = 1, 2, \cdots, p)$ 所特有的因子。

矩阵 $\boldsymbol{A}$ 称为因子载荷矩阵，矩阵 $\boldsymbol{A}$ 中的元素 a_{ij} 称为因子载荷，a_{ij} 的绝对值越大（$| a_{ij} | \leqslant 1$），表明变量对于公共因子的相对重要性。实际上，由于因子分析法与主成分分析法非常类似，因子分析法中的因子载荷与主成分分析法中的主成分载荷是一致的。

根据式（2-15）对协方差矩阵 $\sum$ 进行分解，矩阵 $\boldsymbol{X}$ 的方差中各元素

$$\sigma_{ii} = \mathrm{var}(X_i) = h_i^2 + \sigma_{ii}^2 = 1 \quad i = (1, 2, \cdots, p) \qquad (2-19)$$

其中，h_i^2 为变量 X_i 的共同度，是衡量公共因子相对重要性的指标，表示为因子载荷矩阵 A 中第 i 行的平方和

$$h_i^2 = a_{i1}^2 + a_{i2}^2 + \cdots + a_{im}^2 \qquad (2-20)$$

h_i^2 越大，表明公共因子对 $\boldsymbol{X}$ 的贡献越大，或者说对 $\boldsymbol{X}$ 的影响和作用就越大。如果将因子载荷矩阵 $\boldsymbol{A}$ 的所有 h_i^2 都计算出来，并按其大小顺序，就可以依此提炼出最有影响的公共因子。σ_{ii}^2 称为唯一性或个体方差，指无法由公共因子贡献的方差部分。

2. 因子载荷矩阵估计

因子载荷可以使用主成分分析法、主因子法、极大似然法等方法进行参数估计，本书为保证读者知识连贯，沿用 2.2 节提到的主成分分析法，具体原理见 2.2.2 主成分分析法的基本原理部分。

3. 因子正交旋转

为了更好地解释公共因子的意义，需对 A 进行因子旋转，A 正交变换一次，对应坐标系就旋转一次，A 的这种变换即为因子轴的旋转。T 是任意正交矩阵，这会使旋转前后的 Y_j 对 X 的贡献发生变化，逐渐向 0 和 1 两极分化，使得每个原始变量主要由某个因子决定，而与其他因子关系不大，更有利于对公共因子进行解释。

对 A 右乘以一个正交矩阵 T。则因子模型（2-15）等价于

$$X = A^* Y^* + \varepsilon \qquad (2-21)$$

其中，

$$A^* = AT \qquad (2-22)$$

$$Y^* = T^{\mathrm{T}} Y \qquad (2-23)$$

正交旋转法保持旋转后因子的独立性，原本垂直的坐标轴在旋转后仍保持垂直，角度、距离和共同度不变，点的相对位置也维持原状，仅参考系改变。正交旋转法的优点是因子之间的信息不会重叠。常用的正交旋转法包括最大方差旋转法、最大四次方法、最大平衡值法等。

（1）最大方差旋转法：寻找能够最大化载荷矩阵中每列载荷平方方差的旋转载荷，使得 p 个变量在每个因子上的负荷尽可能分散，即负荷方差最大化。这种方法简化了因子负荷矩阵的列，是最常用的因子旋转方法。

（2）最大四次方法：最大四次方法通过简化载荷矩阵的行来实现。它通过旋转初始因子，使每个变量在一个因子上具有较高载荷，而在其他因子上的载荷尽可能低。该方法通过最大化因子载荷矩阵中每行载荷平方的方差来实现。

（3）最大平衡值法：最大平衡值法结合了最大方差旋转法和最大四次方法，旨在同时简化矩阵的行和列。

4. 计算因子得分

因子得分是公共因子 $Y_1, Y_2, \cdots, Y_m$ 在每个样品点上的得分。为此，需要得出公共因子用原始变量表示的线性表达式，将原始变量的取值代入其中，求出各因子的得分。建立以下回归方程，以公共因子 Y 为因变量，原始变量 X 为自变量，因子得分函数如下

$$Y_j = \beta_{j1} X_1 + \beta_{j2} X_2 + \cdots \beta_{jp} X_p, \qquad j = 1, 2, \cdots, m \qquad (2-24)$$

矩阵形式为

$$Y = BX \qquad (2-25)$$

其中，$B = b_{jk}$，当用回归分析法估计 B 时，未旋转时，$B = A^{\mathrm{T}} R^{-1}$，旋转后，$B = (A^*)^{\mathrm{T}} R^{-1}$。$A^*$ 是旋转后的因子载荷矩阵，R 为 X 的相关系数阵。

2.3.3 计算步骤

因子分析法的计算步骤包括建立因子模型、因子载荷矩阵估计、因子旋转和计算因子得分。因子分析的逻辑框如图2.2所示。

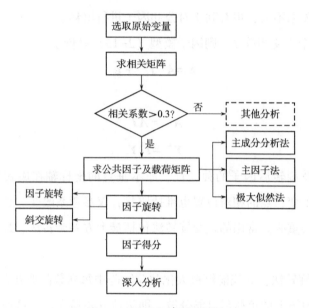

图2.2 因子分析逻辑框图

（1）建立因子模型：设有 n 个样本，每个样本有 p 个较强相关性的观测指标，即当有相关性较强的 p 个指标，建立因子模型。

（2）使用主成分分析法进行因子载荷矩阵估计：沿用2.2节提到的主成分分析法，具体步骤见2.2.3节主成分分析法的计算步骤部分。

（3）因子正交旋转：利用最大方差旋转法找到正交矩阵 T，然后进行因子旋转。

（4）计算因子得分：对不可观测的随机变量 $Y_1, Y_2, \cdots Y_m (m < p)$ 的取值做出估计。

2.3.4 程序代码

（1）输入原始数据、计算样本的协方差、计算各指标的相关系数和特征值，对应函数分别为 varname、obsname、zscore、cov、pcacov。

```
% 输入数据
X = [  ]
% 输入各列名称
varname = [ {'´, ", ……, '} ]
```

```
%输入各行名称
obsname = [{'','',……,''}]
%标准化原始矩阵
SX = zscore(X)
%求协方差矩阵
R = cov(SX)
%计算样本协方差、计算各指标、特征值及贡献率
[pc,latent,expiained] = pcacov(R)
```

（2）因子载荷矩阵估计与因子旋转，包括计算因子载荷矩阵，进行因子旋转，并计算贡献率，函数包括 factoran、Contribut、CumCont、varlambda。

调用格式：

```
%调用 factoran 函数根据原始观测数据作因子分析
[lambda,psi,T,stats,F] = factoran(X,2)
%计算贡献率
Contribut = 100 * sum(lambda.^2)/8
%计算累积贡献率
CumCont = cumsum(Contribut)
%将变量名和估计 lambda 组成矩阵
varlambda = [varname',num2cell(lambda)]
```

lambda：表示因子载荷矩阵；psi 表示特殊因子方差，是一个 p 行 p 列的对角矩阵，表示每个变量独特的方差；T 表示载荷矩阵旋转矩阵；stats 表示一个结构体，包含因子分析的统计信息；F 表示因子得分矩阵。

（3）将因子得分 F 分别按主要的因子得分进行排序。

调用格式：

```
%将评价对象与因子得分放在一个元胞数组中显示；
obsF = [obsname,num2cell(F)]
%按第一因子得分排序；
F1 = sortrows(obsF,2)
%按第二因子得分排序；
```

```
F2 = sortrows(obsF,3)
```

......

```
%按第 i 因子得分排序;
Fi = sortrows(obsF,i+1)
head = {'评价对象名称','第一因子名称','第一因子名称',……,'第 i 因子名称'};
%按第一因子得分排序结果;
result1 = [head;F1]
%按第二因子得分排序结果
result2 = [head;F2]
```

......

```
%按第 i 因子得分排序结果
resulti = [head;Fi]
```

num2cell（**F**）表示将因子得分矩阵 **F** 中的数值转换为单元格数组。每个单元格包含一个因子得分值；obsF 是一个包含多列的矩阵，其中第一列是观测样本名称，而后续列是对应的因子得分值。

2.3.5 案例应用

1. 案例/数据说明

表 2.3 列出了 1984 年洛杉矶奥运会 55 个国家或地区男子径赛成绩数据。

表 2.3　1984 年洛杉矶奥运会 55 个国家和地区男子径赛成绩　　　　（单位：秒）

序号	国家或地区	100m	200m	400m	800m	1 500m	5 000m	10 000m	马拉松
1	阿根廷	10. 39	20. 81	46. 84	1. 81	3. 70	14. 04	29. 36	137. 72
2	澳大利亚	10. 31	20. 06	44. 84	1. 74	3. 57	13. 28	27. 66	128. 30
3	奥地利	10. 44	20. 81	46. 82	1. 79	3. 60	13. 26	27. 72	135. 90
4	比利时	10. 34	20. 68	45. 04	1. 73	3. 60	13. 22	27. 45	129. 95
5	百慕大	10. 28	20. 58	45. 91	1. 80	3. 75	14. 68	30. 55	146. 62
6	巴西	10. 22	20. 43	45. 21	1. 73	3. 66	13. 62	28. 62	133. 13
7	缅甸	10. 64	21. 52	48. 30	1. 80	3. 85	14. 45	30. 28	139. 95
8	加拿大	10. 17	20. 22	45. 68	1. 76	3. 63	13. 55	28. 09	130. 15
9	智利	10. 34	20. 80	46. 20	1. 79	3. 71	13. 61	29. 30	134. 03

续表

序号	国家或地区	100m	200m	400m	800m	1 500m	5 000m	10 000m	马拉松
10	中国	10.51	21.04	47.30	1.81	3.73	13.90	29.13	133.53
11	哥伦比亚	10.43	21.05	46.10	1.82	3.74	13.49	27.88	131.35
12	库克群岛	12.18	23.20	52.94	2.02	4.24	16.70	35.38	164.70
13	哥斯达黎加	10.94	21.90	48.66	1.87	3.84	14.03	28.81	136.58
14	捷克斯洛伐克	10.35	20.65	45.64	1.76	3.58	13.42	28.19	134.32
15	丹麦	10.56	20.52	45.89	1.78	3.61	13.50	28.11	130.78
16	多米尼加共和国	10.14	20.65	46.8	1.82	3.82	14.91	31.45	154.12
17	芬兰	10.43	20.69	45.49	1.74	3.61	13.27	27.52	130.87
18	法国	10.11	20.38	45.28	1.73	3.57	13.34	27.97	132.30
19	德意志民主共和国	10.12	20.33	44.87	1.73	3.56	13.17	27.42	129.92
20	德意志联邦共和国	10.16	20.37	44.50	1.73	3.53	13.21	27.61	132.23
21	大不列颠及北爱尔兰联合王国	10.11	20.21	44.93	1.70	3.51	13.01	27.51	129.13
22	希腊	10.22	20.71	46.56	1.78	3.64	14.59	28.45	134.60
23	危地马拉	10.98	21.82	48.40	1.89	3.80	14.16	30.11	139.33
24	匈牙利	10.26	20.62	46.02	1.77	3.62	13.49	28.44	132.58
25	印度	10.60	21.42	45.73	1.76	3.73	13.77	28.81	131.98
26	印度尼西亚	10.59	21.49	47.80	1.84	3.92	14.73	30.79	148.83
27	以色列	10.61	20.96	46.30	1.79	3.56	13.32	27.81	132.35
28	爱尔兰	10.71	21.00	47.80	1.77	3.72	13.66	28.93	137.55
29	意大利	10.01	19.72	45.26	1.73	3.6	13.23	27.52	131.08
30	日本	10.34	20.81	45.86	1.79	3.64	13.41	27.72	128.63
31	肯尼亚	10.46	20.66	44.92	1.73	3.55	13.10	27.38	129.75
32	韩国	10.34	20.89	46.90	1.79	3.77	13.96	29.23	136.25
33	朝鲜民主主义人民共和国	10.91	21.94	47.30	1.85	3.77	14.13	29.67	130.87
34	卢森堡	10.35	20.77	47.40	1.82	3.67	13.64	29.08	141.27
35	马来西亚	10.40	20.92	46.30	1.82	3.80	14.64	31.01	154.10
36	毛里求斯	11.19	22.45	47.70	1.88	3.83	15.06	31.77	152.23
37	墨西哥	10.42	21.30	46.10	1.80	3.65	13.46	27.95	129.20
38	荷兰	10.52	20.95	45.10	1.74	3.62	13.36	27.61	129.02

序号	国家或地区	100m	200m	400m	800m	1 500m	5 000m	10 000m	马拉松
39	新西兰	10.51	20.88	46.10	1.74	3.54	13.21	27.70	128.98
40	挪威	10.55	21.16	46.71	1.76	3.62	13.34	27.69	131.48
41	巴布亚新几内亚	10.96	21.78	47.90	1.90	4.01	14.72	31.36	148.22
42	菲律宾	10.78	21.64	46.24	1.81	3.83	14.74	30.64	145.27
43	波兰	10.16	20.24	45.36	1.76	3.60	13.29	27.89	131.58
44	葡萄牙	10.53	21.17	46.70	1.79	3.62	13.13	27.38	128.65
45	罗马尼亚	10.41	20.98	45.87	1.76	3.64	13.25	27.67	132.50
46	新加坡	10.38	21.28	47.40	1.88	3.89	15.11	31.32	157.77
47	西班牙	10.42	20.77	45.98	1.76	3.55	13.31	27.73	131.57
48	瑞士	10.25	20.61	45.63	1.77	3.61	13.29	27.94	130.63
49	瑞典	10.37	20.46	45.78	1.78	3.55	13.22	27.91	131.20
50	中国台北	10.59	21.29	46.8	1.79	3.77	14.07	30.07	139.27
51	泰国	10.39	21.09	47.91	1.83	3.84	15.23	32.56	149.90
52	土耳其	10.71	21.43	47.6	1.79	3.67	13.56	28.58	131.50
53	美国	9.93	19.75	43.86	1.73	3.53	13.20	27.43	128.22
54	苏联	10.07	20.00	44.6	1.75	3.59	13.20	27.53	130.55
55	西萨摩亚	10.82	21.86	49.00	2.02	4.24	16.28	34.71	161.83

2. 研究问题描述

以 1984 年洛杉矶奥运会 55 个国家或地区在 100m、200m、400m、800m、1 500m、5 000m、10 000m 和马拉松 8 个赛事为研究对象，利用因子分析法，借助 Matlab 软件，选择公共因子，并计算因子得分，以便分析各个国家或地区在径赛项目上的优势。

3. 案例实现过程

本案例采用的分析方法为主成分法。得出公共因子的数量为 2。

（1）输入原始数据、计算样本的协方差、各指标的相关系数和特征值。

主成分的贡献率即主成分因子载荷，反映了主成分与评价指标的相关系数，代表评价指标对主成分的重要性。由（1）中输出结果可见，前 2 个主成分的总贡献率已达 93.747%，根据公式 $(\lambda_1 + \lambda_2 + \cdots + \lambda_m)/p \geq 0.9$ 可初步拟定公共因子数 m 为 2。

输入程序				输出变量值			
X = [10.39	20.81	46.84	1.81	X = 10.3900	20.8100	46.8400	1.8100
3.7	14.04	29.36	137.72	3.7000	14.0400	29.3600	137.7200
10.31	20.06	44.84	1.74	10.3100	20.0600	44.8400	1.7400
3.57	13.28	27.66	128.3	3.5700	13.2800	27.6600	128.3000
10.44	20.81	46.82	1.79	10.4400	20.8100	46.8200	1.7900
3.6	13.26	27.72	135.9	3.6000	13.2600	27.7200	135.9000
10.34	20.68	45.04	1.73	10.3400	20.6800	45.0400	1.7300
3.6	13.22	27.45	129.95	3.6000	13.2200	27.4500	129.9500
10.28	20.58	45.91	1.8	10.2800	20.5800	45.9100	1.8000
3.75	14.68	30.55	146.62	3.7500	14.6800	30.5500	146.6200
10.22	20.43	45.21	1.73	10.2200	20.4300	45.2100	1.7300
3.66	13.62	28.62	133.13	3.6600	13.6200	28.6200	133.1300
10.64	21.52	48.3	1.8	10.6400	21.5200	48.3000	1.8000
3.85	14.45	30.28	139.95	3.8500	14.4500	30.2800	139.9500
10.17	20.22	45.68	1.76	10.1700	20.2200	45.6800	1.7600
3.63	13.55	28.09	130.15	3.6300	13.5500	28.0900	130.1500
10.34	20.80	46.20	1.79	10.3400	20.8000	46.2000	1.7900
3.71	13.61	29.30	134.03	3.7100	13.6100	29.3000	134.0300
10.51	21.04	47.30	1.81	10.5100	21.0400	47.3000	1.8100
3.73	13.90	29.13	133.53	3.7300	13.9000	29.1300	133.5300
10.43	21.05	46.10	1.82	10.4300	21.0500	46.1000	1.8200
3.74	13.49	27.88	131.35	3.7400	13.4900	27.8800	131.3500
12.18	23.20	52.94	2.02	12.1800	23.2000	52.9400	2.0200
4.24	16.70	35.38	164.70	4.2400	16.7000	35.3800	164.7000
10.94	21.90	48.66	1.87	10.9400	21.9000	48.6600	1.8700
3.84	14.03	28.81	136.58	3.8400	14.0300	28.8100	136.5800
10.35	20.65	45.64	1.76	10.3500	20.6500	45.6400	1.7600
3.58	13.42	28.19	134.32	3.5800	13.4200	28.1900	134.3200
10.56	20.52	45.89	1.78	10.5600	20.5200	45.8900	1.7800
3.61	13.50	28.11	130.78	3.6100	13.5000	28.1100	130.7800
10.14	20.65	46.8	1.82	10.1400	20.6500	46.8000	1.8200
3.82	14.91	31.45	154.12	3.8200	14.9100	31.4500	154.1200
10.43	20.69	45.49	1.74	10.4300	20.6900	45.4900	1.7400
3.61	13.27	27.52	130.87	3.6100	13.2700	27.5200	130.8700
10.11	20.38	45.28	1.73	10.1100	20.3800	45.2800	1.7300
3.57	13.34	27.97	132.30	3.5700	13.3400	27.9700	132.3000
10.12	20.33	44.87	1.73	10.1200	20.3300	44.8700	1.7300
3.56	13.17	27.42	129.92	3.5600	13.1700	27.4200	129.9200
10.16	20.37	44.50	1.73	10.1600	20.3700	44.5000	1.7300
3.53	13.21	27.61	132.23	3.5300	13.2100	27.6100	132.2300
10.11	20.21	44.93	1.70	10.1100	20.2100	44.9300	1.7000
3.51	13.01	27.51	129.13	3.5100	13.0100	27.5100	129.1300

输入程序				输出变量值			
10.22	20.71	46.56	1.78	10.2200	20.7100	46.5600	1.7800
3.64	14.59	28.45	134.60	3.6400	14.5900	28.4500	134.6000
10.98	21.82	48.40	1.89	10.9800	21.8200	48.4000	1.8900
3.80	14.16	30.11	139.33	3.8000	14.1600	30.1100	139.3300
10.26	20.62	46.02	1.77	10.2600	20.6200	46.0200	1.7700
3.62	13.49	28.44	132.58	3.6200	13.4900	28.4400	132.5800
10.60	21.42	45.73	1.76	10.6000	21.4200	45.7300	1.7600
3.73	13.77	28.81	131.98	3.7300	13.7700	28.8100	131.9800
10.59	21.49	47.80	1.84	10.5900	21.4900	47.8000	1.8400
3.92	14.73	30.79	148.83	3.9200	14.7300	30.7900	148.8300
10.61	20.96	46.30	1.79	10.6100	20.9600	46.3000	1.7900
3.56	13.32	27.81	132.35	3.5600	13.3200	27.8100	132.3500
10.71	21.00	47.80	1.77	10.7100	21.0000	47.8000	1.7700
3.72	13.66	28.93	137.55	3.7200	13.6600	28.9300	137.5500
10.01	19.72	45.26	1.73	10.0100	19.7200	45.2600	1.7300
3.6	13.23	27.52	131.08	3.6000	13.2300	27.5200	131.0800
10.34	20.81	45.86	1.79	10.3400	20.8100	45.8600	1.7900
3.64	13.41	27.72	128.63	3.6400	13.4100	27.7200	128.6300
10.46	20.66	44.92	1.73	10.4600	20.6600	44.9200	1.7300
3.55	13.10	27.38	129.75	3.5500	13.1000	27.3800	129.7500
10.34	20.89	46.90	1.79	10.3400	20.8900	46.9000	1.7900
3.77	13.96	29.23	136.25	3.7700	13.9600	29.2300	136.2500
10.91	21.94	47.30	1.85	10.9100	21.9400	47.3000	1.8500
3.77	14.13	29.67	130.87	3.7700	14.1300	29.6700	130.8700
10.35	20.77	47.40	1.82	10.3500	20.7700	47.4000	1.8200
3.67	13.64	29.08	141.27	3.6700	13.6400	29.0800	141.2700
10.40	20.92	46.30	1.82	10.4000	20.9200	46.3000	1.8200
3.80	14.64	31.01	154.10	3.8000	14.6400	31.0100	154.1000
11.19	22.45	47.70	1.88	11.1900	22.4500	47.7000	1.8800
3.83	15.06	31.77	152.23	3.8300	15.0600	31.7700	152.2300
10.42	21.30	46.10	1.80	10.4200	21.3000	46.1000	1.8000
3.65	13.46	27.95	129.20	3.6500	13.4600	27.9500	129.2000
10.52	20.95	45.10	1.74	10.5200	20.9500	45.1000	1.7400
3.62	13.36	27.61	129.02	3.6200	13.3600	27.6100	129.0200
10.51	20.88	46.10	1.74	10.5100	20.8800	46.1000	1.7400
3.54	13.21	27.70	128.98	3.5400	13.2100	27.7000	128.9800
10.55	21.16	46.71	1.76	10.5500	21.1600	46.7100	1.7600
3.62	13.34	27.69	131.48	3.6200	13.3400	27.6900	131.4800
10.96	21.78	47.90	1.90	10.9600	21.7800	47.9000	1.9000
4.01	14.72	31.36	148.22	4.0100	14.7200	31.3600	148.2200
10.78	21.64	46.24	1.81	10.7800	21.6400	46.2400	1.8100
3.83	14.74	30.64	145.27	3.8300	14.7400	30.6400	145.2700

续表

输入程序				输出变量值			
10.16	20.24	45.36	1.76	10.1600	20.2400	45.3600	1.7600
3.60	13.29	27.89	131.58	3.6000	13.2900	27.8900	131.5800
10.53	21.17	46.70	1.79	10.5300	21.1700	46.7000	1.7900
3.62	13.13	27.38	128.65	3.6200	13.1300	27.3800	128.6500
10.41	20.98	45.87	1.76	10.4100	20.9800	45.8700	1.7600
3.64	13.25	27.67	132.50	3.6400	13.2500	27.6700	132.5000
10.38	21.28	47.40	1.88	10.3800	21.2800	47.4000	1.8800
3.89	15.11	31.32	157.77	3.8900	15.1100	31.3200	157.7700
10.42	20.77	45.98	1.76	10.4200	20.7700	45.9800	1.7600
3.55	13.31	27.73	131.57	3.5500	13.3100	27.7300	131.5700
10.25	20.61	45.63	1.77	10.2500	20.6100	45.6300	1.7700
3.61	13.29	27.94	130.63	3.6100	13.2900	27.9400	130.6300
10.37	20.46	45.78	1.78	10.3700	20.4600	45.7800	1.7800
3.55	13.22	27.91	131.20	3.5500	13.2200	27.9100	131.2000
10.59	21.29	46.8	1.79	10.5900	21.2900	46.8000	1.7900
3.77	14.07	30.07	139.27	3.7700	14.0700	30.0700	139.2700
10.39	21.09	47.91	1.83	10.3900	21.0900	47.9100	1.8300
3.84	15.23	32.56	149.90	3.8400	15.2300	32.5600	149.9000
10.71	21.43	47.6	1.79	10.7100	21.4300	47.6000	1.7900
3.67	13.56	28.58	131.50	3.6700	13.5600	28.5800	131.5000
9.93	19.75	43.86	1.73	9.9300	19.7500	43.8600	1.7300
3.53	13.20	27.43	128.22	3.5300	13.2000	27.4300	128.2200
10.07	20.00	44.6	1.75	10.0700	20.0000	44.6000	1.7500
3.59	13.20	27.53	130.55	3.5900	13.2000	27.5300	130.5500
10.82	21.86	49.00	2.02	10.8200	21.8600	49.0000	2.0200
4.24	16.28	34.71	161.83]	4.2400	16.2800	34.7100	161.8300

% 输入数据
  % 输入变量名
  varname = [{'100 米','200 米','400 米','800 米','1500 米','5000 米','10000 米', '马拉松'}]

  %输入国家名或地区名
  obsname =

  [{'阿根廷'
  '澳大利亚'
  '奥地利'

varname =

1×8cell 数组

{'100 米'} {'200 米'} {'400 米'} {'800 米'} {'1500 米'} {'5000 米'} {'10000 米'} {'马拉松'}

obsname =

55×1cell 数组
{'阿根廷'　　}
{'澳大利亚'　}
{'奥地利'　　}

续表

输入程序	输出变量值
'比利时'	{'比利时' }
'百慕大'	{'百慕大' }
'巴西'	{'巴西' }
'缅甸'	{'缅甸' }
'加拿大'	{'加拿大' }
'智利'	{'智利' }
'中国'	{'中国' }
'哥伦比亚'	{'哥伦比亚' }
'库克群岛'	{'库克群岛' }
'哥斯达黎加'	{'哥斯达黎加' }
'捷克斯洛伐克'	{'捷克斯洛伐克' }
'丹麦'	{'丹麦' }
'多米尼加共和国'	{'多米尼加共和国' }
'芬兰'	{'芬兰' }
'法国'	{'法国' }
'德意志民主共和国'	{'德意志民主共和国' }
'德意志联邦共和国'	{'德意志联邦共和国' }
'大不列颠及北爱尔兰'	{'大不列颠及北爱尔兰'}
'希腊'	{'希腊' }
'危地马拉'	{'危地马拉' }
'匈牙利'	{'匈牙利' }
'印度'	{'印度' }
'印度尼西亚'	{'印度尼西亚' }
'以色列'	{'以色列' }
'爱尔兰'	{'爱尔兰' }
'意大利'	{'意大利' }
'日本'	{'日本' }
'肯尼亚'	{'肯尼亚' }
'韩国'	{'韩国' }
'朝鲜民主主义人民共和国'	{'朝鲜民主主义人民共和国'}
'卢森堡'	{'卢森堡' }
'马来西亚'	{'马来西亚' }
'毛里求斯'	{'毛里求斯' }
'墨西哥'	{'墨西哥' }
'荷兰'	{'荷兰' }
'新西兰'	{'新西兰' }
'挪威'	{'挪威' }
'巴布亚新几内亚'	{'巴布亚新几内亚' }
'菲律宾'	{'菲律宾' }
'波兰'	{'波兰' }
'葡萄牙'	{'葡萄牙' }
'罗马尼亚'	{'罗马尼亚' }

续表

输入程序	输出变量值
'新加坡' 　'西班牙' 　'瑞士' 　'瑞典' 　'中国台北' 　'泰国' 　'土耳其' 　'美国' 　'苏联' 　'西萨摩亚'｜]	｛'新加坡'　　｝ ｛'西班牙'　　｝ ｛'瑞士'　　　｝ ｛'瑞典'　　　｝ ｛'中国台北'　　｝ ｛'泰国'　　　｝ ｛'土耳其'　　｝ ｛'美国'　　　｝ ｛'苏联'　　　｝ ｛'西萨摩亚'　　｝

%标准化原始矩阵
SX=zscore (X)

```
X1 =-0.2307   -0.2022    0.2754    0.2627
      0.0117    0.2424    0.2052    0.1188
     -0.4584   -1.3657   -1.0973   -0.8365
     -0.8222   -0.7062   -0.7352   -0.9021
     -0.0885   -0.2022    0.2617   -0.0514
     -0.6297   -0.7312   -0.7020   -0.0785
     -0.3730   -0.4039   -0.9600   -0.9935
     -0.6297   -0.7811   -0.8514   -0.7233
     -0.5438   -0.5590   -0.3629    0.1056
      0.3324    1.0412    0.8635    1.0833
     -0.7145   -0.7917   -0.8433   -0.9935
     -0.2449   -0.2819   -0.2042   -0.3787
      0.4806    0.8992    1.2775    0.1056
      0.9738    0.7541    0.7141    0.3605
     -0.8568   -1.1175   -0.5207   -0.5225
     -0.4373   -0.3692   -0.4974   -0.7016
     -0.3730   -0.2177   -0.1638   -0.0514
      0.0758   -0.2943    0.1720   -0.2811
      0.1107    0.1546    0.5911    0.2627
      0.2041    0.0676    0.0779   -0.3353
     -0.1169    0.1701   -0.2325    0.4197
      0.2682   -0.4441   -0.6135   -0.5716
      4.8627    3.5052    4.4620    3.5601
      3.4752    3.5626    3.5353    3.0428
      1.3343    1.4886    1.5245    1.2048
      0.9096    0.2299   -0.0991   -0.0048
     -0.3446   -0.4504   -0.5482   -0.5225
     -0.7580   -0.5315   -0.4420   -0.2497
      0.2530   -0.6521   -0.3766   -0.2084
     -0.5656   -0.4316   -0.4863   -0.6334
```

输入程序	输出变量值			
	−0.9421	−0.4504	0.2480	0.4197
	0.7813	1.3283	1.3613	1.8962
	−0.1169	−0.3884	−0.6511	−0.8365
	−0.5656	−0.7187	−0.8127	−0.6236
	−1.0275	−0.8693	−0.7953	−0.9935
	−0.8222	−0.6314	−0.5637	−0.4686
	−0.9990	−0.9468	−1.0767	−0.9935
	−0.8863	−0.8435	−0.8680	−0.7266
	−0.8852	−0.8848	−1.3306	−0.9935
	−1.0787	−0.7936	−0.7629	−0.4762
	−1.0275	−1.1330	−1.0355	−1.4646
	−1.2070	−1.0433	−0.8182	−0.8122
	−0.7145	−0.3573	0.0832	−0.2084
	−0.3732	0.9289	−0.2982	−0.2194
	1.4481	1.3645	1.3461	1.5188
	0.6531	0.3922	0.6201	0.2933
	−0.6007	−0.4970	−0.2874	−0.3654
	−0.5015	−0.4441	−0.3037	−0.4383
	0.3668	0.7440	−0.4864	−0.5225
	0.2041	−0.0946	−0.0991	−0.5033
	0.3384	0.8526	0.9343	0.7337
	1.4227	1.1036	0.9962	1.3229
	−0.8863	−0.6563	−0.6522	−0.4632
	0.6798	0.0925	0.9343	−0.3654
	0.1399	−0.2319	−0.0327	0.1004
	−1.3120	−1.8931	−0.8090	−0.9935
	−0.6297	−0.7687	−0.8127	−0.6008
	−0.3730	−0.2022	−0.3972	−0.0514
	−0.3732	−0.5440	−0.7020	−0.8664
	−0.0316	−0.4349	−1.0424	−0.9935
	−0.9504	−0.9309	−0.8901	−0.7450
	−0.3730	−0.0781	0.3166	−0.0514
	0.4606	0.1425	0.1333	−0.0405
	1.2489	1.5507	0.5911	0.8908
	0.4606	0.3547	0.3767	−0.6236
	−0.3446	−0.2643	0.6598	0.4197
	−0.1808	−0.2569	0.0503	0.5035
	−0.2023	−0.0316	−0.0952	0.4197
	0.6531	0.9913	1.1179	1.8940
	2.0457	2.3418	0.8657	1.3618
	0.8455	1.5155	1.5383	1.6913
	−0.1454	0.5579	−0.2325	0.1056

输入程序	输出变量值			
	−0.3090	−0.4816	−0.5748	−0.8046
	0.1392	0.0149	−0.9188	−0.8365
	−0.5015	−0.6064	−0.7629	−0.8241
	0.1107	−0.0936	−0.2325	−0.8365
	−1.0146	−0.7936	−0.7131	−0.8284
	0.2245	0.3407	0.1862	−0.5225
	−0.5015	−0.6314	−0.7186	−0.5575
	1.3912	1.3025	1.0029	1.6759
	2.0000	1.0911	1.3115	1.2567
	0.8790	1.0853	−0.1364	0.2627
	0.8455	1.1161	0.9132	0.9370
	−0.8852	−1.0864	−0.7404	−0.5225
	−0.6297	−0.6938	−0.6080	−0.5467
	0.1676	0.3562	0.1793	−0.0514
	−0.5015	−0.8935	−0.8901	−0.8642
	−0.1738	0.0615	−0.3903	−0.5225
	−0.3732	−0.7437	−0.7297	−0.4469
	−0.2592	0.5269	0.6598	1.3618
	1.2303	1.5779	1.2894	2.2917
	−0.1454	−0.2643	−0.3148	−0.5225
	−0.9504	−0.6688	−0.6965	−0.5477
	−0.6291	−0.5125	−0.5551	−0.3654
	−0.5656	−0.6938	−0.5803	−0.6496
	−0.2877	−0.7452	−0.4521	−0.2084
	−0.9504	−0.7811	−0.5969	−0.5878
	0.3384	0.5424	0.2480	−0.0514
	0.4606	0.2798	0.5979	0.2868
	−0.2307	0.2321	1.0098	0.5767
	0.9096	1.7277	1.9754	1.4388
	0.6798	0.7595	0.7970	−0.0514
	−0.1808	−0.3568	−0.2263	−0.5553
	−1.5397	−1.8465	−1.7699	−0.9935
	−1.0787	−0.8061	−0.8625	−0.9108
	−1.1413	−1.4587	−1.2620	−0.6795
	−0.6939	−0.8061	−0.8071	−0.6583
	0.9928	1.4266	1.7579	3.5601
	3.4752	3.0383	3.1647	2.7318
%求协方差矩阵 R=cov（SX）	R= 1.0000	0.9226	0.8411	0.7560
	0.7002	0.6195	0.6325	0.5199
	0.9226	1.0000	0.8507	0.8066
	0.7750	0.6954	0.6965	0.5962

输入程序	输出变量值			
	0.8411	0.8507	1.0000	0.8702
	0.8353	0.7786	0.7872	0.7050
	0.7560	0.8066	0.8702	1.0000
	0.9180	0.8636	0.8690	0.8065
	0.7002	0.7750	0.8353	0.9180
	1.0000	0.9281	0.9347	0.8655
	0.6195	0.6954	0.7786	0.8636
	0.9281	1.0000	0.9746	0.9322
	0.6325	0.6965	0.7872	0.8690
	0.9347	0.9746	1.0000	0.9432
	0.5199	0.5962	0.7050	0.8065
	0.8655	0.9322	0.9432	1.0000
%计算样本协方差、各指标的特征值及贡献率 [pc, latent, expiained] =pcacov (R)	pc = 0.3176	0.5669	-0.3323	0.1276
	0.2626	-0.5937	0.1362	-0.1055
	0.3370	0.4616	-0.3607	-0.2591
	-0.1540	0.6561	-0.1126	0.0961
	0.3556	0.2483	0.5605	0.6523
	-0.2183	0.1566	-0.0029	0.0001
	0.3687	0.0124	0.5325	-0.4800
	0.5401	-0.0147	-0.2380	0.0382
	0.3728	-0.1398	0.1534	-0.4045
	-0.4877	-0.1578	0.6100	-0.1393
	0.3644	-0.3120	-0.1898	0.0296
	-0.2540	-0.1413	-0.5913	-0.5467
	0.3668	-0.3069	-0.1818	0.0801
	-0.1332	-0.2190	-0.1769	0.7968
	0.3419	-0.4390	-0.2632	0.2995
	0.4979	0.3153	0.3988	-0.1582
	latent =			
	6.6221			
	0.8776			
	0.1593			
	0.1240			
	0.0799			
	0.0680			
	0.0464			
	0.0226			

输入程序	输出变量值
	expiainde = 　82.7768 　10.9702 　 1.9915 　 1.5506 　 0.9985 　 0.8496 　 0.5802 　 0.2825

（2）作因子分析，2 个公共因子。

因子分析中确定因子载荷或因子载荷矩阵 *A* 有多种方法，如主成分法、主轴因子法、最小二乘法、极大似然法和 α 因子提前法等。这些方法的求解出发点不同，结果也不完全相同。因此，因子分析得出的累计贡献率与主成分法得出的贡献率有所差别。

输入程序	输出变量值
%调用 factoran 函数根据原始观测数据，使用最大方差旋转法作因子分析，公共因子数为 2 　[lambda, psi, T, stats, F] = factoran (X, 2)	lambda = 0.2876　0.9145 　　　　　0.3790　0.8835 　　　　　0.5405　0.7460 　　　　　0.6891　0.6244 　　　　　0.7967　0.5324 　　　　　0.8993　0.3968 　　　　　0.9058　0.4019 　　　　　0.9138　0.2809 psi = 　0.0810 　0.0758 　0.1514 　0.1353 　0.0817 　0.0338 　0.0180 　0.0860 T = 　 0.8460　0.5331 　-0.5331　0.8460 stats =

输入程序	输出变量值
	包含以下字段的 struct: loglike: -0.3327 dfe: 13 chisq: 16.3593 p: 0.2303 F = 0.3559 -0.2915 -0.4780 -0.8471 -0.7700 0.2096 -0.8101 -0.2296 1.5513 -1.2863 0.1130 -0.9439 0.4870 0.6517 -0.1077 -0.9427 0.1283 -0.3221 -0.0807 0.3137 -0.6971 0.4201 2.1491 3.8666 -0.7703 2.0418 -0.3658 -0.3744 -0.5524 -0.0057 2.2451 -1.6206 -0.8307 -0.0362 -0.2249 -1.0027 -0.5469 -0.9058 -0.4472 -0.9495 -0.5690 -1.0585 0.3541 -0.6699 -0.1484 1.7113 -0.1908 -0.4946 -0.4443 0.6125 1.1054 0.2773 -0.9685 0.5613 -0.3487 0.6141 -0.1339 -1.5855 -0.7194 0.0366 -1.0005 -0.0460 0.2728 -0.2344 -0.4679 1.7101 0.1439 -0.2381 1.6495 -0.9003 0.8386 1.7727 -0.8522 0.5704

输入程序	输出变量值
	-0.9430　0.2815
	-1.0196　0.3119
	-1.0439　0.6911
	0.9329　1.1914
	0.8011　0.5121
	-0.2759　-0.9260
	-1.3163　0.8694
	-0.8484　0.2215
	1.9305　-0.5694
	-0.7851　0.0249
	-0.4985　-0.4038
	-0.6000　-0.3152
	0.3723　0.2694
	2.3334　-0.8775
	-0.8423　1.1545
	-0.1616　-1.8243
	-0.2886　-1.2890
	3.3842　0.2935
%计算贡献率，因子载荷矩阵的列元素的平方和除以维数 Contribut = 100 * sum（lambda. ^2）/8	Contribut = 51.1556　40.5565
%计算累积贡献率 CumCont = cumsum（Contribut）	CumCont = 51.1556　91.7121
%将变量名和估计 lambda 组成矩阵 varlambda = ［varname', num2cell（lambda）］	varlambda = 8×3 cell 数组 ｛'100 米'｝　　｛［0.2876］｝　　｛［0.9145］｝ ｛'200 米'｝　　｛［0.3790］｝　　｛［0.8835］｝ ｛'400 米'｝　　｛［0.5405］｝　　｛［0.7460］｝ ｛'800 米'｝　　｛［0.6891］｝　　｛［0.6244］｝ ｛'1500 米'｝　　｛［0.7967］｝　　｛［0.5324］｝ ｛'5000 米'｝　　｛［0.8993］｝　　｛［0.3968］｝ ｛'10000 米'｝　　｛［0.9058］｝　　｛［0.4019］｝ ｛'马拉松'｝　　｛［0.9138］｝　　｛［0.2809］｝

结果分析：

从当前因子载荷矩阵的估计值来看，5 000m、10 000m 和马拉松的成绩在第一个公共因子上的载荷较大，表明第一个公共因子反映的是耐力，因此可解释为耐力因子。100m和 200m 的成绩在第二个公共因子上的载荷较大，表明第二个公共因子反映的是速度，因此可解释为速度因子。两个因子对原始数据总方差的贡献率分别为 51.1556% 和40.5565%，累积贡献率达 91.7121%。由于后续公共因子的特征值较小，对原有变量的解释力逐渐减弱，因此提取两个公共因子是合适的，可用其代替原始数据进行下一步运算。令 100m、200m、400m、800m、1 500m、5 000m、10 000m 和马拉松分别为 $X_1, X_2, \cdots, X_8$，令耐力因子和速度因子分别为 F_1 和 F_2，由输出结果可知：

$$\begin{cases} X_1 = 0.2876F_1 + 0.9145F_2 \\ X_2 = 0.3790F_1 + 0.8835F_2 \\ X_3 = 0.5405F_1 + 0.7460F_2 \\ X_4 = 0.6891F_1 + 0.6244F_2 \\ X_5 = 0.7967F_1 + 0.5324F_2 \\ X_6 = 0.8993F_1 + 0.3968F_2 \\ X_7 = 0.9058F_1 + 0.4019F_2 \\ X_8 = 0.9138F_1 + 0.2809F_2 \end{cases}$$

从特殊方差矩阵的估计值 psi 来看，每个变量的特殊方差都较小，只有 400 米和 800米的成绩对应的特殊方差超过了 0.1，没有出现海伍德现象，说明两个因子的模型拟合效果很好。

根据模型检验信息 stats，检验的 p 值为 0.2303，大于 0.05，在显著性水平 0.05 下接受原假设（H0：$m=2$）。这表明用两个公共因子的因子模型拟合原始数据是合适的。

（3）因子得分。

下面将因子得分 F 分别按耐力因子得分和速度因子得分进行排序，以便分析各个国家或地区在径赛项目上的优势。

输入程序	输出变量值
%将国家和地区名与因子得分刚在一个元胞数组中显示 obsF = [obsname, num2cell (F)]	obsF = 　55×3 cell 数组

obsF =

　55×3 cell 数组

{'阿根廷'　　　}	{[0.3559] }	{[-0.2915] }
{'澳大利亚'　}	{[-0.4780] }	{[-0.8471] }
{'奥地利'　　}	{[-0.7700] }	{[0.2096] }
{'比利时'　　}	{[-0.8101] }	{[-0.2296] }
{'百慕大'　　}	{[1.5513] }	{[-1.2863] }
{'巴西'　　　}	{[0.1130] }	{[-0.9439] }
{'缅甸'　　　}	{[0.4870] }	{[0.6517] }
{'加拿大'　　}	{[-0.1077] }	{[-0.9427] }
{'智利'　　　}	{[0.1283] }	{[-0.3221] }
{'中国'　　　}	{[-0.0807] }	{[0.3137] }
{'哥伦比亚'　}	{[-0.6971] }	{[0.4201] }
{'库克群岛'　}	{[2.1491] }	{[3.8666] }
{'哥斯达黎加'}	{[-0.7703] }	{[2.0418] }
{'捷克斯洛伐克'}	{[-0.3658] }	{[-0.3744] }
{'丹麦'　　　}	{[-0.5524] }	{[-0.0057] }
{'多米尼加共和国'}	{[2.2451] }	{[-1.6206] }
{'芬兰'　　　}	{[-0.8307] }	{[-0.0362] }
{'法国'　　　}	{[-0.2249] }	{[-1.0027] }
{'德意志民主共和国'}	{[-0.5469] }	{[-0.9058] }
{'德意志联邦共和国'}	{[-0.4472] }	{[-0.9495] }
{'大不列颠及北爱尔兰'}	{[-0.5690]}	{[-1.0585]}
{'希腊'　　　}	{[0.3541] }	{[-0.6699] }
{'危地马拉'　}	{[-0.1484] }	{[1.7113] }
{'匈牙利'　　}	{[-0.1908] }	{[-0.4946] }
{'印度'　　　}	{[-0.4443] }	{[0.6125] }
{'印度尼西亚'}	{[1.1054] }	{[0.2773] }
{'以色列'　　}	{[-0.9685] }	{[0.5613] }
{'爱尔兰'　　}	{[-0.3487] }	{[0.6141] }
{'意大利'　　}	{[-0.1339] }	{[-1.5855] }
{'日本'　　　}	{[-0.7194] }	{[0.0366] }
{'肯尼亚'　　}	{[-1.0005] }	{[-0.0460] }
{'韩国'　　　}	{[0.2728] }	{[-0.2344] }
{'朝鲜民主主义人民共和国'}	{[-0.4679]}	{[1.7101] }
{'卢森堡'　　}	{[0.1439] }	{[-0.2381] }
{'马来西亚'　}	{[1.6495] }	{[-0.9003] }
{'毛里求斯'　}	{[0.8386] }	{[1.7727] }

输入程序	输出变量值		
	{'墨西哥'　}	{[-0.8522]}	{[0.5704]}
	{'荷兰'　}	{[-0.9430]}	{[0.2815]}
	{'新西兰'　}	{[-1.0196]}	{[0.3119]}
	{'挪威'　}	{[-1.0439]}	{[0.6911]}
	{'巴布亚新几内亚'}	{[0.9329]}	{[1.1914]}
	{'菲律宾'　}	{[0.8011]}	{[0.5121]}
	{'波兰'　}	{[-0.2759]}	{[-0.9260]}
	{'葡萄牙'　}	{[-1.3163]}	{[0.8694]}
	{'罗马尼亚'　}	{[-0.8484]}	{[0.2215]}
	{'新加坡'　}	{[1.9305]}	{[-0.5694]}
	{'西班牙'　}	{[-0.7851]}	{[0.0249]}
	{'瑞士'　}	{[-0.4985]}	{[-0.4038]}
	{'瑞典'　}	{[-0.6000]}	{[-0.3152]}
	{'中国台北'　}	{[0.3723]}	{[0.2694]}
	{'泰国'　}	{[2.3334]}	{[-0.8775]}
	{'土耳其'　}	{[-0.8423]}	{[1.1545]}
	{'美国'　}	{[-0.1616]}	{[-1.8243]}
	{'苏联'　}	{[-0.2886]}	{[-1.2890]}
	{'西萨摩亚'　}	{[3.3842]}	{[0.2935]}
%按耐力因子得分排序 F1 = sortrows (obsF, 2)	F1 = 　55×3cell 数组		
	{'葡萄牙'　}	{[-1.3163]}	{[0.8694]}
	{'挪威'　}	{[-1.0439]}	{[0.6911]}
	{'新西兰'　}	{[-1.0196]}	{[0.3119]}
	{'肯尼亚'　}	{[-1.0005]}	{[-0.0460]}
	{'以色列'　}	{[-0.9685]}	{[0.5613]}
	{'荷兰'　}	{[-0.9430]}	{[0.2815]}
	{'墨西哥'　}	{[-0.8522]}	{[0.5704]}
	{'罗马尼亚'　}	{[-0.8484]}	{[0.2215]}
	{'土耳其'　}	{[-0.8423]}	{[1.1545]}
	{'芬兰'　}	{[-0.8307]}	{[-0.0362]}
	{'比利时'　}	{[-0.8101]}	{[-0.2296]}
	{'西班牙'　}	{[-0.7851]}	{[0.0249]}
	{'哥斯达黎加'　}	{[-0.7703]}	{[2.0418]}
	{'奥地利'　}	{[-0.7700]}	{[0.2096]}
	{'日本'　}	{[-0.7194]}	{[0.0366]}
	{'哥伦比亚'　}	{[-0.6971]}	{[0.4201]}
	{'瑞典'　}	{[-0.6000]}	{[-0.3152]}

续表

输入程序	输出变量值
	{'大不列颠及北爱尔兰'}　　{[-0.5690]} {[-1.0585]} 　{'丹麦'　　}　{[-0.5524]}　{[-0.0057]} 　{'德意志民主共和国'}　{[-0.5469]}　{[-0.9058]} 　{'瑞士'　　}　{[-0.4985]}　{[-0.4038]} 　{'澳大利亚'　}　{[-0.4780]}　{[-0.8471]} 　{'朝鲜民主主义人民共和国'}　{[-0.4679]} {[1.7101]} 　{'德意志联邦共和国'}　{[-0.4472]}　{[-0.9495]} 　{'印度'　　}　{[-0.4443]}　{[0.6125]} 　{'捷克斯洛伐克'}　{[-0.3658]}　{[-0.3744]} 　{'爱尔兰'　}　{[-0.3487]}　{[0.6141]} 　{'苏联'　　}　{[-0.2886]}　{[-1.2890]} 　{'波兰'　　}　{[-0.2759]}　{[-0.9260]} 　{'法国'　　}　{[-0.2249]}　{[-1.0027]} 　{'匈牙利'　}　{[-0.1908]}　{[-0.4946]} 　{'美国'　　}　{[-0.1616]}　{[-1.8243]} 　{'危地马拉'}　{[-0.1484]}　{[1.7113]} 　{'意大利'　}　{[-0.1339]}　{[-1.5855]} 　{'加拿大'　}　{[-0.1077]}　{[-0.9427]} 　{'中国'　　}　{[-0.0807]}　{[0.3137]} 　{'巴西'　　}　{[0.1130]}　{[-0.9439]} 　{'智利'　　}　{[0.1283]}　{[-0.3221]} 　{'卢森堡'　}　{[0.1439]}　{[-0.2381]} 　{'韩国'　　}　{[0.2728]}　{[-0.2344]} 　{'希腊'　　}　{[0.3541]}　{[-0.6699]} 　{'阿根廷'　}　{[0.3559]}　{[-0.2915]} 　{'中国台北'}　{[0.3723]}　{[0.2694]} 　{'缅甸'　　}　{[0.4870]}　{[0.6517]} 　{'菲律宾'　}　{[0.8011]}　{[0.5121]} 　{'毛里求斯'}　{[0.8386]}　{[1.7727]} 　{'巴布亚新几内亚'}　{[0.9329]}　{[1.1914]} 　{'印度尼西亚'}　{[1.1054]}　{[0.2773]} 　{'百慕大'　}　{[1.5513]}　{[-1.2863]} 　{'马来西亚'}　{[1.6495]}　{[-0.9003]} 　{'新加坡'　}　{[1.9305]}　{[-0.5694]} 　{'库克群岛'}　{[2.1491]}　{[3.8666]} 　{'多米尼加共和国'}　{[2.2451]}　{[-1.6206]} 　{'泰国'　　}　{[2.3334]}　{[-0.8775]} 　{'西萨摩亚'}　{[3.3842]}　{[0.2935]}

续表

输入程序	输出变量值
%按速度因子得分排序 F2 = sortrows (obsF, 3)	F2 = 55×3 cell 数组 {'美国'}　　　　{[-0.1616]}　　{[-1.8243]} {'多米尼加共和国'}　　{[2.2451]}　　{[-1.6206]} {'意大利'}　　　{[-0.1339]}　　{[-1.5855]} {'苏联'}　　　　{[-0.2886]}　　{[-1.2890]} {'百慕大'}　　　{[1.5513]}　　{[-1.2863]} {'大不列颠及北爱尔兰'}　　{[-0.5690]} {[-1.0585]} {'法国'}　　　　{[-0.2249]}　　{[-1.0027]} {'德意志联邦共和国'}　　{[-0.4472]}　　{[-0.9495]} {'巴西'}　　　　{[0.1130]}　　{[-0.9439]} {'加拿大'}　　　{[-0.1077]}　　{[-0.9427]} {'波兰'}　　　　{[-0.2759]}　　{[-0.9260]} {'德意志民主共和国'}　　{[-0.5469]}　　{[-0.9058]} {'马来西亚'}　　{[1.6495]}　　{[-0.9003]} {'泰国'}　　　　{[2.3334]}　　{[-0.8775]} {'澳大利亚'}　　{[-0.4780]}　　{[-0.8471]} {'希腊'}　　　　{[0.3541]}　　{[-0.6699]} {'新加坡'}　　　{[1.9305]}　　{[-0.5694]} {'匈牙利'}　　　{[-0.1908]}　　{[-0.4946]} {'瑞士'}　　　　{[-0.4985]}　　{[-0.4038]} {'捷克斯洛伐克'}　　{[-0.3658]}　　{[-0.3744]} {'智利'}　　　　{[0.1283]}　　{[-0.3221]} {'瑞典'}　　　　{[-0.6000]}　　{[-0.3152]} {'阿根廷'}　　　{[0.3559]}　　{[-0.2915]} {'卢森堡'}　　　{[0.1439]}　　{[-0.2381]} {'韩国'}　　　　{[0.2728]}　　{[-0.2344]} {'比利时'}　　　{[-0.8101]}　　{[-0.2296]} {'肯尼亚'}　　　{[-1.0005]}　　{[-0.0460]} {'芬兰'}　　　　{[-0.8307]}　　{[-0.0362]} {'丹麦'}　　　　{[-0.5524]}　　{[-0.0057]} {'西班牙'}　　　{[-0.7851]}　　{[0.0249]} {'日本'}　　　　{[-0.7194]}　　{[0.0366]} {'奥地利'}　　　{[-0.7700]}　　{[0.2096]} {'罗马尼亚'}　　{[-0.8484]}　　{[0.2215]} {'中国台北'}　　{[0.3723]}　　{[0.2694]} {'印度尼西亚'}　　{[1.1054]}　　{[0.2773]} {'荷兰'}　　　　{[-0.9430]}　　{[0.2815]}

续表

输入程序	输出变量值
	{'西萨摩亚'　}　　{ [3.3842] }　　{ [0.2935] }
	{'新西兰'　}　　{ [-1.0196] }　　{ [0.3119] }
	{'中国'　}　　{ [-0.0807] }　　{ [0.3137] }
	{'哥伦比亚'　}　　{ [-0.6971] }　　{ [0.4201] }
	{'菲律宾'　}　　{ [0.8011] }　　{ [0.5121] }
	{'以色列'　}　　{ [-0.9685] }　　{ [0.5613] }
	{'墨西哥'　}　　{ [-0.8522] }　　{ [0.5704] }
	{'印度'　}　　{ [-0.4443] }　　{ [0.6125] }
	{'爱尔兰'　}　　{ [-0.3487] }　　{ [0.6141] }
	{'缅甸'　}　　{ [0.4870] }　　{ [0.6517] }
	{'挪威'　}　　{ [-1.0439] }　　{ [0.6911] }
	{'葡萄牙'　}　　{ [-1.3163] }　　{ [0.8694] }
	{'土耳其'　}　　{ [-0.8423] }　　{ [1.1545] }
	{'巴布亚新几内亚'　}　　{ [0.9329] }　　{ [1.1914] }
	{'朝鲜民主主义人民共和国'　}　　{ [-0.4679] }
	{ [1.7101] }
	{'危地马拉'　}　　{ [-0.1484] }　　{ [1.7113] }
	{'毛里求斯'　}　　{ [0.8386] }　　{ [1.7727] }
	{'哥斯达黎加'　}　　{ [-0.7703] }　　{ [2.0418] }
	{'库克群岛'　}　　{ [2.1491] }　　{ [3.8666] }
head = {'国家／地区','耐力因子','速度因子'}； %按耐力因子得分排序结果 result1 = [head；F1]	result1 = 56×3 cell 数组 {'国家/地区'　}　　{'耐力因子'}　　{'速度因子'} {'葡萄牙'　}　　{ [-1.3163] }　　{ [0.8694] } {'挪威'　}　　{ [-1.0439] }　　{ [0.6911] } {'新西兰'　}　　{ [-1.0196] }　　{ [0.3119] } {'肯尼亚'　}　　{ [-1.0005] }　　{ [-0.0460] } {'以色列'　}　　{ [-0.9685] }　　{ [0.5613] } {'荷兰'　}　　{ [-0.9430] }　　{ [0.2815] } {'墨西哥'　}　　{ [-0.8522] }　　{ [0.5704] } {'罗马尼亚'　}　　{ [-0.8484] }　　{ [0.2215] } {'土耳其'　}　　{ [-0.8423] }　　{ [1.1545] } {'芬兰'　}　　{ [-0.8307] }　　{ [-0.0362] } {'比利时'　}　　{ [-0.8101] }　　{ [-0.2296] } {'西班牙'　}　　{ [-0.7851] }　　{ [0.0249] } {'哥斯达黎加'　}　　{ [-0.7703] }　　{ [2.0418] } {'奥地利'　}　　{ [-0.7700] }　　{ [0.2096] } {'日本'　}　　{ [-0.7194] }　　{ [0.0366] }

输入程序	输出变量值
	{'哥伦比亚' } {[-0.6971]} {[0.4201]}
	{'瑞典' } {[-0.6000]} {[-0.3152]}
	{'大不列颠及北爱尔兰'} {[-0.5690]} {[-1.0585]}
	{'丹麦' } {[-0.5524]} {[-0.0057]}
	{'德意志民主共和国'} {[-0.5469]} {[-0.9058]}
	{'瑞士' } {[-0.4985]} {[-0.4038]}
	{'澳大利亚' } {[-0.4780]} {[-0.8471]}
	{'朝鲜民主主义人民共和国'} {[-0.4679]} {[1.7101]}
	{'德意志联邦共和国'} {[-0.4472]} {[-0.9495]}
	{'印度' } {[-0.4443]} {[0.6125]}
	{'捷克斯洛伐克'} {[-0.3658]} {[-0.3744]}
	{'爱尔兰' } {[-0.3487]} {[0.6141]}
	{'苏联' } {[-0.2886]} {[-1.2890]}
	{'波兰' } {[-0.2759]} {[-0.9260]}
	{'法国' } {[-0.2249]} {[-1.0027]}
	{'匈牙利' } {[-0.1908]} {[-0.4946]}
	{'美国' } {[-0.1616]} {[-1.8243]}
	{'危地马拉' } {[-0.1484]} {[1.7113]}
	{'意大利' } {[-0.1339]} {[-1.5855]}
	{'加拿大' } {[-0.1077]} {[-0.9427]}
	{'中国' } {[-0.0807]} {[0.3137]}
	{'巴西' } {[0.1130]} {[-0.9439]}
	{'智利' } {[0.1283]} {[-0.3221]}
	{'卢森堡' } {[0.1439]} {[-0.2381]}
	{'韩国' } {[0.2728]} {[-0.2344]}
	{'希腊' } {[0.3541]} {[-0.6699]}
	{'阿根廷' } {[0.3559]} {[-0.2915]}
	{'中国台北' } {[0.3723]} {[0.2694]}
	{'缅甸' } {[0.4870]} {[0.6517]}
	{'菲律宾' } {[0.8011]} {[0.5121]}
	{'毛里求斯' } {[0.8386]} {[1.7727]}
	{'巴布亚新几内亚'} {[0.9329]} {[1.1914]}
	{'印度尼西亚' } {[1.1054]} {[0.2773]}
	{'百慕大' } {[1.5513]} {[-1.2863]}
	{'马来西亚' } {[1.6495]} {[-0.9003]}
	{'新加坡' } {[1.9305]} {[-0.5694]}
	{'库克群岛' } {[2.1491]} {[3.8666]}
	{'多米尼加共和国'} {[2.2451]} {[-1.6206]}
	{'泰国' } {[2.3334]} {[-0.8775]}

续表

输入程序	输出变量值

输入程序	输出变量值
	{'西萨摩亚'　}　{[3.3842]}　{[0.2935]}
%按速度因子得分排序结果 result2 = [head; F2]	result2 =
	56×3 cell 数组
	{'国家/地区'　}　{'耐力因子'}　{'速度因子'}
	{'美国'　}　{[−0.1616]}　{[−1.8243]}
	{'多米尼加共和国'}　{[2.2451]}　{[−1.6206]}
	{'意大利'　}　{[−0.1339]}　{[−1.5855]}
	{'苏联'　}　{[−0.2886]}　{[−1.2890]}
	{'百慕大'　}　{[1.5513]}　{[−1.2863]}
	{'大不列颠及北爱尔兰'}　{[−0.5690]}　{[−1.0585]}
	{'法国'　}　{[−0.2249]}　{[−1.0027]}
	{'德意志联邦共和国'}　{[−0.4472]}　{[−0.9495]}
	{'巴西'　}　{[0.1130]}　{[−0.9439]}
	{'加拿大'　}　{[−0.1077]}　{[−0.9427]}
	{'波兰'　}　{[−0.2759]}　{[−0.9260]}
	{'德意志民主共和国'}　{[−0.5469]}　{[−0.9058]}
	{'马来西亚'　}　{[1.6495]}　{[−0.9003]}
	{'泰国'　}　{[2.3334]}　{[−0.8775]}
	{'澳大利亚'　}　{[−0.4780]}　{[−0.8471]}
	{'希腊'　}　{[0.3541]}　{[−0.6699]}
	{'新加坡'　}　{[1.9305]}　{[−0.5694]}
	{'匈牙利'　}　{[−0.1908]}　{[−0.4946]}
	{'瑞士'　}　{[−0.4985]}　{[−0.4038]}
	{'捷克斯洛伐克'}　{[−0.3658]}　{[−0.3744]}
	{'智利'　}　{[0.1283]}　{[−0.3221]}
	{'瑞典'　}　{[−0.6000]}　{[−0.3152]}
	{'阿根廷'　}　{[0.3559]}　{[−0.2915]}
	{'卢森堡'　}　{[0.1439]}　{[−0.2381]}
	{'韩国'　}　{[0.2728]}　{[−0.2344]}
	{'比利时'　}　{[−0.8101]}　{[−0.2296]}
	{'肯尼亚'　}　{[−1.0005]}　{[−0.0460]}
	{'芬兰'　}　{[−0.8307]}　{[−0.0362]}
	{'丹麦'　}　{[−0.5524]}　{[−0.0057]}
	{'西班牙'　}　{[−0.7851]}　{[0.0249]}
	{'日本'　}　{[−0.7194]}　{[0.0366]}
	{'奥地利'　}　{[−0.7700]}　{[0.2096]}
	{'罗马尼亚'　}　{[−0.8484]}　{[0.2215]}

续表

输入程序	输出变量值
	'中国台北' [0.3723] [0.2694]
	'印度尼西亚' [1.1054] [0.2773]
	'荷兰' [-0.9430] [0.2815]
	'西萨摩亚' [3.3842] [0.2935]
	'新西兰' [-1.0196] [0.3119]
	'中国' [-0.0807] [0.3137]
	'哥伦比亚' [-0.6971] [0.4201]
	'菲律宾' [0.8011] [0.5121]
	'以色列' [-0.9685] [0.5613]
	'墨西哥' [-0.8522] [0.5704]
	'印度' [-0.4443] [0.6125]
	'爱尔兰' [-0.3487] [0.6141]
	'缅甸' [0.4870] [0.6517]
	'挪威' [-1.0439] [0.6911]
	'葡萄牙' [-1.3163] [0.8694]
	'土耳其' [-0.8423] [1.1545]
	'巴布亚新几内亚' [0.9329] [1.1914]
	'朝鲜民主主义人民共和国' [-0.4679] [1.7101]
	'危地马拉' [-0.1484] [1.7113]
	'毛里求斯' [0.8386] [1.7727]
	'哥斯达黎加' [-0.7703] [2.0418]
	'库克群岛' [2.1491] [3.8666]

由上述计算可以得出成分得分系数矩阵如表 2.4 所示。

表 2.4　成分得分系数矩阵

项目	F_1	F_2
X_1 100m/s	−0.300	0.540
X_2 200m/s	−0.222	0.459
X_3 400m/s	−0.068	0.291
X_4 800m/min	0.100	0.103
X_5 1500m/min	0.207	−0.109
X_6 5000m/min	0.324	−0.161

续表

项目	F_1	F_2
X_7 1000m/min	0.321	−0.156
X_8 马拉松/min	0.406	−0.269

按耐力因子排名，前五名国家或地区分别是西萨摩亚、泰国、多米尼加共和国、库克群岛和新加坡，这些国家或地区的运动员在 5 000 米、10 000 米和马拉松等长跑项目上更具优势。按速度因子排名，前五名国家或地区分别是库克群岛、哥斯达黎加、毛里求斯、危地马拉和朝鲜民主主义人民共和国，这些国家的运动员在 100 米和 200 米等短跑项目上更具优势。

2.4　指标降维研究方法前沿应用的热点追踪

2.4.1　发文数量与变化趋势

本章节基于 CiteSpace 软件，以"主成分分析"与"因子分析"为主题，通过对中国知网 CNKI 数据库中具有代表性的经济管理学术期刊的文献计量分析，2012—2022 年共检索到 892 篇文献，具体发文数量以及变化趋势如图 2.3 所示。可以观察到主成分分析法与因子分析法在相关研究中使用频率及受关注程度呈现上升趋势。

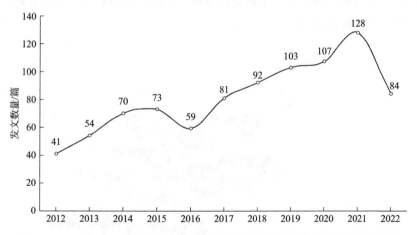

图 2.3　2012—2022 年代表性期刊文献降维分析方法的发文数量及变化趋势

2.4.2　文献研究热点

在应用主成分分析法与因子分析法的研究中，前 5 频次的关键词为"特征提取""故障诊断""数据降维""人脸识别"和"神经网络";前5中心度的关键词为"特征提取""数据降维""故障诊断""人脸识别"和"神经网络"。总体上,频次和中心度两个维度统计出的关键词基本一致,基本呈现了研究期内关注的热点问题。具体的相关文献关键词词频、中介中心统计情况如表2.5所示。

表2.5 2012—2022年代表性期刊关键词词频、中介中心度统计表

排序	频次	中心度	年份	关键词
1	55	0.14	2013	特征提取
2	36	0.06	2014	故障诊断
3	30	0.08	2014	数据降维
4	27	0.06	2012	人脸识别
5	20	0.06	2013	神经网络
6	13	0.02	2015	模式识别
7	13	0.04	2012	图像处理
8	12	0.01	2012	入侵检测
9	10	0.01	2015	特征降维
10	9	0.02	2012	图像检索

图2.4为代表性期刊文献基于主成分分析法与因子分析法的关键词共现图谱图,节点数313个、连线数285条。"人脸识别""特征提取""入侵检测""故障诊断"和"数据降维"等处于关键词共现的中心,根据节点数量及连线,可以看出主成分分析法和因子分析法广泛应用于上述研究方向。

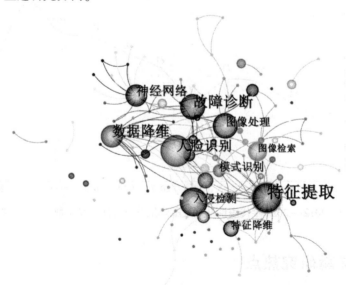

图2.4 主成分与因子分析法研究文献的关键词共现图谱

2.4.3　高引高关注文献

表 2.6 为 2012—2022 年北大核心与 CSSCI 期刊中涉及降维研究的前 10 位的高引文献，研究主题主要涉及"能源互联网""量化选股""股权激励""人脸识别""模式识别"和"概率神经网络"等。下面按照被引次数简要介绍相关高引文献的主要成果，张斌等[5] 研究针对电力负荷曲线的特征，在降维后的数据集上进行集成聚类，比较各种降维算法的信息损失和计算效率，并将集成聚类算法应用于负荷曲线聚类。杨龙光等[6] 应用 PCA 主成分分析法对我国上市公司实施股权激励期间八大类财务绩效指标进行了降维。汪海波[7] 等介绍了一种基于主成分分析法和 Softmax 回归模型相结合的人脸识别方法，该方法通过 PCA 对整幅图像提取特征，然后将提取的特征经过非线性变换输入 Softmax 回归模型中，实现了主成分特征提取与神经网络方法的协同研究。律方成等[8] 采用主成分分析法对特征空间进行降维处理，通过将原始特征量和降维后的特征量分别输入到多分类相关向量机（M-RVM）中进行分析，结果表明其识别率要高于降维前。

表 2.6　2012—2022 年代表性期刊降维相关方法的高引文献

排序	题名	作者	来源	发表时间	被引/次	下载/次
1	结合降维技术的电力负荷曲线集成聚类算法	张斌；庄池杰；胡军；陈水明；张明明	中国电机工程学报	2015-08-05	239	2921
2	核主成分遗传算法与 SVR 选股模型改进	苏治；傅晓媛	统计研究	2013-05-15	160	2218
3	股权激励对我国上市公司财务绩效的影响研究——来自 A 股市场的实证证据	杨龙光；王擎	投资研究	2013-08-10	93	2242
4	基于主成分分析和 Softmax 回归模型的人脸识别方法	汪海波；陈雁翔；李艳秋	合肥工业大学学报（自然科学版）	2015-06-28	91	1357
5	基于主成分分析和多分类相关向量机的 GIS 局部放电模式识别	律方成；金虎；王子建；张波	电工技术学报	2015-03-25	89	1201
6	基于小波包分析和概率神经网络的电磁法三电平变换器故障诊断方法	于生宝；何建龙；王睿家；李刚；苏发	电工技术学报	2016-09-10	88	773
7	高光谱图像技术在掺假大米检测中的应用	孙俊；金夏明；毛罕平；武小红；杨宁	农业工程学报	2014-11-08	83	2002

排序	题名	作者	来源	发表时间	被引/次	下载/次
8	基于 PCA Fuzzy PSOSVC 的底板突水危险性评价	施龙青;谭希鹏;王娟;季小凯;牛超	煤炭学报	2015-01-15	75	1083
9	作业成本动因选择、合并与评价的系统方法构建	刘学文;欧阳美辰;徐洁	中国管理科学	2014-11-15	73	1181
10	基于改进 MFCC 和 VQ 的变压器声纹识别模型	王丰华;王邵菁;陈颂;袁国刚;张君	中国电机工程学报	2017-03-05	69	1157

2.4.4 前沿应用热点小结

通过 CiteSpace 软件对 CNKI 数据库中 2012—2022 年北大核心与 CSSCI 期刊中涉及主成分分析法与因子分析法的文献进行分析,得出以下结论:

(1)在发文量方面,2012—2022 年,主成分分析法与因子分析法在高质量文献中的使用频率整体呈上升趋势,研究应用价值不断提升。

(2)在研究热点方面,通过对代表性期刊中的研究热点关键词进行归纳总结,当前采用主成分分析与因子分析方法进行降维处理的研究热点主要集中在"特征提取""故障诊断""数据降维""人脸识别"和"神经网络"等方面。

(3)在文献被引方面,降维方法一般作为指标的预处理应用,高被引的 10 篇文章涉及"能源互联网""量化选股""股权激励""人脸识别""模式识别"和"概率神经网络"等主题。

参考文献

[1] 王小宁,宋伟东.基于特征优化的高光谱遥感影像降维算法[J].遥感信息,2020,35(6):122-128.

[2] 董鸽,闵建中,陈立范,等.基于 Matlab 的中药主成分分析数学实验教学案例[J].现代商贸工业,2021,42(34):142-144.

[3] 张婧.超高维生存数据的变量筛选和异常点识别的研究[M].湖北人民出版社,2019.

[4] 赵玉娟.数据降维的常用方法分析[J].科技创新导报,2019,16(32):118-119.

[5] 张斌,庄池杰,胡军,等.结合降维技术的电力负荷曲线集成聚类算法[J].中国电机工程学报,2015,35(15):3741-3749.

[6] 杨龙光,王擎.股权激励对我国上市公司财务绩效的影响研究——来自 A 股市场的实证证据[J].投资研究,2013,32(8):22-34.

[7]　汪海波,陈雁翔,李艳秋.基于主成分分析和 Softmax 回归模型的人脸识别方法[J].合肥工业大学学报(自然科学版),2015,38(6):759-763.

[8]　律方成,金虎,王子建,张波.基于主成分分析和多分类相关向量机的 GIS 局部放电模式识别[J].电工技术学报,2015,30(6):225-231.

第 3 章　经济管理领域指标权重计算方法及应用

指标赋权是区分指标影响或重要程度的度量方式，广泛应用于经济管理领域定量研究。本章重点介绍了均方差法、极差法、熵值法及层次分析法等常用方法，详细讲解了相关方法的基本概念、计算步骤、程序代码以及实际案例应用，同时基于 CiteSpace 对中国知网 CNKI 相关研究文献进行了研究热点追踪。

3.1　权重研究方法概述

3.1.1　概念

权重的大小反映了评价指标的重要程度，权重的大小一般有两种表现形式：一种是用绝对数（频数）表示，另一种是用相对数（频率）表示[1]。

（1）通过度量信息量来刻画。权重越大，表示该评价指标所含信息量越多；相反，权重越小，表示该评价指标所含信息量越少。

（2）根据指标的区分能力或差异特征来刻画。权重越大，评价指标区别被评价对象的能力越强；权重越小，评价指标区别被评价对象的能力越弱。

确定指标权重值的方法大致可归为两大类：即主观赋权评价法和客观赋权评价法[2]。常用的主观赋权评价法包括层次分析法与专家评价法[3]；常用的客观赋权评价法包括均方差法、极差法、熵值法等。

3.1.2　方法的特征与性质

1. 主观赋权评价法

主观赋权法是指决策者（专家）依据主观上对各属性的重视程度来确定属性权重。运用主观赋权法得到的决策或评价结果具有较强的主观随意性，虽然能反映决策者的意向与经验，但同时提升了对决策者专业性和权威性的要求，容易造成主观赋权的质疑，客观性较差。

2. 客观赋权评价法

客观赋权法是指依据客观的数据信息，使用数学方法来确定属性权重。其判断结果不依赖人的主观判断，具有较强的数学理论依据。虽然客观性较好，但其需要足够的样本数据，通用性和经验性差，计算方法也比较复杂。当样本选取或规模存在差异时，其权重结果会不一致。特别是当样本片面或对象具有特殊特征，往往出现得到的客观权重与实际情况存在较大差异，甚至不符合现实逻辑。

3.2　均方差法与建模实现

3.2.1　方法简介

均方差权重法是指通过计算各个指标的均方差来确定权重。当某个指标的均方差越大，该指标值的离散程度越大，能提供的信息量越多，在综合评价中所起的作用越大，权重也就越大。相反，某个指标的均方差越小，表明指标值的离散程度越小，能提供的信息量越少，在综合评价中所起的作用越小，其权重也应越小。

3.2.2　计算步骤

（1）数据预处理：对原始数据 $x_{ij}(i=1,2,\cdots,n;j=1,2,\cdots,n)$ 进行无量纲化处理，一般采用极值法无量纲化。

正向指标

$$Z_{ij}=\frac{x_{ij}-\min_j x_{ij}}{\max_j x_{ij}-\min_j x_{ij}} \tag{3-1}$$

负向指标

$$Z_{ij}=\frac{\max_j x_{ij}-x_{ij}}{\max_j x_{ij}-\min_j x_{ij}} \tag{3-2}$$

（2）计算均值。

$$\bar{Z}=\frac{1}{n}\sum_{i=1}^{n}Z_{ij} \tag{3-3}$$

（3）计算第 j 个指标标的均方差。

$$\sigma_j=\sqrt{\sum_{i=1}^{n}(Z_{ij}-Z_j)^2} \tag{3-4}$$

（4）计算第 j 个指标的权重。

$$W_j = \sigma_j / \sum_{j=1}^{p} \sigma_j \qquad\qquad (3-5)$$

3.2.3 程序代码

根据式（3-1）~式（3-5）和计算步骤，均方差法实现的程序代码如下。

（1）极值标准化。

```
%求初始矩阵 R 的行数和列数,R 是 m*n 矩阵,m 是方案数,n 是指标数
[m,n]=size(R)
%调用 max 函数找到每列的极大值,构成 n 维行向量 a
a=max(R)
%调用 min 函数找到每列的极小值,构成 n 维行向量 b
b=min(R)
%用 repmat 函数将 n 维向量 a 复制 m 行 1 列,A 是 m*n 矩阵
A=repmat(a,m,1)
%B 是 m*n 矩阵
B=repmat(b,m,1)
%效益型指标的极值标准化结果
X1=(R-B)./(A-B)
%成本型指标的极值标准化结果
X2=(A-R)./(A-B)
```

（2）求均值。

```
%求矩阵 X 每一列的均值,Z 是 n 维行向量
Z=mean(X,1)
```

（3）求均方差。

```
%X 每一列的数与该列均值的差,即(Zij-Zj),P 是 m*n 矩阵
P=X-Z
```

%对 P 矩阵各元素求平方后，对每列求和，计算 $\sum_{i=1}^{n}$ (Zij-Zj)^2 的值，Q 是 n 维行向量

Q=sum（P. * P）

%求均方差，Y 是 n 维行向量

Y=sqrt（Q）

（4）求指标的权重。

%求权重，W 是 n 维行向量

W=Y/sum（Y）

3.2.4　案例应用

1. 案例说明

本案例[4] 节选自《中国软科学》于 1999 年第 8 期收录的论文《多指标综合评价中权数确定的离差、均方差决策方法》。

2. 研究问题描述

本案例使用均方差法确定指标的权重，评价各省的工业经济效益。案例选取北京、天津、山西等 16 个省、直辖市作为方案集；选择全员劳动生产率（元/人），资金利税率（%），百元销售收入实现利润（元），百元工业产值占用流动资金（元）和产值利润率（%）5 个评价指标，其中百元工业产值占用流动资金为成本型指标，其余均为效益型指标。

3. 案例实现过程

上述 16 个省、直辖市经济效益指标值如表 3.1 所示。

表 3.1　16 个省、直辖市主要工业经济效益指标值

	全员劳动生产率 /(元/人)	资金利税率 /%	百元销售收入实现利润/元	百元工业产值占用流动资金/元	产值利润率 /%
北京	47 177	16. 61	8. 89	31. 05	15. 77
天津	43 323	9. 08	3. 65	29. 80	8. 44
上海	59 023	13. 84	6. 06	26. 55	12. 87
江苏	46 821	10. 59	3. 51	22. 46	7. 41
浙江	41 646	13. 24	4. 64	24. 33	9. 33
安徽	26 446	10. 16	2. 38	26. 80	9. 85
福建	38 381	11. 97	4. 79	26. 45	10. 64
广东	57 808	10. 29	4. 54	23. 00	9. 23

续表

	全员劳动生产率 /（元/人）	资金利税率 /%	百元销售收入实现 利润/元	百元工业产值占用 流动资金/元	产值利润率 /%
辽宁	28 869	7.68	2.12	31.08	9.05
山东	38 812	8.92	3.38	25.68	8.73
湖北	30 721	10.87	4.15	30.36	11.44
湖南	24 848	10.77	2.42	30.71	11.37
河南	26 925	3.34	3.06	30.11	10.84
江西	23 269	8.25	2.58	32.57	8.62
河北	28 267	8.13	3.17	29.25	9.17
山西	21 583	7.41	4.66	35.35	11.27

依照 3.2.3 节的程序代码输入表 3.1 的指标值，在 Matlab 中的计算过程如下。

输入程序	输出变量值
%定义原始数据矩阵 R，每行代表一个省份，每列代表不同经济指标 %第一列为全员劳产率，第二列为资金利税率，第三列为百元销售利润 %第四列为百元产值占用流动资金，第五列为产值利润率 %每行数据前添加省份注释 R = [47177 16.61 8.89 31.05 15.77 43323 9.08 3.65 29.80 8.44 59023 13.84 6.06 26.55 12.87 46821 10.59 3.51 22.46 7.41 41646 13.24 4.64 24.33 9.33 26446 10.16 2.38 26.80 9.85 38381 11.97 4.79 26.45 10.64 57808 10.29 4.54 23.00 9.23 28869 7.68 2.12 31.08 9.05 38812 8.92 3.38 25.68 8.73 30721 10.87 4.15 30.36 11.44 24848 10.77 2.42 30.71 11.37 26925 3.34 3.06 30.11 10.84 23269 8.25 2.58 32.57 8.62 28267 8.13 3.17 29.25 9.17 21583 7.41 4.66 35.35 11.27]	R = 1.0e+04 * 4.7177 0.0017 0.0009 0.0031 0.0016 4.3323 0.0009 0.0004 0.0030 0.0008 5.9023 0.0014 0.0006 0.0027 0.0013 4.6821 0.0011 0.0004 0.0022 0.0007 4.1646 0.0013 0.0005 0.0024 0.0009 2.6446 0.0010 0.0002 0.0027 0.0010 3.8381 0.0012 0.0005 0.0026 0.0011 5.7808 0.0010 0.0005 0.0023 0.0009 2.8869 0.0008 0.0002 0.0031 0.0009 3.8812 0.0009 0.0003 0.0026 0.0009 3.0721 0.0011 0.0004 0.0030 0.0011 2.4848 0.0011 0.0002 0.0031 0.0011 2.6925 0.0003 0.0003 0.0030 0.0011 2.3269 0.0008 0.0003 0.0033 0.0009 2.8267 0.0008 0.0003 0.0029 0.0009 2.1583 0.0007 0.0005 0.0035 0.0011

输入程序	输出变量值
%指标拆分处理 %从原始数据中提取效益型指标（全员劳产率，资金利税率，百元销售利润，产值利润率） %选择第1，2，3，5列作为效益型指标（数值越大越好） R1＝R（:，[1，2，3，5]）	R1 ＝ 1.0e+04 * 4.7177　0.0017　0.0009　0.0016 4.3323　0.0009　0.0004　0.0008 5.9023　0.0014　0.0006　0.0013 4.6821　0.0011　0.0004　0.0007 4.1646　0.0013　0.0005　0.0009 2.6446　0.0010　0.0002　0.0010 3.8381　0.0012　0.0005　0.0011 5.7808　0.0010　0.0005　0.0009 2.8869　0.0008　0.0002　0.0009 3.8812　0.0009　0.0003　0.0009 3.0721　0.0011　0.0004　0.0011 2.4848　0.0011　0.0002　0.0011 2.6925　0.0003　0.0003　0.0011 2.3269　0.0008　0.0003　0.0009 2.8267　0.0008　0.0003　0.0009 2.1583　0.0007　0.0005　0.0011
% 从原始数据中提取成本型指标（百元产值占用流动资金） % 选择第4列作为成本型指标（数值越小越好） R2＝R（:，4）	R2 ＝ 31.0500 29.8000 26.5500 22.4600 24.3300 26.8000 26.4500 23.0000 31.0800 25.6800 30.3600 30.7100 30.1100 32.5700 29.2500 35.3500
%对效益型指标进行标准化处理 %获取效益型指标矩阵的维度信息 [m1，n1]＝size（R1）	m1 ＝ 16

续表

输入程序	输出变量值
	n1 = 　4 a1 = 　1.0e+04 * 　5.9023　　0.0017　　0.0009　　0.0016
%计算效益型指标各列的最大值 a1 =max (R1)	
%计算效益型指标各列的最小值 b1 =min (R1)	b1 = 　1.0e+04 * 　2.1583　　0.0003　　0.0002　　0.0007
%创建与 R1 同维度的最大值矩阵 A1 =repmat (a1, m1, 1)	A1 = 　1.0e+04 * 　5.9023　　0.0017　　0.0009　　0.0016 　5.9023　　0.0017　　0.0009　　0.0016 　5.9023　　0.0017　　0.0009　　0.0016 　5.9023　　0.0017　　0.0009　　0.0016 　5.9023　　0.0017　　0.0009　　0.0016 　5.9023　　0.0017　　0.0009　　0.0016 　5.9023　　0.0017　　0.0009　　0.0016 　5.9023　　0.0017　　0.0009　　0.0016 　5.9023　　0.0017　　0.0009　　0.0016 　5.9023　　0.0017　　0.0009　　0.0016 　5.9023　　0.0017　　0.0009　　0.0016 　5.9023　　0.0017　　0.0009　　0.0016 　5.9023　　0.0017　　0.0009　　0.0016 　5.9023　　0.0017　　0.0009　　0.0016 　5.9023　　0.0017　　0.0009　　0.0016 　5.9023　　0.0017　　0.0009　　0.0016
%创建与 R1 同维度的最小值矩阵 B1 =repmat (b1, m1, 1)	B1 = 　1.0e+04 * 　2.1583　　0.0003　　0.0002　　0.0007 　2.1583　　0.0003　　0.0002　　0.0007

续表

输入程序	输出变量值			
	2.1583	0.0003	0.0002	0.0007
	2.1583	0.0003	0.0002	0.0007
	2.1583	0.0003	0.0002	0.0007
	2.1583	0.0003	0.0002	0.0007
	2.1583	0.0003	0.0002	0.0007
	2.1583	0.0003	0.0002	0.0007
	2.1583	0.0003	0.0002	0.0007
	2.1583	0.0003	0.0002	0.0007
	2.1583	0.0003	0.0002	0.0007
	2.1583	0.0003	0.0002	0.0007
	2.1583	0.0003	0.0002	0.0007
	2.1583	0.0003	0.0002	0.0007
	2.1583	0.0003	0.0002	0.0007
	2.1583	0.0003	0.0002	0.0007
%应用 Min-Max 标准化公式处理效益型指标 X1 = (R1-B1)./(A1-B1)	X1 =			
	0.6836	1.0000	1.0000	1.0000
	0.5807	0.4326	0.2260	0.1232
	1.0000	0.7913	0.5820	0.6531
	0.6741	0.5463	0.2053	0
	0.5359	0.7460	0.3722	0.2297
	0.1299	0.5139	0.0384	0.2919
	0.4487	0.6503	0.3944	0.3864
	0.9675	0.5237	0.3575	0.2177
	0.1946	0.3271	0	0.1962
	0.4602	0.4205	0.1861	0.1579
	0.2441	0.5674	0.2999	0.4821
	0.0872	0.5599	0.0443	0.4737
	0.1427	0	0.1388	0.4103
	0.0450	0.3700	0.0679	0.1447
	0.1785	0.3610	0.1551	0.2105
	0	0.3067	0.3752	0.4617
% 对成本型指标进行标准化处理 % 获取成本型指标向量的维度信息 [m2, n2] =size (R2)	m2 = 16 n2 = 1			

输入程序	输出变量值

%计算成本型指标的最大值和最小值
a2 = max (R2)
 	
b2 = min (R2)
	a2 =
	
	   35.3500
	
	b2 =
	
	   22.4600

%创建与 R2 同维度的最大值矩阵
A2 = repmat (a2, m2, 1)
	A2 =
	
	   35.3500
	   35.3500
	   35.3500
	   35.3500
	   35.3500
	   35.3500
	   35.3500
	   35.3500
	   35.3500
	   35.3500
	   35.3500
	   35.3500
	   35.3500
	   35.3500
	   35.3500

%创建与 R2 同维度的最小值矩阵
B2 = repmat (b2, m2, 1)
	B2 =
	
	   22.4600
	   22.4600
	   22.4600
	   22.4600
	   22.4600
	   22.4600
	   22.4600
	   22.4600
	   22.4600
	   22.4600
	   22.4600
	   22.4600
	   22.4600
	   22.4600

续表

输入程序	输出变量值
	22.4600
	22.4600
%应用逆向 Min-Max 标准化公式处理成本型指标 X2 = (A2-R2) ./ (A2-B2)	X2 =
	0.3336
	0.4306
	0.6827
	1.0000
	0.8549
	0.6633
	0.6905
	0.9581
	0.3313
	0.7502
	0.3871
	0.3600
	0.4065
	0.2157
	0.4732
%合并标准化后的各指标	0
%保持原始列顺序：前三列效益型→成本型→第四列效益型 X = [X1 (:, 1: 3) X2 X1 (:, 4)]	X =

0.6836	1.0000	1.0000	0.3336	1.0000
0.5807	0.4326	0.2260	0.4306	0.1232
1.0000	0.7913	0.5820	0.6827	0.6531
0.6741	0.5463	0.2053	1.0000	0
0.5359	0.7460	0.3722	0.8549	0.2297
0.1299	0.5139	0.0384	0.6633	0.2919
0.4487	0.6503	0.3944	0.6905	0.3864
0.9675	0.5237	0.3575	0.9581	0.2177
0.1946	0.3271	0	0.3313	0.1962
0.4602	0.4205	0.1861	0.7502	0.1579
0.2441	0.5674	0.2999	0.3871	0.4821
0.0872	0.5599	0.0443	0.3600	0.4737
0.1427	0	0.1388	0.4065	0.4103
0.0450	0.3700	0.0679	0.2157	0.1447
0.1785	0.3610	0.1551	0.4732	0.2105
0	0.3067	0.3752	0	0.4617

%使用均方差法计算权重 %计算标准化后矩阵各列的均值 Z = mean (X, 1)	Z =

0.3983	0.5073	0.2777	0.5336	0.3399

续表

输入程序	输出变量值
%计算各数据点与均值的偏差矩阵 P=X - repmat (Z, 16, 1)	P = 0.2853　0.4927　　0.7223 -0.2000　　0.6601 0.1824 -0.0747 -0.0517 -0.1030 -0.2167 0.6017　0.2840　　0.3043　0.1491　　0.3132 0.2758　0.0390 -0.0724　0.4664 -0.3399 0.1376　0.2387　　0.0945　0.3213 -0.1103 -0.2684　0.0066 -0.2393　0.1297 -0.0481 0.0504　0.1430　　0.1167　0.1569　　0.0464 0.5693　0.0164　　0.0798　0.4245 -0.1222 -0.2037 -0.1802 -0.2777 -0.2023 -0.1438 0.0619 -0.0868 -0.0916　0.2166 -0.1820 -0.1542　0.0601　　0.0222 -0.1465　　0.1421 -0.3111　0.0526 -0.2334 -0.1736　　0.1337 -0.2556 -0.5073 -0.1388 -0.1271　　0.0703 -0.3533 -0.1373 -0.2097 -0.3179 -0.1952 -0.2198 -0.1463 -0.1226 -0.0604 -0.1294 -0.3983 -0.2006　0.0975 -0.5336　　0.1218
%计算各列偏差的欧几里得范数 Y=sqrt (sum (P. ^2))	Y = 1.2383　0.8902　　0.9678　1.0772　　0.9457
%归一化范数得到最终权重向量 W=Y / sum (Y)	W = 0.2419　0.1739　　0.1891　0.2104　　0.1847

因文献中可能使用了不同的标准化方法或者数据预处理步骤，结果稍有偏差。

3.3　极差法与建模实现

3.3.1　方法简介

极差权重法是指利用指标数据的极差（一组数据的最大值和最小值的差）来反映指标的重要性，极差越大，说明指标的变化幅度越大，权重越高；极差越小，说明指标的变化幅度越小，权重越低。

极差法的优点是计算简单，不受数据分布的影响，适用于数据波动较大的情况；缺点是只考虑了极值的差异，忽略了指标数据的分布特征，可能导致权重的不合理或失真。

3.3.2　计算步骤

记指标值为 x_{ij} , $i=1,2,\cdots,n;j=1,3,\cdots,m$。

（1）第 j 项指标观测值的极差如式（3-6）所示。

$$r_j = \max_{1\leqslant j,k\leqslant n}\{|x_{ij}-x_{kj}|\}, j=1,2,\cdots,m \qquad (3-6)$$

（2）第 j 项指标的权重系数如式（3-7）所示。

$$W_j = r_j / \sum_{j=1}^{m} r_j, j=1,2,\cdots,m \qquad (3-7)$$

3.3.3　程序代码

根据式（3-6）～式（3-7）和计算步骤，极差法实现的程序代码如下。

（1）计算极差。

```
%X是m*n观测值矩阵,m是方案数,n是指标数。调用max函数找到每列的极大值,构成n维行向量a
a=max(X)
%调用min函数找到每列的极小值,构成n维行向量b
b=min(X)
%求每列的极差r,是n维行向量
r=a-b
```

（2）计算指标权重。

```
%权重W是n维行向量
W=r/sum(r)
```

（3）计算加权评价值。

```
%每个方案的观测值与对应权重相乘,d是m*n矩阵
d=W.*X
%对d矩阵每一行求和,得到每个方案的评价值,D是m维列向量
D=sum(d,2)
```

3.3.4　案例应用

1. 案例说明

本案例[4] 节选自《中国软科学》于 1999 年第 8 期收录的论文《多指标综合评价中权

数确定的离差、均方差决策方法》。

2. 研究问题描述

本案例选择护栏、人行地道和交通信号三种方案，使用减少死亡人数、减少负伤人数、减少经济损失、外观和实施费用5个评价指标，利用极差法确定评价指标的权重，并对交通系统进行评价。

3. 案例实现过程

护栏、人行地道和交通信号三种方案的观测值如表3.2所示。

表3.2 护栏、人行地道和交通信号三种方案的观测值

方案	减少死亡人数	减少负伤人数	减少经济损失	外观	实施费用
护栏	3	2	2	1	5
人行地道	5	3	4	3	3
交通信号	2	1	1	2	5

依照3.3.3节的程序代码和表3.2的观测值，在Matlab中计算过程如下。

输入程序	输出变量值
%输入观测值矩阵，每列代表一个指标，每行代表一个观测值 X=[3 2 2 1 5 5 3 4 3 3 2 1 1 2 5]	X=3 2 2 1 5 5 3 4 3 3 2 1 1 2 5
%求每个指标的最大观测值 a=max (X)	a=5 3 4 3 5
%求每个指标的最小观测值 b=min (X)	b=2 1 1 1 3
% 求每项指标观测值的极差 r=a-b	r=3 2 3 2 2
%计算每项指标的权重 W=r/sum (r)	W=0.2500 0.1667 0.2500 0.1667 0.1667
%每个方案的观测值与对应权重相乘，d是m*n矩阵 d=W.*X	d=0.7500 0.3333 0.5000 0.1667 0.8333 1.2500 0.5000 1.0000 0.5000 0.5000 0.5000 0.1667 0.2500 0.3333 0.8333

输入程序	输出变量值
%对 d 矩阵每一行求和，得到每个方案的评价值，D 是 m 维列向量。 D=sum (d, 2)	D= 　2.5833 　3.7500 　2.0833

因四舍五入会影响乘积的精度，从而导致综合评价值的微小差异。这种误差不会影响最终的决策，因为人行地道仍然明显优于其他方案。在实际应用中，这种微小的差异可以忽略不计。

3.4　熵值法与建模实现

3.4.1　方法简介

熵的概念源于热力学，是对系统状态无序程度的一种度量，是指一个系统在不受外部干扰时，其内部最稳定的状态。熵值法是利用指标数据的熵来反映指标的重要性，熵越小，说明指标的变异程度越大，提供的信息量也就越多，在综合评价中起的作用越大，则该指标的权重也就越大。

3.4.2　计算步骤

（1）数据标准化：记第 i 个年份，第 j 项评价指标的数值为 x_{ij}。

正向指标：

$$X_{ij} = \frac{x_{ij} - \min_j x_{ij}}{\max_j x_{ij} - \min_j x_{ij}} \qquad (3-8)$$

负向指标：

$$X_{ij} = \frac{\max_j x_{ij} - x_{ij}}{\max_j x_{ij} - \min_j x_{ij}} \qquad (3-9)$$

（2）计算第 i 个年份、第 j 项指标值的比重。

$$Y_{ij} = \frac{X_{ij}}{\sum_{i=1}^{m} X_{ij}} \qquad (3-10)$$

（3）计算指标信息熵。

$$e_j = -k \sum_{i=1}^{m} (Y_{ij} \times \ln Y_{ij}) \qquad (3-11)$$

（4）计算信息熵冗余度。

$$d_j = 1 - e_j \qquad\qquad (3-12)$$

（5）计算指标权重。

$$W_j = d_j \Big/ \sum_{j=1}^{n} d_j \qquad\qquad (3-13)$$

（6）计算单指标评价得分。

$$S_{ij} = W_i \times X_{ij} \qquad\qquad (3-14)$$

式中，X_{ij} 为第 i 个年份第 j 项评价指标的数值；$\min\{X_j\}$ 和 $\max\{X_j\}$ 分别为所有年份中第 j 项评价指标的最小值和最大值；$k = \dfrac{1}{\ln(m)}$，其中 m 为评价年数，k 为指标数。

3.4.3　程序代码

根据公式（3-8）–（3-14）和计算步骤，熵值法实现的程序代码如下。

（1）指标极值标准化

```
%获取数据矩阵的行列数
[m,n]=size(data);
%初始化标准化数据存储矩阵
normalized_data=zeros(m, n);
%定义指标类型向量(1=正指标,2=负指标,3=适度指标)
indicator_types=[3, 2, 1, 1, 1, 1, 1];
%设置适度指标的最佳区间
optimal_range=[1,3];
%遍历每个指标进行标准化
for j=1:n
        %提取当前指标列数据
        col=data(:, j);
        %计算当前指标的最小值
        min_val=min(col);
        %计算当前指标的最大值
        max_val=max(col);
        %根据指标类型选择标准化方法
        switch indicator_types(j)
                %正指标标准化处理
```

```
case 1
    %应用正指标标准化公式
    normalized_data(:,j)=(col - min_val)/(max_val-
    min_val);
%负指标标准化处理
case 2
    应用负指标标准化公式
    normalized_data(:,j)=(max_val - col)/(max_val-
    min_val);
%适度指标标准化处理
case 3
    %获取最佳区间下限
    L1=optimal_range(1);
    %获取最佳区间上限
    L2=optimal_range(2);
    %遍历每个数据点
    for i =1:m
        %处理低于最佳区间的情况
        if col(i) < L1
            %计算分母值
            denominator = max(L1 - min _ val, max _
            val - L2);
            %应用低于区间标准化公式
            normalized _ data(i, j) = 1 -(L1 - col
            (i))/denominator;
        %处理在最佳区间内的情况
        elseif col(i) >= L1 && col(i) <= L2
            %直接赋最大值 1
            normalized_data(i,j)=1;
        %处理高于最佳区间的情况
        else
            %计算分母值
            denominator = max(L1 - min _ val, max _
            val - L2);
```

```
                              %应用高于区间标准化公式
                              normalized_data(i, j) = 1 - (col(i) -
                              L2)/denominator;
                        end
                  end
            end
      end
%对标准化数据进行平移处理(避免零值)
shifted_data = normalized_data + 1;
```

（2）计算熵值

```
%计算各指标值的比重
p = shifted_data ./ sum(shifted_data, 1);
%设置熵值计算归一化系数
k = 1 / log(m);
%计算各指标熵值
e = -k * sum(p .* log(p), 1);
%计算差异性系数
g = 1 - e;
%计算指标权重
w = g / sum(g);
%计算综合评分(使用标准化数据)
B = normalized_data * w';
%输出各指标权重
fprintf('各指标权重: \n');
%遍历输出每个指标权重
for j = 1:n
      %格式化输出指标名称和权重
      fprintf('%s: %.4f \n', indicator_names{j}, w(j));
end
```

3.4.4 案例应用

1. 案例说明

本案例[5] 节选自《商业研究》于2005年第323期收录的论文《基于熵值法的我国上

市公司财务预警系统研究》。

2. 研究问题描述

本案例选取深圳市工业板块的 6 家上市公司作为研究对象进行财务预警分析。样本数据来源于中国证监会网站披露的 2002 年年度报告，各研究对象的指标值如表 3.3 所示。（说明：因论文中没有标明正、适中以及负指标，本案例拟订 X_1-X_3 为负指标，X_4-X_7 为正指标并进行运算，故结果和原论文存在一定差异。）

3. 案例实现过程

依照 3.4.3 节的程序代码输入表 3.3 的财务指标值，在 Matlab 中的计算过程如下。

表 3.3　深圳市 6 家上市公司 2002 年的财务指标

股票简称	X_1	X_2	X_3	X_4	X_5	X_6	X_7
双环科技	4.872 2	0.257 3	0.440 7	0.095 5	0.040 5	0.058 2	0.065 2
茂化实华	3.002 0	0.243 1	2.021 5	0.123 0	0.044 6	0.176 6	0.037 1
中联重科	2.127 6	0.438 3	0.411 1	0.051 2	0.260 0	0.389 7	0.462 7
川投长钢	0.960 0	1.582 2	0.719 7	−0.097 8	0.011 4	0.000 7	−0.138 5
赣能股份	2.852 1	0.084 3	0.342 3	0.005 5	0.075 1	−0.022 8	−0.356 8
闽东电力	1.591 3	0.500 6	0.080 3	0.000 7	0.129 1	0.075 6	−0.256 8

输入程序	输出变量值
%步骤 1：输入原始数据 %数据格式：每行代表一个公司，每列代表一个财务指标 %指标顺序：X1 速动比率｜X2 权益比率｜X3 累积获利能力｜X4 销售净利率｜X5 总资产周转率｜X6 总资产增长率｜X7 净利润增长率 data = [　4.8722　0.2573　0.4407　0.0955　0.0405 　0.0582　0.0652; %双环科技 　3.0020　0.2431　2.0215　0.1230　0.0446 　0.1766　0.0371; %茂化实华 　2.1276　0.4383　0.4111　0.0512　0.2600 　0.3897　0.4627; %中联重科 　0.9600　1.5822　0.7197　−0.0978　0.0114 　0.0007　−0.1385; %川投长钢 　2.8521　0.0843　0.3423　0.0055　0.0751 　−0.0228　−0.3568; %赣能股份 　1.5913　0.5006　0.0803　0.0007　0.1291 　0.0756　−0.2568; %闽东电力 　]	data = 　4.8722　0.2573　0.4407　0.0955　0.0405 　0.0582　0.0652 　3.0020　0.2431　2.0215　0.1230　0.0446 　0.1766　0.0371 　2.1276　0.4383　0.4110　0.0512　0.2600 　0.3897　0.4627 　0.9600　1.5822　0.7197　−0.0978　0.0114 　0.0007　−0.1385 　2.8521　0.0843　0.3423　0.0055　0.0751 　−0.0228　−0.3568 　1.5913　0.5006　0.0803　0.0007　0.1291 　0.0756　−0.2568

输入程序	输出变量值

%公司名称和指标名称定义（用于结果展示）
company_ names = {'双环科技','茂化实华','中联重科','川投长钢','赣能股份','闽东电力'};
indicator_ names = {'速动比率','权益比率','累积获利能力','销售净利率',...
                           '总资产周转率','总资产增长率','净利润增长率'};
 	
%步骤2：数据无量纲化处理（标准化处理），消除不同指标纲和数量级的影响
%获取数据矩阵的行数（公司数量）和列数（指标数量）
[m, n] = size (data)
 	
%初始化标准化后的数据矩阵
normalized_ data = zeros (m, n)
 	
%定义指标类型（1=正指标，2=负指标，3=适度指标），速动比率为适度指标，权益比率为负指标，其余为正指标
indicator_ types = [3, 2, 1, 1, 1, 1, 1];
 	
%速动比率的最佳区间定义（适度指标的范围）
optimal_ range = [1, 3];
 	
%对每个指标进行标准化处理
for j =1: n
      %获取当前指标列的所有数据
      col = data (:, j);
      %当前指标的最小值
      min_ val = min (col);
      %当前指标的最大值
      max_ val = max (col);
 	
      %根据指标类型采用不同的标准化方法
      switch indicator_ types (j)
          case 1 % 正指标标准化公式
              %公式：（实际值－最小值）／（最大值－最小值）
              normalized_ data (:, j) = (col - min_ val) /(max_ val - min_ val);
	m = 6
	
	n = 7
	
	normalized_ data =
	
	0 0 0 0 0 0 0
	0 0 0 0 0 0 0
	0 0 0 0 0 0 0
	0 0 0 0 0 0 0
	0 0 0 0 0 0 0
	0 0 0 0 0 0 0

续表

输入程序	输出变量值

`case 2%负指标标准化公式`
　　　　　`%公式：（最大值 – 实际值）／（最大值 – 最小值）`
　　　　　`normalized _ data （:, j) =`
`(max_ val - col) /(max_ val - min_ val);`
 	
　　　　　`case 3%适度指标标准化处理（速动比率特殊处理）`
　　　　　`L1 = optimal_ range （1）；%最佳区间下限`
　　　　　`L2 = optimal_ range （2）；%最佳区间上限`　`for i =1: m`
　　　　　　　`if col （i) < L1`
　　　　　　　　`% 低于最佳区间的处理`
　　　　　　　　`denominator = max (L1 - min_ val, max_ val - L2);`
　　　　　　　　`normalized_ data (i, j) = 1 - (L1 - col (i) ) /denominator;`
　　　　　　　`elseif col (i) >= L1 && col (i) <= L2`
　　　　　　　　`% 在最佳区间内的处理`
　　　　　　　　`normalized_ data (i, j) = 1;`
　　　　　　　`else`
　　　　　　　　`% 高于最佳区间的处理`
　　　　　　　　`denominator = max (L1 - min_ val, max_ val - L2);`
　　　　　　　　`normalized_ data (i, j) = 1 - (col (i) - L2) /denominator;`
　　　　　　　`end`
　　　　　　`end`
　　　　`end`
　　`end`
 	
`%步骤 3：数据平移处理，避免标准化后出现 0 值`
`shifted_ data = normalized_ data + 1;`
	
	`shifted_ data =`
	`1.0000  1.8845  1.1857  1.8755  1.1171`
	`1.1964  1.5149`
	`1.9989  1.8940  2.0000  2.0000  1.1335`
	`1.4834  1.4807`

续表

输入程序	输出变量值
	2.0000 1.7637 1.1704 1.6748 2.0000 2.0000 2.0000 1.9786 1.0000 1.3294 1.0000 1.0000 1.0570 1.2664 2.0000 2.0000 1.1350 1.4678 1.2562 1.0000 1.0000 2.0000 1.7221 1.0000 1.4461 1.4735 1.2385 1.1220
%步骤4：计算指标比重，即每个指标值在所在指标中的比重 p=shifted_ data . / sum (shifted_ data, 1); %按列求和后做除法	p = 0.0911 0.1836 0.1516 0.1982 0.1400 0.1500 0.1807 0.1821 0.1845 0.2557 0.2113 0.1420 0.1860 0.1766 0.1822 0.1718 0.1497 0.1770 0.2506 0.2508 0.2385 0.1802 0.0974 0.1700 0.1057 0.1253 0.1325 0.1510 0.1822 0.1949 0.1451 0.1551 0.1574 0.1254 0.1193 0.1822 0.1678 0.1279 0.1528 0.1846 0.1553 0.1338

%步骤5：计算熵值，衡量指标的离散程度，熵值越大说明指标越无序
%计算归一化系数
k=1 / log (m);
%计算每个指标的熵值
e=-k * sum (p . * log (p), 1);
	e =
	 0.9867 0.9883 0.9841 0.9875 0.9837
	 0.9832 0.9854

%步骤6：计算差异性系数，衡量指标的差异性，1-e越大说明指标越重要 g=1 - e;	g = 0.0133 0.0117 0.0159 0.0125 0.0163 0.0168 0.0146
%步骤7：计算权重，确定各指标在综合评价中的权重 w=g / sum (g);	w = 0.1316 0.1160 0.1567 0.1239 0.1614 0.1657 0.1446
%步骤8：计算综合评价结果，得到每个公司的综合评分，这里使用 normalized_ data 而不是 shifted_ data，因为平移只是为了计算熵值 B=normalized_ data * w';	B = 0.3661 0.6870 0.8023 0.2284 0.3681 0.4043

续表

输入程序	输出变量值
%结果展示部分，显示各指标权重 fprintf ('各指标权重:] n'); for j =1: n 　　fprintf ('% s: %. 4f \ n', indicator_ names {j}, w (j)); end fprintf (' \n');	各指标权重: 速动比率: 0.1316 权益比率: 0.1160 累积获利能力: 0.1567 销售净利率: 0.1239 总资产周转率: 0.1614 总资产增长率: 0.1657 净利润增长率: 0.1446
%显示综合评价结果（按得分从高到低排序） fprintf ('上市公司财务预警综合评价结果: \n'); fprintf ('%-10s %-15s %s \n','排名','公司 名称','综合得分'); [~, idx] =sort (B,'descend'); for i = 1: m 　　fprintf ('%-10d %-15s %. 4f \ n', i, company_ names {idx (i) }, B (idx (i))); end	上市公司财务预警综合评价结果: 排名 公司名称 综合得分 1 中联重科 0.8023 2 茂化实华 0.6870 3 闽东电力 0.4043 4 赣能股份 0.3681 5 双环科技 0.3661 6 川投长钢 0.2284

因四舍五入会影响乘积的精度，从而导致最终计算的微小差异。

3.5　层次分析法建模与权重实现

3.5.1　概念

层次分析法（Analytic Hierarchy Process，AHP）是一种结合定性和定量的多目标决策分析方法。它将决策问题按总目标、各层子目标和评价准则分解为不同层次结构，然后通过求解判断矩阵和特征向量，计算每一层次元素对上一层次某元素的优先权重。最终，通过加权和的方法递阶归并各备择方案对总目标的最终权重，权重最大者即为最优方案。这里的"优先权重"是一种相对量度。以往研究中，计算权重的研究远多于方案比选和综合评价的研究。

3.5.2　基本原理

1. 一致矩阵法

判断矩阵是表示本层所有因素（指标）针对上一层某一个因素的相对重要性的比较，

判断矩阵的元素使用Saaty"一致矩阵法"1-9标度给出，详见表3.4。一致矩阵法遵循以下两条原则。

表3.4 判断矩阵元素 a_{ij} 的标度方法

标度	含义
1	表示两个因素相比，具有同样重要性
3	表示两个因素相比，一个因素比另一个因素稍微重要
5	表示两个因素相比，一个因素比另一个因素明显重要
7	表示两个因素相比，一个因素比另一个因素强烈重要
9	表示两个因素相比，一个因素比另一个因素极端重要
2,4,6,8	上述两相邻判断的中值
倒数	表述相比的不重要程度

（1）所有因素两两相互比较，进行因素或指标重要性的1对1比较。

（2）采用相对尺度，提高准确度，尽可能减少因性质不同导致因素间相互比较的困难。

2. 层次单排序及一致性检验

层次单排序是指根据判断矩阵，将上一层次的各个因素作为下一层次各因素之间相互比较的准则，进而形成一系列判断矩阵，计算出某层次因素相对上一层次某一因素的相对重要性权值。层次单排序作为一种排序方法，在同一层次结构下，按照特定指标对不同对象进行排序。例如，可以通过销售额这一指标对公司的不同产品进行排名。

对于判断矩阵 A ，计算满足 $AW = \lambda_{max}W$ 的特征根与特征向量。式中 λ_{max} 为 A 的最大特征根，W 为对应于 λ_{max} 的正规化的特征向量，W 的分量 ω_i 即是相应元素单排序的权值。

当A比B，B比C的重要关系确定后，A比C的重要关系是可以推导出来的，而人为打分可能出现不一致，或者矛盾得分的情况。根据矩阵理论可知，判断矩阵的一致性条件是，在严格满足 $a_{ii} = 1$, $a_{ij} = 1/a_{ji}$, $a_{ij} = a_{ik}/a_{jk}$, $(i,j,k = 1,2,\cdots,n)$ 的情况下使判断矩阵 A 具有唯一非零的且为最大的特征根 $\lambda_{max} = n$ ，并且，除 λ_{max} 外，其余特征根都为零。因此，需要检验 A 的一致性，即层次单排序需要进行一致性检验，计算 A 是否满足一致性的允许范围。层次单排序及一致性检验的原理及方法如下。

（1）排序的基本原理。

假定有 n 个物体，它们的质量分别为 $W_1, W_2, \cdots, W_n$ ，并假设它们的质量之和为单位1，在 n 个物体中，两两相互比较质量，判断矩阵可表示为

$$A = \begin{bmatrix} W_1/W_1 & W_1/W_2 & \cdots & W_1/W_n \\ W_2/W_1 & W_2/W_2 & \cdots & W_2/W_n \\ \cdots & \cdots & \ddots & \cdots \\ W_n/W_1 & W_n/W_2 & \cdots & W_n/W_n \end{bmatrix} = (a_{ij})_{n \times n} \quad (3-15)$$

显然

$$a_{ij} = 1, a_{ij} = 1/a_{ji} \quad a_{ij} = a_{ik}/a_{jk} \quad i,j,k = 1,2,\cdots,n \tag{3-16}$$

用质量向量 $\boldsymbol{W} = (W_1, W_2, \cdots, W_n)^\top$ 左乘 $\boldsymbol{A}$ 矩阵有

$$\boldsymbol{AW} = \begin{bmatrix} W_1/W_1 & W_1/W_2 & \cdots & W_1/W_n \\ W_2/W_1 & W_2/W_2 & \cdots & W_2/W_n \\ \cdots & \cdots & \ddots & \cdots \\ W_n/W_1 & W_n/W_2 & \cdots & W_n/W_n \end{bmatrix} \begin{bmatrix} W_1 \\ W_2 \\ \cdots \\ W_n \end{bmatrix} = \begin{bmatrix} nW_1 \\ nW_2 \\ \cdots \\ nW_n \end{bmatrix} = n\boldsymbol{W} \tag{3-17}$$

从式（3-17）可以看出，以 n 个物体质量为分量的向量 $\boldsymbol{W}$ 是比较判断矩阵 $\boldsymbol{A}$ 对应 n 的特征向量，n 是 $\boldsymbol{A}$ 矩阵的唯一非零最大特征根。因此，可以逐个两两比较物体的质量，得出每对物体相对质量比的判断矩阵，然后求解判断矩阵的最大特征根和特征向量。特征向量的各分量代表这组物体的相对质量，从而得到物体质量的排序。这种方法可以延伸到大多数无法定量描述的系统中，如社会、经济及科学管理系统。通过建立层次分析模型，将复杂系统简化为各种因素的成对比较和排序计算，以确定相对重要性权值，实现定量描述。

（2）计算最大特征根及其对应的特征向量。

最大特征根及其特征向量可以使用线性代数中求矩阵特征根的方法解出，再找出最大特征根和对应的特征向量。当判断矩阵的阶数 n 较高时，此方法需要求解 $\boldsymbol{A}$ 的 n 次方程并找出所有 n 个特征根并比较大小，给计算带来了一定的困难。因此，鉴于判断矩阵的特殊性，下面给出一种比较简便的近似计算方法：和积法。和积法计算步骤如下。

将判断矩阵每一列正规化，

$$\overline{a_{ij}} = \frac{a_{ij}}{\sum_{i=1}^{n} a_{ij}} (i,j = 1,2,\cdots,n) \tag{3-18}$$

每一列经正规化后的判断矩阵按行相加，

$$\overline{W_i} = \sum_{j=1}^{n} \overline{a_{ij}} (i = 1,2\cdots,n) \tag{3-19}$$

对向量 $\overline{\boldsymbol{W}} = (\overline{W}_1, \overline{W}_2, \cdots, \overline{W}_n)^\top$ 正规化，

$$W_i = \frac{\overline{W_i}}{\sum_{i=1}^{n} \overline{W_i}} (i = 1,2,\cdots,n) \tag{3-20}$$

则 $\boldsymbol{W} = (W_1, W_2, \cdots, W_n)^\top$ 即为所求的特征向量。

计算判断矩阵的最大特征根 $\lambda_{\max}$

$$\lambda_{\max} = \sum_{i=1}^{n} \frac{(\boldsymbol{AW})_i}{nW_i} \tag{3-21}$$

（3）判断矩阵的一致性检验。

判断矩阵是这一层次与上一层某因素有关的一些因素进行两两相比求得的，在阐述使用特征向量方法计算层次因素排序时，得到

$$AW = nW \qquad (3-22)$$

在一般决策中决策者不可能给出精确的 W_i/W_j 变量，只能对它们进行估计判断，这样判断矩阵中给出的 a_{ij} 与实际的 W_i/W_j 有偏差，不能保证判断矩阵具有完全的一致性。从而，判断矩阵 A 的特征根与特征向量也将发生变化，即 $\lambda_{\max} \neq n$，那么计算的排序就不准确。因此，在对判断矩阵特征根的变化检查一致性时，可以将特征根看作是最大特征根并满足一致性条件，否则就要对判断矩阵进行调整。如果矩阵 A，有 $\lambda_1, \lambda_2, \cdots, \lambda_n$ 满足

$$AX = \lambda X \qquad (3-23)$$

则 $\lambda_1, \lambda_2, \cdots, \lambda_n$ 是矩阵 A 的特征根，并且对于所有 $a_{ii} = 1$ 的矩阵有

$$\sum_{i=1}^{n} \lambda_i = n \qquad (3-24)$$

显然，当矩阵 A 具有完全一致性时，$\lambda_1 = \lambda_{\max} = n$，其余的特征根均为零；当矩阵 A 不具有完全一致性时，则有 $\lambda_1 = \lambda_{\max} > n$。

其余特征根 $\lambda_1, \lambda_2, \cdots, \lambda_n$ 为

$$\sum_{i=2}^{n} \lambda_i = n - \lambda_{\max} \qquad (3-25)$$

当矩阵 A 具有满意一致性时，$\lambda_{\max} > n$，其余特征根接近零；当判断矩阵不能保证具有满意一致性时，相应判断矩阵的特征根也将发生变化，因此可以通过判断矩阵特征根的变化来检查一致性程度。

在层次分析中用判断矩阵最大特征根以外其余特征根的负平均值，作为衡量判断矩阵偏离一致性的指标，即

$$CI = \frac{\lambda_{\max} - n}{n - 1} \qquad (3-26)$$

对于不同阶的判断矩阵，其 CI 值也不同。一般来说阶数 n 越大，CI 值就越大，为了度量不同阶的判断矩阵具有满意的一致性，再引入判断矩阵的平均随机一致性指标 RI 值。RI 值是用随机的方法分别对 $n = 1, 2, \cdots, 9$ 阶各构造 500 个样本矩阵，计算其一致性指标 CI 值，然后取平均得到（表 3.5）。

表 3.5　判断矩阵的平均随机一致性指标

阶数	1	2	3	4	5	6	7	8	9
RI	0.00	0.00	0.52	0.89	1.12	1.26	1.36	1.41	1.46

对于 1、2 阶判断矩阵，RI 只是形式上的，因为 1、2 阶判断矩阵总具有完全一致性。

当阶数大于 2 时，判断矩阵的一致性指标 CI 与同阶平均随机性指标 RI 之比称为随机一致性比率，记为 CR。

$$CR = \frac{CI}{RI} \tag{3-27}$$

当 CR<0.1 时，认为判断矩阵具有满意一致性，否则就需要调整判断矩阵，使之具有满意的一致性。

3.5.3 计算步骤

层次分析法确定指标权重的具体步骤如下。

（1）建立层次结构模型：层次结构包括目标层、准则层（指标层）和方案层（对象层）。最上层为目标层，通常只有一个因素。最下层为方案层。中间层一般为准则层，可以有一个或多个层次。当准则层过多（如超过 9 个）时，应进一步分解出子准则层。

（2）构造判断矩阵（成对比较矩阵）：按照层次结构模型，从上到下逐层构造判断矩阵。从第二层开始逐层往下，每一层因素都以相邻上一层次各因素为准则，按"1~9 标度方法"两两比较构造判断矩阵，直到最下层的方案层。

（3）计算单排序权向量并做一致性检验：对每一个判断矩阵，计算其最大特征根及对应特征向量，利用一致性指标、随机一致性指标和一致性比率做一致性检验。若检验通过，归一化后的特征向量即为权向量；若不通过，需重新构造判断矩阵。

（4）计算组合权向量并做组合一致性检验：计算最下层各元素对目标的组合权向量，利用总排序一致性比率 CR 进行检验。若通过检验，则按照总排序权向量表示的结果进行决策，否则需要重新考虑模型或重新构造一致性比率 CR 较大的判断矩阵。

3.5.4 程序代码

根据式（3-15）~式（3-27）和计算步骤，层次分析法实现的程序代码如下。

（1）输入已知变量。

输入一级准则层判断矩阵 U，$n_1 * n_1$；

输入二级方案层判断矩阵（U_1，U_2，$\cdots$），$n_2 * n_2$，共有 n_1 个判断矩阵（U_1，U_2，$\cdots$）。

```
% 一级准则层因素个数
n1 = size(U,1)
% 一致性指标
RI = [0 0 0.52 0.89 1.12 1.26 1.36 1.41 1.46]
```

(2) 求准则层与方案层各因素权重，进行准则层与方案层一致性检验。

%D(n1×n1)为对角阵,其对角线上的元素为判断矩阵A的全部特征值;V(n1×n1)的
列是D中特征值对应的特征向量,即V可使得A*V=V*D成立

```
[V,D]=eig(A)
%找最大特征值
lambda=max(diag(D))
%最大特征值位置
num=find(diag(D)==lambda)
W=V(:,num);
%对特征向量取绝对值
W=abs(W(:,1));
%归一化处理,计算一级准则层权值
W=W/sum(W)
%计算一致性指标
CI=(lambda-n1)/(n1-1)
%计算一致性比率
CR=CI/RI(n1)
```

(3) 求组合权重，进行目标层一致性检验。

```
%将各二级准则层权重与对应的一级准则层权重相乘并组合
CombinedW1=W1*W(1);
CombinedW2=W2*W(2);
CombinedW3=W3*W(3);
CombinedW4=W4*W(4);
%计算总的组合权重
CombinedW=[CombinedW1;CombinedW2;CombinedW3;CombinedW4];
%对总目标层进行一致性检验
%组合CI
CI_n=CI*W(1)+CI1*sum(W1)+CI2*sum(W2)+CI3*sum(W3)+CI4*sum
(W4)
%组合RI
RI_n=RI(n1)*W(1)+RI(n2)*sum(W1)+RI(n3)*sum(W2)+RI(n4)*sum
```

(W3)+RI(n5)*sum(W4)

%组合一致性比率

CRCR_n=CI_n/RI_n

3.5.5　案例应用

1. 案例说明

本案例[5]节选自期刊《当代化工》于 2018 年第 2 期收录的论文《层次分析法在确定炼化设计企业绩效考核指标权重中的应用》。

2. 研究问题描述

本案例根据企业运营管理的实际需求，初步设计了某炼化设计企业绩效的 4 个一级评价指标和 23 个二级评价指标。一级评价指标包括财务维度、顾客维度、内部运营维度以及学习和发展维度。二级评价指标则涵盖年度计划完成率、人均产值完成率、成本控制率、预算编制与执行完成率和财务制度执行率等。

通过专家咨询的方式确定各层级准则的判断矩阵并从 1 到 9 进行标度，对该炼化设计企业绩效进行评价，各一级指标和二级指标之间的相对重要性比较判断矩阵如下表 3.6 所示。（说明：因 RI 值选取来自表 3-5，与文献中取值不同，结果存在一定差异。）

表 3.6　某炼化设计企业绩效评价指标

绩效维度（一级指标）	具体考核内容（二级目标）
财务维度（U_1）	年度计划完成率（U_{11}）
	人均产值完成率（U_{12}）
	成本控制率（U_{13}）
	预算编制与执行完成率（U_{14}）
	财务制度执行率（U_{15}）
顾客维度（U_2）	客户投诉率（U_{21}）
	第三方评价（公司内、外）（U_{22}）
	所服务客户工作期间的周边居民投诉情况（U_{23}）
	原有项目市场保有率（U_{24}）
	新项目市场开拓率（U_{25}）
	项目到款率（U_{26}）
内部运营维度（U_3）	年度质量目标完成率（U_{31}）
	质量控制率（U_{32}）
	年度安全责任目标（U_{33}）
	年度环境报告发布情况（U_{34}）
	成果资料的收集、整理和归档（U_{35}）

续表

绩效维度（一级指标）	具体考核内容（二级目标）
学习和发展维度（U_4）	各项工作总体策划程序化（U_{41}）
	内部管理制度完善（U_{42}）
	技术开发工作计划（U_{43}）
	队伍建设目标完成率（U_{44}）
	员工培训计划与执业资格证书考取率（U_{45}）
	党建思想政治工作年度目标（U_{46}）
	企业文化建设计划（U_{47}）

一级准则层的判断矩阵如表 3.7 所示。

表 3.7　准则层的判断矩阵

U	U_1	U_2	U_3	U_4
U_1	1	1/3	1	1/2
U_2	3	1	3	1/2
U_3	1	1/3	1	1/2
U_4	2	2	2	1

二级准则层的判断矩阵如表 3.8~表 3.10 所示。

表 3.8　U_1 指标和 U_3 指标的判断矩阵

U_1	U_{11}	U_{12}	U_{13}	U_{14}	U_{15}	U_3	U_{31}	U_{32}	U_{33}	U_{34}	U_{35}
U_{11}	1	1/2	2	3	3	U_{31}	1	1	3	2	4
U_{12}	2	1	3	4	4	U_{32}	1	1	3	2	3
U_{13}	1/2	1/3	1	2	2	U_{33}	1/3	1/3	1	1	2
U_{14}	1/3	1/4	1/2	1	1	U_{34}	1/2	1/2	1	1	2
U_{15}	1/3	1/4	1/2	1	1	U_{35}	1/4	1/3	1/2	1/2	1

表 3.9　U_2 指标的判断矩阵

U_2	U_{21}	U_{22}	U_{23}	U_{24}	U_{25}	U_{26}
U_{21}	1	3	2	1/2	1/3	1/2
U_{22}	1/3	1	1	1/3	1/4	1/3
U_{23}	1/2	1	1	1/4	1/5	1/4
U_{24}	2	3	4	1	1/2	1
U_{25}	3	4	5	2	1	2
U_{26}	2	3	4	1	1/2	1

表 3.10　U_4 指标的判断矩阵

U_4	U_{41}	U_{42}	U_{43}	U_{44}	U_{45}	U_{46}	U_{47}
U_{41}	1	1/4	2	2	3	4	1/3
U_{42}	4	1	3	3	6	8	2
U_{43}	1/2	1/3	1	1	2	3	1/4
U_{44}	1/2	1/3	1	1	2	3	1/4
U_{45}	1/3	1/6	1/2	1/2	1	2	1/5
U_{46}	1/4	1/8	1/3	1/3	1/2	1	1/7
U_{47}	3	1/2	4	4	5	7	1

3. 案例实现过程

依照 3.5.3 节的程序代码输入表 3.7～表 3.10 的判断矩阵，在 Matlab 中的计算过程如下。

输入程序	输出变量值
%输入一级准则层判断矩阵 U=[1　1/3　1　1/2 　　3　1　3　1/2 　　1　1/3　1　1/2 　　2　2　2　1]	U = 1.0000　0.3333　1.0000　0.5000 3.0000　1.0000　3.0000　0.5000 1.0000　0.3333　1.0000　0.5000 2.0000　2.0000　2.0000　1.0000
%一级准则层因素个数 n1=size (U, 1)	n1 = 　　4
%一致性指标 RI = [0 0 0.52 0.89 1.12 1.26 1.36 1.41 1.46]	RI = 　　0　　　　0　　0.5200　　0.8900　　1.1200 1.2600　　1.3600　　1.4100　　1.4600
%求 U 的特征向量 V，特征值 D [V, D] =eig (U)	V = 0.2579+0.0000i　　0.7071+0.0000i 0.1008+0.1291i　　0.1008-0.1291i 0.6031+0.0000i　　-0.0000+0.0000i 0.2104-0.5631i　　0.2104+0.5631i 0.2579+0.0000i　　-0.7071+0.0000i 0.1008+0.1291i　　0.1008-0.1291i 0.7094+0.0000i　　-0.0000+0.0000i -0.7649+0.0000i　　-0.7649+0.0000i D = 4.1545+0.0000i　　0.0000+0.0000i

输入程序	输出变量值
	0.0000+0.0000i 0.0000+0.0000i
	0.0000+0.0000i 0.0000+0.0000i
	0.0000+0.0000i 0.0000+0.0000i
	0.0000+0.0000i 0.0000+0.0000i
	−0.0773+0.7974i 0.0000+0.0000i
	0.0000+0.0000i 0.0000+0.0000i
	0.0000+0.0000i −0.0773−0.7974i
%最大特征值 lambda1=max (diag (D))	lambda1 = 4.1545
%最大特征值位置 num=find (diag (D) = =lambda1)	num = 1

W=V (:, num);
W=abs (W (:, 1));
%对特征向量取绝对值
W=W/sum (W) %归一化处理，计算一级准则层权值
	W =
	
	  0.1411
	  0.3298
	  0.1411
	  0.3880

%计算一致性指标 CI= (lambda1 -n1) /(n1-1)	CI = 0.0515
%计算一致性比率 CR=CI/RI (n1)	CR = 0.0579

%输入财务维度指标判断矩阵
U1= [1 1/2 2 3 3
    2 1 3 4 4
   1/2 1/3 1 2 2
   1/3 1/4 1/2 1 1
   1/3 1/4 1/2 1 1]
	U1 =
	
	1.0000 0.5000 2.0000 3.0000 3.0000
	2.0000 1.0000 3.0000 4.0000 4.0000
	0.5000 0.3333 1.0000 2.0000 2.0000
	0.3333 0.2500 0.5000 1.0000 1.0000
	0.3333 0.2500 0.5000 1.0000 1.0000

%二级准则层因素个数 n2=length (U1)	n2 = 5

续表

输入程序	输出变量值
%求 U1 的特征向量 V1，特征值 D1 [V1, D1] =eig (U1)	V1 = 　0.4890+0.0000i　　0.0578+0.4301i　　0.0578−0.4301i −0.6024+0.0000i　　0.0000+0.0000i 　0.7881+0.0000i　　0.8449+0.0000i　　0.8449+0.0000i 　0.6979+0.0000i　−0.0000+0.0000i 　0.2906+0.0000i　−0.2319+0.1304i　−0.2319−0.1304i 　0.3711+0.0000i　−0.0000+0.0000i 　0.1664+0.0000i　−0.0334−0.1113i　−0.0334+0.1113i −0.0784+0.0000i　−0.7071+0.0000i 　0.1664+0.0000i　−0.0334−0.1113i　−0.0334+0.1113i −0.0784+0.0000i　　0.7071+0.0000i D1 = 　5.0364+0.0000i　　0.0000+0.0000i　　0.0000+0.0000i 　0.0000+0.0000i　　0.0000+0.0000i 　0.0000+0.0000i　−0.0031+0.4277i　　0.0000+0.0000i 　0.0000+0.0000i　　0.0000+0.0000i 　0.0000+0.0000i　　0.0000+0.0000i　−0.0031−0.4277i 　0.0000+0.0000i　　0.0000+0.0000i 　0.0000+0.0000i　　0.0000+0.0000i　　0.0000+0.0000i −0.0302+0.0000i　　0.0000+0.0000i 　0.0000+0.0000i　　0.0000+0.0000i　　0.0000+0.0000i 　0.0000+0.0000i　　0.0000+0.0000i
%最大特征值 lambda2 =max (diag (D1))	lambda2 = 　5.0364
%最大特征值位置 num =find (diag (D1) = =lambda2)	num = 　1
%计算财务指标权值 W1 =V1 (:, num) /sum (V1 (:, num))	W1 = 　0.2573 　0.4147 　0.1529 　0.0876 　0.0876
%计算一致性指标 CI1 = (lambda2 -n2) /(n2-1)	CI1 = 0.0091

续表

输入程序	输出变量值
% 计算一致性比率 CR1＝CI／RI（n2）	CR1 = 0.0460

% 输入顾客维度指标判断矩阵
U2＝ [1   3   2   1/2   1/3   1/2
   1/3   1   1   1/3   1/4   1/3
   1/2   1   1   1/4   1/5   1/4
    2   3   4   1   1/2   1
    3   4   5   2   1   2
    2   3   4   1   1/2   1]
	U2 =
	1.0000 3.0000 2.0000 0.5000 0.3333 0.5000
	0.3333 1.0000 1.0000 0.3333 0.2500 0.3333
	0.5000 1.0000 1.0000 0.2500 0.2000 0.2500
	2.0000 3.0000 4.0000 1.0000 0.5000 1.0000
	3.0000 4.0000 5.0000 2.0000 1.0000 2.0000
	2.0000 3.0000 4.0000 1.0000 0.5000 1.0000

% 二级准则层因素个数 n3＝length（U2）	n3 = 6
% 求 U2 的特征向量 V2，特征值 D2 [V2，D2]＝eig（U2）	V2 = 0.2602+0.0000i −0.3601+0.0109i −0.3601−0.0109i 0.2581+0.1796i 0.2581−0.1796i −0.0000+0.0000i 0.1338+0.0000i 0.0292−0.1847i 0.0292+0.1847i −0.0715+0.0526i −0.0715−0.0526i −0.0000+0.0000i 0.1231+0.0000i −0.0446−0.0136i −0.0446+0.0136i −0.0381−0.1925i −0.0381+0.1925i 0.0000+0.0000i 0.4347+0.0000i 0.1003+0.3254i 0.1003−0.3254i −0.2856+0.0956i −0.2856−0.0956i −0.7071+0.0000i 0.7220+0.0000i 0.7754+0.0000i 0.7754+0.0000i 0.8206+0.0000i 0.8206+0.0000i 0.0000+0.0000i 0.4347+0.0000i 0.1003+0.3254i 0.1003−0.3254i −0.2856+0.0956i −0.2856−0.0956i 0.7071+0.0000i D2 = 6.0835+0.0000i 0.0000+0.0000i 0.0000+0.0000i 0.0000+0.0000i 0.0000+0.0000i 0.0000+0.0000i 0.0000+0.0000i −0.0127+0.6803i 0.0000+0.0000i 0.0000+0.0000i 0.0000+0.0000i 0.0000+0.0000i 0.0000+0.0000i 0.0000+0.0000i −0.0127−0.6803i 0.0000+0.0000i 0.0000+0.0000i 0.0000+0.0000i −0.0290+0.2063i 0.0000+0.0000i 0.0000+0.0000i 0.0000+0.0000i 0.0000+0.0000i 0.0000+0.0000i 0.0000+0.0000i −0.0290−0.2063i 0.0000+0.0000i 0.0000+0.0000i 0.0000+0.0000i 0.0000+0.0000i 0.0000+0.0000i 0.0000+0.0000i −0.0000+0.0000i

续表

输入程序	输出变量值
%计算最大特征值 lambda3 = max (diag (D2))	lambda3 = 　6.0835
%最大特征值位置 num = find (diag (D2) = = lambda3)	num = 　1
%顾客维度指标权值 W2 = V2 (:, num) / sum (V2 (:, num))	W2 = 　0.1234 　0.0635 　0.0584 　0.2062 　0.3424 　0.2062
%计算一致性指标 CI2 = (lambda3 -n3) / (n3-1)	CI2 = 　0.0167
%计算一致性比率 CR2 = CI / RI (n3)	CR2 = 　0.0409
%输入内部运营维度指标判断矩阵 U3 = [1　　1　　3　　2　4 　　　1　　1　　3　　2　3 　　1/3　1/3　1　　1　2 　　1/2　1/2　1　　1　2 　　1/4　1/3　1/2　1/2　1]	U3 = 1.0000　1.0000　3.0000　2.0000　4.0000 1.0000　1.0000　3.0000　2.0000　3.0000 0.3333　0.3333　1.0000　1.0000　2.0000 0.5000　0.5000　1.0000　1.0000　2.0000 0.2500　0.3333　0.5000　0.5000　1.0000
%二级准则层因素个数 n4 = length (U3)	n4 = 　5
%求 U3 的特征向量 V3, 特征值 D3 [V3, D3] = eig (U3)	V3 = 　0.6545+0.0000i　　0.3797+0.1987i　　0.3797-0.1987i 　0.7782+0.0000i　　0.7782+0.0000i 　0.6225+0.0000i　　0.7748+0.0000i　　0.7748+0.0000i -0.4494+0.0321i　-0.4494-0.0321i

输入程序	输出变量值		
	0.2594+0.0000i −0.2044+0.3119i −0.2044−0.3119i		
	−0.0879+0.0963i −0.0879−0.0963i		
	0.3015+0.0000i −0.1539−0.1025i −0.1539+0.1025i		
	−0.0399−0.3923i −0.0399+0.3923i		
	0.1610+0.0000i −0.0837−0.1891i −0.0837+0.1891i		
	0.0037+0.1377i 0.0037−0.1377i		
	D3 =		
	5.0458+0.0000i 0.0000+0.0000i 0.0000+0.0000i		
	0.0000+0.0000i 0.0000+0.0000i		
	0.0000+0.0000i −0.0230+0.4671i 0.0000+0.0000i		
	0.0000+0.0000i 0.0000+0.0000i		
	0.0000+0.0000i 0.0000+0.0000i −0.0230−0.4671i		
	0.0000+0.0000i 0.0000+0.0000i		
	0.0000+0.0000i 0.0000+0.0000i 0.0000+0.0000i		
	0.0001+0.1122i 0.0000+0.0000i		
	0.0000+0.0000i 0.0000+0.0000i 0.0000+0.0000i		
	0.0000+0.0000i 0.0001−0.1122i		
%计算最大特征值 lambda4=max (diag (D3))	lambda4 = 5.0458		
%最大特征值位置 num=find (diag (D3) = =lambda4)	num = 1		

%计算内部运营维度指标权值
W3 =V3 (:, num) /sum (V3 (:, num))
	W3 =
	
	  0.3274
	  0.3114
	  0.1297
	  0.1508
	  0.0806		

%计算一致性指标 CI3 = (lambda4 −n4) / (n4−1)	CI3 = 0.0115		
%计算一致性比率 CR3 =CI / RI (n4)	CR3 = 0.0460		

续表

输入程序	输出变量值
%输入学习与发展维度指标判断矩阵 U4 = [1 1/4 2 2 3 4 1/3 　　4 1 3 3 6 8 2 　1/2 1/3 1 1 2 3 1/4 　1/2 1/3 1 1 2 3 1/4 　1/3 1/6 1/2 1/2 1 2 1/5 　1/4 1/8 1/3 1/3 1/2 1 1/7 　　3 1/2 4 4 5 7 1]	U4 = 1.0000 0.2500 2.0000 2.0000 3.0000 4.0000 0.3333 4.0000 1.0000 3.0000 3.0000 6.0000 8.0000 2.0000 0.5000 0.3333 1.0000 1.0000 2.0000 3.0000 0.2500 0.5000 0.3333 1.0000 1.0000 2.0000 3.0000 0.2500 0.3333 0.1667 0.5000 0.5000 1.0000 2.0000 0.2000 0.2500 0.1250 0.3333 0.3333 0.5000 1.0000 0.1429 3.0000 0.5000 4.0000 4.0000 5.0000 7.0000 1.0000
%二级准则层因素个数 n5 = length (U4)	n5 = 　7
%求 U4 的特征向量 V4，特征值 D4 [V4, D4] = eig (U4)	V4 = 1 至 6 列 　0.2682+0.0000i −0.1507+0.2002i −0.1507−0.2002i −0.0373−0.1209i −0.0373+0.1209i −0.4313+0.0000i 　0.7188+0.0000i 0.8003+0.0000i 0.8003+0.0000i −0.9004+0.0000i −0.9004+0.0000i −0.2626+0.0000i 　0.1781+0.0000i −0.0881−0.0728i −0.0881+0.0728i −0.0872+0.1012i −0.0872−0.1012i 0.0921+0.0000i 　0.1781+0.0000i −0.0881−0.0728i −0.0881+0.0728i −0.0872+0.1012i −0.0872−0.1012i 0.0921+0.0000i 　0.1028+0.0000i −0.0085−0.0417i −0.0085+0.0417i 　0.0579−0.1996i 0.0579+0.1996i 0.0299+0.0000i 　0.0663+0.0000i 0.0194−0.0310i 0.0194+0.0310i 　0.0984+0.0634i 0.0984−0.0634i −0.0534+0.0000i 　0.5771+0.0000i 0.1029+0.5068i 0.1029−0.5068i 　0.2321+0.1640i 0.2321−0.1640i 0.8511+0.0000i 　7 列 　−0.0000+0.0000i 　−0.0000+0.0000i 　 0.7071+0.0000i

输入程序	输出变量值
	−0.7071+0.0000i 0.0000+0.0000i −0.0000+0.0000i 0.0000+0.0000i D4 = 1 至 6 列 7.1799+0.0000i　0.0000+0.0000i　0.0000+0.0000i 0.0000+0.0000i　0.0000+0.0000i　0.0000+0.0000i 0.0000+0.0000i　−0.0257+1.0997i　0.0000+0.0000i 0.0000+0.0000i　0.0000+0.0000i　0.0000+0.0000i 0.0000+0.0000i　0.0000+0.0000i　−0.0257−1.0997i 0.0000+0.0000i　0.0000+0.0000i　0.0000+0.0000i 0.0000+0.0000i　0.0000+0.0000i　0.0000+0.0000i −0.0281+0.2651i　0.0000+0.0000i　0.0000+0.0000i 0.0000+0.0000i　0.0000+0.0000i　0.0000+0.0000i 0.0000+0.0000i　−0.0281−0.2651i　0.0000+0.0000i 0.0000+0.0000i　0.0000+0.0000i　0.0000+0.0000i 0.0000+0.0000i　0.0000+0.0000i　−0.0724+0.0000i 0.0000+0.0000i　0.0000+0.0000i　0.0000+0.0000i 0.0000+0.0000i　0.0000+0.0000i　0.0000+0.0000i 7 列 0.0000+0.0000i 0.0000+0.0000i 0.0000+0.0000i 0.0000+0.0000i 0.0000+0.0000i 0.0000+0.0000i −0.0000+0.0000i
%计算最大特征值 lambda5 = max (diag (D4))	lambda5 = 7.1799
%最大特征值位置 num = find (diag (D4) = = lambda5)	num = 1

输入程序	输出变量值
%计算学习与发展维度指标权值 W4 = V4 (:, num) / sum (V4 (:, num))	W4 = 　0.1284 　0.3440 　0.0852 　0.0852 　0.0492 　0.0317 　0.2762
%计算一致性指标 CI4 = (lambda5 -n5) / (n5-1)	CI4 = 　0. 0300
%计算一致性比率 CR4 = CI / RI (n5)	CR4 = 　0.0379
%将各二级准则层权重与对应的一级准则层权重相乘并组合 CombinedW1 = W1 * W (1); CombinedW2 = W2 * W (2); CombinedW3 = W3 * W (3); CombinedW4 = W4 * W (4); %计算总的组合权重 CombinedW = [CombinedW1; CombinedW2; CombinedW3; CombinedW4]; %归一化处理 CombinedW = CombinedW / sum (CombinedW)	CombinedW = 　0.0363 　0.0585 　0.0216 　0.0124 　0.0124 　0.0407 　0.0209 　0.0193 　0.0680 　0.1129 　0.0680 　0.0462 　0.0439 　0.0183 　0.0213 　0.0114 　0.0498 　0.1335 　0.0331 　0.0331 　0.0191 　0.0123 　0.1072

续表

输入程序	输出变量值
%对总目标层进行一致性检验 %组合 CI CI_ n = CI * W (1) +CI1 * sum (W1) + CI2 * sum (W2) +CI3 * sum (W3) +CI4 * sum (W4) %组合 RI RI_ n = RI (n1) * W (1) +RI (n2) * sum (W1) +RI (n3) * sum (W2) +RI (n4) * sum (W3) +RI (n5) * sum (W4) %组合一致性比率 CR CR_ n = CI_ n/RI_ n	CI_ n= 　0.0745 RI_ n= 　4.9856 CR_ n= 　0.0149

由上述计算得出某炼化设计企业绩效考核指标各层权重及组合权重的结果如表 3.11 所示。

表 3.11　某炼化设计企业绩效考核指标综合权重

一级指标	单层权重	二级目标	单层权重	组合权重
财务维度（U_1）	0.141 1	年度计划完成率（U_{11}）	0.257 3	0.036 3
		人均产值完成率（U_{12}）	0.414 7	0.058 5
		成本控制率（U_{13}）	0.152 9	0.021 6
		预算编制与执行完成率（U_{14}）	0.087 6	0.012 4
		财务制度执行率（U_{15}）	0.087 6	0.012 4
顾客维度（U_2）	0.329 8	客户投诉率（U_{21}）	0.123 4	0.040 7
		第三方评价（公司内、外）（U_{22}）	0.063 5	0.020 9
		所服务客户工作期间的周边 居民投诉情况（U_{23}）	0.058 4	0.019 3
		原有项目市场保有率（U_{24}）	0.206 2	0.068 0
		新项目市场开拓率（U_{25}）	0.342 4	0.112 9
		项目到款率（U_{26}）	0.206 2	0.068 0

续表

一级指标	单层权重	二级目标	单层权重	组合权重
内部运营维度（U_3）	0.141 1	年度质量目标完成率（U_{31}）	0.327 4	0.046 2
		质量控制率（U_{32}）	0.311 4	0.043 9
		年度安全责任目标（U_{33}）	0.129 7	0.018 3
		年度环境报告发布情况（U_{34}）	0.150 8	0.021 3
		成果资料的收集、整理和归档（U_{35}）	0.080 6	0.011 4
学习和发展维度（U_4）	0.388 0	各项工作总体策划程序化（U_{41}）	0.128 4	0.049 8
		内部管理制度完善（U_{42}）	0.344 0	0.133 5
		技术开发工作计划（U_{43}）	0.085 2	0.033 1
		队伍建设目标完成率（U_{44}）	0.085 2	0.033 1
		员工培训计划与执业资格证书考取率（U_{45}）	0.049 2	0.019 1
		党建思想政治工作年度目标（U_{46}）	0.031 7	0.012 3
		企业文化建设计划（U_{47}）	0.276 2	0.107 2

3.6　权重研究方法前沿应用的热点追踪

3.6.1　文献研究热点

基于 CiteSpace 软件，以"均方差法""极差法""熵值法""层次分析法"为主题，在中国知网 CNKI 数据库中搜索汇总 2012—2022 年间核心期刊发表的文章，分析研究采用指标权重确定相关方法的研究趋势与热点。

通过梳理分析结果，归纳出频次最高的前 10 个关键词，如表 3.12 所示。其中前 4 频次的关键词为"城镇化""低碳经济""创新能力""内部控制"；位于前 6 中心度的关键词为"低碳经济""城镇化""内部控制""土地利用""食品安全"和"财务风险"。频次和中心度两个维度统计出的关键词在一定程度上反映了应用指标权重计算方法的热点领域。

表 3.12　2012—2022 年权重相关研究文献的关键词词频、中介中心度统计表

序号	频次	中心度	年份	关键词
1	23	0.01	2012	城镇化
2	23	0.02	2012	低碳经济

续表

序号	频次	中心度	年份	关键词
3	13	0.00	2012	创新能力
4	13	0.01	2012	内部控制
5	11	0.00	2012	循环经济
6	11	0.00	2013	城市化
7	11	0.00	2014	乡村旅游
8	9	0.01	2012	土地利用
9	9	0.01	2017	食品安全
10	8	0.01	2012	财务风险

权重研究的关键词共现图谱如图 3.1 所示，图谱内共有节点 447 个、连线 757 条，"城镇化""低碳经济""乡村旅游"等处于关键词共现的中心，可以看出"均方差法""极差法""熵值法""层次分析法"已经广泛应用在各个领域。

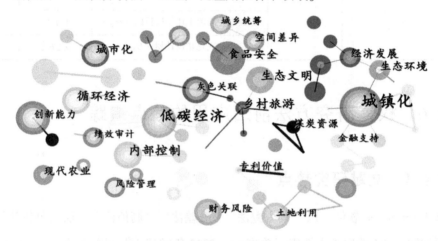

图 3.1　权重相关方法研究文献的关键词共现图谱

相关文献前 3 位突现关键词（表 3.13），2015—2016 年突现关键词为"生态文明"；2017—2018 年突现关键词为"食品安全"；2018—2022 年突现关键词为"乡村旅游"，反映了研究的新趋势和新方向。

表 3.13　采用指标权重确定分析的相关文献前 3 位突现关键词

序号	关键词	突现率/%	开始年份	结束年份	2012—2022 年
1	生态文明	3.78	2015	2016	▬▬▬
2	食品安全	4.28	2017	2018	▬▬▬
3	乡村旅游	2.74	2018	2021	▬▬▬

3.6.2 高引高关注文献

表 3.14 为 2012—2022 年核心期刊中涉及 "均方差法" "极差法" "熵值法" 和 "层次分析法" 的相关高引文献, 下面简要介绍相关高引文献成果, 郭峰[7] 等依托层次分析法编制了 "北京大学数字普惠金融指数"。焦瑾璞等[8] 采集 2013 年中国各省数据计算中国的普惠金融发展指数, 利用层次分析法确定指标权重。申志东[9] 通过分析层次分析法在构建国企绩效评价体系中的比较优势, 详细阐述层次分析法在构建企业绩效评价体系实际应用过程, 并对使用层次分析法如何构建国有企业绩效评价体系进行了全面分析。王富喜等[10] 构建了城镇化质量评价指标体系, 利用熵值法对山东省城镇化质量进行了综合测度并对各地城镇化质量存在的问题与不足进行了深入剖析。朱喜安等[11] 通过理论推导与实证分析, 对改进熵值法的优良性进行探讨, 最终得到最优的方法——极值熵值法, 即极值处理法和熵值法的结合。

表 3.14 2012—2022 年代表性期刊降维相关方法的高引文献

序号	题名	作者	来源	发表时间	被引/次
1	测度中国数字普惠金融发展：指数编制与空间特征	郭峰；王靖一；王芳；孔涛；张勋；程志云	经济学（季刊）	2020-07-15	1724
2	中国普惠金融发展进程及实证研究	焦瑾璞；黄亭亭；汪天都；张韶华；王璴	上海金融	2015-04-15	1074
3	运用层次分析法构建国有企业绩效评价体系	申志东	审计研究	2013-03-28	1070
4	基于熵值法的山东省城镇化质量测度及空间差异分析	王富喜；毛爱华；李赫龙；贾明璐	地理科学	2013-11-12	953
5	熵值法中无量纲化方法优良标准的探讨	朱喜安；魏国栋	统计与决策	2015-02-05	635
6	基于企业风险管理框架的内部控制评价模型及应用	陈关亭；黄小琳；章甜	审计研究	2013-11-30	609
7	中国县域城镇化水平的综合评价及类型区划分	王洋；方创琳；王振波	地理研究	2012-07-15	463
8	基于新型城镇化视角的区域城镇化水平评价——以陕西省 10 个省辖市为例	牛晓春；杜忠潮；李同昇	干旱区地理	2013-03-15	350
9	耕地质量的概念和评价与管理对策	沈仁芳；陈美军；孔祥斌；李永涛；同延安	土壤学报	2012-11-15	343
10	中国数字经济发展指数及其应用初探	张雪玲；焦月霞	浙江社会科学	2017-04-15	336

3.6.3 前沿应用热点小结

本章基于 CiteSpace 软件对 CNKI 数据库中 2012—2022 年核心期刊中涉及权重方法的相关文献进行可视化热点分析，得出以下结论：

（1）在研究热点方面，通过对相应文献分别进行关键词共现分析以及高频关键词归纳总结，得出目前运用"均方差法""极差法""熵值法"和"层次分析法"的研究内容广泛，包括"城镇化""低碳经济""创新能力""内部控制""循环经济""城市化""乡村旅游""土地利用""食品安全"和"财务风险"等问题，这体现了权重方法在指标重要性评估及综合评价模型构建中的关键作用，特别是在指标权重的量化计算方面，已广泛渗透于多领域研究。

（2）在文献被引方面，高被引相关文章涉及"金融发展""企业绩效""城镇化""内部控制""耕地质量""数字经济"等研究主题；通过突现关键词分析，2015—2016年突现关键词为"生态文明"；2017—2018 年突现关键词为"食品安全"；2018—2022 年突现关键词为"乡村旅游"。整体上，权重相关研究文献的热点演变与经济管理领域热点变化基本一致。

参考文献

[1] 陈衍泰,陈国宏,李美娟.综合评价方法分类及研究进展[J].管理科学学报,2004,7(C2):69-79.

[2] 张发明.综合评价基础方法及应用[M].北京:科学出版社,2017.

[3] 陶长琪.决策理论与方法[M].北京:中国人民大学出版社,2010.

[4] 王明涛.多指标综合评价中权数确定的离差、均方差决策方法[J].中国软科学,1999(8):100-101,107.

[5] 王平心,杨冬花.基于熵值法的我国上市公司财务预警系统研究[J].商业研究,2005(15):86-88.

[6] 肖永华,郭川印.层次分析法在确定炼化设计企业绩效考核指标权重中的应用[J].当代化工,2018,47(2):396-399.

[7] 郭峰,王靖一,王芳,等.测度中国数字普惠金融发展:指数编制与空间特征[J].经济学(季刊),2020,19(4):1401-1418.

[8] 焦瑾璞,黄亭亭,汪天都,等.中国普惠金融发展进程及实证研究[J].上海金融,2015(4):12-22.

[9]　申志东. 运用层次分析法构建国有企业绩效评价体系[J]. 审计研究,2013(2):
　　　106-112.

[10]　王富喜,毛爱华,李赫龙,等. 基于熵值法的山东省城镇化质量测度及空间差异分析[J].
　　　地理科学,2013,33(11):1323-1329.

[11]　朱喜安,魏国栋. 熵值法中无量纲化方法优良标准的探讨[J]. 统计与决策,2015(2):
　　　12-15.

第4章　经济管理领域聚类研究方法及应用

聚类分析是指将物理或抽象对象进行集合、分组与分类分析，本章重点介绍了"经典聚类分析方法""模糊聚类分析方法""K-均值聚类方法""模糊 C-均值聚类方法"及"判别分析方法"，详细讲解了相关方法的基本概念、计算步骤、程序代码及实际案例应用，同时基于 CiteSpace 对中国知网 CNKI 相关研究文献进行了研究热点追踪。

4.1　经典聚类分析方法与建模实现

4.1.1　方法简介

聚类是将物理或抽象对象的集合划分为类似对象的过程，由此生成的簇是一组彼此相似且与其他簇中对象不同的数据对象集合[1]。聚类分析，又称群分析或点群分析，是一种理想的多变量统计技术，通过测量各事物的性质变量数据，利用数学方法及数据的内在联系和规律进行分类分析。

常用的聚类分析方法包括系统聚类法、有序样品聚类法、动态聚类法、模糊聚类法、图论聚类法和聚类预报法等。聚类分析可分为根据距离或相关系数选择聚类和根据聚类算法选择聚类两类。聚类算法的选择对聚类结果的影响大于距离或相似度测度方法。一般来说，聚类个数应在 4~6 类之间，过多或过少都不合适。根据距离/相关系数选择聚类具体可以描述两个个体间（或变量间）的联系紧密程度，具体包括：

（1）根据距离选择聚类，使用描述个体（或变量）之间接近程度的指标，距离越小，个体（或变量）越相似。常用距离测度的方法包括：欧氏距离、欧氏距离的平方、曼哈顿距离、切比雪夫距离、卡方距离等。

（2）根据相关系数选择聚类，使用表示相似程度的指标，相关系数越大，个体越相似。常用相似程度测度的方法包括：夹角余弦、指数相似系数等。

4.1.2　典型距离计算方法及相似度测度

设有 n 个样本，每个样本测得 p 个指标（变量），原始矩阵为

$$\begin{pmatrix} x_{11} & \cdots & x_{1p} \\ \vdots & \ddots & \vdots \\ x_{n1} & \cdots & x_{np} \end{pmatrix} \cdot \begin{pmatrix} x'_{(1)} \\ x'_{(2)} \\ \vdots \\ x'_{(n)} \end{pmatrix} = (x_1, x_2, \cdots, x_p) \tag{4-1}$$

当对样本进行分类时，应考虑 p 维空间中 n 个样本点 $x_i(i = 1, 2, \cdots, p)$ 的相似程度；当对指标进行分类时，应考虑 n 维空间中 p 个变量点 $x_i(i = 1, 2, \cdots, p)$ 的相似程度。描述样本（变量）间相似程度的统计量使用最多的是距离和相似系数。

设 $x_{(t)} = (x_{i1}, x_{i2}, \cdots, x_{ip})'$ $(t = 1, 2, \cdots, n)$ 是 p 维空间的 n 个样本点，样本 $x_{(i)}$ 和 $x_{(j)}$ 的距离或相似系数有以下几种常用的定义方法。

（1）绝对值距离。

$$d_{ij}^{(1)} = \sum_{t=1}^{p} |x_{it} - x_{jt}| \qquad i, j = 1, 2, \cdots, n \tag{4-2}$$

（2）欧氏距离。

$$d_{ij}^{(2)} = \sqrt{\sum_{t=1}^{p} (x_{it} - x_{jt})^2} \qquad i, j = 1, 2, \cdots, n \tag{4-3}$$

（3）明氏距离。

$$d_{ij}^{(3)} = \Big[\sum_{k=1}^{p} |x_{it} - x_{jt}|^m \Big]^{1/m}, \text{其中 } m(m > 0) \text{ 为常数。} \tag{4-4}$$

（4）切比雪夫距离。

$$d_{ij}^{(4)} = \max_{i=1,2,\cdots,p} |x_{it} - x_{jt}| \qquad i, j = 1, 2, \cdots, n \tag{4-5}$$

（5）马氏距离。

$$d_{ij}^{(5)} = (x_{(i)} - x_{(j)})'S^{-1}(x_{(i)} - x_{(j)}) \qquad i, j = 1, 2, \cdots, n \tag{4-6}$$

其中，S^{-1} 为样本协方差矩阵 S 的逆矩阵。记样本协方差矩阵 $S = (V_{ts})$

$$V_{ts} = \frac{1}{n-1} \sum_{t=1}^{n} (x_{it} - \bar{x}_t)(x_{it} - \bar{x}_s) \qquad t, s = 1, 2, \cdots, p \tag{4-7}$$

$$\bar{x}_t = \frac{1}{n} \sum_{t=1}^{n} x_{it} \qquad t = 1, 2, \cdots, p \tag{4-8}$$

（6）兰氏距离。

$$d_{ij}^{(6)} = \sum_{t=1}^{p} \frac{|x_{it} - x_{jt}|}{x_{it} + x_{jt}} \qquad i, j = 1, 2, \cdots, n \tag{4-9}$$

（7）相似系数（夹角余弦）。

$$c_{ij}^{(1)} = \frac{\sum_{i=1}^{p} |x_{it} - x_{jt}|}{\sqrt{\sum_{i=1}^{p} x_{it}^2} \sqrt{\sum_{i=1}^{p} x_{jt}^2}} \qquad i, j = 1, 2, \cdots, n \tag{4-10}$$

（8）指数相似系数。

$$c_{ij}^{(2)} = \frac{1}{p}\sum_{i=1}^{p} l^{-\frac{3}{4}\frac{(x_{it}-x_{jt})^2}{s_i^2}} \tag{4-11}$$

$$s_i^2 = \frac{1}{n-1}\sum_{i=1}^{n}(x_{it}-\bar{x}_i)^2 \quad i=1,2,\cdots,p \tag{4-12}$$

值得指出的是，为了消除量纲或数量级的影响，在计算样本 $x_{(i)}$ 和 $x_{(j)}$ 相似程度时，经常需要对原始数据进行适当变换，常用的变换包括中心化变换、标准化变换、极差标准化变换、极差正规化变换和对数变换等。

4.1.3 典型聚类分类方法

系统聚类方法按照类的形成过程可分为一次形成法和逐次形成法，在逐次形成法中，根据类间距离的不同定义，又会产生不同的聚类方法。

1. 一次形成法

一次形成法是指在一次运算中确定所有样本或变量的类别，不需要进行多次划分。下面给出一次形成法的示例过程。

假设对 166 名 16 岁的男孩进行体格检查，测量了 4 个指标：x_1 身高、x_2 坐高、x_3 体重、x_4 胸围。试对指标进行分类。

原始数据 $X=(x_{ij})$ 为 166×4 矩阵。首先对原始数据进行中心化变换：令 $x_{ij}=x_i-\bar{x}_i(i=1,2,\cdots,n;j=1,2,\cdots,p)$。

其中

$$\bar{x}_i = \frac{1}{n}\sum_{i=1}^{n}x_{ij} \quad i=1,2,\cdots,n;j=1,2,\cdots,p \tag{4-13}$$

由 $X=(x_{ij})$ 计算变量间的相似系数矩阵（即原始数据阵 X 的样本相关矩阵）R 得

$$R = \begin{bmatrix} 1.0 & 0.76 & 0.57 & 0.32 \\ & 1.0 & 0.62 & 0.42 \\ & & 1.0 & 0.79 \\ & & & 1.0 \end{bmatrix}$$

依据样本相关阵 R 一次对指标分类完毕，具体步骤如下：

（1）记下 R 中非对角元素的最大值 $r_{34}=0.79$，划去矩阵的第 4 行第 4 列（此时第 3，4 个指标合成一类）；

（2）记下 R 中剩余非对角元素的最大值 $r_{12}=0.76$，划去矩阵的第 2 行第 2 列（此时第 1，2 个指标合成一类）；

（3）记下 $\boldsymbol{R}$ 中剩余非对角元素的最大值 $r_{13} = 0.57$，划去矩阵的第 3 行第 3 列。至此全部指标聚成一类；

（4）将以上聚类过程绘制谱系图。

如果取临界值 $r_0 = 0.7$，则四个指标可以分成两类：x_3 和 x_4 为一类，是反映人体肥胖的指标；x_1 和 x_2 为一类，是反映人体高度的指标。

一次形成法比较简单，计算出变量的相似阵（或距离阵）后，即可形成聚类图显示变量的聚合情况，但是一次形成法可能把不相关的变量放在同一类里，之后也无法剔除。

2. 逐次形成法

逐次形成法是指按照一定的规则，逐步将样本或变量进行合并或分割，形成不同的类别。下面给出逐次形成法的示例过程。

设 $n = 5, p = 1$，实测数据为 $(x_1, x_2, x_3, x_4, x_5) = (1, 4, 5, 7, 11)$，试对样本进行分类。样本间的相似程度采用欧氏距离来刻画，则距离阵为

$$\boldsymbol{D}^{(0)} = \begin{bmatrix} 0 & 3 & 4 & 6 & 10 \\ & 0 & 1 & 3 & 7 \\ & & 0 & 2 & 6 \\ & & & 0 & 4 \\ & & & & 0 \end{bmatrix}$$

记下 $\boldsymbol{D}^{(0)}$ 中非对角元素中的最小值 $d_{23}^{(0)} = 1$，划掉第 3 行第 3 列（此时第 2、3 个样本合成一类）；在实测数据中用 $d_{23}^{(0)} = x_2^{(1)} = \dfrac{x_1 + x_2}{2} = \dfrac{4+5}{2} = 4.5$ 代替第 2 个样本的数据 x_2；重新计算第 2 个样本与第 j 个样本（$j \neq 3$）的欧氏距离，得

$$\boldsymbol{D}^{(1)} = \begin{bmatrix} 0 & 3.5 & 6 & 10 \\ & 0 & 2.5 & 6.5 \\ & & 0 & 4 \\ & & & 0 \end{bmatrix}$$

记下 $\boldsymbol{D}^{(1)}$ 中非对角元素中的最小值 $d_{24}^{(1)} = 2.5$，划掉第 4 行第 4 列（此时第 2、3 个样本和 4 个样本合并为一类）；在实测数据中用 $x_2^{(2)} = \dfrac{2x_2^{(1)} + x_4}{3} = 5\dfrac{1}{3}$ 代替 $x_2^{(1)}$；重新计算第 2 个样本与第 $j(j \neq 3, 4)$ 个样本的欧氏距离，得

$$\boldsymbol{D}^{(2)} = \begin{bmatrix} 0 & 4\dfrac{1}{3} & 10 \\ & 0 & 5\dfrac{2}{3} \\ & & 0 \end{bmatrix}$$

记下 $\boldsymbol{D}^{(2)}$ 中非对角元素中的最小值 $d_2^{(2)} = 4\frac{1}{3}$，划掉第 2 行第 2 列（此时第 2、3、4 个样本和第 1 个样本合并为一类）；在实测数据中用 $x_1^{(3)} = \frac{3x_2^{(2)} + x_1}{4} = 4\frac{1}{4}$ 代替 x_1；重新计算第 1 个样本与 x_5 的距离，得

$$\boldsymbol{D}^{(3)} = \begin{bmatrix} 0 & 6\frac{3}{4} \\ & 0 \end{bmatrix}$$

记下 $\boldsymbol{D}^{(3)}$ 中非对角元素中的最小值 $d_{15}^{(3)} = 6\frac{3}{4}$，$d_2^{(2)} = 4\frac{1}{3}$，划掉第 5 行第 5 列（此时第 1、2、3、4 个样本和第 5 个样本合并为一类）。这样就逐次将所有样本聚集成一类。聚类过程到此结束，绘制出谱系图。

如果取临界值 $d_0 = 3$，则 5 个样本可分为 3 类；第 2，3，4 个样本为一类；第 1 和第 5 个样本各为一类。

以上示例为逐次形成法的一般情况，下面根据定义类与类之间距离的方法，划分成以下六种典型的系统聚类方法。

1）最短距离法

最短距离法是将类与类之间的距离定义为两类最近样品间的距离，即

$$D_{KL} = \min\{d_{ij} : x_i \in G_K ; x_j \in G_L\} \tag{4-14}$$

如果某一步类 G_K 与类 G_L 聚成一个新类，记为 G_M，类 G_M 与任意已有类 G_J 之间的距离为

$$D_{MJ} = \min\{D_{KJ}, D_{LJ}\} \quad J \neq K, L \tag{4-15}$$

2）中间距离法

中间距离法是将某两个类聚合成一个新类，求得类间平方距离的方法。设某一步将类 G_K 与类 G_L 聚成一个新类，记为 G_M。对任意一类 G_J，考虑由 D_{KL}、D_{LJ} 和 D_{KJ} 为边长构成的三角形，取 D_{KL} 边的中线记为 D_{MJ}，从而得到类间平方距离的递推公式为

$$D^2_{MJ} = \frac{1}{2}D^2_{KJ} + \frac{1}{2}D^2_{LJ} - \frac{1}{4}D^2_{KL} \tag{4-16}$$

上式可推广到更一般的情况

$$D^2_{MJ} = \frac{1-\beta}{2}(D^2_{KJ} + D^2_{LJ}) + \beta D^2_{KL} \tag{4-17}$$

式（4-17）中 $\beta < 1$，对应的系统聚类方法称为可变法。

3）最长距离法

最长距离法是将类与类之间的距离定义为两类最远样品间的距离，即

$$D_{KL} = \max\{d_{ij} : x_i \in G_K ; x_j \in G_L\} \qquad (4-18)$$

类间距离的递推公式为

$$D_{MJ} = \max\{D_{KJ}, D_{LJ}\} , \ J \neq K, L \qquad (4-19)$$

4）重心法

重心法是将类与类之间的距离定义为它们重心（即类均值）之间的欧氏距离。设 G_K 中有 n_K 个元素，设 G_L 中有 n_L 个元素，定义类 G_K 与 G_L 的重心分别为

$$\bar{x}_K = \frac{1}{n_K} \sum_{i=1}^{n_K} x_i , \ \bar{x}_L = \frac{1}{n_L} \sum_{i=1}^{n_L} x_i \qquad (4-20)$$

则 G_K 与 G_L 之间的平均距离为

$$D^2{}_{KL} = [d(\bar{x}_K, \bar{x}_L)]^2 = (\bar{x}_K - \bar{x}_L)'(\bar{x}_K - \bar{x}_L) \qquad (4-21)$$

类间平方距离的递推公式为

$$D^2_{MJ} = \frac{n_K}{n_M} D^2_{KL} + \frac{n_L}{n_M} D^2_{LJ} - \frac{n_K n_L}{n_M} D^2_{KL} \qquad (4-22)$$

5）类平均法

类平均法是将类与类之间的平方距离定义为样品之间平方距离的平均值。G_K 与 G_L 之间的平方距离为

$$D^2_{KL} = \frac{1}{n_K n_L} \sum_{x_i \in G_K, x_j \in G_L} d_{ij} \qquad (4-23)$$

类间平方距离的递推公式为

$$D^2_{MJ} = \frac{n_K}{n_M} D^2_{KJ} + \frac{n_L}{n_M} D^2_{KJ} \qquad (4-24)$$

类平均法很好地利用了所有样品之间的信息，在很多情况下，它被认为是一种比较好的系统聚类法。

可在式（4-24）中增加 $D^2{}_{KL}$ 项，将式（4-24）进行推广，得到类间平方距离的递推公式为

$$D^2_{MJ} = (1 - \beta)\left(\frac{n_K}{n_M} D^2_{KJ} + \frac{n_L}{n_M} D^2_{LJ}\right) + \beta D^2_{KL} \qquad (4-25)$$

6）离差平方和法

离差平方和法又称 Ward 法，它将方差分析的思想用于分类上，同一类内的离差平方和小，而类间的离差平方和应当大。类中各元素到类重心（类平均值）的平方欧氏距离之和称为类内离差平方和。设某一步 G_K 与 G_L 聚成一个新类 G_M，则 G_K、G_L 和 G_M 的类内离差平方和分别为

$$W_K = \sum_{x_i \in G_K} (x_i - \bar{x}_K)'(x_i - \bar{x}_K) \tag{4-26}$$

$$W_L = \sum_{x_i \in G_L} (x_i - \bar{x}_L)'(x_i - \bar{x}_L) \tag{4-27}$$

$$W_M = \sum_{x_i \in G_M} (x_i - \bar{x}_M)'(x_i - \bar{x}_M) \tag{4-28}$$

$$D^2_{ML} = \frac{1-\beta}{2}(D^2_{KJ} + D^2_{LJ}) + \beta D^2_{KL} \tag{4-29}$$

它们反映了类内元素的分散程度。将 G_K 与 G_L 聚成一个新类 G_M 时，类内离差平方和会有所增加，即 $W_M = (W_K - W_L) > 0$，如果 G_K 与 G_L 距离比较近，则增加的离差平方和应该比较小，于是定义 G_K 与 G_L 的平方距离为

$$D^2_{KL} = W_M - (W_K + W_L) = \frac{n_K n_L}{n_M}(\bar{x}_K - \bar{x}_L)'(\bar{x}_K - \bar{x}_L) \tag{4-30}$$

类间平方距离的递推公式为

$$D^2_{MJ} = \frac{n_J + n_K}{n_J + n_M}D^2_{KJ} + \frac{n_J + n_L}{n_J + n_M}D^2_{LJ} - \frac{n_J}{n_J + n_M}D^2_{KL} \tag{4-31}$$

4.1.4　计算步骤

最短距离法是较常见的系统聚类方法，本节以最短距离法为例，给出聚类的计算步骤：

（1）将初始的每个样品（或变量）各自作为一类，并规定样品之间的距离。最短距离法通常采用欧氏距离计算 n 个样品（或 p 个变量）的距离 $D_{(0)}$，它是一个对称矩阵。

（2）寻找 $D_{(0)}$ 中最小元素，设为 D_{KL}；将 G_K 与 G_L 聚成一个新类，记为 G_M，即 $G_M = \{G_K, G_L\}$。

（3）计算新类 G_M 与任一类 G_J 之间的距离的递推公式如式（4-32）所示。

$$D_{ML} = \min_{x_i \in G_M, x_j \in G_J} d_{ij} = \min\{\min_{x_i \in G_K, x_j \in G_J} d_{ij}, \min_{x_i \in G_L, x_j \in G_J} d_{ij}\} = \min\{D_{KJ}, D_{LJ}\} \tag{4-32}$$

对距离矩阵 $D_{(0)}$ 进行修改，将 G_M 与 G_L 所在的行和列合并成一个新行新列，对应 G_M，新行新列上的新距离由式（4-32）计算，其余行列上的值不变，得到的新距离矩阵记为 $D_{(1)}$。

（4）对 $D_{(1)}$ 重复上述对 $D_{(0)}$ 的两步操作，得到距离矩阵 $D_{(2)}$。如此下去，直到所有元素合并成一类为止。

4.1.5　程序代码

根据聚类分析方法的基本原理和计算步骤，程序代码如下。

（1）使用 pdist 函数计算数据集每对元素之间的距离。

```
Y=pdist(X,Distance,DistParameter)
```

X 是 $m \times n$ 的矩阵，Distance 可以选择计算距离的方法，具体取值如表 4.1 所示。使用 Distance 和 DistParameter 指定的方法返回距离。仅当 Distance 是'seuclidean'、'minkowski'或'mahalanobis'时，才能指定 DistParameter。

表 4.1　Distance 参数说明

Distance 参数的取值	说明
euclidean	表示欧氏距离（默认值）
seuclidean	表示标准的欧氏距离
mahalanobis	表示马氏距离
minkowski	表示明可夫斯基距离
cityblock	表示布洛克距离

（2）使用 linkage 函数对元素进行分类，构成一个系统聚类树。

```
Z=linkage(Y,method)
```

Y 是距离函数，**Z** 是返回系统聚类树，method 是采用的算法选项，具体如表 4.2 所示。

表 4.2　method 参数说明

method 参数的取值	说明
single	表示最短距离（默认值）
complete	表示最长距离
median	表示中间距离法
centroid	表示重心法
average	表示类平均法
ward	表示离差平方和法

（3）使用 cluster 函数确定怎样划分系统聚类树，得到不同的类。

```
T=cluster(Z,'maxclust',n)
```

Z 是（2）中计算出的系统聚类树，是一个 $(m-1) \times 3$ 的矩阵，n 是聚类数量，maxclust 是聚类的选项，决定 cluster 函数怎样聚类。

4.1.6 案例应用

1. 案例说明

本案例[2] 节选自西昌学院学报（自然科学版）于 2019 年 06 期收录的论文《系统聚类方法对大气污染地区的划分》。

2. 研究问题描述

本案例收集了 8 个城市的六种大气污染物的含量，从污染物含量的数据来看，直观的数据无法分析大气污染物的地区划分问题。因此，本案例利用系统聚类法对大气污染物的含量进行地区分类，以解决污染地区的划分问题。

3. 案例实现过程

我国目前监控的空气污染物包括可吸入颗粒物（直径小于 $10\mu m$ 的颗粒物，PM_{10}）、氮氧化物、臭氧、二氧化氮、二氧化硫等，本案例选取 $PM_{2.5}$、PM_{10}、一氧化碳、二氧化碳、臭氧和二氧化硫 6 个大气污染物作为聚类分析指标，选取北京、上海、佛山、海口、西安、酒泉、拉萨和重庆 8 个城市作为聚类对象。表 4.3 给出了具体的数据情况（说明：数据来源于 2019 年 3 月 18 日 24：00 中国天气网实况数据，单位：$\mu m/m^3$，CO 为 mg/m^3）。

表 4.3 大气污染物评价指标

地区	$PM_{2.5}$	PM_{10}	一氧化碳	二氧化碳	臭氧	二氧化硫
北京	143	175	1.23	109	34	8
上海	43	49	0.68	70	40	5
佛山	65	137	1.20	83	3	13
海口	17	33	0.50	10	45	4
西安	25	87	0.61	82	18	6
酒泉	39	124	0.65	33	61	16
拉萨	22	61	0.54	22	92	5
重庆	45	72	0.86	69	28	8

本文使用最短距离聚类法进行求解，计算方法为 $D_{rk} = min(D_{pk}, D_{qk})$。

依照 4.1.5 节的程序代码输入表 4.3 的大气污染物评价指标，将每一个城市作为一个样品，计算这 8 个城市之间的欧氏距离，用 D_0 表示距离矩阵，在 Matlab 中的计算过程如下：

输入程序	输出变量值

输入程序

% 输入矩阵 X 的初始值

```
X = [143    175    1.23    109
      34      8
      43     49    0.68     70
      40      5
      65    137    1.2      83
       3     13
      17     33    0.5      10
      45      4
      25     87    0.61     82
      18      6
      39    124    0.65     33
      61     16
      22     61    0.54     22
      92      5
      45     72    0.86     69
      28      8]
```

% 使用 zscore 函数对矩阵 X 进行标准差标准化处理

```
X1 = zscore (X)
```

输出变量值

X =

143.0000	175.0000	1.2300	109.0000
34.0000	8.0000		
43.0000	49.0000	0.6800	70.0000
40.0000	5.0000		
65.0000	137.0000	1.2000	83.0000
3.0000	13.0000		
17.0000	33.0000	0.5000	10.0000
45.0000	4.0000		
25.0000	87.0000	0.6100	82.0000
18.0000	6.0000		
39.0000	124.0000	0.6500	33.0000
61.0000	16.0000		
22.0000	61.0000	0.5400	22.0000
92.0000	5.0000		
45.0000	72.0000	0.8600	69.0000
28.0000	8.0000		

X1 =

2.2909	1.6965	1.5543	1.4331
−0.2247	−0.0294		
−0.1691	−0.8867	−0.3614	0.2983
−0.0046	−0.7340		
0.3721	0.9175	1.4498	0.6765
−1.3617	1.1451		
−0.8087	−1.2147	−0.9883	−1.4476
0.1788	−0.9689		
−0.6119	−0.1076	−0.6052	0.6474
−0.8115	−0.4991		
−0.2675	0.6509	−0.4659	−0.7784
0.7657	1.8497		
−0.6857	−0.6407	−0.8490	−1.0984
1.9028	−0.7340		
−0.1199	−0.4152	0.2656	0.2692
−0.4447	−0.0294		

输入程序	输出变量值

%使用 pdist 函数计算矩阵 X1 中样本之间的欧氏距离
D=pdist (X1,'seuclidean')
 	
%D0 是 8 个城市之间的距离矩阵
m=1
for i=2: 8
   for j=1: (i-1);
   %将距离矩阵 D0 的对角线元素置为 0
   D0 (j, j) =0;
   D0 (i, i) =0;
   %将标准化后的数据 X1 中的元素赋值给距离矩阵
D0 的非对角线元素
   D0 (i, j) =X1 (m);
   m=m+1;
   end
end
	D =
	
	1 至 12 列
	4.2694 2.7467 5.8217 4.1866
	4.5959 5.6152 3.6518 3.5135
	2.0116 1.3003 3.2884 2.4807
	
	13 至 24 列
	1.1441 4.8207 3.0413 3.3600
	5.1157 2.4097 2.6461 3.5754
	1.8743 2.6277 3.2789 3.2893
	
	25 至 28 列
	1.2622 3.1719 2.7905 3.0807
	
	D0 =
	
	1 至 4 列
	    0 0 0 0
	4.2694 0 0 0
	2.7467 5.8217 0 0
	4.1866 4.5959 5.6152 0
	3.6518 3.5135 2.0116 1.3003
	3.2884 2.4807 1.1441 4.8207
	3.3600 5.1157 2.4097 2.6461
	2.6277 3.2789 3.2893 1.2622
	
	5 至 8 列
	  0 0 0 0
	  0 0 0 0
	  0 0 0 0
	  0 0 0 0
	  0 0 0 0
	3.0413 0 0 0
	3.5754 1.8743 0 0
	3.1719 2.7905 3.0807 0

续表

输入程序	输出变量值
%使用 linkage 函数进行层次聚类分析，使用最短距离法计算类间距离 Y=linkage (D,'single')	Y = 　2.0000　　8.0000　　1.1441 　5.0000　　9.0000　　1.2622 　4.0000　　7.0000　　1.8743 10.0000　11.0000　2.0116 　3.0000　12.0000　2.4097 　1.0000　13.0000　2.7467 　6.0000　14.0000　2.7905
%使用 cluster 函数对聚类结果进行分组，将聚类数设定为 4，返回每个样本所属的聚类簇的标签。 T=cluster (Y,'maxclust', 4)	T = 　3 　2 　1 　2 　2 　4 　2 　2
%绘制聚类谱系图 dendrogram (Y)	

对矩阵 Y 的解释为：在 1.144 1 的水平下，类 2 和类 8 合并成为类 9；在 1.262 2 的水平下，类 5 和类 9 合并成为类 10；在 1.874 4 的水平下，类 4 和类 7 合并成为类 11；在 2.011 6 的水平下，类 10 和类 11 合并成为类 12；在 2.409 7 的水平下，类 3 和类 12 合并成为类 13；在 2.746 7 的水平下，类 1 和类 13 合并成为类 14；在 2.790 5 的水平下，类 6 和类 14 合并成为类 15。

对 T 的解释为，第一行单独作为一类，第 2、4、5、7、8 行作为一类，以此类推，分类结果如表 4.4 所示。

表 4.4　分类结果

类别	欧氏距离
第一类	佛山
第二类	上海、海口、西安、拉萨、重庆
第三类	北京
第四类	酒泉

4.2　模糊聚类分析（模糊等价关系）方法与建模实现

4.2.1　概念

在经济学、社会学、生物学、气象学、医药等许多领域的研究中，经常会遇到具有模糊性的数据问题。模糊性是指客观事物差异的中间过渡中的"不分明性"和"边界不清"，如商品评价中"质量好、比较好、比较差等"，气象灾害对农业产量的影响程度为"严重、重、轻"，患者患某种疾病的症状是"重、轻"，气候的"冷、暖"以及身材的"高、低"都难以明确划清界限。为了研究具有模糊性的数据问题，1965 年，美国自动控制专家查德（L. A. Zadeh）首先提出模糊集合的概念，并成功运用数学方法描述模糊概念，从而发展成为模糊数学。

模糊聚类分析是将模糊数学的原理应用到系统聚类分析的方法，模糊聚类分析方法大致可分为两种：一是系统聚类分析法，是将决策问题分解为不同的层次结构，根据数据点之间的距离或相似度，逐步将数据点聚合为不同的类别；另一种称为非系统聚类法，又称逐步聚类法，是将样品粗略分类，然后按最优原则再进行分类，经过多次迭代直到分类比较合理为止。

4.2.2　基本原理

1. 隶属函数与模糊集

模糊集理论将特征函数的概念推广到 $[0,1]$ 内取值的函数以度量这种程度的大小，这个函数称为集合 E 的隶属函数，记为 $E(x)$，即对于每个元素 x 都有 $[0,1]$ 内的一个数 $E(x)$ 与之对应。若在集合 E 上定义了一个隶属函数，则称 E 为模糊集，$\mu_{\tilde{E}}(x)$ 为隶属度。

设 $X = \{1,2,3,4,5,6\}$，E 表示"接近 4"的模糊集，则 $E \in X$，各元素隶属度 $\mu_{\tilde{E}}(x)$ 如表 4.5 所示。

表 4.5　隶属度 $\mu_{\tilde{E}}(x)$

x	1	2	3	4	5	6
$\mu_{\tilde{E}}(x)$	0	0.2	0.8	1	0.8	0.2

2. 模糊矩阵及运算

模糊矩阵：若矩阵 A 的各元素 a_{ij} 满足 $0 \leq a_{ij} \leq 1$，则称 A 为模糊矩阵。

并集：设在论域 U 上两个模糊子集 A 和 B 的并集记作 $A \cup B$，则隶属度定义为 $U_{A \cup B}(x) = \mu_A(x) \vee \mu_B(x)$，也可以表示为：$U_{A \cup B}(x) = \max\{\mu_A(x), \mu_B(x)\}$。

交集：设论域 U 上两个模糊子集 A 和 B 的交集记作 $A \cap B$，则隶属度定义为 $U_{A \cap B}(x) = \mu_A(x) \wedge \mu_B(x)$，也可以表示为：$U_{A \cap B}(x) = \min\{\mu_A(x), \mu_B(x)\}$。

上式中，"$\vee$" 表示取大运算，相当于逻辑和，"$\wedge$" 表示取小运算，相当于逻辑乘，模糊集合的并交运算可以推广到任意模糊集合。

补集：论域 U 上模糊子集 A 的补集记为 $\bar{A}$，其隶属度为 $\mu_{\bar{A}}(x)$，定义为 $U_{\bar{A}}(x) = 1 - \mu_A(x)$。

模糊矩阵运算：模糊推理合成法常用于模糊矩阵的乘法运算，其规则是先取小后取大，如矩阵 A 和 B 的运算为 $C = A \circ B$，这里矩阵乘法符号用 "$\circ$" 表示，则矩阵 C 中的元素 C_{ij} 为

$$C_{ij} = \max_k \min[a_{ik}, b_{kj}] = \bigvee_k [a_{ik}, b_{kj}] \qquad (4-33)$$

3. 模糊等价矩阵及其截阵

设方阵 A 为一模糊矩阵，若 A 满足 $A \circ A = A$，则称 A 为模糊等价矩阵。模糊等价矩阵可以反映模糊分类关系的传递性，即描述诸如"甲像乙，乙像丙，则甲像丙"这样的关系。

设 $A = (a_{ij})_{n \times n}$ 为一个模糊等价矩阵，$0 \leq \lambda \leq 1$ 为一个给定的数，令

$$a_{ij}^{(\lambda)} = \begin{cases} 0, & a_{ij} \geq \lambda \\ 1, & a_{ij} < \lambda \end{cases} \qquad i,j = 1,2,\cdots n$$

则称矩阵 $A = (a_{ij})_{n \times n}$ 为 A 的 λ 截阵。

4.2.3　计算步骤

1. 选取特征指标

特征要有明确的意义、较强的分辨力和代表性，并能确定描述特征的变量。分类事物特征指标的选择对分类结果有直接的影响。

2. 数据标准化（正规化）

令

$$X' = \frac{x_i - \bar{x}}{\sigma}(i = 1,2\cdots,n) \qquad (4-34)$$

X' 是数据处理后的结果。其中 x_i 为原始数据，$\bar{x} = \frac{1}{n}\sum_{i=1}^{n} x_i$ 为原始数据的均值，$\sigma = \sqrt{\frac{1}{n-1}\sum_{i=1}^{n}(x_i - \bar{x})^2}$ 是原始数据的标准差。

3. 相似统计量标定方法

相似系数是指按一个准则或某一种方法，对论域 U 中的元素两两之间都赋以区间 $[0,1]$ 内的值，它的大小表征两个元素彼此接近或相似的程度。

设 $u_1,u_2,\cdots,u_n$ 为待分类的对象，u_j 有 m 个刻画其特征的数据，$x_{j1},x_{j2},\cdots,x_{jm}$ ，然后对于 u_i 与 u_j ，用 r_{ij} 表示 u_i 与 u_j 的相似程度，要求 $0 \leq r_{ij} \leq 1, i,j = 1,2,\cdots,n$ 。当 $r_{ij} = 0$ 时，表示 u_i 与 u_j 截然不同；当 $r_{ij} = 1$ 时，表示 u_i 与 u_j 可以等同（但是不等于完全相同）。

r_{ij} 可以根据具体问题来选取，方法如下。

（1）数量积法。

$$r_{ij} = \begin{cases} 1, i = j \\ \frac{1}{M}\sum_{k=1}^{m} x_{ik}x_{jk}, i \neq j \end{cases} \text{其中} M = \max_{i \neq j}\left(\sum_{k=1}^{m} x_{ik}x_{jk}\right) \qquad (4-35)$$

显然 $|r_{ij}| = [0,1]$ 。

如果 r_{ij} 出现负值，那么就要进行调整。

方法 1：令

$$r_{ij}' = \frac{r_{ij} + 1}{2}, 则 |r_{ij}| \in [0,1] \qquad (4-36)$$

方法 2：令

$$r_{ij}' = \frac{r_{ij} - m}{M' - m}(i \neq j) \qquad (4-37)$$

其中 $m = \min_{i \neq j} r_{ij}, M' = \max_{i \neq j} r_{ij}$ ，于是 $r_{ij}' \in [0,1]$ 。

（2）夹角余弦法。

$$r_{ij} = \frac{\sum_{k=1}^{m} x_{ik}x_{jk}}{\sqrt{\sum_{k=1}^{m} x_{ik}^2}\sqrt{\sum_{k=1}^{m} x_{jk}^2}} \qquad (4-38)$$

如果 r_{ij} 出现负值，也采用上述方法。

（3）相关系数法。

$$r_{ij} = \frac{\sum\limits_{k=1}^{m}(x_{ik} - \overline{x_i})(x_{ik} - \overline{x_j})}{\sqrt{\sum\limits_{k=1}^{m}(x_{ik} - \overline{x_i})^2}\sqrt{\sum\limits_{k=1}^{m}(x_{jk} - \overline{x_j})^2}} \tag{4-39}$$

其中，$\overline{x_i} = \dfrac{1}{m}\sum\limits_{k=1}^{m} x_{ik}$，$\overline{x_j} = \dfrac{1}{m}\sum\limits_{k=1}^{m} x_{jk}$。

（4）最大最小法。

$$r_{ij} = \frac{\sum\limits_{k=1}^{m}(x_{ik} \wedge x_{jk})}{\sum\limits_{k=1}^{m}(x_{ik} \vee x_{jk})} \tag{4-40}$$

（5）算数平均最小法。

$$r_{ij} = \frac{2\sum\limits_{k=1}^{m}(x_{ik} \wedge x_{jk})}{\sum\limits_{k=1}^{m}(x_{ik} + x_{jk})} \tag{4-41}$$

（6）几何平均最小法。

$$r_{ij} = \frac{\sum\limits_{k=1}^{m}(x_{ik} \wedge x_{jk})}{\sum\limits_{k=1}^{m}\sqrt{x_{ik}x_{jk}}}(x_{ik}x_{jk} \geqslant 0) \tag{4-42}$$

（7）绝对值指数法。

$$r_{ij} = \exp\left\{-\sum_{k=1}^{n}|x_{ik} - x_{jk}|\right\} \tag{4-43}$$

（8）指数相似系数法。

$$r_{ij} = \frac{1}{m}\exp\left\{-\left(\frac{x_{ik} - x_{jk}}{S_k}\right)^2\right\}，其中 S_k 适当选择 \tag{4-44}$$

（9）绝对值倒数法。

$$r_{ij} = \begin{cases} 1 & ,\quad i = j \\ \dfrac{M}{\sum\limits_{k=1}^{m}|x_{ik} - x_{jk}|} & ,\quad i \neq j \end{cases} \tag{4-45}$$

M 适当选择，使得 r_{ij} 在 $[0, 1]$ 且分散开。

（10）绝对值减数法。

$$r_{ij} = 1 - c\sum_{k=1}^{m}|x_{ik} - x_{jk}| \tag{4-46}$$

（11）非参数法。

令 $x_{ik}' = x_{ik} - \bar{x}_i$，$x_{ik}' = x_{jk} - \bar{x}_j$，$n^+ = \{x_{i1}x_{j1}, x_{i2}x_{j2}, \cdots x_{im}x_{jm}\}$ 中正数个数，$n^- = \{x_{i1}x_{j1}, x_{i2}x_{j2}, \cdots x_{im}x_{jm}\}$ 中负数个数，则

$$r_{ij} = \frac{1}{2}\left(1 + \frac{n^+ - n^-}{n^+ + n^-}\right) \tag{4 - 47}$$

（12）贴近度法。

如果特征 $x_{ik}, x_{jk} \in [0,1]$（$k = 1,2\cdots,m$），则 u_i, u_j 可以看做模糊向量 $\boldsymbol{u}_i = (x_{i1}, x_{i2}\cdots, x_{im})$，$\boldsymbol{u}_j = (x_{j1}, x_{j2}\cdots, x_{jm})$，以他们的贴近度 $D(\boldsymbol{u}_i, \boldsymbol{u}_j)$ 为其相似程度。

①格贴近度。

$$r_{ij} = \begin{cases} 1 & , \quad i = j \\ D(u_i, u_j) & , \quad i \neq j \end{cases}$$

其中，$D(u_i, u_j) = [\bigvee_{k=1}^{m}(x_{ik} \wedge x_{jk})] \wedge [1 - \bigwedge_{k=1}^{m}(x_{ik} \vee x_{jk})]$。 $\tag{4 - 48}$

②距离贴近度。

$$r_{ij} = 1 - c[d(u_i, u_j)]^\alpha \tag{4 - 49}$$

其中，c、a 为适当选择参数值，$d(u_i, u_j)$ 为模糊集各种距离。

③算数平均最小贴近度。

$$r_{ij} = D(\boldsymbol{u}_i, \boldsymbol{u}_j) = \frac{2\sum_{k=1}^{m}(x_{ik} \wedge x_{jk})}{\sum_{k=1}^{m} x_{ik} + \sum_{k=1}^{m} x_{jk}} \tag{4 - 50}$$

（13）主观评定法。

请专家对 $\boldsymbol{u}_i$ 与 $\boldsymbol{u}_j$ 的相似程度评分，作为 r_{ij} 的值，通过标定求出相似系数后，便可得到以 r_{ij} 为元素的模糊相似矩阵 $\boldsymbol{R}(r_{ij})$。

4. 计算模糊等价关系矩阵

选择一种合适的聚类方法，便可得到分类结果。

（1）运用上述方法计算出 r_{ij} 后，就可建立如下的模糊相似关系。

$$R = (r_{ij})_{m \times n} = \begin{bmatrix} r_{11} & r_{12} & \cdots & r_{1n} \\ r_{21} & r_{22} & \cdots & r_{2n} \\ \vdots & \vdots & \ddots & \vdots \\ r_{m1} & r_{m2} & \cdots & r_{mn} \end{bmatrix} \tag{4 - 51}$$

（2）将模糊相似关系 $\boldsymbol{R}$ 改造为模糊等价关系 $\boldsymbol{R}*$。

模糊相似关系 $\boldsymbol{R}$ 不一定是模糊等价关系。为进行聚类分析，必须采用传递闭合的性质

将模糊相似性关系 $\boldsymbol{R}$ 改造为模糊等价关系 $\boldsymbol{R}*$。改造的办法是将 $\boldsymbol{R}$ 自乘。即

$$\boldsymbol{R}^2 = \boldsymbol{R} \cdot \boldsymbol{R}$$
$$\boldsymbol{R}^4 = \boldsymbol{R}^2 \cdot \boldsymbol{R}^2 \tag{4-52}$$
$$\cdots$$

必然存在一个自然数使得

$$\boldsymbol{R}^{2K} = \boldsymbol{R}^K \cdot \boldsymbol{R}^K = \boldsymbol{R}^K \tag{4-53}$$

令 $\boldsymbol{R}^* = \boldsymbol{R}^K$，二者就成为等价关系。

5. 计算 λ 截矩阵和形成聚类图

（1）适当选取置信水平值 $\lambda \in [0,1]$，求出 $\boldsymbol{R}^*$ 的 λ 截矩阵 $\boldsymbol{R}_\lambda^*$，它是 X 上的一个等价的 Boole 矩阵。然后按 $\boldsymbol{R}_\lambda^*$ 进行分类，所得到的分类就是在 λ 水平上的等价分类。其中 $\boldsymbol{R}^* = (r_{ij})_{m \times n}$，$\boldsymbol{R}_\lambda^* = (r_{ij}(\lambda))_{m \times n}$。则

$$r_{ij}(\lambda) = \begin{cases} 1, r_{ij} \geqslant \lambda \\ 0, r_{ij} < \lambda \end{cases} \tag{4-54}$$

（2）画动态聚类图：为了能直观地看到被分类对象之间的相关程度，通常将 $\boldsymbol{R}^*$ 中所有互不相同的元素按从大到小的顺序编排：$1 = \lambda_1 > \lambda_2 > \cdots$ 得到按 $\boldsymbol{R}_\lambda^*$ 进行的一系列分类。将这一系列分类画在同一个图上，即得动态聚类图。

4.2.4　程序代码

根据模糊聚类分析方法的基本原理和计算步骤，程序代码如下。

（1）构造相似矩阵：构造相似矩阵，包括三种常用方法，分别是相关系数法、夹角余弦法和最大最小法。

①相关系数法。

```
%X 是 m*n 的数据矩阵,m 是 X 的行数
m=size(X,1);
%n 是 X 的列数
n=size(X,2);

for i =1:m
    for j =1:m
        %计算第 i 行的均值
        meani =mean(X(i,:));
```

```
        %计算第 j 行的均值
        meanj =mean(X(j,:));
        %分子部分
        numerator = sum ( abs ( ( X ( i,: ) - meani ) ) . * abs ( ( X ( j,: ) -
meanj ) ) );
        %分母部分
        denominator = sqrt ( sum ( ( X ( i,: ) - meani ) . ^2 ) ) * sqrt ( sum
( ( X ( j,: ) - meanj ) . ^2 ) );

        %计算相关系数 R ( i,j )
        R ( i,j ) = numerator / denominator;
    end
  end
```

②夹角余弦法。

```
 for i =1:m
    for j =1:n
        %分子部分
        numerator = sum ( X ( i,: ) . * X ( j,: ) );
        %分母部分
        denominator = sqrt ( sum ( X ( i,: ) . * X ( i,: ) ) ) * sqrt ( sum ( X
( j,: ) . * X ( j,: ) ) );

        %计算相关系数 R ( i,j )
        R ( i,j ) = numerator / denominator;
    end
  end
```

③最大最小法。

```
 for i =1:m
    for j =1:m
        for c =1:n
            %计算 X ( i,c ) 和 X ( j,c ) 的最小值
```

```
                ra(c)=min(X(i,c),X(j,c));
                %计算 X(i,c)和 X(j,c)的最大值
                rb(c)=max(X(i,c),X(j,c));
            end

            %计算相关系数 R(i,j)
            R(i,j)=sum(ra)/sum(rb);
        end
    end
```

(2) 求模糊等价矩阵。

```
sign=0;
%R 进行自乘运算的次数
numselfmul=1;
Rk=eye(m);
R_tem=R;

while sign==0
    for i=1:m
        for j=1:m
            for c=1:m
                %计算 R_tem(i,c)和 R_tem(c,j)的最小值
                r_temp(c)=min([R_tem(i,c),R_tem(c,j)]);
            end
            %Rk 是模糊等价矩阵
            Rk(i,j)=max(r_temp);
        end
    end

    if Rk==R_tem
        %判断 Rk 是否等于 R_tem,如果相等则退出循环
        sign=1;
```

```
    else
            %自乘运算次数加 1
            numselfmul =numselfmul+1;
            %更新 R_tem 为 Rk
            R_tem =Rk;
    end
end
```

（3）不同的截集水平下的 Boole 矩阵。

```
lambda =input('请输入进行分类的截集水平:');%输入截集水平
tR =zeros(m);%初始化 tR 为全零矩阵


for i =1:m
    for j =1:m
        if Rk (i,j)<lambda
            %Rk(i,j)小于 lambda,则 tR(i,j)等于 0
            tR(i,j)= 0;
        else
            %Rk(i,j)大于等于 lambda,则 tR(i,j)等于 1
            tR(i,j)= 1;
        end
    end
end
```

4.2.5 案例应用

1. 研究问题描述

某环保部门考虑对该地区 5 个环境区域 $X = \{x_1, x_2, x_3, x_4, x_5\}$ 按污染情况进行分类。设每个区域包含空气、水分、土壤和作物 4 个要素，环境区域的污染情况由污染物在 4 个要素中的含量超标程度来衡量。设这 5 个环境区域的污染数据为 $x_1 = (80,10,6,2)$，$x_2 = (50,1,6,4)$，$x_3 = (90,6,4,6)$，$x_4 = (40,5,7,3)$，$x_5 = (10,1,2,4)$。试用模糊传递闭包法对 X 进行分类。

2. 案例实现过程

依照 4.2.4 节的程序代码输入 x_1, x_2, x_3, x_4, x_5 的污染数据，在 Matlab 中的计算过程如下。

输入程序	输出变量值
%输入矩阵 A A=[80　10　6　2 　　50　1　6　4 　　90　6　4　6 　　40　5　7　3 　　10　1　2　4];	A=80　10　6　2 　　50　1　6　4 　　90　6　4　6 　　40　5　7　3 　　10　1　2　4

%数据规范化处理，将每个元素除以该列的最大值
X=A./max(A)
 	
%获取矩阵 X 的行数 m 和列数 n
m=size(X,1);
n=size(X,2);
	X=
	
	0.8889　1.0000　0.8571　0.3333
	0.5556　0.1000　0.8571　0.6667
	1.0000　0.6000　0.5714　1.0000
	0.4444　0.5000　1.0000　0.5000
	0.1111　0.1000　0.2857　0.6667

%使用最大最小法构造相似矩阵
for i=1: m
　for j=1: m
　　for c=1: n
　　　ra(c)=min(X(i,c),X(j,c));
　　　rb(c)=max(X(i,c),X(j,c));
　　end
　　R(i,j)=sum(ra)/sum(rb);
　end
end	

%将相似矩阵 R 中的元素保留两位小数
R=roundn(R,-2)
%构造模糊等价矩阵
sign=0;
numselfmul=1;
Rk=eye(m);
R_tem=R;
while sign==0
	R=
	
	1.0000　0.5400　0.6200　0.6300　0.2400
	0.5400　1.0000　0.5500　0.7000　0.5300
	0.6200　0.5500　1.0000　0.5600　0.3700
	0.6300　0.7000　0.5600　1.0000　0.3800
	0.2400　0.5300　0.3700　0.3800　1.0000

输入程序	输出变量值
```for i=1: m for j=1: m for c=1: m r_temp (c) =min ([R_tem (i, c) R_tem (c, j)]); end Rk (i, j) =max (r_temp); end end if Rk==R_tem sign=1; else numselfmul=numselfmul+1; R_tem=Rk; end end if sign==1 disp ('从相似矩阵到等价矩阵改造成功!!!'); %Rk 是模糊等价矩阵 Rk %自乘次数 numselfmul else disp ('从相似矩阵到等价矩阵改造失败!!!'); end```	从相似矩阵到等价矩阵改造成功!!! numselfmul=3 Rk= 1.0000 0.6300 0.6200 0.6300 0.5300 0.6300 1.0000 0.6200 0.7000 0.5300 0.6200 0.6200 1.0000 0.6200 0.5300 0.6300 0.7000 0.6200 1.0000 0.5300 0.5300 0.5300 0.5300 0.5300 1.0000
%选择不同的截集水平计算 Boole 矩阵。把模糊等价矩阵中的元素从大到小的顺序编排如下：1>0.70>0.63>0.62 > 0.53。依次取 =1, 0.70, 0.63, 0.62, 0.53。	请输入进行分类的截集水平λ: 1 tR= 1 0 0 0 0 0 1 0 0 0 0 0 1 0 0 0 0 0 1 0 0 0 0 0 1 请输入进行分类的截集水平λ: 0.7 tR= 1 0 0 0 0 0 1 0 1 0 0 0 1 0 0 0 1 0 1 0 0 0 0 0 1

续表

输入程序	输出变量值
| ```
lambda=input ('请输入进行分类的截集水平λ:');
if (lambda<0 || lambda>1)
    error ('您输入的截集水平λ不符合分类要
求->执行结束!!!');
end
for i=1: m
    for j=1: m
      if Rk (i, j) <lambda
        tR (i, j) = 0;
      else
        tR (i, j) = 1;
      end
    end
End


%右侧结果为输入不同截集水平值的tR结果
tR
``` | 请输入进行分类的截集水平λ: 0.63<br>tR =<br>1 1 0 1 0<br>1 1 0 1 0<br>0 0 1 0 0<br>1 1 0 1 0<br>0 0 0 0 1<br><br>请输入进行分类的截集水平λ: 0.62<br>tR =<br>1 1 1 1 0<br>1 1 1 1 0<br>1 1 1 1 0<br>1 1 1 1 0<br>0 0 0 0 1<br><br>请输入进行分类的截集水平λ: 0.53<br>tR =<br>1 1 1 1 1<br>1 1 1 1 1<br>1 1 1 1 1<br>1 1 1 1 1<br>1 1 1 1 1 |

因此，根据截集水平输入值的不同，输出以下五种结果，具体包括：

取 $\lambda=1$，A 被分类成 5 类：$\{x_1\}$，$\{x_2\}$，$\{x_3\}$，$\{x_4\}$，$\{x_5\}$；

取 $\lambda=0.7$，A 被分类成 4 类：$\{x_1\}$，$\{x_2, x_4\}$，$\{x_3\}$，$\{x_5\}$；

取 $\lambda=0.63$，A 被分类成 3 类：$\{x_1, x_2, x_4\}$，$\{x_3\}$，$\{x_5\}$；

取 $\lambda=0.62$，A 被分类成 2 类：$\{x_1, x_2, x_4, x_3\}$，$\{x_5\}$；

取 $\lambda=0.53$，A 被分类成 1 类：$\{x_1, x_2, x_4, x_3, x_5\}$。

4.3　K-均值聚类法与建模实现

4.3.1　概念

K-均值聚类法是一种迭代求解的聚类分析算法。K-均值聚类法先确定要将样本分为 k 类，之后随机选取 k 个对象作为初始的聚类中心，然后计算每个对象与各个初始聚类中心
```

间的距离，将每个对象分配给距离最近的初始聚类中心，聚类中心和分配后的对象就组合成一个聚类。当全部对象都被分配后，每个聚类的聚类中心会根据聚类中现有的对象重新计算，以上过程将不断重复直到满足某个终止条件为止[3]。K-均值聚类法可以将样本值或者指标按照一定的规律划分为几类，以使数据达到后续计算的要求。

4.3.2　基本原理

给定样本 $X = \{x_1, x_2, \cdots, x_n\}$，每个样本都是 p 维特征向量，模型目标是将 n 个样本分到 k 个不同的类或簇中，每个样本到其所属类的中心的距离最小，每个样本只能属于一个类。用 C 表示划分，它是一个多对一的函数，K-均值聚类就是一个从样本到类的函数。

K-均值聚类的策略是通过损失函数最小化选取最优的划分或函数 C^*。

选取欧氏距离平方计算样本之间的距离。

$$d(x_i, x_j) = \sum_{k=1}^{m} (x_{ki} - x_{kj})^2 = \| x_i - x_j \|^2 \qquad (4-55)$$

定义样本与其所属类的中心之间的距离的总和为损失函数 $W(C)$：

$$W(C) = \sum_{l=1}^{k} \sum_{C(i)=1} \| x_i - \bar{x}_l \|^2 \qquad (4-56)$$

其中，$\bar{x}_l = (\bar{x}_{1l}, \bar{x}_{2l}, \cdots, \bar{x}_{ml})^\mathsf{T}$ 为第 1 类的均值或中心。

$$n_l = \sum_{i=1}^{n} I(C(i) = l) \qquad (4-57)$$

$I(C(i) = l)$ 是指示函数，取值 1 或 0。

K-均值聚类就是求解最优化问题：

$$C^* = \arg \min W(C) = \arg \min \sum_{l=1}^{k} \sum_{C(i)=1} \| x_i - \bar{x}_l^2 \|^2 \qquad (4-58)$$

4.3.3　计算步骤

K-均值聚类方法的具体计算步骤如下：

（1）从 N 个数据对象 x_i 中任意选择 k 个对象作为初始聚类中心，或者将所有样品分成 k 个初始类，然后将这 k 个类的重心（均值）作为初始聚类中心 m。

（2）对除初始聚类中心之外的所有样品逐个归类，将每个样品归入初始聚类中心离它最近的那个类（通常采用欧氏距离），该类的聚类中心更新为这一类目前的均值，直至所有样品都完成归类。

（3）重新计算每个聚类的均值（中心对象），使得 E 最小。

$$E = \sum_{j=1}^{k} \sum_{x_i \in \omega_j} \| x_i - m_j \|^2 \qquad (4-59)$$

（4）循环步骤（2）和（3）直到每个聚类不再发生变化为止，完成聚类。

4.3.4　程序代码

根据 K-均值聚类方法的基本原理和计算步骤，kmeans 函数可以用如下代码表示。

$[\mathrm{IDX},\mathrm{C},\mathrm{sumD},\mathrm{D}]=\mathrm{kmeans}(\mathrm{X},\mathrm{k},{}^\prime\mathrm{Param1}{}^\prime,\mathrm{Val1},{}^\prime\mathrm{Param2}{}^\prime,\mathrm{Val2},{}^\prime\mathrm{Param3}{}^\prime,\mathrm{Val3})$

其中，X、k、'Param1'、Val1、'Param2'、Val2、'Param3'、Val3 为输入参数，IDX、C、sumD、D 为输出参数，各参数的具体含义如表 4.6 所示。

表 4.6　kmeans 函数的参数释义

类别	参数	含义
输入参数	X	X 是需要分类的原始数据，为 $n \times p$ 的矩阵，n 为样本数，p 为指标
	k	k 表示将 X 划分为 k 类，取整数
	'Param1'='Distance'	选择距离测度，其 Val 可选择
	Val1	'sqeuclidean' 欧氏距离（默认的距离方式）
		'cityblock' 绝对误差和
		'cosine' 针对向量
		'correlation' 针对有时序关系的值
		'hamming' 只针对二进制数据
	'Param2'='Start'	选择初始聚类重心位置，其 Val 可选择
	Val2	'sample' 从 X 中随机选取 k 个重心点
		'uniform' 根据 X 的分布范围均匀的随机生成 k 个重心
		'cluster' 初始聚类阶段随机选择 10% 的 X 的子样本（此方法初始使用'sample'方法）
		matrix 提供一个 $k \times p$ 的矩阵，作为初始重心位置集合
	'Param3'='Replicates'	输入聚类迭代次数，其 Val 为迭代次数（整数）
输出参数	IDX	IDX 是每个样本聚类标号，为 $n \times 1$ 的列向量，包含每个样本属于哪一类的信息
	C	C 存储的是 k 个聚类中心位置，为 $k \times p$ 矩阵
	sumD	sumD 存储的是类间所有点与该类重心点距离之和，为 $k \times 1$ 列向量
	D	D 存储的是每个点与所有重心的距离，为 $n \times k$ 的矩阵

4.3.5 案例应用

1. 案例说明

本案例[4]节选自《上海商学院学报》于 2020 年 05 期收录的论文《基于熵权 TOPSIS 和 K 均值聚类的企业财务风险评价预警研究》。

2. 研究问题描述

为建立企业的财务风险评价预警体系，选取 54 家沪深两市 A 股上市公司作为研究对象，对其财务风险进行评价。文章运用 K-均值聚类法对 2013 年 ST 类上市公司面临的财务危机风险等级进行划分，考虑到 ST 类公司中也可能存在评价值较低和较高的企业，所以采用欧氏距离计算，聚类数量为 4 类。

3. 案例实现过程

记 U 为各公司财务风险评价值，评价值 U 越小，说明企业面临的财务风险越大；评价值 U 越大，说明企业的财务安全等级越高，计算后各公司的评价值原始结果如表 4.7 所示。

表 4.7 各公司评价值 U

序号	公司编号	2013 年	序号	公司编号	2013 年	序号	公司编号	2013 年
1	C000403	0.459 708	4	C000595	0.581 595	7	C000693	0.489 274
2	C000410	0.537 098	5	C000613	0.536 669	8	C000755	0.541 367
3	C000526	0.573 174	6	C000659	0.546 205	9	C000780	0.554 255
10	C000803	0.550 651	25	C600091	0.663 793	40	C600556	0.321 509
11	C000809	0.522 651	26	C600112	0.537 528	41	C600636	0.512 642
12	C000912	0.543 375	27	C600121	0.516 933	42	C600654	0.529 949
13	C000922	0.522 165	28	C600145	0.785 631	43	C600680	0.542 256
14	C000932	0.525 405	29	C600149	0.570 050	44	C600710	0.600 433
15	C000972	0.719 674	30	C600225	0.560 884	45	C600732	0.600 171
16	C000982	0.540 129	31	C600234	0.468 423	46	C600747	0.554 534
17	C002070	0.529 625	32	C600247	0.584 405	47	C600767	0.579 898
18	C002134	0.511 612	33	C600265	0.498 799	48	C600815	0.547 151
19	C002248	0.555 283	34	C600275	0.647 653	49	C600844	0.541 426
20	C002312	0.525 730	35	C600289	0.514 251	50	C600847	0.497 445
21	C002473	0.510 531	36	C600301	0.516 095	51	C600860	0.547 473
22	C002490	0.547 656	37	C600403	0.515 840	52	C601106	0.523 919
23	C002504	0.531 164	38	C600425	0.529 005	53	C601519	0.533 860
24	C002571	0.521 312	39	C600540	0.546 860	54	C601558	0.585 514

依照 4.3.4 节的程序代码输入表 4.7 的评价值，在 Matlab 中的计算过程如下：

输入程序	输出变量值		
%输入 2013 年各公司的评价值 X，54 * 1 原始数据矩阵	X = 0.4597	0.5371	0.5732
X = [0.459708　0.537098　0.573174	0.5816	0.5367	0.5462
0.581595　0.536669　0.546205	0.4893	0.5414	0.5543
0.489274　0.541367　0.554255	0.5507	0.5227	0.5434
0.550651　0.522651　0.543375	0.5222	0.5254	0.7197
0.522165　0.525405　0.719674	0.5401	0.5296	0.5116
0.540129　0.529625　0.511612	0.5553	0.5257	0.5105
0.555283　0.525730　0.510531	0.5477	0.5312	0.5213
0.547656　0.531164　0.521312	0.6638	0.5375	0.5169
0.663793　0.537528　0.516933	0.7856	0.5700	0.5609
0.785631　0.570050　0.560884	0.4684	0.5844	0.4988
0.468423　0.584405　0.498799	0.6477	0.5143	0.5161
0.647653　0.514251　0.516095	0.5158	0.5290	0.5469
0.515840　0.529005　0.546860	0.3215	0.5126	0.5299
0.321509　0.512642　0.529949	0.5423	0.6004	0.6002
0.542256　0.600433　0.600171	0.5545	0.5799	0.5472
0.554534　0.579898　0.547151	0.5414	0.4974	0.5475
0.541426　0.497445　0.547473	0.5239	0.5339	0.5855
0.523919　0.533860　0.585514]			
%调用 kmeans 函数。将 X 分为 4 类，距离测量使用欧氏距离，聚类迭代次数为三次（经检验，迭代三次后聚类结果不再改变）	IDX =		
[IDX, C, sumD, D] = kmeans (X, 4,' dist', 'sqeuclidean','rep', 3)	1		
	1		
%输出聚类标号 IDX	3		
	3		
	1		
	3		
	1		
	3		
	3		
	3		
	1		
	3		
	1		
	1		
	2		
	3		
	1		
	1		

输入程序	输出变量值
	3
	1
	1
	3
	1
	1
	2
	1
	1
	2
	3
	3
	1
	3
	1
	2
	1
	1
	1
	1
	3
	4
	1
	1
	3
	3
	3
	3
	3
	3
	1
	3
	1
	1
	3
%输出聚类重心位置C	C =
	0.5161
	0.7042
	0.5606
	0.3215

续表

输入程序	输出变量值
%输出类间所有点与该类重心点距离之和 sumD	sumD = 　0.0096 　0.0117 　0.0083 　　　0
%输出每个点与 4 个聚类重心的距离 D	D = 0.0032　0.0598　0.0102　0.0191 0.0004　0.0279　0.0006　0.0465 0.0033　0.0172　0.0002　0.0633 0.0043　0.0150　0.0004　0.0676 0.0004　0.0281　0.0006　0.0463 0.0009　0.0250　0.0002　0.0505 0.0007　0.0462　0.0051　0.0281 0.0006　0.0265　0.0004　0.0483 0.0015　0.0225　0.0000　0.0542 0.0012　0.0236　0.0001　0.0525 0.0000　0.0330　0.0014　0.0405 0.0007　0.0259　0.0003　0.0492 0.0000　0.0331　0.0015　0.0403 0.0001　0.0320　0.0012　0.0416 0.0415　0.0002　0.0253　0.1585 0.0006　0.0269　0.0004　0.0478 0.0002　0.0305　0.0010　0.0433 0.0000　0.0371　0.0024　0.0361 0.0015　0.0222　0.0000　0.0547 0.0001　0.0318　0.0012　0.0417 0.0000　0.0375　0.0025　0.0357 0.0010　0.0245　0.0002　0.0511 0.0002　0.0299　0.0009　0.0440 0.0000　0.0334　0.0015　0.0399 0.0218　0.0016　0.0106　0.1172 0.0005　0.0278　0.0005　0.0467 0.0000　0.0351　0.0019　0.0382 0.0727　0.0066　0.0506　0.2154 0.0029　0.0180　0.0001　0.0618 0.0020　0.0205　0.0000　0.0573 0.0023　0.0556　0.0085　0.0216 0.0047　0.0143　0.0006　0.0691

输入程序	输出变量值
	0.0003 0.0422 0.0038 0.0314
	0.0173 0.0032 0.0076 0.1064
	0.0000 0.0361 0.0022 0.0371
	0.0000 0.0354 0.0020 0.0379
	0.0000 0.0355 0.0020 0.0378
	0.0002 0.0307 0.0010 0.0431
	0.0009 0.0248 0.0002 0.0508
	0.0379 0.1464 0.0572 0
	0.0000 0.0367 0.0023 0.0365
	0.0002 0.0304 0.0009 0.0434
	0.0007 0.0262 0.0003 0.0487
	0.0071 0.0108 0.0016 0.0778
	0.0071 0.0108 0.0016 0.0777
	0.0015 0.0224 0.0000 0.0543
	0.0041 0.0154 0.0004 0.0668
	0.0010 0.0247 0.0002 0.0509
	0.0006 0.0265 0.0004 0.0484
	0.0003 0.0427 0.0040 0.0310
	0.0010 0.0246 0.0002 0.0511
	0.0001 0.0325 0.0013 0.0410
	0.0003 0.0290 0.0007 0.0451
	0.0048 0.0141 0.0006 0.0697
%计算每类包含的样本数 L1＝length（find（IDX＝＝1））	L1 = 26
L2＝length（find（IDX＝＝2））	L2 = 4
L3＝length（find（IDX＝＝3））	L3 = 23
L4＝length（find（IDX＝＝4））	L4 = 1
%第1类包含26个样本，第2类包含1个样本，第3类包含23个样本，第4类包含4个样本	

续表

输入程序	输出变量值
%提取每一类中的样本 x1 =X（IDX==1,:）	x1 = 　0.4597 　0.5371 　0.5367 　0.4893 　0.5227 　0.5222 　0.5254 　0.5296 　0.5116 　0.5257 　0.5105 　0.5312 　0.5213 　0.5375 　0.5169 　0.4684 　0.4988 　0.5143 　0.5161 　0.5158 　0.5290 　0.5126 　0.5299 　0.4974 　0.5239 　0.5339
x2 =X（IDX==2,:）	x2 = 　0.7197 　0.6638 　0.7856 　0.6477
x3 =X（IDX==3,:）	x3 = 　0.5371 　0.5732 　0.5816 　0.5462 　0.5414 　0.5543 　0.5507

输入程序	输出变量值
	0.5434
	0.5401
	0.5553
	0.5477
	0.5700
	0.5609
	0.5844
	0.5469
	0.5423
	0.6004
	0.6002
	0.5545
	0.5799
	0.5472
	0.5414
	0.5475
	0.5855
x4 = X (IDX = = 4,:)	x4 =
	0.3215

K-均值聚类分析结果如表 4.8 所示。

表 4.8 K-均值聚类分析结果

评价值 U	聚类	样本数	累计样本数
0.32	2	1	1
0.46~0.54	3	23	24
0.54~0.60	1	26	50
0.65~0.79	4	4	54

由表 4.8 可知，将评价值 0.65 作为上市公司财务状况安全与否的预警点，进一步划分财务风险等级评价区域如下：

当 $U<0.46$，财务风险为一级预警；

当 $0.46 \leqslant U<0.54$，财务风险为二级预警；

当 $0.54 \leqslant U<0.65$，财务风险为三级预警；

当 $0.65 \leqslant U$，财务状况安全。

4.4　模糊 C-均值聚类算法与建模实现

4.4.1　概念

模糊 C-均值聚类算法（Fuzzy C-Means Algorithm，FCMA 或 FCM）。在众多模糊聚类算法中，模糊 C-均值算法应用最广泛且较成功。它通过优化目标函数得到每个样本点对所有类中心的隶属度，从而决定样本点的类属，以达到自动对样本数据进行分类的目的。

4.4.2　基本原理

模糊 C-均值算法将各个聚类子集内的所有数据样本的均值作为该聚类的代表点，通过迭代过程将数据集划分为不同的类别，使得评价聚类性能的准则函数达到最优，从而使生成的每个聚类类内紧凑，类间独立。这一算法对于连续型数据具有较好的聚类效果，但不适合处理离散型数据。

给定样本观测数据矩阵

$$X = \begin{bmatrix} x_1 \\ x_2 \\ \vdots \\ x_n \end{bmatrix} = \begin{bmatrix} x_{11} & \cdots & x_{1p} \\ \vdots & & \vdots \\ x_{n1} & \cdots & x_{np} \end{bmatrix} \tag{4-60}$$

其中，X 是由 n 个样品 $(x_1, x_2, \cdots, x_n)$ 的 p 个变量的观测值构成的矩阵。模糊聚类就是将 n 个样品划分为 c 类（$2 \leqslant c \leqslant n$），记 $V = \{v_1, v_2, \cdots, v_c\}$ 为 c 个类的聚类中心，其中 $v_1 = (v_{i1}, v_{i2}, \cdots v_{ip})$（$i = 1, 2, \cdots, c$）。在模糊划分中，每一个样品不是严格地划分为某一类，而是以一定的隶属度属于某一类。

令 u_{ik} 表示第 k 个样品 x_k 属于第 i 类的隶属度，这里 $0 \leqslant u_{ik} \leqslant 1$，$\sum\limits_{i=1}^{c} u_{ik} = 1$。定义目标函数

$$J(\boldsymbol{U}, \boldsymbol{V}) = \sum_{k=1}^{n} \sum_{i=1}^{c} u_{ik}^m d_{ik}^2 \tag{4-61}$$

其中，$\boldsymbol{U} = (u_{ik})_{c \times n}$ 为隶属度矩阵，$d_{ik} = \| x_k - v_i \|$。显然 $J(\boldsymbol{U}, \boldsymbol{V})$ 表示各类中样品到聚类中心的加权平方距离之和，权重是样品 x_k 属于第 i 类的隶属度的 m 次方。模糊 C-均值聚类法的聚类准则是求 $J(\boldsymbol{U}, \boldsymbol{V})$，使得 $J(\boldsymbol{U}, \boldsymbol{V})$ 取得最小值。

4.4.3 计算步骤

模糊 C-均值聚类法的具体计算步骤如下。

（1）确定类的个数 c，幂指数 $m > 1$ 和初始隶属度矩阵 $U^0 = (u_{ik}^0)$，通常的做法是取 $[0,1]$ 上的均匀分布随机数来确定初始隶属度矩阵 U^0。令 $l = 1$ 表示第 1 步迭代。

（2）通过下式计算第 l 步的聚类中心 $V^{(l)}$。

$$v_i^{(l)} = \frac{\sum_{k=1}^{n} (u_{ik}^{(l-1)})^m x_k}{\sum_{k=1}^{n} (u_{ik}^{(l-1)})^m} \quad i = 1, 2, \cdots c \qquad (4-62)$$

（3）修正隶属度矩阵 $U^{(l)}$，计算目标函数 $J^{(l)}$。

$$u_{ik}^{(l)} = \frac{1}{\sum_{j=1}^{c} \left(\dfrac{d_{ik}^{(l)}}{d_{jk}^{(l)}} \right)^{\frac{2}{m-1}}} \qquad (4-63)$$

$$J^{(l)}(U^{(l)}, V^{(l)}) = \sum_{k=1}^{n} \sum_{i=1}^{c} (u_{ik}^{(l)})^m (d_{ik}^{(l)})^2 \qquad (4-64)$$

其中，$d_{ik}^{(l)} = \| x_k - v_i^{(l)} \|$。

（4）对给定的隶属度终止容限 $\varepsilon_u > 0$（或目标函数终止容限 $\varepsilon_J > 0$，或最大迭代步长 $L_{\max}$），当 $\max\{u_{ik}^{(l)} - u_{ik}^{(l-1)}\} < \varepsilon_u$（或当 $l > 1$，$| J^{(l)} - J^{(l-1)} | < \varepsilon_J$，或 $l > L_{\max}$）时，停止迭代，否则 $l = l + 1$，然后转（2）。

经过以上步骤的迭代后，可以求得最终的隶属度矩阵 U 和聚类中心 V，使得目标函数 $J(U,V)$ 的值达到最小。根据最终的隶属度矩阵 U 中元素的取值可以确定所有样品的归属，当 $u_{jk} = \max_{1 \leq i \leq c}\{u_{ik}\}$ 时，可将样品 x_k 归为第 j 类。

4.4.4 程序代码

根据模糊 C-均值聚类分析算法的基本原理和计算步骤，程序代码如下。

（1）调用 fcm 函数并绘图。

```
[Center,U,obj_fcn]=fcm(data,cluster_n)
```

其中，data、cluster_n 为输入参数，Center、U、obj_fcn 为输出参数。各参数的具体含义如表 4.9 所示。

表 4.9　fcm 函数的参数释义

类别	参数	含义
输入参数	data	data 代表要聚类的数据集合，每一行为一个样本
	cluster_ n	cluster_ n 表示聚类数
输出参数	Center	Center 最终的聚类中心矩阵，每一行为聚类中心的坐标值
	U	*U* 是最终的模糊分区矩阵
	obj_ fcn	obj_ fcn 是在迭代过程中的目标函数值

% 使用指定的线型、标记和颜色创建绘图

```
plot(X,Y,LineSpec)
```

X：表示要绘制的数据点的 *x* 坐标。可以是一个向量或矩阵。如果是向量，则表示单个数据序列的 *x* 坐标；如果是矩阵，则每列表示一个数据序列的 *x* 坐标。

Y：表示要绘制的数据点的 *y* 坐标。可以是一个向量或矩阵。如果 *X* 是向量，那么 *Y* 也必须是向量，表示与 *X* 中的点对应的 *y* 坐标。如果 *X* 是矩阵，那么 *Y* 可以是向量或矩阵。如果 *Y* 是向量，则表示所有数据序列共享相同的 *y* 坐标；如果 *Y* 是矩阵，则每列表示一个数据序列的 *y* 坐标。

LineSpec：表示可选的线条样式参数。它是一个字符串，用于指定线条的颜色、标记和线型。例如，′b-′表示蓝色实线，′r--′表示红色虚线，′go′表示绿色圆圈标记，等等。可以根据需要组合使用不同的颜色、标记和线型。

（2）将数据点分成不同的簇，找到每个簇中隶属度最大的数据点并绘图。

使用命令 [center，U，obj_ fcn] = fcm（data，4）进行聚类后，可调用 Matlab 图形窗口显示聚类结果，命令格式如下：

% 计算隶属度矩阵(U)中每个数据点的最大隶属度

```
maxU=max(U);
```

% 找到隶属度矩阵(U)第一行中隶属度等于 maxU 的数据点的索引,并将结果存储在 index1 变量中,这表示找到属于第一类的数据点。

```
index1=find(U(1,:)= =maxU)
index2=find(U(2,:)= =maxU)
index3=find(U(3,:)= =maxU)
index4=find(U(4,:)= =maxU)
```

% 使用一个或多个名称-值对组参量修改线条的外观

```
line(__,Name,Value)
```

例如，line（x，y,'linestyle','none','marker','*','color','r'），其中 x 和 y 是要绘制的数据点的 x 坐标和 y 坐标。'linestyle','none'表示不显示线条，即只显示数据点，不连接数据点之间的线段。'marker','*'表示使用星形标记作为数据点的标记样式。'color','r'表示将数据点的颜色设置为红色。这里的'r'表示红色，读者可以根据需要使用其他颜色的代码，如'g'表示绿色,'b'表示蓝色，等等。

4.4.5 案例应用

依照4.4.4节的程序代码，利用 fcm 函数对创建的数据实现模糊 C-均值聚类，并绘制散点图，在 Matlab 中的计算过程如下。

输入程序	输出变量值
%创建一个大小为100x2的随机数矩阵，并将其存储在名为" data"的变量中。每次运行代码时生成的随机数矩阵不同，结果也会不同 data=rand (100,2)	data = 0.9572 0.2290 0.4854 0.9133 0.8003 0.1524 0.1419 0.8258 0.4218 0.5383 0.9157 0.9961 0.7922 0.0782 0.9595 0.4427 0.6557 0.1067 0.0357 0.9619 0.8491 0.0046 0.9340 0.7749 0.6787 0.8173 0.7577 0.8687 0.7431 0.0844 0.3922 0.3998 0.6555 0.2599 0.1712 0.8001 0.7060 0.4314 0.0318 0.9106 0.2769 0.1818 0.0462 0.2638

输入程序	输出变量值	
	0.0971	0.1455
	0.8235	0.1361
	0.6948	0.8693
	0.3171	0.5797
	0.9502	0.5499
	0.0344	0.1450
	0.4387	0.8530
	0.3816	0.6221
	0.7655	0.3510
	0.7952	0.5132
	0.1869	0.4018
	0.4898	0.0760
	0.4456	0.2399
	0.6463	0.1233
	0.7094	0.1839
	0.7547	0.2400
	0.2760	0.4173
	0.6797	0.0497
	0.6551	0.9027
	0.1626	0.9448
	0.1190	0.4909
	0.4984	0.4893
	0.9597	0.3377
	0.3404	0.9001
	0.5853	0.3692
	0.2238	0.1112
	0.7513	0.7803
	0.2551	0.3897
	0.5060	0.2417
	0.6991	0.4039
	0.8909	0.0965
	0.9593	0.1320
	0.5472	0.9421
	0.1386	0.9561
	0.1493	0.5752
	0.2575	0.0598
	0.8407	0.2348
	0.2543	0.3532
	0.8143	0.8212

输入程序	输出变量值
	0.2435　0.0154
	0.9293　0.0430
	0.3500　0.1690
	0.1966　0.6491
	0.2511　0.7317
	0.6160　0.6477
	0.4733　0.4509
	0.3517　0.5470
	0.8308　0.2963
	0.5853　0.7447
	0.5497　0.1890
	0.9172　0.6868
	0.2858　0.1835
	0.7572　0.3685
	0.7537　0.6256
	0.3804　0.7802
	0.5678　0.0811
	0.0759　0.9294
	0.0540　0.7757
	0.5308　0.4868
	0.7792　0.4359
	0.9340　0.4468
	0.1299　0.3063
	0.5688　0.5085
	0.4694　0.5108
	0.0119　0.8176
	0.3371　0.7948
	0.1622　0.6443
	0.7943　0.3786
	0.3112　0.8116
	0.5285　0.5328
	0.1656　0.3507
	0.6020　0.9390
	0.2630　0.8759
	0.6541　0.5502
	0.6892　0.6225
	0.7482　0.5870
	0.4505　0.2077
	0.0838　0.3012

输入程序	输出变量值
	Iteration count = 1, obj. fcn = 9.530878
	Iteration count = 2, obj. fcn = 8.102042
	Iteration count = 3, obj. fcn = 8.020312
	Iteration count = 4, obj. fcn = 7.740671
	Iteration count = 5, obj. fcn = 7.189146
	Iteration count = 6, obj. fcn = 6.788316
	Iteration count = 7, obj. fcn = 6.696057
	Iteration count = 8, obj. fcn = 6.685745
	Iteration count = 9, obj. fcn = 6.684354
	Iteration count = 10, obj. fcn = 6.683915
	Iteration count = 11, obj. fcn = 6.683703
	Iteration count = 12, obj. fcn = 6.683590
	Iteration count = 13, obj. fcn = 6.683529
	Iteration count = 14, obj. fcn = 6.683496
	Iteration count = 15, obj. fcn = 6.683478
	Iteration count = 16, obj. fcn = 6.683468
	Iteration count = 17, obj. fcn = 6.683463
%对 " data " 进行聚类，分为 2 个簇。聚类结果包括聚类中心（Center）、隶属度矩阵（U）和目标函数值（obj_ fcn） [Center, U, obj_ fcn] = fcm (data, 2)	Center = 0.3208 0.6791 0.6857 0.3004 U = 1 至 13 列 0.1148 0.8354 0.0646 0.9144 0.8079 0.5416 0.0943 0.1703 0.0803 0.8421 0.1346 0.4268 0.6448 0.8852 0.1646 0.9354 0.0856 0.1921 0.4584 0.9057 0.8297 0.9197 0.1579 0.8654 0.5732 0.3552 14 至 26 列 0.5913 0.0858 0.5358 0.0088 0.9329 0.0774 0.8537 0.4208 0.6233 0.5252 0.0775 0.6477 0.9557 0.4087 0.9142 0.4642 0.9912 0.0671 0.9226 0.1463 0.5792 0.3767 0.4748 0.9225 0.3523 0.0443 27 至 39 列 0.2426 0.5496 0.8925 0.9657 0.0284 0.1850 0.7320 0.1844 0.2272 0.0735

输入程序	输出变量值
	0.0344 0.0216 0.7200 0.7574 0.4504 0.1075 0.0343 0.9716 0.8150 0.2680 0.8156 0.7728 0.9265 0.9656 0.9784 0.2800 40 至 52 列 0.1070 0.6922 0.8781 0.8243 0.5114 0.1272 0.9069 0.0820 0.4287 0.5454 0.6871 0.1367 0.0475 0.8930 0.3078 0.1219 0.1757 0.4886 0.8728 0.0931 0.9180 0.5713 0.4546 0.3129 0.8633 0.9525 53 至 65 列 0.1119 0.1274 0.7816 0.8690 0.9003 0.3836 0.0571 0.6305 0.5218 0.3826 0.1395 0.3323 0.9567 0.8881 0.8726 0.2184 0.1310 0.0997 0.6164 0.9429 0.3695 0.4782 0.6174 0.8605 0.6677 0.0433 66 至 78 列 0.9801 0.5874 0.4735 0.9035 0.0493 0.7365 0.0955 0.3632 0.4127 0.0329 0.3672 0.9591 0.1289 0.0199 0.4126 0.5265 0.0965 0.9507 0.2635 0.9045 0.6368 0.5873 0.9671 0.6328 0.0409 0.8711 79 至 91 列 0.8623 0.8859 0.4200 0.0914 0.1620 0.6378 0.3860 0.6435 0.8629 0.9640 0.9370 0.0539 0.9579 0.1377 0.1141 0.5800 0.9086 0.8380 0.3622 0.6140 0.3565 0.1371 0.0360 0.0630 0.9461 0.0421 92 至 100 列 0.5494 0.6741 0.7389 0.9238 0.3317 0.4275 0.3106 0.2108 0.6454 0.4506 0.3259 0.2611 0.0762 0.6683 0.5725 0.6894 0.7892 0.3546

输入程序	输出变量值
	obj_ fcn = 9.5309 8.1020 8.0203 7.7407 7.1891 6.7883 6.6961 6.6857 6.6844 6.6839 6.6837 6.6836 6.6835 6.6835 6.6835 6.6835 6.6835
%绘制"data"中的数据点，横坐标为第一列，纵坐标为第二列。数据点用圆圈标记（'o'）表示 plot (data (:, 1), data (:, 2),'o')	
%计算隶属度矩阵（U）中每个数据点的最大隶属度，并将结果存储在"maxU"变量中 maxU =max (U)	maxU = 1 至 13 列 0.8852　0.8354　0.9354　0.9144　0.8079 0.5416　0.9057　0.8297　0.9197　0.8421 0.8654　0.5732　0.6448 14 至 26 列 0.5913　0.9142　0.5358　0.9912　0.9329 0.9226　0.8537　0.5792　0.6233　0.5252 0.9225　0.6477　0.9557

输入程序	输出变量值
	27 至 39 列
	0.7574 0.5496 0.8925 0.9657 0.9716
	0.8150 0.7320 0.8156 0.7728 0.9265
	0.9656 0.9784 0.7200
	40 至 52 列
	0.8930 0.6922 0.8781 0.8243 0.5114
	0.8728 0.9069 0.9180 0.5713 0.5454
	0.6871 0.8633 0.9525
	53 至 65 列
	0.8881 0.8726 0.7816 0.8690 0.9003
	0.6164 0.9429 0.6305 0.5218 0.6174
	0.8605 0.6677 0.9567
	66 至 78 列
	0.9801 0.5874 0.5265 0.9035 0.9507
	0.7365 0.9045 0.6368 0.5873 0.9671
	0.6328 0.9591 0.8711
	79 至 91 列
	0.8623 0.8859 0.5800 0.9086 0.8380
	0.6378 0.6140 0.6435 0.8629 0.9640
	0.9370 0.9461 0.9579
	92 至 100 列
	0.5494 0.6741 0.7389 0.9238 0.6683
	0.5725 0.6894 0.7892 0.6454
%找到隶属度矩阵（U）第一行中隶属度等于" maxU" 的数据点的索引，并将结果存储在" index1" 变量中 index1 = find (U (1,:) = =maxU)	index1 = 1 至 21 列 2 4 5 6 10 13 14 16 18 20 22 23 25 26 28 29 30 33 39 41 42 22 至 42 列 43 44 46 49 50 55 56 57 60 61 65 66 67 69 71 77 79 80 84 86 87

续表

输入程序	输出变量值
	43 至 50 列 88　89　91　92　93　94 95　100
%找到隶属度矩阵（U）第二行中隶属度等于" maxU"的数据点的索引，并将结果存储在" index2"变量中 index2=find（U（2，:）= =maxU）	index2 = 1 至 21 列 　1　　3　　7　　8　　9　11 12　15　17　19　21　24 27　31　32　34　35　36 37　38　40
%绘制数据点中在" index1"索引处的数据点和在" index2"索引处的数据点。" index1"的数据点用绿色星号标记，" index2"的数据点用红色星号标记。这些数据点之间不连接线段（'linestyle'，'none'） line（data（index1，1），data（index1，2），'linestyle','none','marker','*','color','g'） line（data（index2，1），data（index2，2），'linestyle','none','marker','*','color','r'）	22 至 42 列 45　47　48　51　52　53 54　58　59　62　63　64 68　70　72　73　74　75 76　78　81 43 至 50 列 82　83　85　90　96　97 98　99

4.5　判别分析方法与建模实现

4.5.1　概念

判别分析方法是在分类确定的条件下，根据某一研究对象的各种特征值，判别其类型归属问题的一种多变量统计分析方法。判别分析方法主要包括距离判别法，费歇尔判别法，贝叶斯判别法和逐步判别法等。

4.5.2 基本原理

判别分析方法的基本原理是按照一定的判别准则，建立一个或多个判别函数，用研究对象的大量资料确定判别函数中的待定系数并计算判别指标，据此确定某一样本属于何类。

1. 距离判别法

距离判别是指计算样品到第 i 类总体的平均数的距离，哪个距离最小就将它判归哪个总体。因此，首先考虑能否通过样本与某类别之间的距离大小构造一个恰当的距离函数 D ，判别其所属类别。

设 $x = (x_1, x_2 \cdots x_m)'$ 与 $y = (y_1, y_2 \cdots y_m)'$ 是从期望 $\mu = (\mu_1, \mu_2 \cdots \mu_m)'$ 和方差阵 $\boldsymbol{\Sigma}(\sigma_{ij})_{m \times n} > 0$ 的总体 G 抽得的两个观测值，称

$$d^2(x, y) = (x - y)' \boldsymbol{\Sigma}^{-1} (x - y) \qquad (4-65)$$

为 x 和 y 之间的马氏距离。

样本 x 和 G_i 类之间的马氏距离，定义为 x 和 G_i 类重心间的距离，表示为

$$d^2(x, G_i) = (x - \mu_i) \boldsymbol{\Sigma}^{-1} (x - \mu_i) \qquad (4-66)$$

2. 两个总体的距离判别法

（1）协方差阵已知且相等。

先考虑两个总体的情况，设有两个协差阵 $\boldsymbol{\Sigma}$ 和 $\boldsymbol{G}_i$ 相同的 p 维正态总体和，对给定的样本 Y，可以计算 Y 到两个总体的距离来判别样本 Y 到底是来自哪一个总体。故使用马氏距离来指定判别规则，有

$$\begin{cases} y \in \boldsymbol{G}_1 & d^2(y, \boldsymbol{G}_1) < d^2(y, \boldsymbol{G}_2) \\ y \in \boldsymbol{G}_2 & d^2(y, \boldsymbol{G}_2) < d^2(y, \boldsymbol{G}_1) \\ \text{待判} & d^2(y, \boldsymbol{G}_1) = d^2(y, \boldsymbol{G}_2) \end{cases} \qquad (4-67)$$

$$\begin{aligned} W(y) &= d^2(y, \boldsymbol{G}_2) - d^2(y, \boldsymbol{G}_1) = (y - \mu_2)' \sum{}^{-1}(y - \mu_2) - (y - \mu_1)' \sum{}^{-1}(y - \mu_1) \\ &= y' \sum{}^{-1} y - 2y' \sum{}^{-1} \mu_2 + \mu_2' \sum{}^{-1} \mu_2 - \left(y' \sum{}^{-1} y - 2y' \sum{}^{-1} \mu_1 + \mu_1' \sum{}^{-1} \mu_1\right) \\ &= 2y' \sum{}^{-1}(\mu_1 - \mu_2) - (\mu_1 + \mu_2)' \sum{}^{-1}(\mu_1 - \mu_2) \\ &= 2\left[y - \frac{(\mu_1 + \mu_2)}{2}\right]' \sum{}^{-1}(\mu_1 - \mu_2) \end{aligned} \qquad (4-68)$$

令

$$\bar{\mu} = \frac{\mu_1 + \mu_2}{2}, \alpha = \Sigma^{-1}(\mu_1 - \mu_2) = (a_1, a_2, \cdots a_p)' \qquad (4-69)$$

判别函数

$$W(y) = (y - \bar{\mu})'\alpha = \alpha'(y - \bar{\mu}) = a_1(y_1 - \bar{\mu}_1) + \cdots + a_p(y_p - \bar{\mu}_p) = \alpha'y - \alpha'\bar{\mu}$$
$$(4-70)$$

判别法则

$$\begin{cases} y \in G_1 & W(y) > 0 \\ y \in G_2 & W(y) < 0 \\ 待判 & W(y) = 0 \end{cases} \qquad (4-71)$$

当 μ_1，μ_2 和 Σ 已知时，$\alpha = \Sigma^{-1}(\mu_1 - \mu_2)$ 是一个已知的 p 维向量，$W(y)$ 是 y 的线性函数，称为线性判别函数，α 称为判别系数。用线性判别函数进行判别分析方便直观，实际应用广泛。

（2）当总体的协方差已知，且不相等。

$$\begin{cases} y \in G_1 & d^2(y, G_1) < d^2(y, G_2) \\ y \in G_2 & d^2(y, G_2) < d^2(y, G_1) \\ 待判 & d^2(y, G_1) = d^2(y, G_2) \end{cases} \qquad (4-72)$$

判别函数

$$W(y) = d^2(y, G_2) - d^2(y, G_1)$$
$$= (y - \mu_2)'\Sigma_2^{-1}(y - \mu_2) - (y - \mu_1)'\Sigma_1^{-1}(y - \mu_1) \qquad (4-73)$$

判别法则

$$y \in \begin{cases} G_1 & W(y) > 0 \\ G_2 & W(y) < 0 \\ 待判 & W(y) = 0 \end{cases} \qquad (4-74)$$

（3）当总体的协方差相等但未知时，应该用样本的协方差矩阵代替。

步骤如下（假如两个总体）：

①分别计算各组的离差矩阵 S_1 和 S_2；

②计算 $\hat{\Sigma}\dfrac{S_1 + S_2}{n_1 + n_2 - 2}$；

③计算类的均值 $\hat{\mu}_1$，$\hat{\mu}_2$；

④计算 $\hat{\boldsymbol{\Sigma}}^{-1}$、$\hat{\mu}_1 - \hat{\mu}_2$、$\dfrac{\hat{\mu}_1 + \hat{\mu}_2}{2}$；

⑤计算判别函数的系数 $\hat{\boldsymbol{\Sigma}}^{-1}\hat{\mu}_1 - \hat{\mu}_2$，判别函数的常数项 $\left(\dfrac{\hat{\mu}_1 + \hat{\mu}_2}{2}\right)'\hat{\boldsymbol{\Sigma}}^{-1}(\hat{\mu}_1 - \hat{\mu}_2)$；

⑥生成判别函数，将检验样本代入，得分，判类。

3. 多总体的距离判别法

（1）协方差已知且相等。

设有 K 个总体，分别有均值向量 $\boldsymbol{\mu}_i = (i = 1,2,\cdots,k)$ 和协方差阵 $\boldsymbol{\Sigma}_i = \boldsymbol{\Sigma}$。

判别函数

$$W_{ij}(y) = \left(y - \frac{\boldsymbol{\mu}_i + \boldsymbol{\mu}_j}{2}\right)'\sum{}^{-1}(\boldsymbol{\mu}_i - \boldsymbol{\mu}_j) \quad i,j = 1,2\cdots k \quad (4-75)$$

判别法则

$$\begin{cases} y \in \boldsymbol{G}_i\ W_{ij}(y) > 0, & \forall i \neq j \\ \quad 待判 & 某个\ W_{ij}(y) = 0 \end{cases} \quad (4-76)$$

（2）协方差已知但是不相等。

判别函数

$$W_{ij}(y) = (y - \boldsymbol{\mu}_i)'\boldsymbol{\Sigma}_i^{-1}(x - \boldsymbol{\mu}_i) - (y - \boldsymbol{\mu}_j)'\boldsymbol{\Sigma}_j^{-1}(x - \boldsymbol{\mu}_j) \quad i,j = 1,2,\cdots,k (4-77)$$

判别法则

$$\begin{cases} y \in \boldsymbol{G}_i\ W_{ij}(y) < 0, & \forall i \neq j \\ \quad 待判 & W_{ij}(y) = 0 \end{cases} \quad (4-78)$$

（3）协方差阵相等但未知。

$$\hat{\mu}_a = \bar{y}^a = \frac{1}{n_a}\sum_{j=1}^{n_a} y_j^{(a)};A_a = \sum_{j=1}^{n_a}(y_j^{(a)} - \bar{y}^{(a)})(y_j^{(a)} - \bar{y}^{(a)})'$$

$$\hat{\boldsymbol{\Sigma}}_a = \frac{1}{n_a - k}A_a \quad a = 1,2\cdots,k$$

$$(4-79)$$

判别函数

$$W_{ij}(y) = \left(y - \frac{\hat{\mu}_i + \hat{\mu}_j}{2}\right)'\boldsymbol{\Sigma}^{-1}(\hat{\mu}_i - \hat{\mu}_j) \quad i,j = 1,2,\cdots k \quad (4-80)$$

判别法则

$$\begin{cases} y \in \boldsymbol{G}_i\ W_{ij}(y) < 0, & \forall i \neq j \\ \quad 待判 & W_{ij}(y) = 0 \end{cases} \quad (4-81)$$

（4）协方差阵不相等且未知。

$$\hat{\boldsymbol{\mu}}_a = \bar{y}^a = \frac{1}{n_a}\sum_{j=1}^{n_a} y_j^{\ a}; A_a = \sum_{j=1}^{n_a} (y_j^{\ a} - \bar{y}^a)(y_j^{\ a} - \bar{y}^a)' \tag{4-82}$$

$$\hat{\boldsymbol{\Sigma}}_a = \frac{1}{n_a - 1}A_a \quad a = 1,2,\cdots,k \tag{4-83}$$

判别函数

$$W_{ij}(y) = (y - \boldsymbol{\mu}_i)'\boldsymbol{\Sigma}_i^{-1}(y - \boldsymbol{\mu}_i) - (y - \boldsymbol{\mu}_j)'\boldsymbol{\Sigma}_j^{-1}(y - \boldsymbol{\mu}_j), i,j = 1,2\cdots,k \tag{4-84}$$

判别法则

$$\begin{cases} y \in \boldsymbol{G}_i \ W_{ij}(y) < 0, & \forall i \neq j \\ \quad 待判 & 某个 \ W_{ij}(y) = 0 \end{cases} \tag{4-85}$$

两个总体分别服从 $N(\mu_1,\sigma^2)$ 和 $N(\mu_2,\sigma^2)$ ，其线性判别函数为

$$W(y) = (y - \bar{\mu})\frac{1}{\sigma^2}(\mu_1 - \mu_2) \tag{4-86}$$

其中，$\bar{\mu} = \dfrac{\mu_1 + \mu_2}{2}$。不失一般性，设 $\mu_1 > \mu_2$，这种情况下线性判别函数 $W(y)$ 的符号取决于 $y > \bar{\mu}$ 还是 $y \leqslant \bar{\mu}$：

如果 $y > \bar{\mu}$，则 $y \in G_1$；

如果 $y \leqslant \bar{\mu}$，则 $y \in G_2$。

错判概率

$$\begin{aligned} P(X_2 &> \bar{\mu}) \\ &= P\left(X_2 - \mu_2 > \frac{\mu_1 + \mu_2}{2} - \mu_2\right) \\ &= P\left(\frac{X_2 - \mu_2}{\sigma} > \frac{\mu_1 - \mu_2}{2\sigma}\right) \\ &= 1 - \Phi\left(\frac{\mu_1 - \mu_2}{2\sigma}\right) \end{aligned} \tag{4-87}$$

距离判别只要求了解总体的数字特征，不涉及总体的分布函数，当总体均值和协方差未知时，可以使用样本的均值和协方差矩阵来估计。

4. 贝叶斯判别法

（1）标准的贝叶斯判别法。

距离判别简单直观，但是该方法将总体等同看待，没有考虑到总体会以不同的概率（先验概率）出现，也没有考虑误判之后所造成的损失的差异。贝叶斯判别法正是为了解决这两个问题而提出的判别分析方法，其判别效果更加理想，应用也更加广泛。

贝叶斯公式：

$$P(B_i \mid A) = \frac{P(A \mid B_i)P(B_i)}{\sum P(A \mid B_i)P(B_i)} \qquad (4-88)$$

设有总体 $G_i(i=1,2,\cdots,k)$ ，G_i 具有概率密度函数 $f_i(x)$ 。并且根据以往的统计分析，知道 G_i 出现的概率为 q_i ，即当样本 x_0 发生时，求其属于某类的概率。由贝叶斯公式计算后验概率，有

$$P(G_i \mid x_0) = \frac{q_i f(x_0)}{\sum q_i f(x_0)} \qquad (4-89)$$

判别规则

$$P(G_l \mid x_0) = \frac{q_i f_l(x_0)}{\sum q_j f_j(x_0)} = \max_{l \leqslant i \leqslant k} \frac{q_i f_i(x_0)}{\sum q_j f_j(x_0)} \qquad (4-90)$$

在正态的假定下，$f_i(x)$ 为正态分布的密度函数。

下面讨论总体服从正态分布的情形：

$q_i f_l(x_0) = \max\limits_{l \leqslant i \leqslant k} q_i f_i(x_0)$ ，则 x_0 判给 G_l 。

若

$$f_i(x) = \frac{1}{(2\pi \mid \boldsymbol{\Sigma}_i \mid)^{1/2}} \exp\left[-\frac{1}{2}(x-\mu^{(i)})'\boldsymbol{\Sigma}_i^{-1}(x-\mu^{(i)}) \right] \qquad (4-91)$$

则

$$q_i f_i(x) = q_i \frac{1}{(2\pi \mid \boldsymbol{\Sigma}_i \mid)^{1/2}} \exp\left[-\frac{1}{2}(x-\mu^{(i)})'\boldsymbol{\Sigma}_i^{-1}(x-\mu^{(i)}) \right] \qquad (4-92)$$

上式两边取对数并去掉与 i 无关的项，则等价的判别函数为

$$\begin{aligned} z_i(x) &= \ln(q_i f_i(X)) \\ &= \ln q_i - \frac{1}{2}\ln \mid \boldsymbol{\Sigma}_i \mid - \frac{1}{2}(x-\mu^{(i)})'\boldsymbol{\Sigma}_i^{-1}(x-\mu^{(i)}) \end{aligned} \qquad (4-93)$$

问题转化成 $Z_l(x) = \max\limits_{l \leqslant i \leqslant k}[Z_i(x)]$ ，则判 $x \in G_l$ 。

当协方差阵相等 $\boldsymbol{\Sigma}_l = \cdots \boldsymbol{\Sigma}_k \cdot \boldsymbol{\Sigma}$ ，则判别函数退化成为

$$\begin{aligned} Z_i(x) &= \ln q_i - \frac{1}{2}(x-\mu^{(i)})'\boldsymbol{\Sigma}^{-1}(x-\mu^{(i)}) \\ &= -\frac{1}{2}\left[-2\ln q_i + (x-\mu^{(i)})'\boldsymbol{\Sigma}^{-1}(x-\mu^{(i)}) \right] \end{aligned} \qquad (4-94)$$

令

$$F_i(x) = -2\ln q_i + (x-\mu^{(i)})'\boldsymbol{\Sigma}^{-1}(x-\mu^{(i)})$$

$$P_i(x) = -2\ln q_i - 2\mu^{(i)\prime}\boldsymbol{\Sigma}^{-1}x + \mu^{(i)\prime}\boldsymbol{\Sigma}^{-}\mu^{(i)}$$

问题转化为

$$P_l(x) = \min_{l \le i \le k}[P_i(x)], \text{ 则判 } x \in G_l$$

其中

$$P_i(x) = -2\left(\ln q_i - \frac{1}{2}\mu^{(i)\prime}\boldsymbol{\Sigma}^{-1}\mu^{(i)} + \mu^{(i)\prime}\boldsymbol{\Sigma}^{-1}x\right) \tag{4-95}$$

令

$$m_i(x) = \ln q_i - \frac{1}{2}\mu^{(i)\prime}\boldsymbol{\Sigma}^{-1}\mu^{(i)} + \mu^{(i)\prime}\boldsymbol{\Sigma}^{-1}x$$

问题转化为若 $m_l(x) = \max_{l \le i \le k}[m_i(x)]$ ，则判 $x \in G_l$ 。

当先验概率 $q_l = \cdots = q_k = \dfrac{1}{k}$ 相等，有

$$m_i(x) = -\frac{1}{2}\mu^{(i)\prime}\boldsymbol{\Sigma}^{-1}\mu^{(i)} + \mu^{(i)\prime}\boldsymbol{\Sigma}^{-1}x \tag{4-96}$$

（2）考虑错判损失的贝叶斯判别分析。

平均错判损失是指用 $p(j/i)$ 表示将总体 G_i 的样品错判到总体 G_j 的条件概率。

$$p(j/i) = p(x \in D_j/G_i) = \int_{Dj} f_i(x)dx, i \ne j \tag{4-97}$$

设有总体 $G_i(i = 1, 2\cdots k)$ ， G_i 具有概率密度函数。 $f_i(x)$ 并且根据以往的统计分析，可得 G_i 出现的概率为 q_i ， $q_i + \cdots + q_k = 1$ 。判别法则为：当样品 X 落入 D_i 时，则判 $X \in G_i$， $i = 1, 2\cdots k$ 。

若用 $C(j/i)$ 表示相应错判所造成的损失。则平均错判损失为

$$\text{ECM} = \sum_{i=1}^{k} q_i \sum_{i \ne j} C(j/i)p(j/i) \tag{4-98}$$

此时，使 ECM 最小分划的情况就是贝叶斯解。

当抽取一个未知总体的样品值 x ，要判别它属于哪个总体，只需先计算 k 个按先验概率加权的误判平均损失 $h_j(x)$ ，然后比较其大小，选取其中最小的判定样品属于该总体。

若总体 $G_1, G_2, \cdots, G_K$ 的先验概率为 $\{q_i, i = 1, 2, \cdots, k\}$ 且相应的密度函数为 $\{f(x)\}$ ，损失为 $\{C(i/j)\}$ ，则划分的贝叶斯解为

$$D_i = \{x \mid h_i(x) = \min_{l \le j \le k} h_j(x)\} \tag{4-99}$$

式中

$$h_j(x) = \sum_{i=1}^{k} q_i C(j/i) f_i(x) \tag{4-100}$$

为了直观说明，作为例子，讨论 $k = 2$ 的情形。

$$\text{ECM}(D_1, D_2)$$

$$= q_1 C(2/1) \int_{D_2} f_1(x)\,\mathrm{d}x + q_2 C(2/1) \int_{D_1} f_2(x)\,\mathrm{d}x$$

$$= q_1 C(2/1) \int_{R-D_1} f_1(x)\,\mathrm{d}x + q_2 C(2/1) \int_{D_1} f_2(x)\,\mathrm{d}x \qquad (4-101)$$

$$= q_1 C(2/1) - q_1 C(2/1) \int_{D_1} f_1(x)\,\mathrm{d}x + q_2 C(2/1) \int_{D_1} f_2(x)\,\mathrm{d}x$$

$$= q_1 C(2/1) + \int_{D_1} [q_2 C(2/1) f_2(x) - q_1 C(2/1) f_1(x)]$$

由此可见，要使 ECM 最小，被积函数必须在 D_1 是负数，则有分划

$$D_1 = \{x \mid q_2 C(2/1) f_2(x) - q_1 C(2/1) f_1(x) < 0\}$$
$$q_2 C(2/1) f_2(x) - q_1 C(2/1) f_1(x) < 0 \qquad (4-102)$$
$$f_1(x)/f_2(x) > q_2 C(2/1)/q_1 C(2/1)$$
$$v = f_1(x)/f_2(x), d = q_2 C(2/1)/q_1 C(2/1)$$

判别准则

$$\begin{cases} x \in G_1 & v(x) > d \\ x \in G_2 & v(x) < d \\ \text{待判} & v(x) = d \end{cases} \qquad (4-103)$$

特别地

$$C(j/i) = \begin{cases} 1, i = j \\ 0, i \neq j \end{cases}$$

$$h_j(x) = \sum_{i=1}^{k} q_i C(j/i) f_i(x)$$

$$h_j(x) = \sum_{i \neq j}^{k} q_i f_i(x) = \sum_{i=1}^{k} q_i f_i(x) - q_j f_j(x) \qquad (4-104)$$

$$h_j(x) = \sum_{i \neq j}^{k} q_i f_i(x) = \sum_{i=1}^{k} q_i f_i(x) - q_j f_j(x) \text{ 越小}, q_j f_j(x) \text{ 越大}$$

$$q_l f_l(x) = \max_{1 \leq i \leq k} q_i f_i(x), x \in G_l$$

与标准贝叶斯判别等价。

5. 费歇尔判别法

费歇尔判别法是根据方差分析的思想建立起来的一种能较好区分各个总体的线性判别

法，该判别方法对总体的分布不做任何要求，其应用分为不等协差阵的两总体和多个总体两种场景。

（1）不等协差阵的两总体费歇尔判别法。

不等协差阵的两总体费歇尔判别法是指从两个总体中抽取具有 p 个指标的样品观测数据，借助方差分析的思想构造一个判别函数或称判别式：$y = c_1 x_1 + c_2 x_2 + \cdots + c_p x_p$，其中系数 $c_1, c_2, \cdots, c_p$ 确定的原则是使两组间的区别最大，而使每个组内部的离差最小。有了判别式后，对于一个新的样品，将它的 p 个指标值代入判别式中求出 y 值，然后与判别临界值（或称分界点）进行比较，判别它应属于哪一个总体。

假设得到一个线性判别函数

$$y = c_1 x_1 + c_2 x_2 + \cdots + c_p x_p \tag{4-105}$$

将两个总体的样品代入上面的判别式

$$
\begin{aligned}
y_i^{(1)} &= c_1 x_{i1}^{(1)} + c_2 x_{i2}^{(1)} + \cdots + c_p x_{ip}^{(1)}, i = 1, 2, \cdots, n_1 \\
y_i^{(2)} &= c_1 x_{i1}^{(2)} + c_2 x_{i2}^{(2)} + \cdots + c_p x_{ip}^{(2)}, i = 1, 2, \cdots, n_2
\end{aligned} \tag{4-106}
$$

分别对上面两式左右相加，再除以样品个数，可得两个总体的重心，两个重心的距离越大越好，两个组内的离差平方和越小越好。

$$
\begin{aligned}
\bar{y}^{(1)} &= \sum_{k=1}^{p} c_k \overline{x_k}^{(1)} \\
\bar{y}^{(2)} &= \sum_{k=1}^{p} c_k \overline{x_k}^{(2)}
\end{aligned} \tag{4-107}
$$

组间离差平方和

$$
\begin{aligned}
&(\bar{Y}^{(1)} - \bar{Y})2 + (\bar{Y}(2) - \bar{Y})^2 \\
&= \left(\bar{Y}^{(1)} - \frac{\bar{Y}^{(1)} + \bar{Y}}{2} \right)^2 + \left(\bar{Y}^{(2)} - \frac{\bar{Y}^{(2)} + \bar{Y}}{2} \right)^2 \\
&= \frac{1}{4} (\bar{Y}^{(1)} - \bar{Y}^{(2)})^2 + \frac{1}{4} (\bar{Y}^{(2)} - \bar{Y}^{(1)})^2 \\
&= \frac{1}{2} (\bar{Y}^{(1)} - \bar{Y}^{(2)})^2 \\
&= \frac{1}{2} (c' \bar{X}^{(1)} - c' \bar{X}^{(2)})^2 \\
&= \frac{1}{2} (\bar{X}^{(1)} - \bar{X}^{(2)})^2 (\bar{X}^{(1)} - \bar{X}^{(2)})' C
\end{aligned} \tag{4-108}
$$

总体内部的方差和

$$E(Y^{(1)} - \bar{Y}^{(1)})^2 + E(Y^{(2)} - \bar{Y}^{(2)})^2$$

$$= E(c'X^{(1)} - c'\bar{X}^{(1)})^2 + E(c'X^{(2)} - c'\bar{X}^{(2)})^2$$

$$= c'E(X^{(1)} - \bar{X}^{(1)})^2 c + c'E(X^{(2)} - \bar{X}^{(2)})^2 c \qquad (4-109)$$

$$= c'\sum_1 c + c'\sum_2 c$$

$$= c'\sum c$$

$$I = \frac{组间离差平方和}{组内方差和}$$

$$I = \frac{\dfrac{1}{2}c'(\bar{X}^{(1)} - \bar{X}^{(2)})(\bar{X}^{(1)} - \bar{X}^{(2)})'c}{c'\sum c} = \frac{Q}{F} \qquad (4-110)$$

I 最大时判别函数最优。

定义临界点为

$$y_0 = \frac{n_1\bar{y}^{(1)} + n_2\bar{y}^{(2)}}{n_1 + n_2} \qquad (4-111)$$

判别准则：假定 $\bar{y}^{(1)} > \bar{y}^{(2)}$，如果由原始数据 y 求得判别函数得分为 $y*$，将样品代入判别函数中，若 $y* > y_0$，则判给 G_1，否则判给 G_2。

（2）多个总体的费歇尔判别法。

多个总体的费歇尔判别法实际上是寻找一个最能反映组和组之间差异的投影方向，即寻找线性判别函数 $Y(x) = c_1x_1 + \cdots + c_px_p$，设 k 个总体 $G_1, G_2 \cdots, G_k$ 分别有均值向量 $\bar{\boldsymbol{\mu}}_1$，$\bar{\boldsymbol{\mu}}_2, \cdots, \bar{\boldsymbol{\mu}}_k$ 和协方差阵 $\boldsymbol{\Sigma}_1, \cdots, \boldsymbol{\Sigma}_k$，各总体中分别得到如下样品。

$$X_1^{(1)}, \cdots, X_{n1}^{(1)}$$
$$X_1^{(2)}, \cdots, X_{n2}^{(2)}$$
$$\vdots \qquad\qquad (4-112)$$
$$X_1^{(k)}, \cdots, X_{nk}^{(k)}$$
$$n_1 + n_2 + \cdots + n_k = n$$

第 i 个总体的样本均值向量

$$\bar{X}_i = \frac{1}{n_i}\sum_{t=1}^{ni} Xt^{(i)} \qquad (4-113)$$

综合的样本均值向量

$$\bar{X}_i = \frac{1}{n}\sum_{i=1}^{k} n_i\bar{X}t \qquad (4-114)$$

第 i 个总体样本组内离差平方和

$$V_i = \sum_{t=1}^{ni} (X_t^{(i)} - \overline{X_i})(X_t^{(i)} - \overline{X_i})' \tag{4-115}$$

综合的组内离差平方和

$$E = V_1 + V_2 + \cdots + V_k \tag{4-116}$$

组间离差平方和

$$B = \sum_{i=1}^{k} n_i (X_t^{(i)} - \overline{X_i})(X_t^{(i)} - \overline{X_i})' \tag{4-117}$$

因为

$$Y(x) = c_1 x_1 + \cdots + c_p x_p \tag{4-118}$$

$$V_{iy} = \sum_{t=1}^{ni} (Y_t^{(i)} - \overline{Y_i})^2 = \sum_{t=1}^{ni} (Y_t^{(i)} - \overline{Y_i})(Y_t^{(i)} - \overline{Y})' = C'V_i C \tag{4-119}$$

$$E_0 = \sum_{i=1}^{k} V_{iy} = \sum_{i=1}^{k} C'V_i C = C'EC \tag{4-120}$$

$$B_0 = \sum_{i=1}^{k} n_i (\overline{Y_i} - \overline{Y})^2 = \sum_{i=1}^{ni} n_i (\overline{Y_i} - \overline{Y})(\overline{Y_i} - \overline{Y})' = C'BC \tag{4-121}$$

如果判别分析是有效的，则所有样品的线性组合 $Y(x) = c_1 x_1 + \cdots + c_p x_p$，满足组内离差平方和小，组间离差平方和大。则

$\dfrac{A^2(C)}{\Delta^2(L)} = \dfrac{B_0}{E_0} = \dfrac{C'BC}{C'EC}$ 的最大值是 B 相对于 E 最大的特征根 λ_1，而 λ_1 所对应的特征向量即 $C_1 = (c_{11}, \cdots, c_{p1})'$。

判别函数

$$\hat{Y}_1(x) = \hat{c}_{11} x_1 + \cdots + \hat{c}_{p1} x_p \tag{4-122}$$

然而，如果组数 k 很大，讨论的指标很多，这时需要寻找更多的线性判别函数。

$\dfrac{A^2(C)}{\Delta^2(L)} = \dfrac{B_0}{E_0} = \dfrac{C'BC}{C'EC}$ 的第二大值是 B 相对于 E 第二大的特征根其特征向量构成第二个判别函数的系数。

$$C_2 = (c_{12}, \cdots, c_{p2})' \tag{4-123}$$

$$\hat{Y}_2(x) = \hat{c}_{12} x_1 + \cdots + \hat{c}_{p2} x_p \tag{4-124}$$

类推可以得到 $m(m < k)$ 个线性函数。

4.5.3　计算步骤

判别分析方法的具体计算步骤如下。

（1）选择变量：

①和判别分析的目的密切相关；

②反映要判类变量的特征；

③在不同研究对象上的值有明显的差异。

（2）确定分析样本和验证样本：

将样本分成两部分，一部分用于确定判别函数，另一部分用于检查判别的效果。如果样本量很大，可将样本平均或随机分成两部分。

（3）用逐步判别法筛选变量：

在第一步所选的变量可能在类间无差异，应该将对判别分析无贡献的变量剔除。

（4）估计鉴别函数：

选择某种方法建立判别规则，如使用距离判别、贝叶斯判别和典型判别。

（5）检查判别的效果：

计算错判比率和正确判定的比率。将判别函数用于验证样本，通过验证样本的错判比率和正确判定的比率来确定判别的效果。所谓错判，就是把原来是第一类的样本判给了第二类，对于正确判定的比率应该达到多少才能接受，并没有严格的规则。

4.5.4 程序代码

根据判别分析方法的基本原理和计算步骤，需要调用 classify 函数，classify 函数可以用如下代码表示：

```
class=classify(sample,training,group,'type',prior)
```

其中 sample、training、group、'type'、prior 为输入参数；class 为输出参数，各参数的具体含义如表 4.10 所示。

表 4.10　classify 函数的参数释义

类别	参数	含义
输入参数	sample	sample 是待判别的样本数据矩阵
	training	training 是用于构造判别函数的训练样本数据矩阵，它们的每一行对应一个观测，每一列对应一个变量，sample 和 training 具有相同的列数

类别	参数	含义
输入参数	group	参数 group 是与 training 相应的分组变量，group 和 training 具有相同的行数，group 中的每一个元素指定了 training 中相应观测所在的组。group 可以是一个分类变量（即用水平表示分组）、数值向量、字符串数组或字符串元胞数组
	′type′	type 用来指定判别函数的类型
	prior	prior 用来给定先验概率，默认情况下，各组先验概率相等
输出参数	class	class 是一个行向量，用来指定 sample 各观测所在的组，class 与 group 具有相同的数据类型

[class,err] = classify(…)% 返回基于 training 数据的误判概率的估计值 err。

type 参数的可能取值见表 4.11。当 type 参数取表 4.11 前四种取值时，classify 函数可用来作贝叶斯判别；当 type 参数取值为′mahalanobis′时，classify 函数用来作距离判别，此时 prior 参数给定的先验概率只用来计算误判概率。

表 4.11　type 的可能取值

type 参数的取值	说明
′linear′	线性判别函数（默认情况）。假定 $G_i \sim N_p(\mu_i, \Sigma)$，$i = 1, 2, \cdots, k$，即各组的先验分布均为协方差矩阵相同的 p 元正态分布，此时由样本得出协方差矩阵的联合估计 Σ
′diaglinear′	与 linear 类似，此时用一个对角矩阵作为协方差矩阵的估计
′quadratic′	二次判别函数。假定各组的先验分布均为 p 元正态分布，但是协方差矩阵并不完全相同，此时分别得出各个协方差矩阵的估计 Σ_i，$i = 1, 2, \cdots, k$
′diagquadratic′	与 quadratic 类似，此时用对角矩阵作为各个协方差矩阵的估计
′mahalanobis′	各组的协方差矩阵不全相等并未知时的距离判别，此时分别得出各组的协方差矩阵的估计

4.5.5　案例应用

蝴蝶分为很多类型，其中有一种名为 A，另一种名为 B，这两种类型的蝴蝶在形态上十分相似，很难区别。现测得 6 只 A 和 9 只 B 的触角长度和翅膀长度数据 A：（1.14，1.78），（1.18，1.96），（1.20，1.86），（1.26，2.00），（1.28，2.00），（1.30，1.96）；

B：（1.24，1.72），（1.36，1.74），（1.38，1.64），（1.38，1.82），（1.38，1.90），（1.40，1.70），（1.48，1.82），（1.54，1.82），（1.56，2.08）。

（1）若两类蝴蝶协方差矩阵相等，现给出 3 只蝴蝶，试判别 3 只蝴蝶分别属于哪一类？

依照 4.5.4 节的程序代码输入 A 类和 B 类的数据，在 Matlab 中的计算过程如下。

输入程序	输出变量值	
%输入原始数据类 A A = [1.14, 1.78; 1.18, 1.96; 1.20, 1.86; 1.26, 2.; 1.28, 2; 1.30, 1.96]	A = 1.1400 1.1800 1.2000 1.2600 1.2800 1.3000	1.7800 1.9600 1.8600 2.0000 2.0000 1.9600
%输入原始数据类 B B = [1.24, 1.72; 1.36, 1.74; 1.38, 1.64; 1.38, 1.82; 1.38, 1.90; 1.40, 1.70; 1.48, 1.82; 1.54, 1.82; 1.56, 2.08]	B = 1.2400 1.3600 1.3800 1.3800 1.3800 1.4000 1.4800 1.5400 1.5600	1.7200 1.7400 1.6400 1.8200 1.9000 1.7000 1.8200 1.8200 2.0800
%输入原始待判数据：三只蝴蝶 x = [1.24, 1.8; 1.28, 1.84; 1.4, 2.04]	x = 1.2400 1.2800 1.4000	1.8000 1.8400 2.0400
%求矩阵 A 的均值 m1 = mean (A) %	m1 = 1.2267	1.9267
%求矩阵 B 的均值 m2 = mean (B)	m2 = 1.4133	1.8044
%求矩阵 A 的协方差矩阵 s1 = cov (A)	s1 = 0.0039 0.0043	0.0043 0.0078
%求矩阵 B 的协方差矩阵 s2 = cov (B)	s2 = 0.0098 0.0081	0.0081 0.0169

输入程序	输出变量值
% 计算样本均值与协方差矩阵 s = (5 * s1+8 * s2) /13	s = 0.0075　　0.0066 0.0066　　0.0134
for i =1：3 　　% 计算判别函数值 W (i) 　　W (i) = (x (i,:) -1 / 2 * (m1+m2)) * inv (s) * (m1-m2)'; end	W=2.1640　　1.3568　　1.9802 training = 1.1400　　1.7800 1.1800　　1.9600 1.2000　　1.8600
% 输出判别函数值 display (W)	1.2600　　2.0000 1.2800　　2.0000 1.3000　　1.9600
% 合并两个总体形成训练集 training = [A；B]	1.2400　　1.7200 1.3600　　1.7400 1.3800　　1.6400 1.3800　　1.8200 1.3800　　1.9000 1.4000　　1.7000 1.4800　　1.8200 1.5400　　1.8200 1.5600　　2.0800
% 总体 A 中样本的行数 n1 = size (A, 1)	n1 = 　6
% 总体 B 中样本的行数 n2 = size (B, 1)	n2 = 　9
% A 中样本与 B 中样本类属 group = [ones (1, n1), 2 * ones (1, n2)]'	group = 　1 　1 　1 　1 　1 　1 　2 　2 　2 　2 　2 　2 　2

续表

输入程序	输出变量值
	2 2

%判别分析，判断蝴蝶属于哪类
class=classify (x, training, group)
	class =
	  1
	  1
	  1

（2）对上例的数据，假定两类总体的协方差矩阵不相等，重新判别上述三只蝴蝶的类别。

输入程序	输出变量值
%输入原始数据类 A A = [1.14, 1.78; 1.18, 1.96; 1.20, 1.86; 1.26, 2.; 1.28, 2; 1.30, 1.96]	A = 1.1400 1.7800 1.1800 1.9600 1.2000 1.8600 1.2600 2.0000 1.2800 2.0000 1.3000 1.9600
%输入原始数据类 B B = [1.24, 1.72; 1.36, 1.74; 1.38, 1.64; 1.38, 1.82; 1.38, 1.90; 1.40, 1.70; 1.48, 1.82; 1.54, 1.82; 1.56, 2.08]	B = 1.2400 1.7200 1.3600 1.7400 1.3800 1.6400 1.3800 1.8200 1.3800 1.9000 1.4000 1.7000 1.4800 1.8200 1.5400 1.8200 1.5600 2.0800
%输入原始数据，即待判别数据 x = [1.24, 1.8; 1.28, 1.84; 1.4, 2.04]	x = 1.2400 1.8000 1.2800 1.8400 1.4000 2.0400
%计算判别函数值，使用马氏距离进行计算 W=mahal (x, A) -mahal (x, B)	W = 1.7611 3.8812 3.6468

由判别准则可知，三只蝴蝶均属于 B。

（3）对上例的数据，重新对上述三只蝴蝶的类别进行贝叶斯判别（假设误判损失相等）。

输入程序	输出变量值
%输入原始数据类 A A = [1.14, 1.78; 1.18, 1.96; 1.20, 1.86; 1.26, 2.; 1.28, 2; 1.30, 1.96]	A = 1.1400 1.7800 1.1800 1.9600 1.2000 1.8600 1.2600 2.0000 1.2800 2.0000 1.3000 1.9600
%输入原始数据类 B B = [1.24, 1.72; 1.36, 1.74; 1.38, 1.64; 1.38, 1.82; 1.38, 1.90; 1.40, 1.70; 1.48, 1.82; 1.54, 1.82; 1.56, 2.08]	B = 1.2400 1.7200 1.3600 1.7400 1.3800 1.6400 1.3800 1.8200 1.3800 1.9000 1.4000 1.7000 1.4800 1.8200 1.5400 1.8200 1.5600 2.0800
%创建矩阵 x x = [1.24, 1.8; 1.28, 1.84; 1.4, 2.04] %计算矩阵 A 的均值，并赋值给变量 m1	x = 1.2400 1.8000 1.2800 1.8400 1.4000 2.0400
m1 = mean (A) %计算矩阵 B 的均值，并赋值给变量 m2	m1 = 1.2267 1.9267
m2 = mean (B) %计算矩阵 A 的协方差矩阵，并赋值给变量 s1	m2 = 1.4133 1.8044
s1 = cov (A) %计算矩阵 B 的协方差矩阵，并赋值给变量 s2	s1 = 0.0039 0.0043 0.0043 0.0078
s2 = cov (B) %计算加权平均协方差矩阵 s，其中 s1 的权重为 5，s2 的权重为 8	s2 = 0.0098 0.0081 0.0081 0.0169

输入程序	输出变量值

`s = (5 * s1+8 * s2) /13`
`for i =1: 3`
　　% 计算 A 类的判别函数值 w1 (i)
　　`w1 (i) = m1 * inv (s) * x (i,:)'-1/2 * m1`
`* inv (s) * m1'+log (0.4);`
　　% 计算 B 类的判别函数值 w2 (i)
　　`w2 (i) = m2 * inv (s) * x (i,:)'-1/2 * m2`
`* inv (s) * m2'+log (0.6);`
　　% 如果 w1 (i) 大于等于 w2 (i),则输出第 i 只
蝴蝶属于 A 类
　　`if w1 (i) >=w2 (i)`
　　　`disp ( ['第', num2str (i),'只蝴蝶属于`
`A 类'] );`
　　`else`
　　% 否则,输出第 i 只蝴蝶属于 B 类
　　　`disp ( ['第', num2str (i),'只蝴蝶属于`
`B 类'] );`
　　`end`
`end`
	`s =`
	`0.0075　　0.0066`
	`0.0066　　0.0134`
	
	第 1 只蝴蝶属于 A 类
	第 2 只蝴蝶属于 A 类
	第 3 只蝴蝶属于 A 类

4.6　聚类研究方法前沿应用的热点追踪

4.6.1　发文数量与变化趋势

基于 CiteSpace 软件,以"聚类分析""判别分析"为主题,在中国知网 CNKI 数据库中搜索汇总 2012—2022 年间核心期刊发表的文章共 2 553 篇,具体发文数量以及变化趋势如图 4.1 所示。

4.6.2　文献研究热点

通过梳理分析结果,归纳出频次最高的前 10 个关键词如表 4.12 所示。其中前 5 频次的关键词为"指纹图谱""图像分割""故障诊断""形态差异"和"质量评价";位于前 4 中心度的关键词为"图像分割""指纹图谱""故障诊断"和"模式识别"。总体上,频次和中心度两个维度统计出的关键词基本一致,基本呈现了研究期内关注的热点问题。

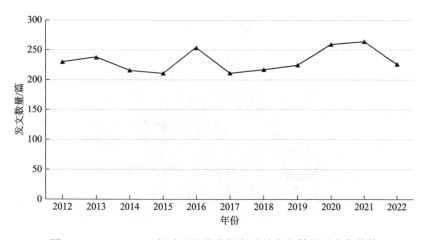

图 4.1　2012—2022 年涉及聚类分析方法的发文数量及变化趋势

表 4.12　2012—2022 年关键词词频、中介中心度统计表

排序	频次	中心度	年份	关键词
1	156	0.07	2012	指纹图谱
2	143	0.17	2012	图像分割
3	56	0.07	2012	故障诊断
4	45	0.01	2012	形态差异
5	29	0.02	2019	质量评价
6	28	0.00	2020	含量测定
7	28	0.00	2018	质量控制
8	23	0.05	2012	模式识别
9	22	0.03	2013	图像处理
10	18	0.03	2013	数据挖掘

聚类分析的关键词共现图谱如图 4.2 所示，图谱内共有节点 498 个、连线 880 条，"图像分割""指纹图谱""故障诊断""形态差异"等处于关键词共现的中心，可以看出"经典聚类分析""模糊聚类分析""K-均值聚类""模糊 C-均值聚类""判别分析"已经广泛应用在各个领域。

相关文献主要突现关键词如表 4.13 所示，最初的突现词出现在 2012 年，研究分支出现在"入侵检测"，2014 年以来研究热度有所降低；2014—2018 年突现关键词为"神经网络""数据挖掘""大数据"以及"特征提取"；2018—2022 年突现关键词为"质量控制""质量评价""指纹图谱"与"特征图谱"，说明采用聚类相关方法分析研究这四方面的文章从 2018 年开始作为热点突现，反映了研究的新趋势和新方向。

图 4.2　基于聚类分析方法的关键词共现图谱

表 4.13　采用聚类分析的相关文献前 9 位突现关键词

序号	关键词	突现率/%	开始年份	结束年份	2012—2022 年
1	入侵检测	4.83	2012	2014	
2	神经网络	2.92	2014	2017	
3	数据挖掘	3.40	2016	2018	
4	大数据	2.61	2016	2017	
5	特征提取	3.32	2017	2018	
6	质量控制	6.02	2018	2022	
7	质量评价	8.09	2019	2022	
8	指纹图谱	36.08	2020	2022	
9	特征图谱	3.67	2020	2022	

4.6.3　高引高关注文献

表 4.14 给出了 2012—2022 年核心期刊中涉及聚类分析相关的高被引文献，涉及"特征提取""故障诊断""碳排放""神经网络"等主题。下面简要介绍相关高引文献成果，刘长良等[5] 为了精准、稳定地提取滚动轴承故障特征，提出了基于变分模态分解和奇异值分解的特征提取方法，采用标准模糊 C 均值聚类进行故障识别。张淑清等[6] 提出一种基于局部均值分解近似熵和模糊 C 均值聚类相结合的机械故障诊断方法。杜强等[7] 在"碳排放量与能源消费成正比"假设的基础上，依据历史累计排放量和人均累计排放量两个指标，运用 K-均值聚类分析法将中国各省区碳排放进行了分类。孙立丽等[8] 通过聚类

分析构建了化学计量学中化学模式识别方法。焦卫东等[9] 利用模糊 C-均值聚类方法构建了故障诊断方法。

表 4.14　2012—2022 年涉及聚类方法的相关高引论文

排序	题名	作者	来源	发表时间	被引/次	下载/次
1	基于变分模态分解和模糊 C 均值聚类的滚动轴承故障诊断	刘长良；武英杰；甄成刚	中国电机工程学报	2015-05-05	661	8008
2	基于 LMD 近似熵和 FCM 聚类的机械故障诊断研究	张淑清；孙国秀；李亮；李新新；监雄	仪器仪表学报	2013-03-15	205	2158
3	基于 Logistic 模型的中国各省碳排放预测	杜强；陈乔；杨锐	长江流域资源与环境	2013-02-15	158	7349
4	化学模式识别方法在中药质量控制研究中的应用进展	孙立丽；王萌；任晓亮	中草药	2017-10-28	130	2047
5	整体改进的基于支持向量机的故障诊断方法	焦卫东；林树森	仪器仪表学报	2015-08-15	126	2052
6	基于同态滤波和 K 均值聚类算法的杨梅图像分割	徐黎明；吕继东	农业工程学报	2015-07-23	124	1750
7	差分隐私保护 k-means 聚类方法研究	李杨；郝志峰；温雯；谢光强	计算机科学	2013-03-15	117	1906
8	特征保持点云数据精简	袁小翠；吴禄慎；陈华伟	光学精密工程	2015-09-15	112	1189
9	基于 K-均值聚类多场景时序特性分析的分布式电源多目标规划	彭春华；于蓉；孙惠娟	电力自动化设备	2015-10-09	104	1641
10	k 均值聚类引导的遥感影像多尺度分割优化方法	王慧贤；靳惠佳；王娇龙；江万寿	测绘学报	2015-06-02	102	1358

4.6.4　前沿应用热点小结

本章基于 CiteSpace 软件对 CNKI 数据库中 2012—2022 年核心期刊中涉及聚类分析方法相关文献进行研究热点分析，得出以下结论：

（1）在研究热点方面，通过对相应文献分别进行关键词共现分析以及高频关键词归纳总结，运用"经典聚类分析""模糊聚类分析""K-均值聚类""模糊 C-均值聚类"以及"判别分析"等方法较多，相关研究成果主要围绕"指纹图谱""图像分割""故障诊断"

"形态差异""质量评定""含量测定""质量控制"等研究问题。2018 年以来的突现关键词为"质量控制""质量评价""指纹图谱"与"特征图谱",说明"分类"研究工具被主流期刊文献研究所关注。

（2）在文献被引方面,高被引文章涉及"特征提取""故障诊断""碳排放"和"神经网络"等主题,也在一定程度上反映出了聚类方法研究的应用领域。

参考文献

［1］ 邓奋发.《MATLAB R2015b 概率与数理统计》[M].北京:清华大学出版社,2017.

［2］ 高胜云,王拥兵,张丽霞.系统聚类方法对大气污染地区的划分[J].西昌学院学报(自然科学版),2019,33(2):70-73.

［3］ 孙菲.《管理定量分析方法》[M].北京:中国石化出版社,2018.

［4］ 范俊明,刘洪久,胡彦蓉.基于熵权 TOPSIS 和 K 均值聚类的企业财务风险评价预警研究[J].上海商学院学报,2020,21(5):13-27.

［5］ 刘长良,武英杰,甄成刚.基于变分模态分解和模糊 C 均值聚类的滚动轴承故障诊断[J].中国电机工程学报,2015,35(13):3358-3365.

［6］ 张淑清,孙国秀,李亮,李新新,监雄.基于 LMD 近似熵和 FCM 聚类的机械故障诊断研究[J].仪器仪表学报,2013,34(3):714-720.

［7］ 杜强,陈乔,杨锐.基于 Logistic 模型的中国各省碳排放预测[J].长江流域资源与环境,2013,22(2):143-151.

［8］ 孙立丽,王萌,任晓亮.化学模式识别方法在中药质量控制研究中的应用进展[J].中草药,2017,48(20):4339-4345.

［9］ 焦卫东,林树森.整体改进的基于支持向量机的故障诊断方法[J].仪器仪表学报,2015,36(8):1861-1870.界,2015(2):45-57,187.

第5章　经济管理领域回归分析研究方法及应用

回归分析方法能够揭示自变量与因变量之间的线性关系，常用于评估变量间关系的影响程度和预测未知变量值，在经济管理研究领域应用广泛。本章分别针对一元线性回归分析方法与多元线性回归分析方法给出了方法概述、基本原理介绍、计算步骤讲解、程序代码讲解以及案例应用，同时基于 CiteSpace 对中国知网 CNKI 相关文献进行了研究热点追踪。

5.1　一元线性回归分析方法与建模实现

5.1.1　概念

自变量（independent variable）是指独立的、自由变化的变量，用向量 X 表示；因变量（dependent variable）是指非独立的、受自变量影响的变量，用向量 Y 表示。一元线性回归方程反映因变量 Y 与自变量 X 之间的线性关系，确定直线方程 $Y = a + bX$ 的参数 a 和 b。一元线性回归方程，又称线性回归方程，是在直角坐标系中寻找一条使各散点纵向距离之和最小的直线，这条直线即为回归直线。

5.1.2　基本原理

一元线性回归方程的因变量随自变量的增（减）方向变化而线性变化。一元线性回归分析就是要依据一定数量的观察样本 (X_i, Y_i) $(i = 1, 2, \cdots, n)$ 找出直线回归方程 $Y = a + bX$。属于数值拟合的统计方法。回归方程估计值 Y_i 与实际观察值 Y_j 之间的误差记作 $e_i = Y_j - Y_i$。显然，n 个误差的总和越小，说明回归拟合的直线越能反映两变量间的平均变化线性关系。因此，回归分析要使拟合所得直线的平均离差平方和达到最小，简称最小二乘法。

得到一元线性回归方程后，当给定自变量的值，就可以计算因变量的预测值，即对应于每一个 X_i，根据直线回归方程可以计算出一个估计值 Y_i。

5.1.3　计算步骤

计算步骤如下。

（1）辨识是否存在直线分布的趋势。根据提供的 n 对数据，在直角坐标系中绘制散点图，只有当两变量具有直线关系时，才能建立一元线性回归方程。

（2）依据两个变量之间的数据关系构建直线回归方程。

$$y = \hat{a} + \hat{b}x \qquad (5-1)$$

式中

$$\hat{b} = L_{xy}/L_{xx} \qquad (5-2)$$

$$\hat{a} = \bar{y} - \hat{b}\bar{x} \qquad (5-3)$$

这里需要依次计算：

①列计算表，求 $\sum x$、$\sum x^2$、$\sum y$、$\sum y^2$、$\sum xy$。

②计算 L_{xx}、L_{yy}、L_{xy}。

$$\begin{cases} L_{xx} = \sum (x - \bar{x})^2 \\ L_{yy} = \sum (y - \bar{y})^2 \\ L_{xy} = \sum (x - \bar{x})(y - \bar{y}) \end{cases} \qquad (5-4)$$

③求相关系数，并检验。

$$r = L_{xy}/\sqrt{L_{xx}L_{yy}} \qquad (5-5)$$

5.1.4 程序代码

根据式（5-1）~式（5-5），一元回归分析方法实现的程序代码如下。

（1）输入原始数据，计算 $\sum x$、$\sum x^2$、$\sum y$、$\sum y^2$、$\sum xy$。

```
%绘制散点图,观察是否具有线性关系
plot(x,y,'o')
%计算∑x
sigmax = sum(x)
%计算∑x2
sigmax2 = sum(x.*x)
%计算∑y
sigmay = sum(y)
%计算∑y2
sigmay2 = sum(y.*y)
%计算∑xy
sigmaxy = sum(x.*y)
```

（2）计算 $\bar{x}$、$\bar{y}$、L_{xx}、L_{yy}、L_{xy}、r。

```
%计算x̄
xbar=mean(x)
%计算ȳ
ybar=mean(y)
Lxx=sum((x-xbar).*(x-xbar))
Lyy=sum((y-ybar).*(y-ybar))
Lxy=sum((x-xbar).*(y-ybar))
%对相关关系进行检验
r=Lxy/sqrt(Lxx*Lyy)
```

（3）计算截距 a 和斜率 b，并求出直线回归方程。

```
%求回归系数 b
b=Lxy/Lxx
%求常数 a
a=ybar-b*xbar
%列回归方程
fprintf(formatSpec,b,a)
```

formatSpec 表示用于格式化输出的字符串，按列顺序将 formatSpec 应用于数组 $A_1,\cdots,A_n$ 的所有元素，并将数据写入到一个文本文件。fprintf 使用在对 fopen 的调用中指定的编码方案。

5.1.5　案例应用

1. 案例/数据说明

本案例数据来源于《中国统计年鉴》，数据见表 5.1。

表 5.1　2019 年中国各地区居民人均消费支出和可支配收入

省（区、市）	居民人均消费支出/元	居民人均可支配收入/元
北京市	43 038.3	67 755.9
天津市	31 853.6	42 404.1
河北省	17 987.2	25 664.7

省（区、市）	居民人均消费支出/元	居民人均可支配收入/元
山西省	15 862.6	23 828.5
内蒙古自治区	20 743.4	30 555.0
辽宁省	22 202.8	31 819.7
吉林省	18 075.4	24 562.9
黑龙江省	18 111.5	24 253.6
上海市	45 605.1	69 441.6
江苏省	26 697.3	41 399.7
浙江省	32 025.8	49 898.8
安徽省	19 137.4	26 415.1
福建省	25 314.3	35 616.1
江西省	17 650.5	26 262.4
山东省	20 427.5	31 597.0
河南省	16 331.8	23 902.7
湖北省	21 567.0	28 319.5
湖南省	20 478.9	27 679.7
广东省	28 994.7	39 014.3
广西壮族自治区	16 418.3	23 328.2
海南省	19 554.9	26 679.5
重庆市	20 773.9	28 920.4
四川省	19 338.3	24 703.1
贵州省	14 780.0	20 397.4
云南省	15 779.8	22 082.4
西藏自治区	13 029.2	19 501.3
陕西省	17 464.9	24 666.3
甘肃省	15 879.1	19 139.0
青海省	17 544.8	22 617.7
宁夏回族自治区	18 296.8	24 411.9
新疆维吾尔自治区	17 396.6	23 103.4

2. 研究问题描述

以 2019 年中国各省份居民人均消费支出和可支配收入为研究对象，利用一元线性回归分析的方法，借助 Matlab 软件，验证各地居民人均消费支出与可支配收入之间的线性关系。

3. 案例实现过程

假设居民人均消费支出为 Y，居民人均可支配收入为 X，进行一元线性回归分析具体步骤如下。

输入程序	输出变量值
%输入 x 的值 x = [67755.9 　42404.1 　25664.7 　23828.5 　30555.0 　31819.7 　24562.9 　24253.6 　69441.6 　41399.7 　49898.8 　26415.1 　35616.1 　26262.4 　31597.0 　23902.7 　28319.5 　27679.7 　39014.3 　23328.2 　26679.5 　28920.4 　24703.1 　20397.4 　22082.4 　19501.3 　24666.3 　19139.0 　22617.7 　24411.9 　23103.4 　];	x = 1.0e+04 * 　6.7756 　4.2404 　2.5665 　2.3828 　3.0555 　3.1820 　2.4563 　2.4254 　6.9442 　4.1400 　4.9899 　2.6415 　3.5616 　2.6262 　3.1597 　2.3903 　2.8319 　2.7680 　3.9014 　2.3328 　2.6679 　2.8920 　2.4703 　2.0397 　2.2082 　1.9501 　2.4666 　1.9139 　2.2618 　2.4412 　2.3103
%输入 y 的值 y =[43038.3 　31853.6 　17987.2	y = 1.0e+04 * 　4.3038 　3.1854 　1.7987

输入程序	输出变量值
15862.6	1.5863
20743.4	2.0743
22202.8	2.2203
18075.4	1.8075
18111.5	1.8112
45605.1	4.5605
26697.3	2.6697
32025.8	3.2026
19137.4	1.9137
25314.3	2.5314
17650.5	1.7651
20427.5	2.0427
16331.8	1.6332
21567.0	2.1567
20478.9	2.0479
28994.7	2.8995
16418.3	1.6418
19554.9	1.9555
20773.9	2.0774
19338.3	1.9338
14780.0	1.4780
15779.8	1.5780
13029.2	1.3029
17464.9	1.7465
15879.1	1.5879
17544.8	1.7545
18296.8	1.8297
17396.6	1.7397

```
];

%绘制散点图
plot (x, y,'o')
```

输入程序	输出变量值
%计算 $\sum x$ sigmax = sum (x)	sigmax = 　9.4994e+05
%计算 $\sum x^2$ sigmax2 = sum (x. * x)	sigmax2 = 　3.3698e+10
%计算 $\sum y$ sigmay = sum (y)	sigmay = 　6.6836e+05
%计算 $\sum y^2$ sigmay2 = sum (y. * y)	sigmay2 = 　1.6163e+10
%计算 $\sum xy$ sigmaxy = sum (x. * y)	sigmaxy = 　2.3283e+10
% 计算 $\overline{x}$ xbar = mean (x)	xbar = 　3.0643e+04
%计算 $\overline{y}$ ybar = mean (y)	ybar = 　2.1560e+04
%计算 Lxx = sum ((x-xbar). * (x-xbar)) Lxx	Lxx = 　4.5883e+09
%计算 Lyy = sum ((y-ybar). * (y-ybar)) Lyy	Lyy = 　1.7533e+09
%计算 Lxy = sum ((x-xbar). * (y-ybar)) Lxy	Lxy = 　2.8021e+09
%求相关系数 r = Lxy /sqrt (Lxx * Lyy)	r = 　0.9879

输入程序	输出变量值
%求回归系数 b b=Lxy/Lxx	b = 　0.6107
%求常数 a a=ybar-b*xbar	a = 　2.8464e+03
%用于格式化输出的字符串，包含两个浮点数占位符，分别用于显示斜率（%4.2f）和截距（%8.3f） formatSpec='y=%4.2f x+%8.3f'	formatSpec = 　'y=%4.2f x+%8.3f'
%列回归方程 fprintf (formatSpec, b, a)	y=0.61 x + 2846.416

由结果可知，相关系数 r 接近 1（0.987 9），表明 x 和 y 之间存在强烈的正线性关系，表明回归模型对数据的拟合优度很高。其中，回归系数 $a = 2\,846.416, b = 0.61$，因此回归直线方程为 $y = 0.61x + 2\,846.416$。

5.2 多元线性回归分析方法与建模实现

5.2.1 概念

多元线性回归分析又称复线性回归分析，是研究一组自变量对一个因变量影响的分析方法。由于模型仅涉及一个因变量，因此多元线性回归分析也被称为单变量线性回归分析。

5.2.2 基本原理

在存在线性关系的条件下，研究两个或多个自变量对一个因变量的影响称为多元线性回归分析。多元线性回归模型描述多个变量对一个变量的线性数量关系，是一元线性回归模型的扩展，其基本原理与一元线性回归模型类似，即寻求残差平方和最小。

假设随机变量 y 与 p 个自变量 $x_1, x_2, \cdots, x_p$ 之间存在着线性相关关系，实际样本量为 n，其第 i 次观测值为

$$x_{i1}, x_{i2}, \cdots, x_{ip}; y_i(i = 1, 2, \cdots, n) \tag{5-6}$$

则其 n 次观测值可记为如下形式：

$$
\begin{cases}
y_1 = \beta_0 + \beta_1 x_{11} + \beta_2 x_{12} + \cdots + \beta_p x_{1p} + \varepsilon_1 \\
y_2 = \beta_0 + \beta_1 x_{21} + \beta_2 x_{22} + \cdots + \beta_p x_{2p} + \varepsilon_2 \\
\qquad\qquad\qquad\quad \cdots \\
y_n = \beta_0 + \beta_1 x_{n1} + \beta_2 x_{n2} + \cdots + \beta_p x_{np} + \varepsilon_n
\end{cases} \tag{5-7}
$$

式中，$\beta_0, \beta_1, \cdots \beta_p$ 是未知参数；$x_1, x_2, \cdots x_p$ 是 p 个可以精确测量并可控制的一般变量；$\varepsilon_1,$ $\varepsilon_2, \cdots \varepsilon_n$ 是随机误差。我们假定 ε_i 是相互独立且服从同一正态分布 $N(0, \sigma^2)$ 的随机变量。

若将方程组用矩阵表示，则有

$$
Y = X\beta + \varepsilon \tag{5-8}
$$

式中

$$
Y = \begin{bmatrix} y_1 \\ y_2 \\ \vdots \\ y_n \end{bmatrix}, \quad
X = \begin{bmatrix} 1 & x_{11} & x_{12} & \cdots & x_{1p} \\ 1 & x_{21} & x_{22} & \cdots & x_{2p} \\ \vdots & \vdots & \vdots & \ddots & \vdots \\ 1 & x_{n1} & x_{n2} & \cdots & x_{np} \end{bmatrix}, \quad
\beta = \begin{bmatrix} \beta_0 \\ \beta_1 \\ \vdots \\ \beta_p \end{bmatrix}, \quad
\varepsilon = \begin{bmatrix} \varepsilon_1 \\ \varepsilon_2 \\ \vdots \\ \varepsilon_n \end{bmatrix} \tag{5-9}
$$

多元线性回归分析的首要任务就是通过寻求 β 的估计值 b，建立多元线性回归方程

$$
\hat{y} = b_0 + b_1 x_1 + b_2 x_2 + \cdots + b_p x_p \tag{5-10}
$$

来描述多元线性模型

$$
y = \beta_0 + \beta_1 x_1 + \beta_2 x_2 + \cdots + \beta_p x_p \tag{5-11}
$$

5.2.3　计算步骤

设随机变量 y 与一般变量 $x_1, x_2, \cdots, x_p$ 的线性回归模型为

$$
y = \beta_0 + \beta_1 x_1 + \cdots + \beta_p x_p + \varepsilon \tag{5-12}
$$

式中，$\beta_0, \beta_1, \cdots \beta_p$ 是 $p+1$ 个未知参数，β_0 称为回归常数，$\beta_1, \beta_2, \cdots \beta_p$ 称为回归系数；y 称为被解释变量；$x_1, x_2, \cdots x_p$ 是 p 个可以精确控制的一般变量，称为解释变量。

求解多元线性回归方程可以通过最小二乘法来估计模型中的回归系数。方程的残差平方和

$$
Q = \sum_{i=1}^{p} (y_i - \hat{y}_i)^2 = \sum_{i=1}^{p} [y_i - (b_0 + b_1 x_{i1} + b_2 x_{i2} + \cdots + b_p x_{ip})]^2 \tag{5-13}
$$

Q 是 $b_0, b_1, \cdots, b_p$ 的非负二次式，所以存在最小值。

当 Q 取得极值时，$b_0, b_1, \cdots, b_p$ 应满足

$$
\frac{\partial Q}{\partial b_j} = 0 \quad j = 0, 1, 2, \cdots, p \tag{5-14}
$$

求导整理后，可得

$$
b = (X'X)^{-1} X'Y \tag{5-15}
$$

5.2.4 程序代码

多元线性回归方程实现的程序代码如下。

（1）构造矩阵，并定义显著性水平 α。

调用格式：

```
%创建一个矩阵X,包括常数项和变量值
X=[ones(n,1),x1,··;xm]
%定义α，计算置信区间的显著性水平
alpha=0.05
```

（2）求回归系数的点估计和区间估计，并检验回归模型。

调用格式：

```
%做回归分析
[b,bint,r,rint,stats]=regress(Y,X,alpha)
```

b 为回归系数；bint 为回归系数的区间估计；r 为残差；rint 为残差置信区间；stats 是用于检验回归模型的统计量，有四个数值：相关系数 R_2、F 值、与 F 对应的概率 p，误差方差。相关系数 R_2 越接近 1，说明回归方程越显著；$F>F_{1-\alpha}(k, n-k-1)$ 时拒绝 H_0，F 越大，说明回归方程越显著；与 F 对应的概率 p，$P<\alpha$ 时拒绝 H_0，回归模型成立。p 值为 0.00~0.05，越小越好。

5.2.5 案例应用

1. 案例/数据说明

本案例[1] 节选自《时代经贸》于 2020 年第 29 期收录的论文《基于多元线性回归模型的物流需求预测及实证分析》，数据信息见表 5.2。

表 5.2 2002—2018 年大连市部分统计数据表

年份	货运量/万吨	全社会固定资产投资额/亿元	进出口总额/亿美元	居民消费水平/(元/人)	地区生产总值/亿元	第一产业产值/亿元	第二产业产值/亿元	第三产业产值/亿元	社会消费品零售总额/亿元
2018	46 571.0	1 818.1	710.5	29 928.0	6 500.9	430.0	2 477.9	3 593.0	3 880.0
2017	44 955.0	1 652.8	619.4	27 191.0	6 810.2	408.2	2 831.4	3 750.2	3 722.5
2016	43 116.0	1 436.4	514.7	27 119.0	7 731.6	462.8	2 849.9	3 497.6	3 410.1

续表

年份	货运量 /万吨	全社会固定 资产投资额 /亿元	进出口总额 /亿美元	居民消费 水平 /(元/人)	地区生产 总值 /亿元	第一产业 产值 /亿元	第二产业 产值 /亿元	第三产业 产值 /亿元	社会消费品 零售总额 /亿元
2015	42 002.0	4 559.3	550.9	25 824.0	7 655.6	393.7	3 428.3	3 519.4	3 084.3
2014	44 736.0	6 773.6	645.9	27 482.0	7 650.8	441.8	3 697.4	3 516.4	2 828.4
2013	41 737.0	6 478.1	676.5	22 516.0	7 002.8	438.2	3 558.7	3 270.1	2 526.5
2012	40 176.0	5 624.4	625.6	20 417.0	6 150.1	451.4	3 634.8	2 916.6	2 224.0
2011	36 199.0	4 553.6	585.3	18 846.0	5 158.1	395.7	3 204.2	2 550.7	1 924.8
2010	32 466.0	4 047.9	502.0	16 580.0	4 417.7	345.1	2 610.0	2 203.1	1 639.8
2009	28 818.0	3 273.5	403.5	15 330.0	3 858.3	313.4	2 127.2	1 908.9	1 396.8
2008	34 901.0	2 513.4	449.1	14 101.0	3 131.0	289.1	1 843.5	1 670.7	1 182.6
2007	31 398.0	1 930.8	363.0	12 135.0	2 569.7	247.3	1 449.6	1 381.9	983.3
2006	28 712.0	1 469.5	293.2	10 534.0	2 541.7	208.6	1 193.8	1 139.3	839.3
2005	25 651.0	1 110.5	235.2	9 996.0	2 119.8	178.9	977.7	936.3	732.0
2004	24 434.0	716.2	194.3	8 671.9	1 850.4	162.1	837.9	850.4	645.2
2003	22 863.0	506.9	155.4	7 760.0	1 546.7	145.3	675.2	726.2	568.5
2002	22 672.0	376.9	129.9	7 118.0	1 334.0	127.0	578.0	629.0	591.9

2. 研究问题描述

选取大连市的货运量作为物流需求水平的指标，利用多元线性回归分析的方法，借助 Matlab 软件，验证物流需求与解释变量之间的线性关系。

3. 案例实现过程

输入变量：定义货运量（万吨）为 y，全社会固定资产投资额（亿元）、进出口总额（亿美元）、居民消费水平（元/人）、地区生产总值（亿元）、第一产业产值（亿元）、第二产业产值（亿元）、第三产业产值（亿元）、社会消费品零售总额（亿元）分别为 x_1、x_2、x_3、x_4、x_5、x_6、x_7、x_8，计算回归系数并检验回归模型是否显著。

输入程序	输出变量值
% 输入 y 的值 y = [46571.0 　　44955.0 　　43116.0 　　42002.0 　　44736.0	y = 　　46571 　　44955 　　43116 　　42002 　　44736

输入程序	输出变量值
41737.0	41737
40176.0	40176
36199.0	36199
32466.0	32466
28818.0	28818
34901.0	34901
31398.0	31398
28712.0	28712
25651.0	25651
24434.0	24434
22863.0	22863
22672.0	22672
];	
%输入 x1 的值	x1 =
x1 = [1818.1	
1652.8	1.0e+03 *
1436.4	
4559.3	1.8181
6773.6	1.6528
6478.1	1.4364
5624.4	4.5593
4553.6	6.7736
4047.9	6.4781
3273.5	5.6244
2513.4	4.5536
1930.8	4.0479
1469.5	3.2735
1110.5	2.5134
716.2	1.9308
506.9	1.4695
376.9	1.1105
];	0.7162
	0.5069
	0.3769
	x2 =
%输入 x2 的值	
x2 =[710.5	710.5000
619.4	619.4000
514.7	514.7000
550.9	550.9000

续表

输入程序	输出变量值
645.9	645.9000
676.5	676.5000
625.6	625.6000
585.3	585.3000
502.0	502.0000
403.5	403.5000
449.1	449.1000
363.0	363.0000
293.2	293.2000
235.2	235.2000
194.3	194.3000
155.4	155.4000
129.9	129.9000
];	
% 输入 x3 的值	x3 =
x3 =　　[29928.0	
27191.0	1.0e+04 *
27119.0	
25824.0	2.9928
27482.0	2.7191
22516.0	2.7119
20417.0	2.5824
18846.0	2.7482
16580.0	2.2516
15330.0	2.0417
14101.0	1.8846
12135.0	1.6580
10534.0	1.5330
9996.0	1.4101
8671.9	1.2135
7760.0	1.0534
7118.0	0.9996
];	0.8672
	0.7760
	0.7118
	x4 =
% 输入 x4 的值	
x4 = [6500.9	1.0e+03 *
	6.5009

输入程序	输出变量值
6810.2	6.8102
7731.6	7.7316
7655.6	7.6556
7650.8	7.6508
7002.8	7.0028
6150.1	6.1501
5158.1	5.1581
4417.7	4.4177
3858.3	3.8583
3131.0	3.1310
2569.7	2.5697
2541.7	2.5417
2119.8	2.1198
1850.4	1.8504
1546.7	1.5467
1334.0	1.3340
];	
%输入 x5 的值	x5 =
x5 = [430.0	
408.2	430.0000
462.8	408.2000
393.7	462.8000
441.8	393.7000
438.2	441.8000
451.4	438.2000
395.7	451.4000
345.1	395.7000
313.4	345.1000
289.1	313.4000
247.3	289.1000
208.6	247.3000
178.9	208.6000
162.1	178.9000
145.3	162.1000
127.0	145.3000
];	127.0000
	x6 =
%输入 x6 的值	
x6 =[2477.9	1.0e+03 *
	2.4779

续表

输入程序	输出变量值
2831.4	2.8314
2849.9	2.8499
3428.3	3.4283
3697.4	3.6974
3558.7	3.5587
3634.8	3.6348
3204.2	3.2042
2610.0	2.6100
2127.2	2.1272
1843.5	1.8435
1449.6	1.4496
1193.8	1.1938
977.7	0.9777
837.9	0.8379
675.2	0.6752
578.0	0.5780
];	
%输入 x7 的值	x7 =
x7 =　　[3593.0	
3750.2	1.0e+03 *
3497.6	
3519.4	3.5930
3516.4	3.7502
3270.1	3.4976
2916.6	3.5194
2550.7	3.5164
2203.1	3.2701
1908.9	2.9166
1670.7	2.5507
1381.9	2.2031
1139.3	1.9089
936.3	1.6707
850.4	1.3819
726.2	1.1393
629.0	0.9363
];	0.8504
	0.7262
	0.6290

续表

输入程序	输出变量值

%输入 x8 的值
x8 =   [3880.0
        3722.5
        3410.1
        3084.3
        2828.4
        2526.5
        2224.0
        1924.8
        1639.8
        1396.8
        1182.6
         983.3
         839.3
         732.0
         645.2
         568.5
         591.9
     ];
 	
%设置显著性水平为 0.05
alpha = 0.05;
 	
%初始包含所有变量 x1-x8
in_ model = 1: 8;
variables = {'x1', 'x2', 'x3', 'x4', 'x5', 'x6', 'x7', 'x8'};
removed_ vars = {};
 	
%开始逐步回归过程
disp ('开始逐步回归分析...');
iteration = 1;
while true
    %构建当前模型的设计矩阵
    X_ current = [ones (length (y), 1)];
    for i =1: length (in_ model)
        eval (['X_ current = [X_ current,'variables {in_ model (i) }']; ']);
    end
	x8 =
	
	  1.0e+03 *
	
	  3.8800
	  3.7225
	  3.4101
	  3.0843
	  2.8284
	  2.5265
	  2.2240
	  1.9248
	  1.6398
	  1.3968
	  1.1826
	  0.9833
	  0.8393
	  0.7320
	  0.6452
	  0.5685
	  0.5919
	
	开始逐步回归分析...
	
	═══════迭代 1 ═══════
	当前模型包含变量: x1 x2 x3 x4 x5 x6 x7 x8
	变量 系数 标准误 t 值 p 值
	─────────────────
	截距 15247.97050 2703.56041 5.63996 0.00049
	x1 -1.70084 1.26178 -1.34798 0.21459
	x2 46.06302 19.60247 2.34986 0.04669
	x3 0.52904 0.63640 0.83130 0.42992

续表

输入程序	输出变量值

%执行线性回归分析
 	
　[b, bint, r, rint, stats] =regress (y, X
_ current, alpha);
 	
%计算残差和均方误差
　resid=y-X_ current*b;
　mse = (resid′* resid) / (length (y) -
length (b));
 	
%计算系数协方差矩阵和标准误
　cov_ b = mse * inv (X_ current′* X_ cur-
rent);
　se=sqrt (diag (cov_ b));
 	
%计算 t 统计量和 p 值
　t_ stats=b . /se;
　df =length (y) - length (b);
　p_ values=2 * (1-tcdf (abs (t_ stats),
df));
 	
%显示当前模型信息
　fprintf (' \n═══════迭代 %d ═══════ \n',
iteration);
　fprintf ('当前模型包含变量:');
　fprintf ('%s', variables {in_ model});
　fprintf (' \n');
	x4　3.62232　2.51773　1.43873 0.18818
	x5 −35.38249 32.06923 −1.10332 0.30197
	x6　−1.18153　4.44434 −0.26585 0.79708
	x7　1.92345　9.21689　0.20869 0.83991
	x8　−6.69380　6.16225 −1.08626 0.30901
	
	移除变量 x7 (p=0.8399)
	
	═══════迭代 2 ═══════
	当前模型包含变量: x1 x2 x3 x4 x5 x6 x8
	变量　系数　标准误　t 值　p 值
	
	截距 15313.76595 2538.43093　6.03277 0.00019
	x1　−1.73533　　1.18257 −1.46742 0.17632
	x2　47.75696　16.86820　2.83118 0.01968
	x3　0.54072　　0.59931　0.90224 0.39043
	x4　3.88456　　2.06253　1.88340 0.09230
	x5 −37.18772　29.19357 −1.27383 0.23463
	x6　−0.67723　　3.52621 −0.19206 0.85196
	x8　−5.83960　　4.35475 −1.34097 0.21279
	
	移除变量 x6 (p=0.8520)
	
	═══════迭代 3 ═══════
	当前模型包含变量: x1 x2 x3 x4 x5 x8
	变量　系数　标准误　t 值　p 值
	
	截距 15257.30004 2396.85644　6.36555 0.00008
	x1　−1.87421　　0.88950 −2.10703 0.06135
	x2　47.59779　16.01597　2.97190 0.01400
	x3　0.59977　　0.48904　1.22642 0.24814
	x4　3.75199　　1.84763　2.03071 0.06972

输入程序	输出变量值
%显示所有变量的p值 disp ('变量 系数 标准误 t值 p值'); disp ('_____'); fprintf ('截距 %-12.5f %-10.5f %-10.5f %-10.5f \n', b (1), se (1), t_ stats (1), p_ values (1)); for i=1: length (in_ model) fprintf ('%s %-12.5f %-10.5f %-10.5f %-10.5f \n', variables ｛in _ model (i) ｝, b (i+1), se (i+1), t_ stats (i+1), p_ values (i+1)); end disp ('_____');	x5 -40.17092 23.49779 -1.70956 0.11814 x8 -6.08797 3.95297 -1.54010 0.15456 —————————————— 移除变量 x3 (p=0.2481) ══════迭代 4══════ 当前模型包含变量: x1 x2 x4 x5 x8 变量 系数 标准误 t值 p值 —————————————— 截距 17458.89112 1624.18565 10.74932 0.00000 x1 -1.79584 0.90731 -1.97931 0.07336 x2 50.92677 16.14190 3.15494 0.00916 x4 4.21715 1.84925 2.28047 0.04350 x5 -41.89751 23.98700 -1.74668 0.10852 x8 -3.37767 3.35178 -1.00772 0.33524 —————————————— 移除变量 x8 (p=0.3352)

%检查是否需要移除变量
if length (in_ model) > 0
 [max _ p, idx] = max (p_ values (2: end)); % 跳过截距项
if max_ p > alpha
%记录被移除的变量
 removed _ var = variables ｛in _ model (idx) ｝;
 removed_ vars ｛end+1｝ =removed_ var;
 fprintf (移除变量 %s (p=%.4f) \n', re-moved_ var, max_ p);
 	
%从模型中移除最不显著的变量
 in_ model (idx) = [];
 iteration=iteration + 1;
 else
 % 所有变量都显著, 停止迭代
 disp ('所有剩余变量均显著, 停止逐步回归');
	══════迭代 5══════
	当前模型包含变量: x1 x2 x4 x5
	变量 系数 标准误 t值 p值
	——————————————
	截距 18047.60840 1516.46041 11.90114 0.00000
	x1 -0.92450 0.27508 -3.36079 0.00567
	x2 36.83515 8.06868 4.56520 0.00065
	x4 2.44778 0.58077 4.21471 0.00120
	x5 -26.32984 18.36192 -1.43394 0.17713
	——————————————
	移除变量 x5 (p=0.1771)

续表

输入程序	输出变量值

`break;`
`end`
`else`
`disp ('所有变量已被移除');`
`break;`
`end`
`end`
	══════迭代 6 ══════
	当前模型包含变量：x1 x2 x4
	变量　系数　标准误　t 值　p 值
	
	截距 16465.07978 1081.45392 15.22495 0.00000
	　x1　 -0.94640　　0.28560 -3.31373 0.00560
	　x2　 28.08831　　5.49194　5.11446 0.00020
	　x4　　1.82913　　0.40427　4.52448 0.00057
	
	所有剩余变量均显著，停止逐步回归
	
	\n 构建最终回归模型...
	
	══════════════════════
	逐步回归过程移除的变量顺序：
	'x7'
	'x6'
	'x3'
	'x8'
	'x5'
	══════════════════════
	
	最终回归模型结果：
	
	回归方程：Y = 17122.30 + 20.63389 * X2 + 1.82480 * X4
	
	R-squared = 0.941367
	F-statistic = 112.3872
	p-value = 0.000000
	误差方差 = 4653033.4951

输入程序	输出变量值

输入程序：

```
% 构建最终模型设计矩阵
disp ('\n 构建最终回归模型... ');
  X_ final = [ones (length (ŷ), 1), x2,
x4];

% 执行最终模型的回归分析
  [b_ final, bint_ final, r_ final, rint_
final, stats_ final] =regress (y, X_ final,
alpha);

% 计算最终模型的统计量
  resid_ final=y-X_ final * b_ final;
mse _ final = ( resid _ final ' * resid _
final) /(length (y) -length (b_ final) );
  cov_ b_ final=mse_ final * inv (X_ final
' * X_ final);
  se_ final=sqrt (diag (cov_ b_ final) );
  t_ final=b_ final . /se_ final;
  df_ final = length (y) - length (b_ fi-
nal);
  p_ values_ final =2 * (1-tcdf (abs (t_
final), df_ final) );

% 显示逐步回归过程移除的变量
disp ('════════════════');
disp ('逐步回归过程移除的变量顺序: ');
disp (removed_ vars');

disp ('════════════════');
% 显示最终模型结果
disp ('最终回归模型结果: ');
disp ('_____');
```

输出变量值：

变量	系数	标准误	t 值	p 值
截距	17122.29512	1391.38372	12.30595	0.00000
X2	20.63389	6.55712	3.14679	0.00714
X4	1.82480	0.52910	3.44885	0.00391

t 临界值 ($t_{0.025}(14)$) = 2.145

F 临界值 ($F_{0.05}(2, 14)$) = 3.739

续表

输入程序	输出变量值

```
    fprintf ('回归方程: Y =% .2f + % .5f *
X2 + %.5f * X4 \ n', b_ final (1), b_ final
(2), b_ final (3) );
    disp ('_____');


% 显示模型统计量
    fprintf ('R-squared =% .6f \ n', stats_
final (1) );
    fprintf ('F-statistic =%.4f \ n', stats_
final (2) );
    fprintf ('p-value =%.6f \ n', stats_ fi-
nal (3) );
    fprintf ('误差方差 =%.4f \ n', stats_ fi-
nal (4) );
    disp ('_____');


% 显示系数检验结果
    disp ('变量　系数　标准误　t 值　p 值');
    disp ('_____');
    fprintf ('截距 % - 12.5f % - 10.5f % -
10.5f %-10.5f \ n', b_ final (1), se_ final
(1), t_ final (1), p_ values_ final (1) );
    fprintf ('X2 % - 12.5f %-10.5f %-10.5f
%-10.5f \ n', b_ final (2), se_ final (2), t_
final (2), p_ values_ final (2) );
    fprintf ('X4 % - 12.5f %-10.5f %-10.5f
%-10.5f \ n', b_ final (3), se_ final (3), t_
final (3), p_ values_ final (3) );
    disp ('_____');
```

续表

输入程序	输出变量值
% 计算并显示临界值 t_ critical = tinv (1-alpha /2, df_ final); fprintf ('t 临界值 (t_ 0.025 (%d)) =%.3f \n', df_ final, t_ critical); fprintf (' F 临界值 (F_ 0.05 (2, %d)) =%.3f \n', df_ final, finv (1-alpha, 2, df_ final));	

结果分析。

根据 t 统计量, x_2 和 x_4 通过了 t 检验, 且 F 检验量的 p 值小于显著性水平 α, 则认为模型整体拟合显著。即得到回归方程 $y = 17\ 122 + 21x_2 + 2x_4$。

5.3　回归分析方法前沿应用的热点追踪

5.3.1　发文数量及变化趋势

本章节基于 CiteSpace 软件, 以"回归分析"为主题, 通过对中国知网 CNKI 数据库中具有代表性的经济管理学术期刊的文献计量分析, 2012—2022 年共检索到 1 387 篇优秀文献, 其中包括《管理世界》344 篇、《系统工程理论与实践》182 篇、《中国管理科学》129 篇、《经济研究》331 篇、《南开经济研究》177 篇、《数量经济技术经济研究》224 篇。根据 2012—2022 年这 6 种期刊中涉及回归分析的文章数量进行汇总分析, 具体发文数量以及变化趋势如图 5.1 所示。

5.3.2　文献研究热点

研究期刊中文献关键词词频、中介中心度统计见表 5.3, 其中管理类期刊中前 3 频次的关键词为"公司治理""经济增长"和"企业创新"; 前 2 中心度的关键词为"公司治理""国有企业"。经济类期刊中前 3 频次的关键词为"经济增长""融资约束"和"企业创新", 前 3 中心度的关键词为"融资约束""企业创新"和"经济增长"。总体上, 频次和中心度两个维度统计出的关键词基本一致, 基本呈现了研究期内关注的热点问题。

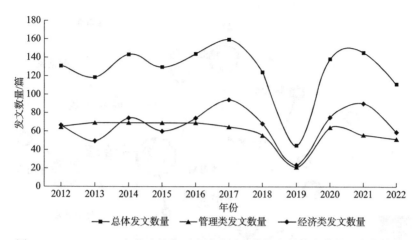

图 5.1　2012—2022 年代表性期刊中涉及回归分析文献的发数量及变化趋势

表 5.3　2012—2022 年管理类期刊与经济类期刊关键词词频、中介中心度统计表

	序号	频次	中心度	年份	关键词
管理类期刊	1	15	0.01	2012	公司治理
	2	13	0.00	2014	经济增长
	3	7	0.00	2016	企业创新
	4	7	0.01	2015	国有企业
	5	7	0.00	2015	企业绩效
经济类期刊	1	37	0.01	2013	经济增长
	2	15	0.02	2016	融资约束
	3	14	0.02	2015	企业创新
	4	11	0.00	2012	人力资本
	5	7	0.00	2016	互联网

图 5.2 为代表性期刊文献中基于回归分析方法的关键词共现图谱。其中管理类期刊关键词共现图谱内共有节点数 279 个、连线数 130 条，"公司治理""企业价值"和"经济增长"等研究主题处于关键词共现的中心；经济类期刊关键词共现图谱内共有节点数 287 个、连线数 158 条，"人力资本""经济增长"和"企业创新"等研究主题处于关键词共现的中心。根据节点数量及连线，可以看出回归分析方法广泛应用于各个领域。

表 5.4 为代表性期刊中主要突现关键词，2012 年以来，突现的关键词为"面板数据"和"生产率"，在 2016 年之后相关的研究热度有所降低。2020—2022 年，突现的关键词为"企业创新"，且研究热度不断提升。

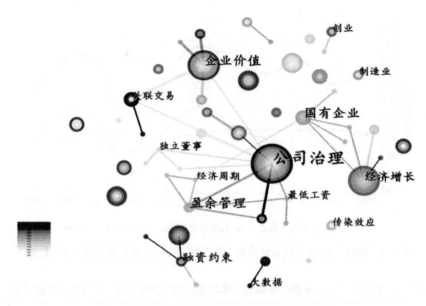

(a) 基于回归分析方法的管理类期刊关键词共现图谱

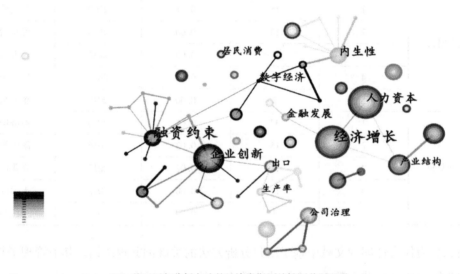

(b) 基于回归分析方法的经济类期刊关键词共现图谱

图 5.2　代表性期刊文献基于回归分析方法的关键词共现图谱

表 5.4　代表性期刊中采用回归分析的相关文献前 3 位突现关键词

关键词	突现率/%	开始年份	结束年份	2012—2022 年
面板数据	2.53	2012	2015	
生产率	3.15	2013	2015	
企业创新	3.79	2020	2022	

图 5.3 展示了采用回归分析的文献关键词时间线知识图谱。演进时间线视图显示了各聚类单元的历史研究成果、发展趋势及其相互关系。由图 5.3 可知采用回归方法的文献关键词聚类单元具有较好的延续性，尤其是融资约束、断点回归和资产定价等聚类单元，处于发展的繁荣阶段。资产定价、企业创新和产业结构与其他聚类的联系较少。此外，公司治理、融资约束、经济增长、断点回归和产业结构聚类的文献规模较大，研究关注点较为集中。

5.3.3　高引高关注文献

表 5.5 为 2012—2022 年代表性期刊中运用回归分析方法的文章中前 10 位的高引文献，主要来自《管理世界》和《经济研究》两大期刊，涉及"企业创新""融资约束""股权质押""股价崩盘""公司治理""技术创新""全要素生产率"和"数字经济"等热点主题。下面按照被引次数大小简要介绍主要回归分析方法研究的高引文献成果。鞠晓生等[2] 使用 SA 指数测度企业的融资约束，利用回归方法确认创新投入和融资约束是否受到营运资本的影响。谢德仁等[3] 研究采用回归模型，因变量为股价崩盘风险，分别用股票下一年度的负收益偏态系数和收益上下波动比例来衡量，解释变量为控股股东年末是否存在股权质押变量，验证在其他条件相同的情况下，控股股东股权质押与股价崩盘风险呈负相关关系。许年行等[4] 通过回归模型检验了机构投资者羊群行为对股价崩盘风险的影响，并考察 QFII 的存在对机构投资者羊群行为与股价崩盘风险关系的影响。鲁桐等[6] 构建回归模型，验证公司治理的股东、董事会和激励机制等三方面与研发投入强度之间的相关关系。王化成等[6] 构的回归模型分别研究了负收益偏态系数、公司股票收益率波动比率和控股股东持股比例与股价崩盘风险的相关关系。

5.3.4　前沿应用热点小结

本章通过 CiteSpace 文献计量软件对 CNKI 数据库中 2012—2022 年关于经济类期刊的 732 篇核心文献和管理类期刊的 655 篇核心文献进行可视化热点研究分析，得出以下结论：

（1）在发文量方面，6 种代表性期刊中有关回归分析方法的发文量，总体呈平稳态势，在 2018—2019 年快速下降，之后又恢复平稳，预测后续该方法仍然具有较高的应用价值。

（2）在研究热点方面，分别对管理类期刊和经济类期刊文献进行关键词共现分析以及高频关键词归纳总结，得出运用回归分析方法的管理类期刊关注点主要在"公司治理""经济增长""企业创新""国有企业"和"企业绩效"5 个方面；运用回归分析方法的经济类期刊关注点主要在"经济增长""融资约束""企业创新""人力资本"和"互联网"五个方面。"企业创新"是 2020 年突现关键词。一直持续到 2022 年，且有继续繁荣发展的趋势。

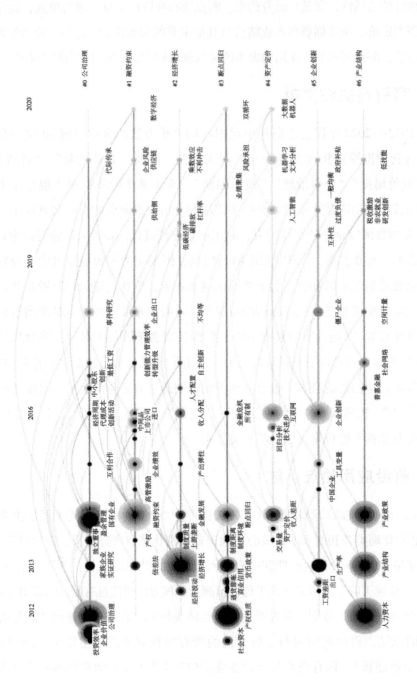

图 5.3 代表性期刊中采用回归分析的文献关键词时间线知识图谱

表 5.5　2012—2022 年代表性期刊中涉及回归方法的高引文献

序号	题名	作者	来源	发表时间	被引/次	下载/次
1	融资约束、营运资本管理与企业创新可持续性	鞠晓生、卢荻；虞义华	经济研究	2013-01-20	2 528	41 750
2	控股股东股权质押是潜在的"地雷"吗？——基于股价崩盘风险视角的研究	谢德仁；郑登津；崔宸瑜	管理世界	2016-05-15	1 970	33 731
3	机构投资者羊群行为与股价崩盘风险	许年行；于上尧；伊志宏	管理世界	2013-07-15	1 649	32 405
4	公司治理与技术创新：分行业比较	鲁桐；党印	经济研究	2014-06-20	1 550	30 585
5	监督还是掏空：大股东持股比例与股价崩盘风险	王化成；曹丰；叶康涛	管理世界	2015-02-15	1 500	28 850
6	实质性创新还是策略性创新？——宏观产业政策对微观企业创新的影响	黎文靖；郑曼妮	经济研究	2016-04-20	1 461	51 692
7	分析师利益冲突、乐观偏差与股价崩盘风险	许年行；江轩宇；伊志宏；徐信忠	经济研究	2012-07-20	1 420	21 474
8	政治关联和融资约束：信息效应与资源效应	于蔚；汪森军；金祥荣	经济研究	2012-09-20	1 409	23 793
9	大股东股权质押、控制权转移风险与公司业绩	王斌；蔡安辉；冯洋	系统工程理论与实践	2013-07-15	1 394	9 749
10	数字经济、普惠金融与包容性增长	张勋；万广华；张佳佳；何宗樾	经济研究	2019-08-20	1 360	84 480

（3）在采用回归分析方法的高引文献方面，高引的 5 篇文献涉及"企业创新""融资约束""股权质押""股价崩盘""公司治理""技术创新"和"股权制衡"等主题，也在一定程度上反映出了研究热点。

参考文献

［1］　李宁. 基于多元线性回归模型的物流需求预测及实证分析［J］. 时代经贸，2020（29）：24-26.

［2］　鞠晓生，卢荻，虞义华. 融资约束、营运资本管理与企业创新可持续性［J］. 经济研究，2013，48（1）：4-16.

[3]　谢德仁,郑登津,崔宸瑜.控股股东股权质押是潜在的"地雷"吗? ——基于股价崩盘风险视角的研究[J].管理世界,2016(5):128-140,188.

[4]　许年行,于上尧,伊志宏.机构投资者羊群行为与股价崩盘风险[J].管理世界,2013(7):31-43.

[5]　鲁桐,党印.公司治理与技术创新:分行业比较[J].经济研究,2014,49(6):115-128.

[6]　王化成,曹丰,叶康涛.监督还是掏空:大股东持股比例与股价崩盘风险[J].管理世界,2015(2):45-57,187.

第6章 经济管理领域综合评价研究方法及应用

综合评价方法是一种集成性的系统决策方法，实现对多个因素（评价指标）或多维度的综合度量。本章重点介绍集成算子法、层次分析法（AHP）和模糊综合评价方法，同时基于 CiteSpace 对中国知网 CNKI 相关研究文献进行了研究热点追踪。

6.1 综合评价方法概述

6.1.1 方法简介

综合评价方法是根据特定的评价目的和问题，建立合理的评价指标和标准，对被评价对象进行综合评估的过程。这种方法在日常生活中应用广泛。例如，在学校期末考试中，通过将各科成绩相加来评估学生的学习情况，总分即为该生学习情况的综合评价结果。这种"加和"方法是最简单的综合评价方式，各科成绩则作为评价指标。综合评价的方法有很多种，常用的主要有熵值法、环比评分法、变异系数法和因子分析法等。本章主要介绍集成算子法、层次分析法（AHP）和模糊综合评价三种应用广泛的综合方法。

（1）集成算子：美国知名学者耶格尔（Yager）提出了有序加权平均算子（Ordered Weighted Averaging Operator）和诱导有序加权平均算子（Induced Ordered Weighted Averaging Operator），它们是一种介于最大算子与最小算子之间的信息集成方法。

（2）层次分析法（AHP）：层次分析法是一种多目标评价决策法，由美国学者萨蒂在 20 世纪 70 年代最早提出。其基本思想是将复杂问题分解成各层次和要素，通过层次和要素之间的比较、判断和计算来获取备选方案的权重，从而进行决策。

（3）模糊综合评价：1965 年，美国加州大学伯克利分校的扎德（L. A. Zadeh）教授首次以精确的数学方法在《模糊集》一书中成功描述了模糊概念，这为分析复杂系统提供了一种新方法。模糊综合评价法是广泛应用的模糊数学方法之一，它基于模糊数学的隶属度理论，能够将定性评价转化为定量评价。该方法有效地表达了专家打分的不确定信息，通过将模糊信息量化并根据不同等级的隶属关系实现综合等级的模糊集成。

6.1.2　综合评价方法的特征与性质

综合评价方法是一种通用、公正的评估工具，旨在衡量评价对象之间的差异，确保可比性。评价结果不仅仅是简单的综合统计指标，还可能以指数或分值等方式反映特定含义的"综合状况"。因此，在选择评价方法时，应注重科学性、全面性、可比性和可操作性。

（1）科学性：综合评价方法建立在统计学、经济学、管理学、工程学等相关学科的基础上，取得的评价结果应是基于客观数据和科学依据给出的合理、符合逻辑的解释。

（2）综合性：综合评价方法是将多个指标综合起来，全面和准确辨识相关评价因素是实现综合评价的关键，搭建评价指标体系往往是最重要、也是最容易被质疑的环节。

（3）可比性：评价的目标往往是比较和排序，如何选择评价方法需要重点考虑的问题是如何体现每个指标表现的差异性对综合结果的影响。

（4）可操作性：成功使用方法要求在能实现数据指标可以获取或容易计量的条件下，综合评价方法计算过程可实现，评价操作可重复多次，且结果具有唯一性。

6.2　集成算子法与建模实现

6.2.1　方法简介

集成算子法是一种将多个评价指标汇总为总体评价值的方法，包括有序加权平均算子和诱导有序加权平均算子，而传统的加权算术平均算子则是其中一种特例。该方法近年来备受专家学者关注，已广泛运用于群体决策分析等多个领域。

6.2.2　基本原理

1. 有序加权平均算子

对于 m 项极大型的评价指标值，有

$$\mathrm{OWA}_w(x_1, x_2, \cdots, x_m) = \sum_{i=1}^{m} w_i x'_i \qquad (6-1)$$

式中，$x' = \{x'_1, x'_2, \cdots, x'_m\}$ 为将 $x = \{x_1, x_2, \cdots, x_m\}$ 按照从大到小排序之后的指标值；$w = (w_1, w_2, \cdots, w_m)^{\mathrm{T}}$ 为表示排序之后的指标值的位置权重向量，且满足 $0 \leq w_i \leq 1(i = 1, 2, \cdots, m)$，$\sum_{i=1}^{m} w_i = 1$。

2. 诱导有序加权平均算子

假设 $\langle u_1, a_1 \rangle, \langle u_2, a_2 \rangle, \cdots \langle u_n, a_n \rangle$ 为 n 个二维数组，Yager 定义了诱导有序加权平均算子

$$F(\langle u_1, a_1 \rangle, \cdots, \langle u_n, a_n \rangle) = \sum_{j=1}^{n} w_j a_j \qquad (6-2)$$

式中，$w = (w_1, w_2, \cdots, w_n)^{\mathrm{T}}$ 为与 F 相关联的权重向量，满足 $0 \leqslant w_j \leqslant 1 (i = 1, 2, \cdots, n)$，

$\sum_{j=1}^{n} w_j = 1$；u_j 为 a_j 的诱导值，其中 a_j 是指按诱导值从大到小排列后第 j 大的诱导值所对应的二维数组中的第二个分量。

诱导有序加权平均算子的作用是对诱导值按照从大到小排序后，利用有序加权平均对排序之后的诱导值所对应 $a = \{a_1, a_2, \cdots, a_n\}$ 中的数进行计算，权重和 a_j 的位置与数值大小无关，而是与其诱导值 u_j 的位置有关。

6.2.3　程序代码

下面主要介绍有序加权平均算子和诱导有序加权平均算子的 Matlab 程序实现过程。

1. 有序加权平均算子

（1）在 Matlab 中，原始数据预处理后，调用 sort 函数进行降序排序。

```
X = sort(A,dim,mode)
```

式中，A 为输入的评价指标值，为 $n \times m$ 的矩阵，n 是评价对象数量，m 是评价指标数量；dim 取 2，表示对 X 的每一行排序；mode 取 'descend' 表示从大到小排序；X 为输出排序后的矩阵。

（2）排序后用指标评价值与相应权重相乘得到有序加权平均结果：

```
Y = X * W
```

式中，W 为权向量，为 m 维列向量；Y 为用有序加权平均算子计算的结果，为 n 维列向量。

2. 诱导有序加权平均算子

（1）在 Matlab 中，原始数据预处理后，调用 sortrows 函数对 n 个二维数组进行降序排序。

```
X = sortrows(A,-1)
```

其中，A 为输入的 n×2 矩阵，第一列为诱导值；–1 表示对 A 的第一列进行降序排序；X 为输出的排序后的矩阵。

（2）取 X 的第二列评价信息与权向量相乘得信息集结：

```
Y = W * X(:,2)
```

其中，W 为权向量，为 n 维行向量；X（:，2）表示取 X 矩阵的第二列数据；Y 为用诱导有序加权平均算子计算的结果。

6.2.4 案例应用

1. 有序加权平均算子

已知在一次综合素质考评中，有三位同学的各项成绩（最高分100，最低分0），如表 6.1 所示，且各指标的权重为 $w = (0.7, 0.15, 0.1, 0.05)^{\mathrm{T}}$，求三位同学的综合素质考评成绩。

表 6.1　三位同学各项成绩

姓名/指标	课程一	课程二	课程三	课程四
王丽	75	85.6	70	60
李雯	77	80.5	98	60
彭飞	75	83.2	55	60

由于四项指标都是极大型指标，而且度量单位都相同，因此原始指标值不需要进行标准化处理和无量纲化处理。

其 Matlab 实现过程如下所示。

输入程序				输出变量值			
%输入三位同学的成绩				A =			
A = [75	85.6	70	60	75.0000	85.6000	70.0000	60.0000
77	80.5	98	60	77.0000	80.5000	98.0000	60.0000
75	83.2	55	60]	75.0000	83.2000	55.0000	60.0000
%输入指标权向量				W = 0.7000	0.1500	0.1000	0.0500
W = [0.7; 0.15; 0.1; 0.05]							

输入程序	输出变量值			
%对王丽等三位同学的各项成绩按照从大到小排序 X=sort (A, 2,'descend')	X =			
	85.6000	75.0000	70.0000	60.0000
	98.0000	80.5000	77.0000	60.0000
	83.2000	75.0000	60.0000	55.0000
%利用 OWA 算子对各项分数进行集结 Y = X * W	Y = 81.1700	91.3750	78.2400	

因此，王丽、李雯、彭飞的综合成绩分别为 81.17，91.38，78.24，李雯最优，王丽次之，彭飞最差。

2. 诱导有序加权平均算子

假设有下列一组评价信息：$\langle 10,0.2\rangle,\langle 40,0.1\rangle,\langle 50,0.7\rangle,\langle 42,0.1\rangle,\langle 8,0.2\rangle$，权重向量为 $w=(0.28,0.20,0.18,0.17,0.17)^{\mathrm{T}}$，利用 IOWA 算子对该评价信息进行集结。

其 Matlab 实现过程如下所示。

输入程序	输出变量值	
%输入评价信息 A = [10, 0.2; 40, 0.1; 50, 0.7; 42, 0.1; 8, 0.2]	A =	
	10.0000	0.2000
	40.0000	0.1000
	50.0000	0.7000
	42.0000	0.1000
	8.0000	0.2000
%输入权向量 W W= [0.28; 0.20; 0.18; 0.17; 0.17]	W =	
	0.2800	
	0.2000	
	0.1800	
	0.1700	
	0.1700	
%对这组评价信息按诱导值从大到小进行排序 X=sortrows (A, -1)	X =	
	50.0000	0.7000
	42.0000	0.1000
	40.0000	0.1000
	10.0000	0.2000
	8.0000	0.2000

输入程序	输出变量值
%用 IOWA 算子进行信息集结，对 W 进行转置，变成 5 维行向量 W = W′	W = 0.2800 0.2000 0.1800 0.1700 0.1700

%取 X 的第二列评价信息
x = X（:, 2）
	x =
	    0.7000
	    0.1000
	    0.1000
	    0.2000
	    0.2000

%计算诱导有序加权平均值 Y = W * x	Y = 0.3020

因此该评价信息集结结果为 0.302。

6.3 AHP 比选方法与建模实现

6.3.1 方法简介

AHP 比选方法是一种将相互比较的思维应用于非结构化复杂问题的决策量化模型。其与计算权重的思路类似，将问题分解为多层次和因素，在各层次和因素之间进行比较和计算，以确定各方案的重要性权重，从而提供决策选择的依据。本书 3.5 节已经介绍了 AHP 权重确定的方法，这里不再赘述，下面重点介绍利用权重进行决策的步骤。设某决策问题有 m 层目标（不包括总目标），把各方案作为 $m+1$ 层，每相邻两层之间具有完全的层次关系，且设第 i 层目标有 n_i 个，第 $i+1$ 层目标（或方案）有 n_{i+1} 个，用 $\boldsymbol{W}^{(j)}$ 表示这两层之间的权重矩阵，则它有 n_i 行 n_{i+1} 列。

设各方案对总目标的权重分别为 $W_1, W_2, \cdots, W_n$，令 $\boldsymbol{W} = (W_1, W_2, \cdots, W_n)$，$\boldsymbol{W}$ 可按下式计算

$$\boldsymbol{W} = \boldsymbol{W}^{(0)} \boldsymbol{W}^{(1)} \boldsymbol{W}^{(2)} \cdots \boldsymbol{W}^{(M)} \tag{6-3}$$

各方案依据总目标的权重大小按顺序排成一列，具有最大权重的方案就是最优方案。

6.3.2 计算步骤

（1）建立层次结构模型：将系统根据目标差异分为总目标、中间层（准则层、子准

则层等）和方案层，确保同一属性且相互独立的因素在同一层次下，形成递阶层次结构。

（2）计算准则层各因素权向量：构建准则层各因素相对总目标的比较矩阵，计算权向量以确定各因素的相对重要性。

（3）计算方案层各因素权向量：通过两两比较准则层因素，建立方案判断矩阵，并利用特征向量法计算最大特征值和归一化特征向量，经一致性检验确认结果符合标准。

（4）计算综合权重并进行决策：根据步骤（2）和步骤（3）的结果，计算方案层各方案相对总目标的权重。依据最大隶属度原则，选取具有最大权重的方案作为最佳选择。

6.3.3　程序代码

在 Matlab 中，利用 AHP 方法进行决策的实现过程如下。

（1）输入方案层判断矩阵。

（2）求方案层各因素权重。

①求判断矩阵 A 的秩。

```
R=rank(A);
```

②求 A 的特征值和特征向量。

```
[V,D]=eig(A);
```

其中，D（$n×n$）为对角阵，其对角线上的元素为判断矩阵 A 的全部特征值；V（$n×n$）的列是 D 中特征值对应的特征向量，即 V 可使得 $A×V=V×D$ 成立。

③求 A 的最大特征值及其对应的特征向量。

```
%提取D对角线上的元素,tz(1×n)为A全部特征值组成的向量
tz=max(D);
%B为最大特征值
B=max(tz);
%寻找最大特征值B在对角矩阵D中的位置,row为行数,col为列数
[row,col]=find(D==B);
%在V中寻找最大特征值B对应的特征向量C(n×1)
C=V(:,col);
```

④一致性检验。

```
%输入随机一致性指标RI
```

RI = [0 0 0.52 0.89 1.12 1.26 1.36 1.41 1.46 1.49 1.52 1.54 1.56 1.58 1.59];

%计算一致性检验指标 CI

CI = (B-n) / (n-1);

%定义一致性比率

CR = CI / RI(1,n);

⑤计算权重向量。

%对特征向量 C 标准化, W(n×1) 为权重向量

W(i,1) = C(i,1) / sum(C(:,1));

（3）求准则层各因素权重：同理，根据步骤（1）和步骤（2）计算准则层权向量 W_1。

（4）计算综合权向量。

%计算方案层各方案关于总目标的权重

Ts = W1 * W(n×1)

%方案层总排序一致性比例

CR = CR1 * W(n×1)

6.3.4 案例应用

1. 案例/数据说明

本案例[1] 节选自《综合技术》于 2020 年 1 月收录的论文《基于层次分析法构建海洋工程方案比选模型》。

2. 研究问题描述

H 油田坐落于距渤海东部约 25 千米的海域，平均水深约 35 米。作为我国渤海北部海域最早开发的油田之一，H 油田产量递减较快。为了解决增产需求和提高经济效益，必须采取措施增加储量产量，保持稳产。据测算，新增 4 口井可满足作业需求。当前，H 油田仅有一座 H 综合平台用于采集、计量和综合处理。由于原有井位已满且未预留井槽，需新增 4 个井槽。针对此项目制定了三个方案供比选：新建井口平台、新增外挂井槽和新增内挂井槽。三种方案的因素分析对比如表 6.2 所示。

表 6.2　三种方案的因素分析对比表

技术方案	投资费用 B_1/万元	技术因素 B_2		运营维护 B_3			安全及环境评估因素 B_4
		优势	劣势	施工工期/月	费用/万元	维护难度	
方案一：新建井口平台	4 500	技术成熟常规，为后续增产作业留有余量	需要动用浮吊，工期稀薄，投资和运营维护费用大	24~28	150	不复杂	平台弃置相对复杂些
方案二：新增外挂井槽	880	工期短，无需动用浮吊	设计及施工有点难度，容易受到外来船只碰撞；需加保护罩；需定期检测井口片	10~12	50	不复杂	容易受到外来船只碰撞产生原油外溢，弃置时与 H 综合平台一起考虑
方案三：新增内挂井槽	750	工期较短，无需动用浮吊	设计及施工有难度，需定期检测井口片	13~15	75	不复杂	弃置时与 H 综合平台一起考虑

3. 案例实现过程

（1）建立层次结构图。

海洋工程方案比选层次结构详见下图。

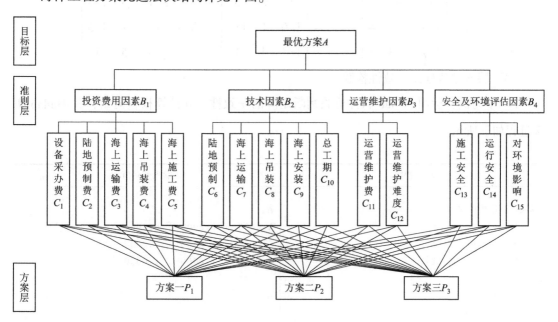

图 6.1　海洋工程方案比选层次结构图

已知 $C_1 \sim C_{15}$ 的影响因素权重向量为

$W_a =$ (0.147 0, 0.018 3, 0.055 2, 0.036 2, 0.098 5, 0.015 53, 0.038 1, 0.028 8, 0.073 3, 0.145 4, 0.011 6, 0.014 3, 0.147 0, 0.147 0, 0.024 1)

（2）建立方案的判断矩阵。

根据方案的特征及难点，专家们对子准则层的 15 个指标方案进行比较，建立方案判断矩阵 $C_1, C_2, \cdots, C_{15}$。

$$C_1 = \begin{bmatrix} 1 & 1/5 & 1/5 \\ 5 & 1 & 1 \\ 5 & 1 & 1 \end{bmatrix} \quad C_2 = \begin{bmatrix} 1 & 1/5 & 1/3 \\ 5 & 1 & 2 \\ 3 & 1/2 & 1 \end{bmatrix} \quad C_3 = \begin{bmatrix} 1 & 1/5 & 1/5 \\ 5 & 1 & 1 \\ 5 & 1 & 1 \end{bmatrix}$$

$$C_4 = \begin{bmatrix} 1 & 1/7 & 1/7 \\ 7 & 1 & 2 \\ 7 & 1/2 & 1 \end{bmatrix} \quad C_5 = \begin{bmatrix} 1 & 1/5 & 1/3 \\ 5 & 1 & 2 \\ 3 & 1/2 & 1 \end{bmatrix} \quad C_6 = \begin{bmatrix} 1 & 1/3 & 1 \\ 3 & 1 & 2 \\ 1 & 1/2 & 1 \end{bmatrix}$$

$$C_7 = \begin{bmatrix} 1 & 1/4 & 1/5 \\ 4 & 1 & 1/2 \\ 5 & 2 & 1 \end{bmatrix} \quad C_8 = \begin{bmatrix} 1 & 1/6 & 1/7 \\ 6 & 1 & 1/2 \\ 7 & 2 & 1 \end{bmatrix} \quad C_9 = \begin{bmatrix} 1 & 4 & 6 \\ 1/4 & 1 & 3 \\ 1/6 & 1/3 & 1 \end{bmatrix}$$

$$C_{10} = \begin{bmatrix} 1 & 1/7 & 1/8 \\ 7 & 1 & 1/2 \\ 8 & 2 & 1 \end{bmatrix} \quad C_{11} = \begin{bmatrix} 1 & 3 & 4 \\ 1/3 & 1 & 2 \\ 1/4 & 1/2 & 1 \end{bmatrix} \quad C_{12} = \begin{bmatrix} 1 & 1/2 & 1/2 \\ 2 & 1 & 1 \\ 2 & 1 & 1 \end{bmatrix}$$

$$C_{13} = \begin{bmatrix} 1 & 4 & 7 \\ 1/4 & 1 & 4 \\ 1/7 & 1/4 & 1 \end{bmatrix} \quad C_{14} = \begin{bmatrix} 1 & 6 & 3 \\ 1/6 & 1 & 1/4 \\ 1/3 & 4 & 1 \end{bmatrix} \quad C_{15} = \begin{bmatrix} 1 & 3 & 1/3 \\ 1/3 & 1 & 1/5 \\ 3 & 5 & 1 \end{bmatrix}$$

（3）层次单排序及一致性检验。

以 C_1 为例，运用 Matlab 软件检验判断矩阵的一致性，并计算权重向量，其 Matlab 实现过程如下所示。

输入程序	输出变量值		
%输入判断矩阵 Y	A =		
A=[1 1/5 1/5	1.0000	0.2000	0.2000
5 1 1	5.0000	1.0000	1.0000
5 1 1]	5.0000	1.0000	1.0000
%获取指标个数	n = 3		
n=length (A)			

输入程序	输出变量值
%求判断矩阵的秩 R=rank (A)	R=1
%求判断矩阵的特征值与特征向量 [V, D] =eig (A)	V= -0.1400　　0.1090　　0.1090 -0.7001　　-0.9204　　0.3755 -0.7001　　0.3755　　-0.9204
tz=max (D)	D= 3.0000　0.0000　0.0000 0.0000　-0.0000　0.0000 0.0000　0.0000　0.0000 tz=3.0000　0.0000　0.0000
%求最大特征值 B=max (tz)	B=3.0000
[row, col] =find (D==B)	row=1 col=1
%求最大特征值对应的特征向量 C=V (:, col)	C=-0.1400　-0.7001　-0.7001
%计算一致性检验指标CI CI= (B-n) / (n-1)	CI=-6.6613e-16
%层次单排序检验 RI= [0　　0　　0.52　　0.89　　1.12 　　1.26　1.36　1.41　1.46　1.49 　　1.52　1.54　1.56　1.58　1.59]	RI= 1 至 13 列 0.0000　0.0000　0.5200　0.8900 1.1200　1.2600　1.3600　1.4100 1.4600　1.4900　1.5200　1.5400 1.5600 14 至 15 列 1.5800　1.5900
CR=CI/RI (1, n)	CR=-1.2810e-15

输入程序	输出变量值

``
if CR<0.10
    display (CI);
    display (CR);
    disp ('对比矩阵 A 通过一致性检验, 各向量权重
向量 Q 为:');
    Q=zeros (n, 1);
    for i=1: n
      %特征向量标准化
      Q (i, 1) =C (i, 1) /sum (C (:, 1));
    end
    %输出权重向量
    Q
else
    disp ('对比矩阵 A 未通过一致性检验, 需对对比
矩阵 A 重新构造');
end
``
	CI = -6.6613e-16
	
	CR = -1.2810e-15
	
	对比矩阵 A 通过一致性检验, 各向量权重向量 Q 为:
	Q = 0.0909 0.4545 0.4545

$C_1, C_2, \cdots, C_{15}$ 的权重向量及一致性检验结果如表 6.3 所示。

表 6.3 $C_1 \sim C_{15}$ 的权重向量及一致性检验结果

矩阵	λ_{max}	CI	CR	权重向量 W_i
C_1	3.0000	6.6613×10^{-16}	1.2810×10^{-15}	$[0.0909, 0.4545, 0.4545]$
C_2	3.0037	0.0018	0.0036	$[0.1095, 0.5816, 0.3090]$
C_3	3.0000	6.6613×10^{-16}	1.2810×10^{-15}	$[0.0909, 0.4545, 0.4545]$
C_4	3.0536	0.0268	0.0516	$[0.0650, 0.5736, 0.3614]$
C_5	3.0037	0.0018	0.0036	$[0.1095, 0.5816, 0.3090]$
C_6	3.0183	0.0091	0.0176	$[0.2098, 0.5499, 0.2402]$
C_7	3.0246	0.0123	0.2360	$[0.0974, 0.3331, 0.5695]$
C_8	3.0324	0.0162	0.0311	$[0.0695, 0.3484, 0.5821]$
C_9	3.0536	0.0268	0.0516	$[0.6910, 0.2176, 0.0914]$
C_{10}	3.0349	0.0174	0.0336	$[0.0608, 0.3531, 0.5861]$
C_{11}	3.0183	0.0091	0.0176	$[0.6250, 0.2385, 0.1365]$
C_{12}	3.0000	-4.4409×10^{-16}	-8.5402×10^{-16}	$[0.2000, 0.4000, 0.4000]$
C_{13}	3.0764	0.0382	0.0735	$[0.6955, 0.2290, 0.0754]$
C_{14}	3.0536	0.0268	0.0516	$[0.6442, 0.0852, 0.2706]$
C_{15}	3.0385	0.0193	0.0370	$[0.2583, 0.1047, 0.6370]$

故 15 个方案判断矩阵均通过一致性检验。

（4）层次总排序。

方案层三个可行方案对准则层各准则的优先权向量 $\boldsymbol{W}_i(i = 1,2,\cdots,15)$ 所构成的 3×15 的矩阵为

$$\boldsymbol{C} = (\boldsymbol{W}_1, \boldsymbol{W}_2, \cdots, \boldsymbol{W}_{15}) = \begin{bmatrix} 0.090\,9 & 0.109\,5 & 0.090\,9 & \cdots & 0.695\,5 & 0.644\,2 & 0.258\,3 \\ 0.454\,5 & 0.581\,6 & 0.454\,5 & \cdots & 0.229\,0 & 0.085\,2 & 0.104\,7 \\ 0.454\,5 & 0.309\,0 & 0.454\,5 & \cdots & 0.075\,4 & 0.270\,6 & 0.637\,0 \end{bmatrix}$$

而各向量权重为

$\boldsymbol{W}_a = [0.147\,0, 0.018\,3, 0.055\,2, 0.036\,2, 0.098\,5, 0.015\,53, 0.038\,1, 0.028\,8,$ $0.073\,3, 0.145\,4, 0.011\,6, 0.014\,3, 0.147\,0, 0.147\,0, 0.024\,1]$

因此，方案层各方案关于总目标的权重为

$$\boldsymbol{W}_p = \boldsymbol{C} \times \boldsymbol{W}_a^{\mathrm{T}} = [0.315\,3, 0.336\,3, 0.348\,7]^{\mathrm{T}}$$

（5）结论。

方案一、方案二和方案三关于总目标的权重分别为 0.315 3，0.336 3，0.348 7。根据最大隶属度原则，方案三为最优方案，方案二次之，方案一最不推荐。

6.4　模糊综合评价方法与建模实现

6.4.1　方法简介

在实际生活中，一些事物可能呈现模糊性，既不完全属于某一集合，也不完全属于另一集合。这种模糊性并非源于人们主观认知无法准确描述事物界限，而是存在一种模糊不确定性现象和关系。模糊数学通过数学工具来描述这种现象，专注于研究"认知不确定"问题，其研究对象具有"内涵清晰、外延模糊"的特征。

模糊综合评价是一种利用模糊数学模型，将边界不清、难以量化的定性因素转化为定量值，并对受多种因素制约的事物或对象的隶属等级状态进行综合评价的方法。其基本原理包括确定评价对象的指标集和评判集，设定各指标的权重和隶属度向量，生成模糊评价矩阵，然后通过模糊运算与因素权重向量相结合，归一化处理得出模糊综合评价结果。其特点在于逐个对象进行评价，每个被评价对象都有唯一的评价值，不受对象集合影响。

6.4.2　基本原理

1. 模糊集合

设 X 为一论域，若 $\forall x \in X$，皆有 $\mu_{\underset{\sim}{A}}(x) \in [0,1]$，则定义模糊子集 $\underset{\sim}{A}$

$$A = \left\{ \left. \left| \frac{\mu_A(x)}{x} \right| x \in X \right\} \right. \tag{6-5}$$

记 $\mu_A(x)$ 为 A 的隶属函数，$\mu_A(x_i)$ 则为元素 x_i 的隶属度。

当 X 为离散型集合时，即 $X = (x_1, x_2, \cdots, x_n)$，则

$$A = \sum_{i=1}^{n} \frac{\mu_A(x_i)}{x_i} \tag{6-6}$$

当 X 为连续型集合时，则

$$A = \int_{x \in X} \frac{\mu_A(x_i)}{x_i} dx \tag{6-7}$$

隶属函数 $\mu_A(x) \in [0,1]$，即 $0 \leqslant \mu_A(x) \leqslant 1$

2. 隶属函数的确立方法

（1）统计法：一般可采用等级比重法或频率法来确定隶属度。等级比重法采用评判矩阵来进行评价，即 r_{ij} 表示第 i 个指标 u_i 在第 j 个评语 v_j 上的频率分布，一般将其进行归一化处理。这样的评判矩阵 R 本身没有量纲，常用于主观和定性指标的评价。而频率法则常用于客观和定量指标的评价，先划分指标值的变化区间，然后统计历史资料中指标值在各区间出现的频率，将这一频率作为各等级模糊子集的隶属度。

（2）专家经验法：专家经验法是一种通过专家经验确定模糊信息处理式或相应权系数值来确定隶属函数的方法。通常初步确定一个粗略的隶属函数，然后通过实践检验逐步优化。

（3）二元对比排序法：二元对比排序法通过事物间两两对比来确定某一特征下的顺序，进而确定这些事物在该特征上的隶属函数大小。该方法包括相对比较法、对比平均法、优先关系定序法和相似优先对比法等。

3. 模糊关系矩阵

设 $U = \{u_1, u_2, \cdots, u_m\}$ 为评价指标，$V = \{v_1, v_2, \cdots, v_n\}$ 为评价等级。

对于某一事物，首先着眼于某一指标 u_i，该事物属于等级 v_j 的隶属度为 r_{ij}，该事物对于该评价的评判集为向量 $r_i = (r_{i1}, r_{i2}, \cdots, r_{in})$。

所以，对于某一事物分别从 m 个因素出发，确定 n 个评判指标，构成该事物总的评价矩阵 R，即该事物从 $U = \{u_1, u_2, \cdots, u_m\}$ 到 $V = \{v_1, v_2, \cdots, v_n\}$ 的模糊关系，R 称为模糊关系矩阵

$$R = (r_{ij})_{m \times n} = \begin{bmatrix} r_{11} & r_{12} & \cdots & r_{1n} \\ r_{21} & r_{22} & \cdots & r_{2n} \\ \vdots & \vdots & \ddots & \vdots \\ r_{m1} & r_{m2} & \cdots & r_{mn} \end{bmatrix} \tag{6-8}$$

其中，$0 \leqslant r_{ij} \leqslant 1, i = 1, 2, \cdots, m, j = 1, 2, \cdots, n$ 。

6.4.3　计算步骤

（1）给出备择对象集。

$$X = \{x_1, x_2, \cdots, x_t\} \tag{6-9}$$

（2）确定评价指标和评价等级。

设

$$U = \{u_1, u_2, \cdots, u_m\} \tag{6-10}$$

为刻画目标对象的 m 项评价指标；

设

$$V = \{v_1, v_2, \cdots, v_n\} \tag{6-11}$$

为刻画每一评价指标所处状态的 n 项评价等级。

（3）构造评判矩阵。

首先对指标集中的单个指标 $u_i(i = 1, 2, \cdots, m)$ 作单因素评判，因素 u_i 对评判对象的评价等级 $v_j(j = 1, 2, \cdots, n)$ 的隶属度为 r_{ij} ，故单因素评判集为

$$r_i = (r_{i1}, r_{i2}, \cdots, r_{in}) \tag{6-12}$$

m 个因素的评判集综合起来则可构造出一个总的评价矩阵 R。

$$R = (r_{ij})_{m \times n} = \begin{bmatrix} r_{11} & r_{12} & \cdots & r_{1n} \\ r_{21} & r_{22} & \cdots & r_{2n} \\ \vdots & \vdots & \ddots & \vdots \\ r_{m1} & r_{m2} & \cdots & r_{mn} \end{bmatrix} \tag{6-13}$$

（4）确定权重向量。

记对 U 中各评价指标的权重分配向量为 A，称为权重分配集 A

$$A = (a_1, a_2, \cdots, a_m) \tag{6-14}$$

式中，$0 \leqslant a_i \leqslant 1$，且 $\sum a_i = 1$。它反映对诸因素的一种权衡。

（5）建立评价模型，进行综合评判。

评判模型 B 的计算方式为

$$B = A \odot R = (a_1, a_2, \cdots, a_m) \odot \begin{bmatrix} r_{11} & r_{12} & \cdots & r_{1n} \\ r_{21} & r_{22} & \cdots & r_{2n} \\ \vdots & \vdots & \ddots & \vdots \\ r_{m1} & r_{m2} & \cdots & r_{mn} \end{bmatrix} = (b_1, b_2, \cdots, b_n) \tag{6-15}$$

$\odot = (\wedge, \vee), (\times, \vee), (\wedge, +), (\times, +), \odot$ 为合成运算, 可以选择四种合成运算等。

采用模糊分布法, 将上述指标归一化处理, 得

$$\boldsymbol{B}' = (b'_1, b'_2, \cdots, b'_n) \qquad (6-16)$$

依照综合分值的大小进行排序, 从而选出最优者。

6.4.4 案例应用

1. 案例/数据说明

本案例[2] 节选自《中南林业科技大学学报》2020 年第 40 卷第 12 期收录的论文《城市湿地公园环境教育资源评价》。

2. 研究问题描述

为提升城市湿地公园的教育功能, 促进城市湿地公园的生态保护利用和开发, 现对长沙洋湖湿地公园环境教育资源进行评价。

（1）构建指标体系。

如图 6.2 所示, 评价指标向量 $U = \{U_1, U_2, U_3\} = \{$资源禀赋, 开发条件, 环境教育价值$\}$; $U_1 = \{u_{11}, u_{12}, \cdots, u_{17}\} = \{$美感度, 丰富性, 完整性, 独特性, 稀缺性, 科普价值, 科研价值$\}$; $U_2 = \{u_{21}, u_{22}, \cdots, u_{25}\} = \{$客源市场, 可进入性, 知名度, 竞争力, 适游期$\}$; $U_3 = \{u_{31}, u_{32}, \cdots, u_{35}\} = \{$教育性, 参与性, 体验性, 趣味性, 生态知识性$\}$。

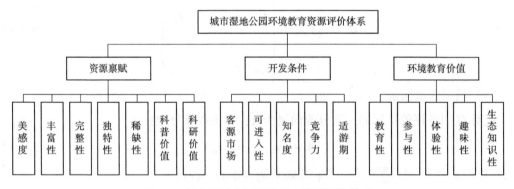

图 6.2　城市湿地公园环境教育资源评价体系

（2）评价等级划分。

根据李克特量表, 将洋湖湿地公园环境教育资源的评价划分为 5 个等级, 即 $V = \{v_1, v_2, v_3, v_4, v_5\} = \{$很满意, 满意, 一般, 不满意, 非常不满意$\}$。

（3）指标隶属度获取。

通过 421 份有效问卷获取 17 项二级指标的隶属度。具体各指标对洋湖湿地公园环境

教育资源的评价集隶属程度见表6.4。

表6.4　城市湿地公园指标隶属度

准则层	指标层	很满意	比较满意	一般	不满意	非常不满意
资源禀赋	美感度	0.210 5	0.631 6	0.105 3	0.052 6	0.000
	丰富度	0.210 5	0.473 7	0.315 8	0.000 0	0.000
	完整性	0.210 5	0.473 7	0.315 8	0.000 0	0.000
	独特性	0.421 1	0.421 1	0.105 3	0.052 6	0.000
	科研价值	0.052 6	0.473 7	0.368 4	0.105 3	0.000
	稀缺性	0.368 4	0.263 2	0.315 8	0.052 6	0.000
	科普价值	0.578 9	0.263 2	0.157 9	0.000 0	0.000
开发条件	客源市场	0.315 8	0.368 4	0.315 8	0.000 0	0.000
	适游期	0.263 2	0.473 7	0.210 5	0.052 6	0.000
	竞争力	0.210 5	0.421 1	0.315 8	0.052 6	0.000
	可进入性	0.263 2	0.631 6	0.105 3	0.000 0	0.000
	知名度	0.210 5	0.263 2	0.473 7	0.052 6	0.000
环境教育价值	教育性	0.315 8	0.526 3	0.105 3	0.052 6	0.000
	参与性	0.173 7	0.192 3	0.305 3	0.152 6	0.176 1
	体验性	0.115 3	0.175 4	0.240 9	0.253 1	0.215 7
	趣味性	0.207 1	0.259 9	0.263 2	0.161 3	0.108 5
	生态知识性	0.109 1	0.373 7	0.263 2	0.101 4	0.152 6

对上表数据进行归一化处理，得到模糊关系矩阵

$$R_1 = \begin{bmatrix} 0.211 & 0.632 & 0.105 & 0.053 & 0.000 \\ 0.211 & 0.474 & 0.316 & 0.000 & 0.000 \\ 0.211 & 0.474 & 0.316 & 0.000 & 0.000 \\ 0.421 & 0.421 & 0.105 & 0.053 & 0.000 \\ 0.053 & 0.474 & 0.368 & 0.105 & 0.000 \\ 0.368 & 0.263 & 0.316 & 0.053 & 0.000 \\ 0.579 & 0.263 & 0.158 & 0.000 & 0.000 \end{bmatrix}$$

$$R_2 = \begin{bmatrix} 0.316 & 0.368 & 0.316 & 0.000 & 0.000 \\ 0.263 & 0.474 & 0.210 & 0.053 & 0.000 \\ 0.210 & 0.421 & 0.316 & 0.053 & 0.000 \\ 0.263 & 0.632 & 0.105 & 0.000 & 0.000 \\ 0.210 & 0.263 & 0.474 & 0.053 & 0.000 \end{bmatrix}$$

$$\boldsymbol{R}_3 = \begin{bmatrix} 0.316 & 0.526 & 0.105 & 0.053 & 0.000 \\ 0.174 & 0.192 & 0.305 & 0.153 & 0.176 \\ 0.115 & 0.175 & 0.241 & 0.253 & 0.216 \\ 0.207 & 0.260 & 0.263 & 0.161 & 0.109 \\ 0.109 & 0.374 & 0.263 & 0.101 & 0.153 \end{bmatrix}$$

$$\boldsymbol{R} = (R_1, R_2, R_3)$$

①指标权重向量。

通过 AHP 方法，可得到目标层和三个准则层的权重向量分别为

$\boldsymbol{W} = (0.4418, 0.2268, 0.3314)$

$\boldsymbol{W}_1 = (0.1302, 0.1435, 0.1278, 0.1700, 0.0879, 0.1598, 0.1808)$

$\boldsymbol{W}_2 = (0.1581, 0.1737, 0.1870, 0.2226, 0.2587)$

$\boldsymbol{W}_3 = (0.1487, 0.2134, 0.2042, 0.2112, 0.2226)$

②综合评价集计算。

通过模糊关系矩阵和指标权重向量，其中合成运算选择（×，+），利用 Matlab 可得综合评价集。

输入程序						输出变量值				
%输入模糊关系矩阵						R1 =				
R1 =[0.211	0.632	0.105	0.053	0	0;	0.2110	0.6310	0.1050	0.0530	0
0.211	0.474	0.316	0	0;		0.2110	0.4740	0.3160	0	0
0.211	0.474	0.316	0	0;		0.2110	0.4740	0.3160	0	0
0.421	0.421	0.105	0.053	0;		0.4210	0.4210	0.1050	0.0530	0
0.053	0.474	0.368	0.105	0;		0.0530	0.4740	0.3680	0.1050	0
0.368	0.263	0.316	0.053	0;		0.3680	0.2630	0.3160	0.0530	0
0.579	0.263	0.158	0	0;]		0.5790	0.2630	0.1580	0	0
R2 =[0.316	0.368	0.316	0	0;		R2 =				
0.263	0.474	0.210	0.053	0;		0.3160	0.3680	0.3160	0	0
0.210	0.421	0.316	0.053	0;		0.2630	0.4740	0.2100	0.0530	0
0.263	0.632	0.105	0	0;		0.2100	0.4210	0.3160	0.0530	0
0.210	0.263	0.474	0.053	0;]		0.2630	0.6320	0.1050	0	0
						0.2100	0.2630	0.4740	0.0530	0
R3 =[0.316	0.526	0.105	0.053	0;		R3 =				
0.174	0.192	0.305	0.153	0.176;		0.3160	0.5260	0.1050	0.0530	0
0.115	0.175	0.241	0.253	0.216;		0.1740	0.1920	0.3050	0.1530	0.1760
0.207	0.260	0.263	0.161	0.109;		0.1150	0.1750	0.2410	0.2530	0.2160
0.109	0.374	0.263	0.101	0.153;]		0.2070	0.2600	0.2630	0.1610	0.1090
						0.1090	0.3740	0.2630	0.1010	0.1530

续表

输入程序	输出变量值
%输入指标权重向量 W1 = [0.1302　0.1435　0.1278　0.1700　0.0879 　　　0.1598　0.1808]	W1 = 0.1302　0.1435　0.1278　0.1700　0.0879 0.1598　0.1808
W2 = [0.1581　0.1737　0.1870　0.2226　0.2587]	W2 = 0.1581　0.1737　0.1870　0.2226　0.2587
W3 = [0.1487　0.2134　0.2042　0.2112　0.2226]	W3 = 0.1487　0.2134　0.2042　0.2112　0.2226
W = [0.4418　0.2268　0.3314]	W = 0.4418　0.2268　0.3314
%综合评价集计算 B1 = W1 * R1	B1 = 0.3244　0.4137　0.2287　0.0336　0
B2 = W2 * R2	B2 = 0.2482　0.4280　0.2917　0.0328　0
B3 = W3 * R3	B3 = 0.1756　0.2931　0.2440　0.1487　0.1387
R = [B1；B2；B3]	R = 0.3244　0.4137　0.2287　0.0336　　　0 0.2482　0.4280　0.2917　0.0328　　　0 0.1756　0.2931　0.2440　0.1487　0.1387
B = W * R	B = 0.2578　0.3770　0.2480　0.0716　0.0460

输出结果中 B_1，B_2，B_3 为准则层综合评价集，B 为目标层综合评价集。根据最大隶属度原则，B_1 最大隶属度为 0.413 7，隶属等级为满意；B_2 最大隶属度为 0.428 0，隶属等级为满意；B_3 最大隶属度为 0.293 1，隶属等级为满意；B 最大隶属度为 0.377 0，隶属等级为满意。故洋湖湿地公园的综合评价结果应为满意。

6.5　综合评价方法前沿应用的热点追踪

6.5.1　文献研究热点

本节基于 CiteSpace 软件，以"综合评价""集成算子""AHP"和"模糊综合评价"为主题，通过对中国知网 CNKI 数据库中具有代表性的经济管理学术期刊的文献计量分析，

2012—2022 年共检索到 3 504 篇文献（详见表 6.5）。

表 6.5　2012—2022 年关键词词频、中介中心度统计表

序号	频次	中心度	年份	关键词
1	130	0.12	2012	绩效评价
2	91	0.08	2012	评价体系
3	44	0.03	2012	风险评估
4	27	0.02	2012	创新能力
5	19	0.01	2012	网络舆情
6	16	0.01	2012	低碳经济
7	14	0.02	2012	循环经济
8	14	0.01	2019	乡村振兴
9	14	0.01	2012	电子商务
10	13	0.01	2012	产业集群

　　图 6.4 为基于综合评价方法的关键词共现图谱，共包含 464 个节点和 803 条连线，反映文献样本中 464 个关键词之间的共现关系。通过分析结果，筛选出频次最高的前 10 个关键词如表 6.5 汇总。其中，前 5 位频次最高的关键词为"绩效评价""评价体系""风险评估""创新能力"和"网络舆情"；而在前 5 个中心性指标中，关键词为"绩效评价""评价体系""风险评估""创新能力"和"循环经济"。总体上，频次和中心度统计出的关键词基本一致，有效呈现了研究期内的热点问题关注点。

图 6.4　基于综合评价分析方法的关键词共现图谱

　　表 6.6 为主要突现关键词，2012 年以来，突现关键词包括"循环经济""内部控制"和"低碳经济"，但 2014 年之后研究热度有所降低；2015—2017 年突现关键词为"网络舆情""风险预警""科技创新"和"食品安全"；2018—2022 年突现关键词为"乡村旅游""创新能力""乡村振兴"和"精准扶贫"。

表 6.6　采用综合评价相关方法的相关文献前 11 位突现关键词

关键词	突现率/%	开始年份	结束年份	2012—2022 年
循环经济	2.66	2012	2013	
内部控制	2.49	2012	2013	
低碳经济	3.03	2013	2014	
网络舆情	2.69	2015	2018	
风险预警	2.64	2016	2017	
科技创新	2.71	2017	2019	
食品安全	2.6	2017	2018	
乡村旅游	3.49	2018	2022	
创新能力	2.5	2018	2020	
乡村振兴	7.15	2019	2022	
精准扶贫	3.46	2019	2020	

6.5.2　高引高关注文献

　　高引文献可以反映相关研究领域的重点关注方面，是探究热点主题、研究前沿的重要依据。表 6.7 为 2012—2022 年代表性期刊中涉及集成算子、AHP 以及模糊综合评价的相关高被引文献，相关主题有"风险管理""绩效评价""煤矿应急救援能力""供应链融资""内部控制""信用评估"等。下面简要介绍相关高引文献的主要成果，陈关亭等[3]采用模糊综合评价法构建了内部控制模糊综合评价模型，评价了北京某上市公司的内部控制水平。陈晓红等[4]基于群决策 AHP 方法权重，通过改进的传统模糊综合评价法研究了我国中小企业信用评估问题。邢权兴等[5]通过构建游客满意度测评指标体系，运用问卷调查法，对公园综合满意度开展了模糊综合评价研究。杨力等[6]为了研究煤矿应急救援能力，构建了煤矿应急救援能力评价指标体系，将改进的层次分析法、熵权法和模糊综合评判法相集成，建立了煤矿应急救援能力评价模型。屠建平等[7]利用双模糊模型对电子商务平台绩效评价开展了综合评价研究。

表 6.7　2012—2022 年涉及综合评价相关方法的高引论文汇总

排序	题名	作者	刊名	发表时间	被引/次	下载/次
1	基于企业风险管理框架的内部控制评价模型及应用	陈关亭；黄小琳；章甜	审计研究	2013-11-30	622	14 423
2	基于改进模糊综合评价法的信用评估体系研究——以我国中小上市公司为样本的实证研究	陈晓红；杨志慧	中国管理科学	2015-01-20	277	6 229
3	基于模糊综合评价法的西安市免费公园游客满意度评价	邢权兴；孙虎；管滨；郑金风	资源科学	2014-08-15	252	8 316
4	基于熵权法的煤矿应急救援能力评价	杨力；刘程程；宋利；盛武	中国软科学	2013-11-28	242	6 962
5	基于电子商务平台的供应链融资模式绩效评价研究	屠建平；杨雪	管理世界	2013-07-15	232	8 867
6	行政事业单位内部控制有效性评价框架研究——基于 AHP 与 FCE 的视角	陈艳；于洪鉴；衣晓青	财经问题研究	2015-09-05	217	2 783
7	供应链金融中信用风险的评价体系构建研究	陈长彬；盛鑫	福建师范大学学报（哲学社会科学版）	2013-03-27	214	4 046
8	农产品电子商务物流理论构建及实证分析	赵志田；何永达；杨坚争	商业经济与管理	2014-07-15	187	8 093
9	高新园区产城融合的模糊层次综合评价研究——以上海张江高新园区为例	苏林；郭兵；李雪	工业技术经济	2013-07-25	185	3 253
10	中小企业供应链融资模式及风险管理研究	刘园；陈浩宇；任淮源	经济问题	2016-05-15	181	3 941

6.5.3　前沿应用热点小结

本章通过 CiteSpace 软件对 CNKI 数据库中 2012—2022 年 CSSCI 期刊中涉及集成算子、AHP 以及模糊综合评价方法的文章进行热点分析，得出以下结论：

（1）在研究热点方面，通过对代表性期刊中的研究热点关键词进行归纳总结，得出目前运用集成算子、AHP 以及模糊综合评价方法的研究主要围绕"绩效评价""评价体系""风险评估""创新能力""网络舆情""低碳经济"和"循环经济"等方面，其中"乡村旅游"与"乡村振兴"作为 2018—2022 年突现关键词。

（2）在文献被引方面，高被引相关论文涉及"信用评估""能力评价""满意度评价""风险评价""绩效评价"等主题，在一定程度上反映出了综合评价方法应用的广泛性。

参考文献

[1]　周穗媛,徐鑫.基于层次分析法构建海洋工程方案比选模型[J].油气田地面工程, 2020,39(1):71-76+82.

[2]　尚晓丽,钟永德,李文明,等.城市湿地公园环境教育资源评价[J].中南林业科技大学学报,2020,40(12):169-178.

[3]　陈关亭,黄小琳,章甜.基于企业风险管理框架的内部控制评价模型及应用[J].审计研究,2013,176(6):93-101.

[4]　陈晓红,杨志慧.基于改进模糊综合评价法的信用评估体系研究——以我国中小上市公司为样本的实证研究[J].中国管理科学,2015,23(1):146-153.

[5]　邢权兴,孙虎,管滨,等.基于模糊综合评价法的西安市免费公园游客满意度评价[J].资源科学,2014,36(8):1645-1651.

[6]　杨力,刘程程,宋利,等.基于熵权法的煤矿应急救援能力评价[J].中国软科学,2013, 275(11):185-192.

[7]　屠建平,杨雪.基于电子商务平台的供应链融资模式绩效评价研究[J].管理世界, 2013,238(7):182-183.

第7章 经济管理领域预测研究方法及应用

预测方法是以历史数据为依据，根据现有的已知条件、发展规律和动态趋势对未来变化进行推测的量化方法。本章重点介绍预测方法相关的研究方法，包括定性预测方法、时间序列平滑预测法、趋势外推预测方法、随机时间序列预测、投入产出预测法、GM(1,1)灰色预测法、BP神经网络预测法和马尔科夫预测法，详细讲解了相关方法的基本概念、计算步骤、程序代码及实际案例应用，同时基于CiteSpace对中国知网CNKI相关研究文献进行了研究热点追踪。

7.1 预测研究方法概述

7.1.1 方法简介

预测是基于事物的发展历史和现状，综合各类信息，运用定性和定量的科学分析方法，揭示客观事物的发展规律，并科学分析各种现象之间的联系及作用机制，从而预判未来趋势。

在实际预测中，预测者的知识、经验等素质限制，对环境状况的了解不足，以及预测对象未来状况的可变性，均可能导致预测结果出现偏差。通常有以下三种科学预测途径。

（1）因果分析：通过研究事物的形成原因，预测事物未来发展变化的结果。

（2）类比分析：把正在发生的事物同历史上已有的或已经发生的事物相类比，预测事物的未来发展变化。

（3）统计分析：运用数学方法对事物过去和现在的资料数据进行分析，发现隐藏在事物发展背后的必然规律，从而明确事物发展的未来趋势。

7.1.2 预测的特征与性质

1. 预测的作用

预测充分运用现代科学技术所提供的理论、方法、手段来研究人类社会、政治、经济、军事及科学技术等各种事物的发展趋势，目的是进行科学决策。预测的作用可归纳为以下两个。

（1）为决策者提供科学可靠的依据。预测基于研究事物的过去、现状到将来的动态发展趋势，为决策者提供事物发展的近期影响、中期变化和远景轮廓，可扩大决策者视野，辅助其结合专业知识与经验作出科学判断。

（2）为决策提供多种方案。预测是决策的基础与前提，预测事物发展的各种状况，根据各种可能出现的情况，决策者可提出不同的对策方案，并针对各种方案进行预测，为决策提供多种可供选择的方案。

2. 预测的基本原则

对事物进行科学的预测，必须遵循事物发展的演变规律。为保证预测工作的科学有效，预测必须坚持以下几条基本原则。

（1）系统性原则：事物的历史、现状将在一定程度上影响未来。预测时，应将事物及其环境作为一个整体系统来考察，并全面评估影响其发展的各种因素。预测过程中，必须遵循系统性原则，不随意调整或省略影响因素，而是应客观地映射出预测对象及其因素的真实发展模式。

（2）关联性原则：在预测学中，对象不是孤立的，而要与环境中的其他元素相互依存并受其影响。预测者必须深入探究这些依存关系和相互作用的程度，以准确把握并预测对象的发展趋势。例如，企业作为一个系统，与政府、银行、医院等机构存在业务联系和相互制约关系，这些关系对企业的未来状态有着直接的影响。

（3）动态性原则：预测对象所处的相关因素与外部环境是动态变化的，它们的发展阶段对预测对象的趋势有直接影响，有时甚至能改变其发展路径或本质。在外部条件相对稳定时，历史数据可用于预测发展趋势，同时也必须考虑自然灾害、数据缺失或意外事件（如违约）等不确定因素的影响。

（4）类推性原则：事物的结构和规律具有普遍性，某些事件的发生可能预示着其他事件的发生。因此，通过分析已知事物的发展规律，可以推断预测对象的未来走向。如果两种事物之间有相似性，就可以借鉴一种事物的变化特征和发展历程，来推测另一种事物的发展趋势。例如，研究某个生态系统的演变过程，可以帮助预测其他生态系统的发展；通过观察某项技术的演进，可以预见相似技术的未来发展方向。

7.1.3 预测的分类和范畴

1. 预测的分类

根据预测的领域、范围、目的、任务、方法及预测者所处的立场地位等不同，可将预测划分成不同的类别。

（1）按所涉及的领域分类：按照所涉及领域可分成以下几类预测，具体如图 7.1 所示。

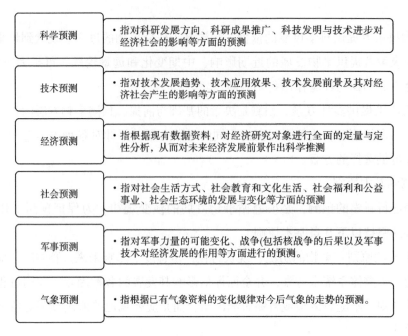

图 7.1　按所涉及的领域分类预测

（2）按预测的范围或层次进行分类：根据预测的层次或范围，可将预测分为宏观预测和微观预测。宏观与微观相辅相成，宏观以微观预测为参考，微观以宏观预测为指导。

①宏观预测。以整个社会经济发展作为考察对象，分析国家或部门、地区的社会经济活动对经济社会发展的影响，可作为政府制定方针政策、编制和检查计划、调整经济结构的重要依据。

②微观预测。以企业或农户生产经营发展作为考察对象，针对基层单位的各种活动进行各种预测，可作为企业制定生产经营决策、编制和检查计划的依据。

（3）按预测时长进行分类。

①长期预测。指对 10 年以上发展前景的预测。

②中期预测。指对 3 年以上、10 年以下发展前景的预测。

③短期预测。指对 6 个月以上、3 年以下发展前景的预测。

④近期预测。指对 6 个月以下社会经济发展或企业生产经营状况的预测。

（4）按照预测方法性质进行分类。

①定性预测，又称为判断预测或调研预测。指预测者通过调查分析，了解实际情况，凭自己的理论知识和实践经验，对事物发展趋势作出判断的预测，即在定性分析的基础上，判断事物未来发展的性质与方向。

②定量预测。指以历史统计资料和数据为依据，运用统计方法和数学模型，对事物未来发展前景作出科学的定量分析与推断。

（5）按预测是否考虑时间因素进行分类。

①静态预测。指不包含时间变动因素，根据事物在同一时期的因果关系进行的推断预测。

②动态预测。指包含时间变动因素，根据事物发展的历史和现状对其未来发展前景作出推断的预测。

（6）按预测前提条件分类。

①有条件预测。指在对有关预测因素作出某种假设的条件而作出的预测。

②无条件预测。指在进行预测时，没有任何事先的假设和任何附加的先决条件而作出的预测。

2. 预测的程序

因预测对象的随机性及关联因素的错综复杂，需有组织、有计划地安排预测工作进程，来保证预测工作的顺利进行，以期获得应有的成效。预测的程序或流程如图 7.2 所示。

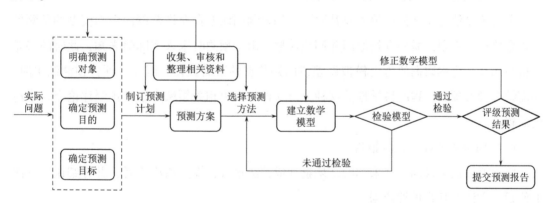

图 7.2　预测程序流程示意

预测大致可分为以下六个阶段。

（1）明确预测任务，制订预测计划。

根据决策和管理的需求，结合实际情况，明确预测对象、目的及目标。依据预测任务、对象及目标，制订预测计划，涵盖预测内容、所需资料、进程与完成时间、预算及组织实施等方面。

（2）收集、审核和整理相关的资料。

严谨、全面且系统化的历史资料和信息是预测准确性的核心基础，对预测工作具有不可替代的支撑作用。为确保资料的高准确性，需遵循严格的筛选标准，主要包括三个维度：一是直接相关性，资料必须与预测目标和内容紧密相关，反映影响未来发展的历史与现实因素；二是可靠性，资料来源需经过验证，确保数据准确、完整和可靠；三是时效性，资料需反映最新的发展动态和趋势。对于不确定的资料，需深入查证；对于不具备直接可比性的资料，通过调整使其具有可比性；对于缺失的资料，进行合理估算，并对整体资料进行必要的分类与组合，以确保预测工作的科学性和准确性。

（3）选择预测方法和建立数学模型。

选择合适的预测方法并建立数学模型是确保预测结论准确的关键步骤。建立数学模型时，需要估计模型参数。由于不同的参数估计方法会产生不同的预测模型，从而导致不同的结果，预测人员必须从实际出发，认真分析，并比较不同的预测结果，以鉴别出最为精确的结果。

（4）检验模型，进行预测。

模型在应用于实际预测之前，必须经过严格的检验。这些检验通常包括拟合度检验和统计性检验。一个优秀的模型应具备以下特性：理论上合理、统计上可靠、预测能力出色、操作简便以及具有良好的自适应性。

（5）分析预测误差，评价预测结果。

分析预测值与实际值的偏差及其原因。如果预测误差在允许范围内，则模型的预测效果符合要求；否则，需要查找原因并调整模型。由于预测时未来实际值未知，此时的误差分析只能基于样本数据的历史模拟误差或已知数据的事后误差。因此，评价预测结果时，还需综合考察预测过程的科学性。这种分析和评价可由相关领域专家在预测评论会议中讨论后得出。

（6）向决策者提交预测报告。

将预测评论会议确认并采纳的结果整理成预测报告，提交给决策者，并详细说明预测的假设、方法及其合理性依据。

7.1.4　预测精度

任何观测对象的实际观测值都可以表示为模型加上随机项，即观察值＝模型+随机项。由于资料的准确性与完整性、预测方法的适用性、预测模型的正确性以及预测者的素质等因素的影响，观察值与预测值之间通常存在偏差。一般来说，误差越大，预测精度越低；反之，误差越小，预测精度越高。因此，通常使用误差指标来反映预测精度。常用的预测误差指标如下。

1. 预测误差

设某一项预测指标的实际值 x，预测值为 $\hat{x}$，令

$$e = x - \hat{x} \tag{7-1}$$

e 就是预测值 $\hat{x}$ 的误差，又称偏差。$e > 0$，表示 $\hat{x}$ 为低估预测值；$e < 0$，表示 $\hat{x}$ 为高估预测值。

2. 相对误差

预测误差在实际值中所占比例的百分数称为相对误差，记 ε，即

$$\varepsilon = \frac{e}{x} = \frac{x - \hat{x}}{x} \times 100\% \tag{7-2}$$

该指标克服了预测指标本身量纲影响，通常把 $1 - \varepsilon$ 称为预测精度。

3. 平均误差

n 个预测误差的平均值称为平均误差，记为 $\bar{e}$，计算公式为

$$\bar{e} = \frac{1}{n} \sum_{i=1}^{n} e_i = \frac{1}{n} \sum_{i=1}^{n} (x_i - \hat{x}_i) \tag{7-3}$$

$\bar{e}$ 能反映预测值的偏差情况，但无法反映真实预测误差的大小，可作为修正预测值的依据。$\bar{e}$ 为正，说明预测值平均比实际值低；反之，说明预测值平均比实际值高。

4. 平均绝对误差

n 个预测误差绝对值的平均值称为平均绝对误差，记为 $|\bar{e}|$，计算公式为

$$|\bar{e}| = \frac{1}{n} \sum_{i=1}^{n} |e_i| = \frac{1}{n} \sum_{i=1}^{n} |x_i - \hat{x}_i| \tag{7-4}$$

$|\bar{e}|$ 表示测量误差的绝对值大小。

5. 平均相对误差

n 个预测相对误差绝对值的平均数称为平均相对误差，以 $|\bar{\varepsilon}|$ 表示，计算公式为

$$|\bar{\varepsilon}| = \frac{1}{n} \sum_{i=1}^{n} \left| \frac{e_i}{x_i} \right| \times 100\% = \frac{1}{n} \sum_{i=1}^{n} \left| \frac{x_i - \hat{x}_i}{x_i} \right| \times 100\% \tag{7-5}$$

6. 方差

n 个预测误差平方和的平均值，称为方差，以 S^2 表示，计算公式为

$$S^2 = \frac{1}{n} \sum_{i=1}^{n} e_i^2 = \frac{1}{n} \sum_{i=1}^{n} (x_i - \hat{x}_i)^2 \tag{7-6}$$

7. 标准误差

方差的算术平方根就是标准误差，又称标准差，记为 S，计算公式为

$$S = \sqrt{\frac{1}{n} \sum_{i=1}^{n} e_i^2} = \sqrt{\frac{1}{n} \sum_{i=1}^{n} (x_i - \hat{x}_i)^2} \tag{7-7}$$

S^2 和 S 的值介于 0 和 $+\infty$ 之间，其值越大，预测准确度越低。

7.2 定性预测方法与建模实现

7.2.1 概念

1. 定性预测方法的概念

定性预测是指预测者利用自身的专业知识、经验和综合分析能力，结合历史资料和直观材料，对事物发展的趋势、方向及重大转折点进行估计和推测。这种方法通常在缺乏足够历史数据支撑或预测对象处于转折点、未来变化与以往规律不同的情况下使用。

2. 定性预测方法的特点

（1）强调对事物的性质进行描述性的预测。其主要通过专家的经验以及分析判断能力，尤其是在对预测对象所掌握的历史数据不多或影响预测对象因素众多且复杂的情况下，难以作出定量分析，此时定性预测方法是较好的选择。

（2）强调对事物发展的趋势、方向和重大转折点进行预测。其主要适用于下列情况的预测：国家经济形势的发展、经济政策的演变、科学技术的发展与实际应用和企业未来的发展方向等。

3. 定性预测方法与定量预测方法之间的关系

定性预测方法侧重于事物性质的发展预测，具有较大的灵活性，能够充分发挥人的主观能动性，且操作简单迅速，节约大量人力物力。然而，它易受主观因素影响，依赖于人的经验和主观判断，缺乏系统的数学模型，难以对事物发展进行精确的数量度量。

定量预测方法则注重事物发展的数量描述，主要依据客观的历史统计资料，较少受主观因素影响。它可以利用电子计算机进行大量的统计和数学计算处理。然而，这种方法对预测者的素质要求较高，不易灵活掌握，预测精度依赖于统计资料的数量和质量，且难以处理波动较大的信息资料，更难预测事物性质的变化。

定性预测和定量预测并非相互排斥，而是可以相互补充的。在实际预测过程中，应将两者结合使用。当统计资料充足时，可先用统计方法处理，找出变量间的规律性联系，作为预测未来的重要依据。如果预测期内发生重大变化或出现新的影响因素，如市场趋势、消费者行为变化或科技突破，则需依靠行业专家的经验，运用定性预测方法提出修正意见。在实际统计预测中，正确结合定性和定量预测方法，相互补充、检验和修正，才能取得更好的预测效果。

7.2.2 主观概率法

1. 主观概率法

主观概率基于个人的主观评估（如经验或历史频率）来估计事件的发生概率，体现了对经验结果的个人判断。在管理和经济预测领域，主观概率法通过整合个人的预测意见来形成综合预测。例如，不同的分析者根据自己的经验预测股价指数未来三天的走势或新产品在市场上的销售概率会得出不同的结果。

2. 案例分析

某市场调研公司的三位研究人员对未来市场需求进行预测和主观概率评估，具体情况如表 7.1 所示。

表 7.1　市场需求和主观概率

公司主管	估计需求状态	市场需求额/万元	主观概率
甲	最高市场需求	196	0.30
	最可能市场需求	180	0.50
	最低市场需求	164	0.20
	期望值		0.30
乙	最高市场需求	201	0.25
	最可能市场需求	184	0.50
	最低市场需求	173	0.25
	期望值		0.40
丙	最高市场需求	190	0.20
	最可能市场需求	186	0.40
	最低市场需求	180	0.40
	期望值		0.30

已知计划人员的预测市场需求的期望值是 180 万元，销售人员的预测市场需求的期望值是 185 万元，计划人员和销售人员的预测能力是研究人员的 0.8 倍和 0.6 倍。试用主观概率的加权平均法求每位研究人员的销售预测的期望值、三位研究人员的加权平均预测期望值、该公司明年的预测销售额。

步骤一：计算每位研究人员的市场需求预测期望值。

甲的市场需求预测期望值为

$$x_{甲} = 196 \times 0.3 + 180 \times 0.5 + 164 \times 0.2 = 181.6$$

乙的市场需求预测期望值为

$$x_{乙} = 201 \times 0.25 + 184 \times 0.5 + 173 \times 0.25 = 185.5$$

丙的市场需求预测期望值为

$$x_{丙} = 190 \times 0.2 + 186 \times 0.4 + 180 \times 0.4 = 184.4$$

步骤二：计算三位研究人员总的市场需求预测期望值。

根据三位研究人员的重要性权重，则有

$x_{研究人员} = 181.6 \times 0.3 + 185.5 \times 0.4 + 184.4 \times 0.3 = 184$

步骤三：计算三类人员总的市场需求预测期望值。

因为计划人员和销售人员的预测能力是研究人员的 0.8 倍和 0.6 倍，所以研究人员的权重为 0.416 7，计划人员的权重为 0.333 3，销售人员的权重为 0.25，所以有

$x_{总} = 184 \times 0.416\,7 + 180 \times 0.333\,3 + 185 \times 0.25 = 182.916\,8$

即综合三类人员的主观概率预测该产品明年的市场需求额为 182.916 8 万元。

7.2.3　头脑风暴法

1. 头脑风暴法的基本原理

（1）概念：头脑风暴法又名智力激励法，由美国 BBDD 广告公司的亚历克斯·奥斯本于 1938 年创立，是一种创新技术。此法通过召开专家会议，集结对特定问题感兴趣的参与者，在自由开放的环境中，鼓励自由表达和相互启发，激发创造性思维，促进创意的连锁反应，以产生多种解决方案。

（2）分类：头脑风暴法可以细分成如下几种方法。

①直接头脑风暴法：组织专家对所要解决的问题开会讨论，自由发表自己的意见，集思广益，提出所要解决问题的具体方案。

②质疑头脑风暴法：对已制订的某种计划方案或工作文件，召开专家会议，由专家质疑，去掉不合理的或不科学的部分，补充不具体或不全面的部分，使报告或计划趋于完善。

③有控制地产生设想的方法：也是集体产生设想的一种方法，运用这种方法，主要通过定向智力活动激发产生新的设想，通常用于开拓远景设想和独到的设想。

（3）原则：奥斯本为头脑风暴决策方法的实施提出了四项原则。

①对别人的建议不作任何评价，将相互讨论限制在最低限度内。

②建议越多越好，在这个阶段，参与者不要考虑自己建议的质量，想到什么就应该说出来。

③鼓励每个人独立思考，广开思路，想法越新颖、奇异越好。

④可以补充和完善已有的建议以使它更有说服力。

2. 头脑风暴法的实施步骤

头脑风暴法的实施步骤大体如图 7.3 所示。

图 7.3　头脑风暴法的实施步骤示意

7.2.4　德尔菲法

1. 德尔菲法概述

德尔菲法是由美国兰德公司于 20 世纪 40 年代提出的结构化预测方法，它通过多轮匿名问卷实现专家共识的系统化构建。该方法实施流程包含四个关键阶段：首先组建涵盖技术、经济等领域的跨学科专家组；其次采用标准化问卷收集专家对技术突破时间、资源需求等维度的独立预测；随后运用四分位法统计反馈结果，组织匿名讨论消除异常值；最后经过 3~5 轮迭代形成具有统计显著性的共识方案。该方法通过控制群体极化效应，显著提升复杂技术预测的客观性与可靠性。例如，面临煤炭发电技术问题时，首先需获得专家的协作。管理者将关键问题逐一告知专家，并请他们独立提出意见并预估技术突破所需时间。随后，管理者汇总这些意见，并将汇总意见反馈给专家团队以供再次分析。若意见出现显著分歧，相关专家将集中讨论以达成共识。经过多轮反馈和讨论，最终形成一套反映专家集体观点的方案。

2. 德尔菲法的优点和缺点

（1）优点。

①匿名性。给专家创造一个平等、自由和充分发表意见的氛围。

②反馈性。有助于提高调查质量，保证调查所收集的资料的全面性和可靠性。

③具有对调查结果定量处理的特性。可根据需要从不同角度对所得结果进行统计处理，提高了调查的科学性。

（2）缺点。

①调查结果主要凭专家判断，缺乏客观标准，故这种方法主要适合于历史资料缺乏或未来不确定因素较多的情况。

②有些专家可能作出趋近于中位数或算术平均数的结论。所以，为了避免这种情况发

生，有时候在第二轮征询时，只告诉各专家前一轮征询后得到的极差值。

③由于反馈次数较多，反馈所花时间较长，在此期间可能有些专家会中途退出，从而影响调查的准确性。

3. 德尔菲法的步骤

德尔菲法的步骤大体如图 7.4 所示。

图 7.4 德尔菲法的步骤示意

4. 德尔菲法的应用案例

某能源公司计划投放一种新型太阳能产品，为了评估该产品在市场上的潜在销售量，公司征询了 9 位专业领域内的专家的意见。这些专家对新型太阳能产品的销售量进行了评估，调查结果见表 7.2，具体过程如下。

表 7.2 调查结果表

专家姓名	第一次判断			第二次判断			第三次判断		
	最低	最可能	最高	最低	最可能	最高	最低	最可能	最高
A	10	15	18	12	15	18	11	15	8
B	4	9	12	6	10	13	8	10	13
C	8	12	16	10	14	16	10	14	16
D	15	18	30	12	15	30	10	12	25
E	2	4	7	4	8	10	6	10	12
F	6	10	15	6	10	15	6	12	15
G	5	6	8	5	8	10	8	10	12
H	5	6	10	7	8	12	7	8	12
I	8	10	19	10	11	20	6	8	12
平均值	7	10	15	8	11	16	8	11	15

（1）选择有丰富经验的经理、供销人员，共 9 位专家。

（2）将新产品的样品和说明书以及同类产品的价格和销售资料等连同调查表寄给这 9 位专家，请他们将调查表填好意见后寄回。

（3）汇总整理寄回的调查表，再返回给每位专家，请他们进一步作出判断，再填写新的调查表。类似情况往返 3 次。

（4）根据步骤（3）所得到的数据资料来预测新产品的销售量。

①如果按照 9 位专家第三次判断的平均值计算，则预测这个新产品的平均销售量为
$\dfrac{8 + 11 + 15}{3} = 11.33$。

②将最可能销售量、最低销售量和最高销售量分别按 0.5，0.2 和 0.3 的概率加权平均，则预测平均销售量为 $8 \times 0.2 + 11 \times 0.5 + 15 \times 0.3 = 11.6$。

③用中位数计算，可将第三次判断按预测值高低排列如下

最低销售量：　　6　　7　　8　　10　　11

最可能销售量：　8　　10　　11　　12　　14　　15

最高销售量：　　8　　12　　13　　15　　16　　25

最低销售量的中位数为第三项，即 8。

最可能销售量的中位数为 $\dfrac{11 + 12}{2} = 11.5$。

最高销售量的中位数为 $\dfrac{13 + 15}{2} = 14$。

将最可能销售量、最低销售量和最高销售量分别按 0.5，0.2 和 0.3 的概率加权平均，则预测平均销售量为 $11.5 \times 0.5 + 8 \times 0.2 + 14 \times 0.3 = 11.55$。

选择使用平均数或中位数的原则是：如果数据分布的偏态比较大，一般使用中位数，以免受个别偏大或偏小的判断值的影响；如果数据分布的偏态比较小，一般使用平均数，以便考虑到每个判断值的影响。按照此原则，此例采用平均数为宜。

7.3　时间序列平滑预测法与建模实现

7.3.1　概念

时间序列指某一统计指标数值按时间先后顺序排列而形成的数列，常用 $y_1, y_2, \cdots, y_t$ 表示，t 表示时间，用于掌握统计数据随时间变化的规律。例如，可再生能源领域中某一新能源产品的年产量、月存储容量、市场价格趋势，城市规划领域中某一地区的交通流量，某医疗设施每日接待的患者人数，气象学领域中某一地区的日平均温度和年降水量等，都形成了时间序列。

1. 时间序列的因素分解

时间序列数值受多种因素影响，依据性质不同，可分为长期趋势、季节变动、循环变动及不规则变动四类。

（1）长期趋势反映事物的主要变化趋势，指由于某种根本性因素的影响，导致时间序列在较长时间内朝着一定的方向持续上升或下降，或停留在某一水平上。

（2）季节变动因素是经济现象受季节变动影响所形成的一种长度和幅度固定的周期波动。季节变动因素既包括受自然季节影响所形成的波动，也包括受工作时间规律所形成的波动。

（3）循环变动是指序列围绕着长期趋势存在的周期为一年以上近乎有规律的周而复始的一种循环变动，这种变动与季节趋势不同，循环的幅度和周期可以很不规则。

（4）不规则变动指由于各种偶然因素引起的无周期变动，可分为突然变动和随机变动。其中，突然变动指自然灾害、意外事故等因素所引起的变动，随机变动指由于大量随机因素所产生的影响。

2. 事件序列的分解模型

时间序列由长期趋势、季节变动、循环变动和不规则变动四类因素组成，依据这四类因素组合，常见的时间序列有以下几种类型。

（1）加法型。

$$y_t = T_t + S_t + C_t + I_t \tag{7 - 11}$$

（2）乘法型。

$$y_t = T_t \times S_t \times C_t \times I_t \tag{7 - 12}$$

（3）混合型。

$$y_t = S_t \times T_t + C_t + I_t \text{ 或 } y_t = C_t \times T_t + S_t + I_t \tag{7 - 13}$$

其中，y_t 为时间序列的全变动；T_t 为长期趋势；S_t 为季节变动；C_t 为循环变动；I_t 为不规则变动。

在社会经济统计中，时间序列是一种强大的工具，它不仅提供了衡量社会经济现象发展速度、趋势和模式的基础数据，而且还能通过计算和分析指标来探究这些现象的变化方向、速度和结果。通过对不同时间序列的综合分析，能够揭示各种现象之间的相互关系和动态变化过程。最终，通过建立数学模型预测这些现象的变化规律，为决策提供科学依据。

7.3.2 移动平均法

移动平均法作为一种短期预测的改进算术平均法，适用于时间序列分析。该方法在序列的周期性和不规则波动显著，趋势不明显时，能有效消除这些波动的影响。"移动平均"之名源于其处理方式：接收新数据点时，将其纳入计算并更新平均值，同时淘汰最旧的数据点。这一过程持续进行，始终保持固定数量的数据点，包括最新观察值，以此生成一系列平均数，预测未来趋势。移动平均法分为简单移动平均和二次移动平均。

1. 典型移动平均方法介绍

（1）简单移动平均：保持平均的期数不变，总是为 t 期，而使所求的平均值随时间变化不断移动。

$$M_{t+1} = \frac{y_1 + y_2 + \cdots + y_t}{t} = \frac{1}{t}\sum_{i=1}^{t} y_i \qquad (7-14)$$

若预测第 $t+2$ 期，则

$$M_{t+2} = \frac{y_2 + y_3 + \cdots + y_{t+1}}{t} = \frac{1}{t}\sum_{i=1}^{t+1} y_i \qquad (7-15)$$

由公式可知，每向前推进一个时期 t，就会纳入一个新的数据点并移除最旧的数据点，以此计算得出更新的平均值。

简单移动平均对于波动性大的数据序列能显著降低随机波动。并且平均项数 N 的多寡直接影响平滑效果：项数 N 较多时，数据平滑更为明显，但对数据变化的敏感度降低；项数 N 较少时，平滑效果减弱，但趋势模拟对数据变化更敏感。因此，选择适当的移动平均项数 N 对于优化平滑效果至关重要。实践中，通过比较不同项数的模拟结果，可以选择最佳模型。

（2）二次移动平均：时间序列若展现出明显的线性趋势，则一次移动平均法或一次指数平滑法可能不适宜用于预测，因为这些方法在面对随机波动时，预测值往往会滞后于实际值。为减少这种误差，二次移动平均法应运而生，它通过分析移动平均的滞后偏差，构建了能够捕捉直线趋势的预测模型。这种方法提高了对趋势数据预测的准确性。

二次移动平均是在一次移动平均的基础上得到的，其公式为

$$M_t^{(2)} = \frac{M_t^{(1)} + M_{t-1}^{(1)} + \cdots + M_{t-N+1}^{(1)}}{N} \qquad (7-16)$$

设时间序列 $\{y_t\}$ 从某时期开始具有直线趋势，且认为未来时期也按此直线趋势变化，则可设此直线趋势预测模型为

$$\hat{y}_{t+T} = a_t + b_t T \qquad (7-17)$$

式中，t 为当前时期数；T 为由 t 至预测期的时期数；$\hat{y}_{t+T}$ 为第 $t+T$ 期预测值；a_t 为截距；b_t 为斜率。a_t，b_t 又称为平滑系数。其中，a_t，b_t 的计算公式如下

$$a_t = 2M_t^{(1)} - M_t^{(2)} \qquad (7-18)$$

$$b_t = \frac{2}{N-1}(M_t^{(1)} - M_t^{(2)}) \qquad (7-19)$$

2. 典型移动平均方法程序实现

（1）简单移动平均 Matlab 程序实现。

```
%输入时间序列观测值
X = [  ]
%输入移动平均项数
```

```
N =
for t =N:length(X)
    a=t;b=0;c=0;
    while c< n
        b=b+X(a);
        a=a-1;
        c=c+1
    end
    %一次移动平均值
    M1(t)=b/N;
    %下一期预测值
    X1(t+1)=M1(t);
end
MSE=1/(length(X)-N+1)*sum((X(N:end)-M1(N:end)).^2);%均方误差
```

（2）二次移动平均 Matlab 程序实现。

```
%输入时间序列观测值
X=[  ]
%输入移动平均项数
N =
1)计算一次移动平均
for t =N:length(X)
    a=t;b=0;c=0;
    while c< n
        b=b+X(a);
        a=a-1;
        c=c+1
    end
    %一次移动平均值
    M1(t)=b/N;
end
```

（3）计算二次移动平均值。

```
N1 = 2 * N-1;
for t = N1:length(M1)
    d = t;e = 0;f = 0;
    while f < N
        e = e+M1(d);
        d = d-1;
        f = f+1;
    end
  M2(t) = e/N;
end
a1 = 2 * M1(N1:end) -M2(N1:end);
b1 = 2 * (M1(N1:end) -M2(N1:end))/(N-1);
% 预测值
y1 = a1+b1
% 均方差
MSE = 1/(length(X) -2 * N+1) * sum((X(2 * N:end) -y1(1:end-1)).^2);
```

3. 算例过程

本案例[1] 节选自《中国商论》于 2019 年第 14 期收录的《基于简单移动平均法的汽车售后配件需求预测研究》。

这篇论文利用简单移动平均法对汽车售后配件需求进行预测分析，为汽车售后服务企业提供借鉴和参考。选取某汽车 4S 店，某年 1—12 月摩擦片实际销售量，见表 7.3。用简单移动平均法，预测下年 1 月摩擦片的销售量。

表 7.3　1—12 月摩擦片实际销售量

月份	销售量/片	月份	销售量/片
1	425	7	424
2	348	8	505
3	436	9	481
4	446	10	383
5	530	11	426
6	428	12	443

当 $N=5$ 时，Matlab 程序实现为

输入程序	输出变量值

% 输入时间序列
X=[425
  348
  436
  446
  530
  428
  424
  505
  481
  383
  426
  443]
	X =
	
	    425
	    348
	    436
	    446
	    530
	    428
	    424
	    505
	    481
	    383
	    426
	    443

% 输入移动平均项 N=5	N = 5

for t=N: length (X)
  a=t;
  b=0;
  c=0;
  while c<N
    b=b+X (a);
    a=a-1;
    c=c+1
  end
  % 一次移动平均值
  M1 (t) =b/N;
  % 下一期预测值
  X1 (t+1) =M1 (t);
end
% 输出预测值
display (X1)
	X1 =
	
	    0 0 0 0
	    0 437.0000 437.6000 452.8000
	466.6000 473.6000 444.2000 443.8000
	447.6000

求得结果见表 7.4。下年 1 月摩擦片的销售量预测值为 448 片。

表 7.4　摩擦片销量预测计算表

月份	销售量（5月移动平均）/片	月份	销售量（5月移动平均）/片
1—5	—	7	438
6	437	8	453

月份	销售量（5 月移动平均）/片	月份	销售量（5 月移动平均）/片
9	467	11	444
10	474	12	444
下年 1 月	448		

7.3.3 指数平滑法

指数平滑法是移动平均法的进阶，其存储历史数据并赋予不同时间点的数据以不同的权重，利用全部历史信息进行预测。根据数据平滑的深度，指数平滑法分为一次指数平滑法、二次指数平滑法和三次指数平滑法，每一级别都更精细地考虑了数据的时间相关性。

1. 指数平滑法介绍

（1）一次指数平滑法：也称单指数平滑（Single Exponential Smoothing, SES）法，其公式可以由简单移动平均公式推导而得。

$$M_{t+1} = M_t + \frac{1}{N}(y_t - y_{t+2-N}) \tag{7-20}$$

假设是平稳时间序列，那么可以用 M_{t-1} 代替 y_{t+2-N}，将它代入等式

$$M_{t+1} = M_t + \frac{1}{N}(y_{t+1} - M_{t-1}) \tag{7-21}$$

$$M_{t+1} = \left(\frac{1}{N}\right)y_t + \left(1 - \frac{1}{N}\right)M_t \tag{7-22}$$

令 $\alpha = \frac{1}{N}$，显然，$0 < \alpha < 1$，则

$$M_{t+1} = \alpha y_t + (1 - \alpha)M_t \tag{7-23}$$

式（7-23）为一次指数平滑法的一般表达式。其只需保留本期观测值 y_t 和上期对本期的预测值 M_t，就可以对下一期进行预测，其中，要保留的数据就是平滑常数 α 的数值。

为了更好理解指数平滑的实质，我们将式（7-23）展开

$$M_{t+1} = ay_t + (1-\alpha)M_t = ay_t + (1-\alpha)\left[ay_{t-1} + (1-\alpha)M_{t-1}\right]$$

$$= ay_t + (1-\alpha)ay_{t-1} + (1-\alpha)^2 M_{t-1} = \cdots = \alpha \sum_{j=0}^{\infty}(1-\alpha)y_{t+1-j} \tag{7-24}$$

由式（7-24）可知，每一递推观察值的权数按指数规律递减，这就是指数平滑名称的由来。指数平滑法的目标是使均方差（MSE）最小，指数平滑法的估计是非线性的。可以证明，当 n 无穷大时，所有权数之和等于 1，即

$$\sum_{n=1}^{\infty}\alpha(1-\alpha)^{n-1} = 1 \tag{7-25}$$

对式（7-23）重新排列得

$$M_{t+1} = M_t + \alpha(y_t - M_t) \qquad (7-26)$$

式（7-26）简化为

$$M_{t+1} = M_t + \alpha e_t \qquad (7-27)$$

式中，e_t 为 t 时刻的预测误差。

接下来，分别取 $\alpha = 0, \alpha = 0.1, \alpha = 0.9, \alpha = 1$ 来分析随着指数的增加，权数的变化情况见表7.5。

表7.5　权数的变化情况表

时期	权重	$\alpha=0$	$\alpha=0.1$	$\alpha=0.9$	$\alpha=1$
t	α	0	0.1	0.9	1.00
$t-1$	$\alpha(1-\alpha)$	0	0.09	0.09	0
$t-2$	$\alpha(1-\alpha)^2$	0	0.081	0.009	0
$t-3$	$\alpha(1-\alpha)^3$	0	0.073	0.001	0
$t-4$	$\alpha(1-\alpha)^4$	0	0.066	0.000	0

这说明 α 的取值接近 1 时，各期历史数据的作用迅速衰减，近期数据的作用最大。当时间序列变化剧烈时，宜选较大的 α 值，以很快跟上其变化。α 取值接近 0，如 $\alpha = 0.01$ 时，各期数据的作用缓慢减弱，呈现比较平稳变化的状态。当时间序列的变化较为平缓时，α 可取较小值。实际应用中 α 的大小仍需通过试验比较来确定。

（2）二次指数平滑法：也称双重指数平滑，通过对一次指数平滑结果的再平滑来优化预测。一次指数平滑直接将平滑值作为预测输出，但在变量趋势变化时可能不够适应。相比之下，二次指数平滑通过调整平滑值以适应时间序列的线性趋势，构建了一个线性模型，有效克服了一次指数平滑的滞后误差，提高了预测的准确性。二次指数平滑法的基本原理与二次移动平均法完全相同。其计算公式如下。

二次指数平滑值为

$$S_t^{(1)} = \alpha y_t + (1-\alpha)S_{t-1}^{(1)} \qquad (7-28)$$

$$S_t^{(2)} = \alpha S_t^{(1)} + (1-\alpha)S_{t-1}^{(2)} \qquad (7-29)$$

预测公式为

$$M_{t+T} = a_t + b_t T \qquad (7-30)$$

式中

$$a_t = 2S_t^{(1)} - S_t^{(2)} \qquad (7-31)$$

$$b_t = \frac{\alpha}{1-\alpha}(S_t^{(1)} - S_t^{(2)}) \qquad (7-32)$$

式中，y_t 为 t 期的观测值；T 为预测期到当期的长度；α 为平滑系数，$0 < \alpha < 1$。

当 $t = 1$ 时，$S_{t-1}^{(1)}$ 和 $S_{t-1}^{(2)}$ 是没有数值的，和一次指数平滑一样，需要事先给定，它们是二次指数平滑的初始值，分别记作 $S_0^{(1)}$ 和 $S_0^{(2)}$。$S_0^{(1)}$ 可以与 $S_0^{(2)}$ 相同，也可以不同。通常采用 $S_0^{(1)} = S_0^{(2)} = y_0$ 或序列最初几期数据的平均值。

二次指数平滑法能有效改善滞后偏差，对趋势变动明显的市场现象进行处理，且可对未来多期进行预测，同时它采用了各期的 a_t、b_t 值，能够客观反映出市场的变化。

2. 指数平滑法程序实现

（1）一次指数平滑 Matlab 程序实现。

```
%输入时间序列观测值
X = [ ]
%输入平滑系数
alpha =
%样本数量
n = length(X);
%预测点数
T_predict = ;


%初始化
%一次指数平滑值
S1 = zeros(1, n);
%二次指数平滑值
S2 = zeros(1, n);
%趋势项
a = zeros(1, n);
%斜率
b = zeros(1, n);


%初始值设置(采用首项初始化)
S1(1) = X(1);
S2(1) = X(1);


%一次指数平滑计算
```

```
for t=2:n
    S1(t)=alpha * X(t) + (1 - alpha) * S1(t-1);
end
```

%二次指数平滑计算
```
for t=2:n
    S2(t)=alpha * S1(t) + (1 - alpha) * S2(t-1);
end
```

%计算趋势项和斜率
```
a=2 * S1 - S2;
b=(alpha/(1-alpha)) * (S1-S2);
```

%预测未来值
```
Y_pred=zeros(1, T_predict);
for T=1:T_predict
    Y_pred(T)=a(end) + b(end) * T;
end
```

3. 算例过程

本案例[2] 节选自《农业机械学报》于 2018 年 S1 期第 49 卷收录的《基于指数平滑预测的高效变量喷灌方法》，基于二次平滑预测算法的变量灌溉指导数据处理方法，根据理论设定值自行调整平滑权重，使其预测数据达到最优。以一个传感器区块为例，测试传感器测量初始含水率（表 7.6）样本数据时所需时间。

表 7.6　预测样本数据

样本传感器含水率/%	11	12	13	14	15
数值跳变累积时间/s	960	1 060	1 167	1 272	1 380

二次平滑指数计算 MALAB 程序，选取 $\alpha=0.9$。

输入程序	输出变量值

`% 输入参数`
`% 时间序列观测值`
`X = [960, 1060, 1167, 1272, 1380];`
 	
`% 最优平滑系数`
`alpha = 0.9;`
 	
`% 样本数量`
`n = length (X);`
 	
`% 预测点数`
`T_ predict = 6;`
 	
`% 一次指数平滑值`
`S1 = zeros (1, n);`
`% 二次指数平滑值`
`S2 = zeros (1, n);`
`% 趋势项`
`a = zeros (1, n);`
`% 斜率`
`b = zeros (1, n);`
 	
`% 初始值设置`
`S1 (1) = X (1);`
`S2 (1) = X (1);`
 	
`% 一次指数平滑计算`
`for t = 2: n`
`    S1 (t) = alpha * X (t) + (1 - alpha) *`
`S1 (t-1);`
`end`
 	
`% 二次指数平滑计算`
`for t = 2: n`
`    S2 (t) = alpha * S1 (t) + (1 - alpha)`
`* S2 (t-1);`
`end`
 	
`% 计算趋势项和斜率`
`a = 2 * S1 - S2;`
`b = (alpha/ (1-alpha) ) * (S1-S2);`
	`X =`
	
	`960   1060   1167   1272   1380`
	
	`alpha =`
	
	`0.9000`
	
	`n =`
	
	`5`

续表

输入程序	输出变量值
```%预测未来值 Y_ pred=zeros (1, T_ predict); for T=1: T_ predict Y_ pred (T) = a (end) + b (end) *T; end```	
```%======结果输出====== fprintf ('一次指数平滑计算结果 \n'); fprintf ('样本含水率/%% \t 观测时间/s \tS1 [α=0.9] /s \n'); for t=1: n fprintf ('%d \t \t \t%d \t \t \t%.3f \n', 10+t, X (t), S1 (t)); end```	一次指数平滑计算结果 样本含水率/% 观测时间/s S1 [α=0.9] /s 11 960 960.000 12 1060 1050.000 13 1167 1155.300 14 1272 1260.330 15 1380 1368.033
```fprintf (' \n 二次指数平滑计算结果 \n'); fprintf ('样本含水率/%% \tS1 [α=0.9] /s \tS2 [α=0.9] /s \n'); for t=1: n fprintf ('%d \t \t \t%.3f \t \t%.3f \n', 10+t, S1 (t), S2 (t)); end```	二次指数平滑计算结果 样本含水率/% S1 [α=0.9] /s S2 [α=0.9] /s 11 960.000 960.000 12 1050.000 1041.000 13 1155.300 1143.870 14 1260.330 1248.684 15 1368.033 1356.098
```fprintf (' \n 预测结果 \n'); fprintf ('预测含水率/%% \t 预测时间/s \n'); for T=1: T_ predict fprintf ('%d [T=%d] \t \t%.3f \n', 15+T, T, Y_ pred (T)); end```	预测结果 预测含水率/% 预测时间/s 16 [T=1] 1487.382 17 [T=2] 1594.796 18 [T=3] 1702.210 19 [T=4] 1809.624 20 [T=5] 1917.038 21 [T=6] 2024.452

二次指数平滑计算结果 $Y=$ [1 487, 1 595, 1 702, 1 810, 1 917, 2 024]，即样本传感器含水率分别为 16%、17%、18%、19%、20%、21% 时传感器区域灌溉时间为：1 487s、1 595s、1 702s、1 810s、1 917s、2 024s。

7.4　趋势外推预测法与建模实现

7.4.1　概念

1. 趋势外推法的概念

统计数据显示，大量社会经济现象呈现出逐步发展的特性，并且这种发展通常随时间展现出规律性。在预测对象随时间呈现出一定的上升或下降趋势，且没有明显季节性波动的情况下，如果能够找到一个恰当的函数曲线来描述这种趋势，那么就可以以时间 t 作为自变量，以时序数值 y 作为因变量，构建一个反映这种趋势的模型。

$$Y = f(t) \tag{7-33}$$

式中，t 为时间顺序号，取自然数，如时间从 1952 年开始，则 t 以 1952 年为 1，以 1953 年为 2，按顺序依次赋值。

如果趋势模型所反映的规律能够延伸到未来，赋予变量 t 所需要的未来值，可以直接得到相应时刻时间序列未来值。这就是趋势外推预测。

2. 趋势外推法的分类

趋势外推法的实质就是利用某种函数分析描述预测对象某一参数的发展趋势，以下四种趋势预测模型最为常用。

（1）多项式曲线预测模型。

曲线趋势形式的一种，以多项式方程结合时间序列的真实曲线趋势预测未来。一般地，n 次多项式（n 为正整数）预测模型可以写为

$$\hat{y}_t = b_0 + b_1 t + b_2 t^2 + \cdots + b_n t^n \tag{7-34}$$

（2）指数曲线预测模型。

当描述考察对象的指标在散点图上的数据点呈指数曲线或者近似指数曲线时，表明该预测对象的发展是按照指数规律或者近似指数规律变化的，适用于指数曲线预测模型。常见的指数曲线预测模型有

①指数曲线预测模型。

$$\hat{y} = a\mathrm{e}^{bt} \tag{7-35}$$

②修正指数曲线预测模型。

$$\hat{y}_t = a + bc^t \tag{7-36}$$

（3）对数曲线预测模型。

对数曲线预测模型是指观测对象具有对数曲线变动或者近似对数曲线变动趋势的历史数据，其一般表达形式为

$$\hat{y}_t = a + b\ln t \qquad (7-37)$$

（4）生长曲线预测模型。

适用于观测对象的一组观测数据随着时间变化具有类似于生物的发展过程，经历发生、发展和成熟三个阶段的数据特征。通常每个阶段发展速度各不相同，且发生阶段变化偏缓、发展阶段变化加快，而在成熟阶段则变化又偏缓。按照这一规律变动的曲线称为生长曲线。

皮尔曲线预测模型

$$\hat{y}_t = \frac{L}{1 + ae^{-bt}} \qquad (7-38)$$

龚珀兹曲线预测模型

$$\hat{y}_t = ka^{b^t} \qquad (7-39)$$

3. 趋势外推模型的选择

（1）图形识别法。

在时间序列分析中，数据点以时间 t 为横轴、观察值为纵轴绘制成散点图。通过对比散点图展示的数据变化特征与各种趋势预测模型的图形特征，可以手动选择最合适的模型进行外推。图形识别法的直观性和易操作性是其显著优点，但也可能因曲线的相似变化趋势而导致模型选择的误差。

（2）差分计算法。

差分计算法被广泛应用于将原始时间序列转化为平稳序列，通过数据的修匀处理，将非平稳序列转换为平稳序列，以便进行有效地分析和预测。一阶向后差分的定义为

$$\Delta y_t = y_t - y_{t-1} \qquad (7-40)$$

二阶向后差分的定义为

$$\Delta^2 y_t = \Delta y_t - \Delta y_{t-1} = y_t - 2y_{t-1} + y_{t-2} \qquad (7-41)$$

k 阶向后差分的定义为

$$\Delta^k y_t = \Delta^{k-1} y_t - \Delta^{k-1} y_{t-1} = y_t + \sum_{r=1}^{k} (-1)^r C_k^r y_{t-r} y_t \qquad (7-42)$$

计算时间序列的差分，并将其与各类模型的差分特点进行比较，就可以选择适宜的模型。利用差分法识别几种常用模型的例子如表 7.7 所示。

表 7.7　利用差分法识别几种常用模型的例子

趋势外推模型	一阶差分	二阶差分	基于差分的计算
$\hat{y}_t = a + bt$	b	0	
$\hat{y}_t = b_0 + b_1 t + b_2 t^2$	$b_1 + (2t-1)b_2$	$2b_2$	
$\hat{y}_t = ae^{bt}$			$\dfrac{y_t}{y_{t-1}} = e^b$

趋势外推模型	一阶差分	二阶差分	基于差分的计算
$\hat{y}_t = a + bc^t$			$\dfrac{y_t - y_{t-1}}{y_{t-1} - y_{t-2}} = c$

由表 7.7 可知，如果时间序列各期数值的一阶差分相等或大致相等，就可以配一次（线性）模型进行计算；如果时间序列各期数值的二阶差分相等或大致相等，就可以配二次（线性）模型进行计算；如果时间序列各期数值的一阶差比率 $\left(\dfrac{y_t}{y_{t-1}}\right)$ 相等或大致相等，就可以配指数曲线模型进行计算；如果时间序列各期数值的一阶差的一阶差比率 $\left(\dfrac{y_t - y_{t-1}}{y_{t-1} - y_{t-2}}\right)$ 相等或大致相等，就可以适用修正指数曲线模型进行计算。

7.4.2　多项式曲线趋势外推法

如前所述，多项式曲线预测模型的一般形式为

$$\hat{y}_t = b_0 + b_1 t + b_2 t^2 + \cdots + b_n t^n \tag{7-43}$$

本节重点介绍二次和三次多项式曲线预测模型及其应用。

1. 多项式曲线预测介绍

（1）二次多项式曲线预测。

二次多项式曲线模型为

$$\hat{y}_t = b_0 + b_1 t + b_2 t^2 \tag{7-44}$$

设有一组统计数据 $y_1, y_2, \cdots, y_n$，令

$$
\begin{aligned}
Q(b_0, b_1, b_2) &= \sum_{t=1}^{n} (y_t - \hat{y}_t)^2 \\
&= \sum_{t=1}^{n} (y_t - b_0 - b_1 t - b_2 t^2)^2
\end{aligned}
\tag{7-45}
$$

为使 Q 为最小值，根据微积分原理得

$$
\begin{cases}
\dfrac{\partial Q}{\partial b_0} = -2 \sum (y - b_0 - b_1 t - b_2 t^2) = 0 \\[2mm]
\dfrac{\partial Q}{\partial b_1} = -2 \sum (y - b_0 - b_1 t - b_2 t^2) t = 0 \\[2mm]
\dfrac{\partial Q}{\partial b_2} = -2 \sum (y - b_0 - b_1 t - b_2 t^2) t^2 = 0
\end{cases}
\tag{7-46}
$$

经整理得

$$\begin{cases} \sum y = nb_0 + b_1 \sum t + b_2 \sum t^2 \\ \sum ty = b_0 \sum t + b_1 \sum t^2 + b_2 \sum t^3 \\ \sum t^2 y = b_0 \sum t^2 + b_1 \sum t^3 + b_2 \sum t^4 \end{cases} \tag{7-47}$$

解此三元一次方程组，可求得 b_0，b_1 和 b_2 三个参数。

（2）三次多项式曲线预测。

三次多项式曲线模型为

$$\hat{y}_t = b_0 + b_1 t + b_2 t^2 + b_3 t^3 \tag{7-48}$$

设有一组统计数据 $y_1, y_2, \cdots, y_n$ ，令

$$\begin{aligned} Q(b_0, b_1, b_2, b_3) &= \sum_{t=1}^{n} (y_t - \hat{y}_t)^2 \\ &= \sum_{t=1}^{n} (y_t - b_0 - b_1 t - b_2 t^2 - b_3 t^3)^2 \\ &= 最小值 \end{aligned} \tag{7-49}$$

根据微积分原理得

$$\begin{cases} \dfrac{\partial Q}{\partial b_0} = -2 \sum (y - b_0 - b_1 t - b_2 t^2 - b_3 t^3) = 0 \\ \dfrac{\partial Q}{\partial b_1} = -2 \sum (y - b_0 - b_1 t - b_2 t^2 - b_3 t^3) t = 0 \\ \dfrac{\partial Q}{\partial b_2} = -2 \sum (y - b_0 - b_1 t - b_2 t^2 - b_3 t^3) t^2 = 0 \\ \dfrac{\partial Q}{\partial b_3} = -2 \sum (y - b_0 - b_1 t - b_2 t^2 - b_3 t^3) t^3 = 0 \end{cases} \tag{7-50}$$

经整理得

$$\begin{cases} \sum y = nb_0 + b_1 \sum t + b_2 \sum t^2 + b_3 \sum t^3 \\ \sum ty = b_0 \sum t + b_1 \sum t^2 + b_2 \sum t^3 + b_3 \sum t^4 \\ \sum t^2 y = b_0 \sum t^2 + b_1 \sum t^3 + b_2 \sum t^4 + b_3 \sum t^5 \\ \sum t^3 y = b_0 \sum t^3 + b_1 \sum t^4 + b_2 \sum t^5 + b_3 \sum t^6 \end{cases} \tag{7-51}$$

解此四元一次方程组，可求得 b_0，b_1，b_2 和 b_3。

2. 多项式曲线程序实现

（1）二次多项式曲线预测。

% 输入时间序列观测值

```
y = [  ]
```

```
% 输入时间 t
```

```
t = [  ]
```

```
n = length(y)
```

```
A = [n sum(t) sum(t.^2)
    sum(t) sum(t.^2) sum(t.^3)
    sum(t.^2) sum(t.^3) sum(t.^4)]
```

```
B = [sum(y)
    sum(t.*y)
    sum((t.^2).*y)]
```

```
% X 中的元素为 b0,b1,b2
```

```
X = A \ B
```

(2) 三次多项式曲线预测。

```
% 输入时间序列观测值
```

```
y = [  ]
```

```
% 输入时间 t
```

```
t = [  ]
```

```
n = length(y)
```

```
A = [n sum(t) sum(t.^2) sum(t.^3)
    sum(t) sum(t.^2) sum(t.^3) sum(t.^4)
    sum(t.^2) sum(t.^3) sum(t.^4) sum(t.^5)
    sum(t.^3) sum(t.^4) sum(t.^5) sum(t.^6)]
```

```
B = [sum(y)
    sum(t.*y)
    sum((t.^2).*y)
    sum((t.^3).*y)]
```

```
% X 中的元素为 b0,b1,b2,b3
```

```
X = A \ B
```

3. 算例过程

某地区 2012—2018 年大米产量时间序列数据如表 7.8 所示，试预测 2019 年的大米产量。

表 7.8　某地区 2012—2018 年大米产量时间序列数据

年份	2012	2013	2014	2015	2016	2017	2018
产量	150	238	272	277	273	283	328
一阶差分		88	34	5	-4	10	45
二阶差分			-54	-29	-9	14	35
三阶差分				25	20	23	21

由上表可知，大米产量三阶差分时基本接近一个常数，因此，可以用三次多项式曲线模型进行预测。

Matlab 计算过程如下。

输入程序	输出变量值
%输入时间序列观测值 y=[150 238 272 277 273 283 328]	y = 150　238　272　277　273　283　328
%输入时间 t=[1 2 3 4 5 6 7]	t = 1 2 3 4 5 6 7
%计算观测值的长度 n=length (y)	n = 　7
%构建矩阵 A A= [n sum (t) sum (t. ^2) sum (t. ^3) 　sum (t) sum (t. ^2) sum (t. ^3) sum (t. ^4) 　sum (t. ^2) sum (t. ^3) sum (t. ^4) sum (t. ^5) 　sum (t. ^3) sum (t. ^4) sum (t. ^5) sum (t. ^6)]	A = 　7　　28　　140　　784 　28　　140　　784　　4676 140　　784　　4676　　29008 784　　4676　　29008　　184820 B =
%构建向量 B B= [sum (y) 　sum (t. *y) 　sum ((t. ^2). *y) 　sum ((t. ^3). *y)]	1821 　7909 　41067 　234883 X =
%求解线性方程组，得到系数向量 X，X 中的元素为 b0, b1, b2, b3 X=A \ B	-11.5714 　206.2738 　-48.2024 　3.6667

三次多项式曲线模型为 $y_t = -11.57 + 206.27t - 48.2t^2 + 3.67t^3$，因此 2019 年的产量预测值为 431。

7.4.3　指数曲线法

1. 指数曲线预测

指数曲线预测模型为

$$\hat{y}_t = ae^{bt} \tag{7-52}$$

式中，a、b 为参数；t 为时间。

为了实现指数曲线的参数估计，先将时间序列取对数后，用变换后的新序列与时间 t 建立线性模型，利用最小二乘法等线性模型的参数估计方法来求出曲线参数，进而通过求解 $\lg a$ 和 $\lg b$ 的反对数得到 a、b 的值。

对 $\hat{y}_t = ae^{bt}$ 模型做线性变换，得

$$\ln y_t = \ln a + bt \tag{7-53}$$

令 $Y_t = \ln y_t$，$A = \ln a$，则

$$Y_t = A + bt \tag{7-54}$$

式中，a 和 b 都是参数，可以通过最小二乘法求解

$$\begin{cases} b = \dfrac{\sum tY - nt\bar{Y}}{\sum t^2 - n\bar{t}^2} \\ A = \bar{Y} - b\bar{t} \end{cases} \tag{7-55}$$

由 $A = \ln a$ 得，$a = e^A$。

2. 程序的实现

```
% 输入原始观测数据
t =[ ];
S =[ ];
% 转换为正数便于计算
S_abs = abs(S);
% 定义指数曲线模型
model = fittype('a * (1-exp(-b * x))');
% 执行非线性最小二乘拟合
f = fit(t', S_abs', model, 'StartPoint', [21, 0.006]);
% 获取拟合参数
```

```
a = f.a;
b = f.b;
%显示拟合参数
disp(['拟合参数：a=', num2str(a),', b=', num2str(b)]);
%计算对数线性化参数用于验证
y_log = log(1 - S_abs /a);
p = polyfit(t, y_log, 1);
slope = p(1);
intercept = p(2);
%显示斜率和对数截距
disp(['斜率(理论-b):', num2str(slope),', 对数截距:', num2str(inter-
cept)]);
%生成预测值
t_pred = t;
S_pred = a * (1 - exp(-b * t_pred));
%计算相对误差百分比
error = 100 * abs(S_pred - S_abs) ./ S_abs;
%计算数据的平均误差
mean_error = mean(error)
```

3. 算例过程

本案例[3] 节选自《水利科技与经济》于 2016 年第 06 期第 22 卷收录的《指数曲线法在地基沉降预测中的应用》。该发电厂二期某烟囱 3 点经过一段时间的测量数据见表 7.9。

表 7.9　发电厂二期某烟囱 3 点经过一段时间的测量数据

日期	测量值	日期	测量值
2003-12-13	18.9	2004-05-11	20.2
2004-02-12	20.4	2004-08-27	21.2
2004-11-14	21.5	2007-03-31	21.1
2005-02-28	21.0	2007-07-06	21.1
2005-11-20	21.1	2007-10-17	21.5

输入程序	输出变量值

%输入原始观测数据（天数 d，沉降量 cm）
t = [0, 41, 75, 173, 271, 332, 421, 529, 608,
714, 979, 1475, 1572, 1675];
S = [0, -1.1, -5.9, -15.4, -18.9, -20.4,
-20.2, -21.2, -21.5, -21.0, -21.1, -21.1, -21.1, -21.5
];
 	
%将沉降量转换为正数便于计算
S_ abs = abs (S);
 	
%定义指数曲线模型
model = fittype ('a * (1-exp (-b * x))');
 	
%执行非线性最小二乘拟合
f = fit (t', S_ abs', model, 'StartPoint', [21,
0.006]);
 	
%获取拟合参数
a = f.a;
b = f.b;
 	
% 显示拟合参数
disp (['拟合参数：a =', num2str (a), ', b =',
num2str (b)]);
 	
% 计算对数线性化参数用于验证
y_ log = log (1 - S_ abs /a);
p = polyfit (t, y_ log, 1);
slope = p (1);
intercept = p (2);
 	
% 显示斜率和对数截距
disp (['斜率（理论-b):', num2str (slope), ',
对数截距：', num2str (intercept)]);
 	
% 生成预测值
t_ pred = t;
S_ pred = a * (1 - exp (-b * t_ pred));
	
	拟合参数：a = 21.702, b = 0.0061295
	
	斜率（理论-b): -0. 0021423, 对数截距：-1.2466

输入程序	输出变量值
% 计算相对误差百分比 error＝100 * abs (S_ pred - S_ abs) . /S_ abs;	
% 计算后 10 组数据的平均误差 mean_ error＝mean (error (5: end));	
% 显示后 10 组预测结果 disp (['后 10 组预测值:', num2str (S_ pred (5: 14))]);	后 10 组预测值: 17.5801 18.866 20.0584 20.8542 21.1796 21.4292 21.6482 21.6994 21.7005 21.7012
disp (['后 10 组误差:', num2str (error (5: 14))]);	后 10 组误差: 6.9835 7.5198 0.70102 1.6313 1.4903 2.0437 2.5982 2.8407 2.8462 0.93584
disp (['平均误差:', num2str (mean_ error), '%']);	平均误差:2.9591%

由于计算精度或舍入方式不同,结果与原文稍有偏差。指数曲线法的计算结果为 Y＝ [17. 580 1 18. 86 6 20. 058 4 20. 854 2 21. 179 6 21. 429 2 21. 648 2 21. 699 4 21. 700 5 21. 701 2],最大误差为 7. 52% ,最小误差为 0. 7% ,平均误差为 2. 96% 。

7.4.4　修正指数曲线法

1. 修正指数曲线预测

修正指数曲线预测模型为

$$\hat{y}_t = k + ab^t \tag{7-56}$$

式中, k 、 a 、 b 均为参数; t 为时间。

式中包含三个待估参数,类似指数曲线模型,除了应用最小二乘原理进行参数估计外,引入如下的三点法进行简化和估计。

把序列 $\{y_t\}$ 平均分成三段,每段含有 n 个数据,对各段求和,可得

$$\sum_1 y_t = \sum_{t=0}^{n-1} y_t$$
$$= nk + a(b^0 + b^1 + \cdots + b^{n-1})$$
$$= nk + a\frac{b^n - 1}{b - 1} \tag{7-57}$$

$$\sum{}_{2}y_t = \sum{}_{t=n}^{2n-1} y_t$$
$$= nk + ab^n(b^0 + b^1 + \cdots + b^{n-1})$$
$$= nk + ab^n \frac{b^n - 1}{b - 1} \tag{7-58}$$

$$\sum{}_{3}y_t = \sum{}_{t=2n}^{3n-1} y_t$$
$$= nk + ab^{2n}(b^0 + b^1 + \cdots + b^{n-1})$$
$$= nk + ab^{2n} \frac{b^n - 1}{b - 1} \tag{7-59}$$

于是

$$\sum{}_{2}y_t - \sum{}_{1}y_t = a \frac{(b^n - 1)^2}{b - 1} \tag{7-60}$$

$$\sum{}_{3}y_t - \sum{}_{2}y_t = ab^n \frac{(b^n - 1)^2}{b - 1} \tag{7-61}$$

从而有

$$b^n = \frac{\sum{}_{3}y_t - \sum{}_{2}y_t}{\sum{}_{2}y_t - \sum{}_{1}y_t} \tag{7-62}$$

即

$$b = \sqrt[n]{\frac{\sum{}_{3}y_t - \sum{}_{2}y_t}{\sum{}_{2}y_t - \sum{}_{1}y_t}} \tag{7-63}$$

$$a = \left(\sum{}_{2}y_t - \sum{}_{1}y_t\right) \frac{b - 1}{(b^n - 1)^2} \tag{7-64}$$

$$k = \frac{1}{n}\left(\sum{}_{1}y_t - a \frac{b^n - 1}{b - 1}\right) \tag{7-65}$$

2. 程序的实现

程序如下。

```
%输入时间序列观测值
yt=[ ];
n=length(yt);m=n/3;
s1=sum(yt(1:m))
s2=sum(yt(m+1:2*m))
```

```
s3 = sum(yt(2 * m+1:end))
b = ((s3-s2)/(s2-s1))^(1/m)
a = (s2-s1) * (b-1)/(b * (b^m-1)^2)
k = (1/m) * (s1 - a * b * (b^m - 1)/(b - 1))
% t0 为输入的预测期数
for t = 1:t0
    y(t) = k+a * (b^t);
end
```

3. 算例过程

本案例[4] 节选自《北京测绘》于 2018 年第 08 期第 32 卷收录的《修正指数曲线法与灰色模型和 BP 神经网络预测在建筑物沉降中的对比分析》。论文选取适当的变形监测预测模型对于预测建筑物的变形尤为重要。这篇论文运用灰色模型 GM(1,1)、BP 神经网络和曲线拟合中的修正指数曲线对一幢大楼 13 期的沉降观测数据进行分析，该沉降观测点的 13 期沉降观测数据如表 7.10 所示。

表 7.10 沉降观测点的 13 期沉降观测数据

观测期号	累计沉降	观测期号	累计沉降	观测期号	累计沉降
1	7.41	6	11.96	11	12.34
2	9.05	7	12.14	12	12.37
3	10.72	8	12.20	13	12.38
4	11.33	9	12.28		
5	11.65	10	13.32		

输入程序	输出变量值
% 输入 y 的值 yt = [7.41 　　　9.05 　　　10.72 　　　11.33 　　　11.65	yt = 　　7.4100 　　9.0500 　　10.7200 　　11.3300 　　11.6500

输入程序	输出变量值
11.96 12.14 12.20 12.28 13.32 12.34 12.37];	11.9600 12.1400 12.2000 12.2800 13.3200 12.3400 12.3700
%计算 yt 的长度 n=length (yt)	n = 　12
%拆分 yt 为三个部分 m=n/3	m = 　4
%计算前 1/3 部分的和 s1=sum (yt (1: m))	s1 = 　38.5100
%计算中间 1/3 部分的和 s2=sum (yt (m+1: 2*m))	s2 = 　47.9500
%计算后 1/3 部分的和 s3=sum (yt (2*m+1: end))	s3 = 　49.3100
%计算 b 的值 b= ((s3-s2) /(s2-s1)) ^(1/m)	b = 　0.6161
%计算 a 的值 a= (s2-s1) * (b-1) /(b* (b^m-1) ^2)	a = 　-8.0294
%计算 k 的值 k= (1/m) * (s1 - a*b* (b^m - 1) /(b-1))	k = 　12.3847

输入程序	输出变量值
```for t =1: 13 y (t) =k+a * (b^t); end %输出预测值 display (y)```	y = 7.4379 9.3371 10.5071 11.2279 11.6720 11.9457 12.1142 12.2181 12.2821 12.3215 12.3458 12.3607 12.3699

修正指数曲线法的计算结果为 Y = [7.437 9 9.337 1 10.507 1 11.227 9 11.672 0 11.945 7 12.114 2 12.218 1 12.282 1 12.321 5 12.345 8 12.360 7 12.369 9]，即第 13 期的沉降预测值为 12.37。

7.4.5　生长曲线法

1. 皮尔曲线预测模型

皮尔曲线，由生物学家皮尔在 1844—1845 年提出，用于描述人口增长模式。该曲线描绘了一个典型的增长过程：起初阶段的指数增长，逐渐放缓直至接近饱和点，最终在成熟阶段增长停滞。

$$\hat{y}_t = \frac{k}{1 + ae^{-bt}} \tag{7 - 66}$$

根据上式得，当 $t \to 0$ 时，$y_t \to \dfrac{k}{1+a}$；当 $t \to +\infty$ 时，$y_t \to k$；当 $t \to -\infty$ 时，$y_t \to 0$。

可见，k 为事物发展趋于饱和时的极限值。且易计算出曲线的拐点坐标为 $\left(\dfrac{k}{2}, \ln\dfrac{a}{b}\right)$。由于皮尔曲线的倒数是修正指数曲线，因此仿照修正指数曲线估计参数的方法可得 k, a, b 的计算公式。

$$e^{-b} = b^* = \sqrt[n]{\frac{\sum_3 \frac{1}{y_t} - \sum_2 \frac{1}{y_t}}{\sum_2 \frac{1}{y_t} - \sum_1 \frac{1}{y_t}}} \tag{7 - 67}$$

$$\frac{a}{k} = \frac{\frac{1}{n}\left(b^{*n} \sum_1 \frac{1}{y_t} - \sum_2 \frac{1}{y_t}\right)}{b^{*n} - 1} \tag{7 - 68}$$

$$\frac{1}{k} = \frac{\frac{1}{n}\left(\sum_2 \frac{1}{y_t} - \sum_1 \frac{1}{y_t}\right)}{b^{*\frac{n+1}{2}}(b^{*n} - 1)} \tag{7-69}$$

这里 n 为总数据的 1/3，$\sum_1 \frac{1}{y_t}$，$\sum_2 \frac{1}{y_t}$，$\sum_3 \frac{1}{y_t}$ 分别为总数据三等分后的各部分和。

2. 龚珀兹曲线预测模型

龚伯兹曲线由美国统计学家和数学家龚伯兹提出，最初用于模拟人口增长率，后来广泛应用于分析新产品的研制、发展、成熟和衰退分析，工业产品寿命一般可分为四个时期：引入期、成长期、成熟期和衰退期，该曲线尤其适合预测处于成熟期的产品的未来走势。

龚柏兹曲线预测模型为

$$\hat{y}_t = ka^{b^t} \tag{7-70}$$

式中，k, a, b 为参数，t 为时间。

龚柏兹曲线的适用条件可以参考修正指数曲线情形，因为其可以转化为修正的指数曲线形式。

对 $\hat{y}_t = ka^{b^t}$ 两端取自然对数得

$$\ln\hat{y}_t = \ln k + b^t \ln a \tag{7-71}$$

式 (7-71) 在形式上与修正指数曲线相同。因此，可以用修正指数曲线估计参数的方法，利用三段法求得参数 k, a, b。

$$b = \sqrt[n]{\frac{\sum_3 \ln y_t - \sum_2 \ln y_t}{\sum_2 \ln y_t - \sum_1 \ln y_t}} \tag{7-72}$$

$$\ln a = \frac{\sum_2 \ln y_t - \sum_1 \ln y_t}{b^{\frac{n+1}{2}}(b^n - 1)} \tag{7-73}$$

$$\ln k = \frac{b^n \sum_1 \ln y_t - \sum_2 \ln y_t}{b^n - 1}) \tag{7-74}$$

这里 n 为总数据的 1/3，$\sum_1 \ln y_t$，$\sum_2 \ln y_t$，$\sum_3 \ln y_t$ 分别为 $\ln y_t$ 三等分后的各部分和。

3. 程序的实现

（1）皮尔曲线。

```
%输入时间序列观测值
y =[ ]
t = (1:length(y))';
% 定义皮尔曲线模型函数
```

```matlab
pearl_func = @ (beta,x) beta(1)./(1 + beta(2) * exp(-beta(3) * x));
% 设置参数初始猜测值[L, a, b]
initial_guess = [15; 10; 0.5];
% 使用非线性回归拟合模型
beta = nlinfit(t, y, pearl_func, initial_guess);
% 提取拟合参数
% 饱和水平参数
L = beta(1);
% 曲线位置参数
a = beta(2);
% 增长率参数
b = beta(3);
% 计算预测值
for t_val = 1:10
    y_pred(t_val) = L /(1 + a * exp(-b * t_val));
end
```

（2）龚伯兹曲线。

```matlab
% 输入时间序列观测值
y = [  ]
yt = log(y)
n = length(yt)
m = n/3
s1 = sum(yt(1:m))
s2 = sum(yt(m+1:2 * m))
s3 = sum(yt(2 * m+1:end))
b = ((s3-s2)/(s2-s1))^(1/m)
% 计算参数 a 的中间表达式
a = (s2-s1) /(b^(m-1))
% 计算最终参数 a(取指数)
a = exp(a/m)
% 计算参数 k 的中间表达式
```

```
k = (s1 * (b^m) - s2)/(b^(m-1));
% 计算最终参数 k(取指数)
k = exp(k/m)
%t0 为预测期数
for t = 1:t0
    y(t) = k * a^(b^t);
end
```

4. 算例过程

某公司 2006—2014 年的实际销售额资料如表 7.11 所示。试利用龚伯兹曲线预测 2015
年的销售额。

表 7.11　沉降观测点的 13 期沉降观测数据

年份	时序	销售额 (y)/万元
2006	1	4.02
2007	2	6.13
2008	3	7.08
2009	4	7.71
2010	5	8.28
2011	6	8.55
2012	7	8.83
2013	8	9.28
2014	9	10.14

输入程序	输出变量值
%输入 y 的值 y = [4.02 　　6.13 　　7.08 　　7.71 　　8.28 　　8.55 　　8.83 　　9.28 　　10.14]	y = 4.0200 6.1300 7.0800 7.7100 8.2800 8.5500 8.8300 9.2800 10.1400

输入程序	输出变量值
yt = log (y)	yt = 1.3913 1.8132 1.9573 2.0425 2.1138 2.1459 2.1782 2.2279 2.3165
%9 个输入 n = length (yt)	n = 9
m = n/3	m = 3
%计算前三个 yt 之和 s1 = sum (yt (1: m))	s1 = 5.1618
%计算 3~6 个 yt 之和 s2 = sum (yt (m+1: 2*m))	s2 = 6.3023
%计算 6~9 个 yt 之和 s3 = sum (yt (2*m+1: end))	s3 = 6.7225
b = ((s3-s2) /(s2-s1)) ^(1/m)	b = 0.7169
%计算参数 a 的中间表达式 a = (s2-s1) /(b^m-1);	a = 0.5477
%计算最终参数 a (取指数) a = exp (a/m)	
%计算参数 k 的中间表达式 k = (s1* (b^m) - s2) /(b^m-1);	k = 10.2016

续表

输入程序	输出变量值
%计算最终参数 k（取指数） k = exp（k/m）	
	y_ pred =
%预分配预测结果数组（10 年） y_ pred = zeros（10, 1）;	6.6260
	7.4871
%循环计算各年预测值（包括 2015 年） for t = 1: 10	8.1724
	8.7020
	9.1027
%龚伯兹曲线公式计算预测值 y_ pred（t）= k * (a^(b^t));	9.4012
end	9.6212
	9.7821
	9.8991
y_ pred	9.9838

计算结果得：a = 0.547 7，b = 0.716 9，k = 10.201 6。由上述计算可知，市场饱和点的需求量是 k = 10.2 万元，2014 年的销售量已达到 10.14 万元，2015 年预测销售量可达 9.98 万元。产品处于生命周期的成熟阶段，销售量已无增长前景，并可能转入下降趋势。

7.5　随机时间序列预测法与建模实现

7.5.1　概念

1. 随机时间序列的基本概念

所谓随机时间序列，是指 $\{y_t \mid t = 0, \pm 1, \pm 2, \cdots, \pm N, \cdots\}$，这里对每个 y_t 都是一个随机变量，以下简称时间序列。设时间序列 $\{y_t\}$ 的随机特征不随时间变化，则称过程是平稳的；假如时间序列 $\{y_t\}$ 的随机特征随时间变化，则称过程是非平稳的。一般来说，关于平稳随机过程有严平稳和宽平稳两种定义方法，由于本节是在宽平稳范畴下讨论的，因此我们只给出宽平稳时间序列的概念。设时间序列 $\{y_t\}$，对于任意的 t, k, m，满足随机时间序列由各个时点的随机变量组成，可以表示成 $\{y_t \mid t = 0, \pm 1, \pm 2, \cdots, \pm N, \cdots\}$。若时间序列 $\{y_t\}$ 的统计特性不随时间改变，该序列被视为平稳；反之，若时间序列 $\{y_t\}$ 的特性随时间变化，则序列为非平稳。在平稳性的讨论中，存在严格平稳和宽平稳两种分类。由于本节是在宽平稳范畴下讨论的，所以只给出宽平稳时间序列的概念。设时间

序列 $\{y_t\}$ ，对于任意的 t,k,m 满足

$$E(y_t) = E(y_{t+m}) \tag{7-75}$$

$$\text{cov}(y_t, y_{t+k}) = \text{cov}(y_{t+m}, y_{t+m+k}) \tag{7-76}$$

则称 $\{y_t\}$ 是满足宽平稳的。平稳时间序列 $\{y_t\}$ 允许使用确定参数的方程进行建模，其系数可通过历史数据估算。在描述这类序列时，ARMA 模型是常用的工具，包括自回归（Auto-regressive，AR）、移动平均（Moving Average，MA）以及二者的组合（Auto-regressive Moving Average，ARMA）三种形式。

2. 自相关函数

自相关分析涉及计算时间序列中当前值与其不同滞后期值之间的自相关系数序列。这一分析通过模型建立，描绘时间序列的动态轨迹，揭示序列 y_t 中相邻数据点的相关程度，进而辨识模型特征。

定义滞后期为 k 的自协方差函数为

$$r_t = \text{cov}(y_{t-k}, y_t) \tag{7-77}$$

$$\rho_t = r_t / (\sigma_{y_{t-k}}, \sigma_{y_t}) \tag{7-78}$$

式中，$\sigma_{y_t}^2 = E(y_t - E(y_t))^2$，则称 ρ_t 为 $\{y_t\}$ 的自相关函数。如果序列是平稳的，其自相关函数可写为

$$\rho_k = r_k / r_0 \tag{7-79}$$

式（7-79）自相关函数的理论表达式虽然提供了序列相关性的标准度量，但在实际应用中，理论值通常是无法获得的。因此，依赖于有限的样本观测值 $y_1, y_2, \cdots, y_t$ 来估计自相关函数，近似地量化序列内的相关性。

给出自相关函数的估计值，即样本自相关函数

$$\rho_k = \frac{\sum_{t=1}^{n-k} (y_t - \bar{y})(y_{t+k} - \bar{y})}{\sum_{t=1}^{n} (y_t - \bar{y})^2} \tag{7-80}$$

式（7-80）中，n 为样本数据个数；k 为滞后期；$\bar{y}$ 为样本数据平均值。

自相关函数 ρ_k 表示时间序列滞后 k 个时段的两项之间相关的程度。例如，ρ_1 表示每相邻两项之间的相关程度，ρ_2 表示每隔一项的两个观察值的相关程度。自相关函数 ρ_k 的取值范围为 $[-1,+1]$。$|\rho_k|$ 越接近 1，说明序列自相关程度越高。

3. 偏自相关函数

偏自相关是时间序列 y_t，在给定 $y_{t-1}, y_{t-2}, \cdots, y_{t-k+1}$ 的条件下与 $y_{t-k}(y_{t+k})$ 之间的条件相关。它用来测量当其他滞后期 $k=1,2,3,\cdots,k-1$ 时，在序列的作用已知的条件下，y_t 与

y_{t-k} 之间的相关程度。由于需要考虑排除其他滞后期的效应，因而称为偏自相关。其相关程度用偏自关系数 ϕ_{kk} 度量，也可记作 ϕ_k，$-1 \leqslant \phi_{kk} \leqslant 1$，其绝对值越接近 1，表明序列滞后 k 期之间的相关程度越强。计算公式如下

$$\phi_{kk} = \begin{cases} r_1 & k = 1 \\ \dfrac{r_k - \sum\limits_{j=1}^{k-1} \phi_{k-1,j} \cdot r_{k-j}}{1 - \sum\limits_{j=1}^{k-1} \phi_{k-1,j} \cdot r_j} & k = 2,3,\cdots \end{cases} \qquad (7-81)$$

式中

$$\phi_{kj} = \phi_{k-1,j} - \phi_{kk} \cdot \phi_{k-1,k-j} \qquad j = 1,2,\cdots,k-1 \qquad (7-82)$$

7.5.2　随机型时间序列模型

1. 自回归模型 AR（p）

（1）模型形式。

如果一个线性随机过程可表达为

$$y_t = \varphi_1 y_{t-1} + \varphi_2 y_{t-2} + \cdots + \varphi_p y_{t-p} + u_t \qquad (7-83)$$

式中 $\varphi_i(i = 1,2,\cdots,p)$ 是自回归参数，u_t 是独立同分布的随机变量序列，并且对于任意的 t，$E(u_t) = 0$，$\mathrm{var}(u_t) = \sigma^2 < \infty$，则这个线性过程 y_t 称为 p 阶自回归过程，用 AR（p）表示。它是由 y_t 的 p 个滞后变量的加权和以及 u_t 相加而成。用滞后算子表示

$$(1 - \varphi_1 L - \varphi_2 L^2 - \cdots - \varphi_p L^p) y_t = \Phi(L) y_t = u_t \qquad (7-84)$$

式中 $\Phi(L) = (1 - \varphi_1 L - \varphi_2 L^2 - \cdots - \varphi_p L^p)$ 称为自回归算子，或自回归特征多项式。

与自回归模型常联系在一起的是平稳性问题。对于一阶自回归过程 $y_t = \varphi_1 y_{t-1} + u_t$，保持其平稳的条件是特征方程 $\Phi(L) = 1 - \varphi_1 L = 0$ 的根的绝对值必须大于 1，即满足 $|1/\varphi_1| > 1$ 或 $|\varphi_1| < 1$。

（2）自相关与偏自相关函数。

p 阶自回归 AR（p）模型为

$$y_t = \varphi_1 y_{t-1} + \varphi_2 y_{t-2} + \cdots + \varphi_p y_{t-p} + u_t \qquad (7-85)$$

经过计算，可以得到其自相关函数满足

$$\begin{cases} \rho_1 = \varphi_1 + \varphi_2 \rho_2 + \cdots + \varphi_p \rho_{p-1} \\ \rho_2 = \varphi_1 \rho_1 + \varphi_2 + \cdots + \varphi_p \rho_{p-2} \\ \qquad\qquad \vdots \\ \rho_p = \varphi_1 \rho_{p-1} + \varphi_{p-2} + \cdots + \varphi_p \end{cases} \qquad (7-86)$$

当 $k > p$ 时有

$$\rho_k = \varphi_1 \rho_{k-1} + \varphi_2 \rho_{k-2} + \cdots + \varphi_p \rho_{k-p} \qquad (7-87)$$

偏自相关函数满足

$$\varphi_{kk} = \begin{cases} \varphi_k & 1 \leqslant k \leqslant p \\ 0 & k > p \end{cases} \qquad (7-88)$$

因此，AR（p）模型的偏自相关函数 φ_{kk} 是以 p 步截尾的。

2. 移动平均模型 MA（q）

（1）模型形式。

如果一个线性随机过程可用下式表达

$$y_t = \theta_1 u_{t-1} + \theta_2 u_{t-2} + \cdots + \theta_q u_{t-q} + u_t \qquad (7-89)$$

式中，$\theta_1, \theta_2, \cdots, \theta_q$ 为回归参数；u_t 为独立同分布的随机变量序列，并且对于任意的 t，$E(u_t) = 0$，$\mathrm{var}(u_t) = \sigma^2 < \infty$，则称为 q 阶移动平均过程，记为 MA（q）。因为 y_t 是由 u_t 和 u_t 的 q 个滞后项的加权和构造而成，所以称其为移动平均过程。"移动"指随着时间 t 变化，"平均"指加权和之意。上式还可以用滞后算子写为

$$y_t = (1 + \theta_1 L + \theta_2 L^2 + \cdots + \theta_q L^q) u_t = \Theta(L) u_t \qquad (7-90)$$

式中 $\Theta(L) = 1 + \theta_1 L + \theta_2 L^2 + \cdots + \theta_q L^q$ 称为移动平均算子或移动平均特征多项式。任何一个有限阶移动平均过程都是平稳的过程。

与移动平均过程相联系的一个重要概念是可逆性。MA（1）过程具有可逆性的条件是 $1 + \theta_1 L = 0$ 的根（绝对值）应大于 1，即 $|1/\theta_1| > 1$ 或 $|\theta_1| < 1$。

（2）自相关与偏自相关函数。

q 阶移动平均 MA（q）模型为

$$y_t = \theta_1 u_{t-1} + \theta_2 u_{t-2} + \cdots + \theta_q u_{t-q} + u_t \qquad (7-91)$$

则其自相关函数满足

$$\rho_k = \begin{cases} \dfrac{-\theta_k + \theta_1 \theta_{k+1} + \cdots + \theta_{q-k} \theta_q}{1 + \theta_1^2 + \cdots + \theta_q^2} & 1 \leqslant k \leqslant q \\ 0 & k > q \end{cases} \qquad (7-92)$$

因此，q 阶移动平均模型的自相关函数具有 q 步截尾性。自相关函数的这一性质可以用来识别移动平均模型的阶数及模型识别。q 阶移动平均模型的偏自相关函数随着 k 的增加，呈指数衰减或正弦波衰减并趋于零。所以，对于 q 阶移动平均 MA（q）模型来说，偏自相关函数具有拖尾性。

3. 自回归移动平均模型 ARMA (p,q)

（1）模型形式。

由自回归和移动平均两部分共同构造的随机过程称为自回归移动平均过程，记为 ARMA (p,q)，其中 p,q 分别表示自回归和移动平均分量的最大滞后阶数。ARMA (p,q) 的一般表达式是

$$
\begin{aligned}
y_t = & \varphi_1 y_{t-1} + \varphi_2 y_{t-2} + \cdots + \varphi_p y_{t-p} + u_t \\
& + \theta_1 u_{t-1} + \theta_2 u_{t-2} + \cdots + \theta_q u_{t-q}
\end{aligned} \tag{7-93}
$$

或

$$
\begin{aligned}
& (1 - \varphi_1 L - \varphi_2 L^2 - \cdots - \varphi_p L^P)(1-L)^d y_t \\
& = (1 + \theta_1 L + \theta_2 L^2 + \cdots + \theta_q L^Q) u_t
\end{aligned} \tag{7-94}
$$

$$
\Phi(L) y_t = \Theta(L) u_t \tag{7-95}
$$

式中，$\Phi(L)$ 和 $\Theta(L)$ 分别表示关于 L 的 p，q 阶特征多项式，分别称为自回归算子和移动平均算子。

ARMA (p,q) 过程的平稳性只依赖于其自回归部分，即 $\Phi(L)=0$ 的全部根取值在单位圆之外（绝对值大于 1）。其可逆性则只依赖于移动平均部分，即 $\Theta(L)=0$ 的根取值应在单位圆之外。

（2）自相关和偏自相关函数。

ARMA (p,q) 序列同时包含两个过程：自回归过程和移动平均过程，因而其自相关函数与偏自相关函数都比单纯的 AR (p) 和 MA (q) 序列复杂，均表现出拖尾性。

对 ARMA $(1,1)$ 模型有

$$
y_t - \varphi_1 y_{t-1} = u_t + \theta_1 u_{t-1} \tag{7-96}
$$

进行统计处理，可以得到自相关系数

$$
\rho_1 = \frac{(1 + \theta_1 \varphi_1) + (\varphi_1 + \theta_1)}{(\varphi_1 + \theta_1)^2 + (1 - \varphi_1^2)} \tag{7-97}
$$

$$
\rho_2 = \varphi_1 \rho_1 \tag{7-98}
$$

$$
\rho_k = \varphi_1 \rho_{k-1} \tag{7-99}
$$

因此，自相关系数 ρ_1 是 φ_1 和 θ_1 的函数，自相关函数从 ρ_1 开始呈指数衰减。若 $\varphi_1 > 0$，自相关函数的指数衰减是平滑的；若 $\varphi_1 < 0$，自相关函数的指数衰减是交变的，在正负值之间振荡。ρ_1 的符号由 $(\varphi_1 + \theta_1)$ 决定，它决定指数衰减趋于 0 的方向。其偏自相关函数的起始值 $\varphi_{11} = \rho_1$，之后呈指数衰减。若 $\theta_1 > 0$，φ_{kk} 是平滑指数衰减；若 $\theta_1 < 0$，φ_{kk} 的指数衰减是振荡的。φ_{11} 的符号与 ρ_1 相同，也由 $(\varphi_1 + \theta_1)$ 决定。时间序列 ARMA (p,q) 的主要特征如下表 7.12 所示。

表 7.12　时间序列三个模型的主要特征

	AR (p)	MA (q)	ARMA (p,q)
模型	$\Phi(L)\,y_t = u_t$	$y_t = \Theta(L)\,u_t$	$\Phi(L)\,y_t = \Theta(L)\,u_t$
自相关函数	拖尾指数衰减和（或）正弦衰减	截尾（q 步）	拖尾指数衰减和（或）正弦衰减
偏自相关函数	截尾（p 步）	拖尾指数衰减和（或）正弦衰减	拖尾指数衰减和（或）正弦衰减

4. 单整自回归移动平均 ARIMA (p,d,q)

差分：用变量 y_t 的当期值减其滞后值从而得到新序列的计算方法称为差分。若当期减滞后一期变量则称为 1 阶差分，若当期减滞后 k 期变量则称为 k 阶差分。对于随机过程 y_t，一阶差分可表示为

$$y_t - y_{t-1} = Dy_t = (1-L)\,y_t = y_t - Ly_t \qquad (7-100)$$

式中，D 称为一阶差分算子，L 是滞后算子。

k 阶差分表示为

$$D_k y_t = y_t - y_{t-k} = (1-L^k)\,y_t = y_t - L^k y_t \qquad (7-101)$$

y_t 的二次一阶差分表示为

$$D_k^2 y_t = (1-L)^2 y_t = (1-2L+L^2)\,y_t = y_t - 2y_{t-1} + y_{t-2} \qquad (7-102)$$

$$D_k^{\,2} y_t = (1-L)^2 y_t = (1-2L+L^2)\,y_t - 2y_{t-1} + y_{t-2} \qquad (7-103)$$

以上两式运算结果相同，说明差分算子和滞后算子可以直接参与运算。

特征根位于单位圆上的情况被称为单位根，该过程也是非平稳的，这类过程通过适当的差分可以转变为平稳过程。在自然科学中，时间序列通常表现为平稳；相对地，在经济学中，大多数宏观经济时间序列呈现非平稳性，其均值和方差随时间变化。尽管时间序列的非平稳性表现形式多样，但经济时间序列往往展现出一致的非平稳特征，这使得其可以通过包含一个或多个单位根的随机过程模型来进行描述。这种模型能够捕捉非季节性经济时间序列的特点。

$$\Phi(L)\,D^d y_t = \Theta(L)\,u_t \qquad (7-104)$$

若一个随机过程 y_t 含有 d 个单位根，则其经过 d 次差分之后可以变换成为一个平稳的自回归移动平均过程。考虑如下模型

$$(1 - \varphi_1 L - \varphi_2 L^2 - \cdots - \varphi_p L^P)\,(1-L)^d y_t$$
$$= (1 + \theta_1 L + \theta_2 L^2 + \cdots + \theta_q L^q)\,u_t \qquad (7-105)$$

式中，$D^d y_t$ 为 y_t 经过 d 次差分变为平稳过程，$\Phi(L)$ 是平稳过程的自回归算子；$\Theta(L)$ 是平稳过程的移动平均算子，则称 y_t，(p,d,q) 阶单整自回归移动平均过程，记为 ARIMA (p, d, q)。ARIMA 过程也称为综合（求和、积分）自回归移动平均过程。其中 $\Phi(L)\,D^d$ 称为广义自回归算子。

7.5.3　建模过程

1. 平稳性检验

针对误差项可能存在的自相关或异方差，彼得·C. B. 菲利普斯和皮埃尔·佩龙（Pierre Perron）提出了另一种平稳性检验方法。菲利普斯–佩龙（Phillips–Perron）检验的方法是：利用残差自相关中的信息对系数 p 的长期方差进行非参数估计，并将此估计值用于对原假设 $p = 1$ 的检验值进行调整。两位作者建议用下式估计残差的长期调整方差

$$s_{Tm}^2 = \frac{1}{T}\sum_{t=1}^{T} u_t^2 + \frac{2}{T}\sum_{i=1}^{T-1}\left(w_{im}\sum_{t=i+1}^{T} u_t u_{t-i}\right) \tag{7-106}$$

式中，u_t 为方程的最小二乘残差。m 为截断参数，代表引入自协方差的最大滞后阶数。当样本容量 T 趋于无穷时，m 也随之增加，但增加的速度小于 T。w_{im} 为权重，可以保证长期方差估计量的一致性和非负性。对于 w_{im} 的确定，皮埃尔·佩龙建议采用莫里斯·S. 巴利特（Maurice Stevenson Bartlett，1948）提出的权重

$$w_{im} = \begin{cases} 1 - \dfrac{i}{m+1} & i = 1,\cdots,m \\ 0 & i > m \end{cases} \tag{7-107}$$

利用这一调整后的方差，我们可以对带有时间趋势以及常数项的模型进行 F 检验，原假设为 $\mathrm{H_0}:(\alpha,\beta,\rho) = (\alpha,0,1)$，检验统计量为

$$\bar{F}_{Tr} = \frac{s}{s_{Tm}}\bar{\bar{F}}_{Tr} - \frac{(s_{Tm}^2 - s^2)}{2s_{Tm}^2}\left[T(\rho-1) - \frac{T^6(s_{Tm}^2 - s^2)}{48\mid X'X\mid}\right] \tag{7-108}$$

式中，s 为估计的回归标准差；X 是前定变量矩阵；前三个列向量分别由 1, X_{t-1}, 和 t 构成，$X = [1, X_{t-1}, t]$。

给定以上的原假设，$\bar{\bar{F}}_{Tr}$ 是传统的 F 统计量。在对包含趋势项的模型进行原假设为 $\mathrm{H}:\rho = 1$ 的检验时，一般采用 t 检验，建议采用下面这个调整后的统计量

$$\bar{t}_{Tr} = \frac{s}{s_{Tm}}\bar{\bar{t}}_{Tr} - \frac{(s_{Tm}^2 - s^2)T^3}{4s_{Tm}\sqrt{3\mid X'X\mid}} \tag{7-109}$$

式中，$\bar{\bar{t}}_{Tr}$ 为常规的 t 统计量。

如果检验不能拒绝相应的原假设，意味着可能不存在确定性趋势。在这种情况下，可以对更强的原假设 $\mathrm{H_0}:(\alpha,\beta,\rho) = (0,0,1)$ 进行检验，检验统计量如下

$$\bar{F}_{Tr} = \frac{s}{s_{Tm}}\bar{\bar{F}}_{Tr} - \frac{(s_{Tm}^2 - s^2)}{3s_{Tm}^2}\left[T(\rho-1) - \frac{T^6(s_{Tm}^2 - s^2)}{48\mid X'X\mid}\right] \tag{7-110}$$

在数据无确定性趋势的假定下，应用统计量 $\bar{F}_\mu$ 来联合检验假设。

$$\bar{F}_\mu = \frac{s}{s_{Tm}} \bar{\bar{F}}_\mu - \frac{(s_{Tm}^2 - s^2)}{2s_{Tm}^2} \left[T(\rho - 1) - \frac{T^2(s_{Tm}^2 - s^2)}{4\sum_{i=1}^{T}(y_t - \bar{y})^2} \right] \qquad (7-111)$$

联合假设为 $H_0:(\alpha, \rho) = (0, 1)$。其中 $\bar{\bar{F}}_\mu$ 是这一原假设下的常规 F 统计量。如果不能拒绝原假设，可以在无确定性成分的模型中检验 $H_0:\rho = 0$，检验统计量为

$$\bar{t}_\rho = \frac{s}{s_{Tm}} \bar{\bar{t}}_\rho - \frac{0.5(s_{Tm}^2 - s^2)T}{s_{Tm}\sqrt{\sum_{t=2}^{T} y_{t-1}^2}} \qquad (7-112)$$

也就是说，我们检验时间序列是否包含一个无漂移项的随机游走过程。如果该假设被拒绝，那么继续应用统计量 $\bar{t}_\mu$ 来检验是否存在带有漂移项的随机游走过程

$$\bar{t}_\mu = \frac{s}{s_{Tm}} \bar{\bar{t}}_\mu - \frac{0.5(s_{Tm}^2 - s^2)T}{s_{Tm}\sqrt{\sum_{t=2}^{T}(y_t - \bar{y})^2}} \qquad (7-113)$$

$\bar{\bar{t}}_\mu$ 和 $\bar{\bar{t}}_\rho$ 同样是在这一原假设下的常规 t 统计量。在以上所有情形下，都可以应用詹姆斯·G. 麦金农（James G. MacKinnon，1991）给出的 t 检验临界值以及大卫·A. 迪克斯（David A. Dickey）和韦恩·A. 富勒（Wayne A. Fuller）（1981）给出的 F 检验临界值。

2. 模型定阶

（1）基于自相关函数和偏相关函数的定阶方法。

其样本的自相关函数 $\{\rho_k\}$ 和样本的偏自相关函数 $\{\varphi_{kk}\}$ 的截尾性判定模型的阶数。博克斯和詹金斯提出，对于 ARMA (p, q) 模型，可以利用样本的自相关函数 $\{\rho_k\}$ 和样本的偏自相关函数 $\{\varphi_{kk}\}$ 的截尾性确定模型的阶数。

对于平稳时间序列 $\{y_t\}$，根据前面的讨论，当 $p = 0$ 时，即模型为 MA (q)，则模型的自相关函数 $\{\rho_k\}$ 在 q 步截尾；当 $q = 0$ 时，模型即为 AR (p) 模型，此时模型的偏自相关函数 $\{\varphi_{kk}\}$ 在 p 步截尾。因此，对于自相关函数 $\{\rho_k\}$ 和偏自相关函数 $\{\varphi_{kk}\}$，有三种可能情况：①如果样本的自相关函数 $\{\rho_k\}$ 在 q 步截尾，则可以判定 $p = 0$，模型为 MA (q)；②如果样本的偏自相关函数 $\{\varphi_{kk}\}$ 在 p 步截尾，则可以判定 $q = 0$，模型为 AR (p)；③如果样本的自相关函数 $\{\rho_k\}$ 和样本的偏自相关函数 $\{\varphi_{kk}\}$ 均拖尾，则判断模型为 ARMA (p, q) 模型。但此时模型的阶数 (p, q) 不能直接得到，需要结合其他方法进行定阶，通常通过多种定阶方法对 (p, q) 进行试探性的识别，再通过检验来确定。

在具体的数据计算中，得到的是模型理论值的估计值，即样本的自相关函数 $\{\rho_k\}$ 和样本的偏自相关函数 $\{\varphi_{kk}\}$，与真值的误差肯定是存在的，所以直接观察序列 $\{\rho_k\}$ 和 $\{\varphi_{kk}\}$ 的取值情况是不能用来进行模型定阶的。可以利用序列 $\{\rho_k\}$ 和 $\{\varphi_{kk}\}$ 的大样本性质

来完成上述情况①和情况②的定阶，具体方法如下：

第一，对于每一个 q ，计算 $\rho_{q+1},\rho_{q+2},\cdots,\rho_{q+M}$ （ M 取为 $\sqrt{n}$ 或者 $n/10$ ），考查其中满足 $|\rho_k| \leqslant \dfrac{1}{\sqrt{n}}\sqrt{1+2\sum_{i=1}^{q}\rho_i^2}$ 或者 $|\rho_k| \leqslant \dfrac{2}{\sqrt{n}}\sqrt{1+2\sum_{i=1}^{q}\rho_i^2}$ 的个数是否占 M 个的 68.3% 或者 95.5% 。如果 $1 \leqslant k \leqslant q_0$ ， ρ_k 都明显地异于零，而 $\rho_{q0+1},\rho_{q0+2},\cdots,\rho_{q0+M}$ 均近似于零，并且满足上述不等式之一 ρ_k 的个数达到其相应的比例，则可以近似地判定 $\{\rho_k\}$ 是 q_0 步截尾，平稳时间序列 $\{y_t\}$ 为 MA（ q_0 ）。

第二，通过计算序列 $\{\varphi_{kk}\}$ ，考察其中满足 $|\varphi_{kk}| \leqslant \dfrac{1}{\sqrt{n}}$ 或者 $|\varphi_{kk}| \leqslant \dfrac{2}{\sqrt{n}}$ 个数是否占 M 个的 68.3% 或者 95.5% 。如果是，就可以近似地判定 $\{\varphi_{kk}\}$ 是 p_0 步截尾，平稳时间序列 $\{y_t\}$ 为 AR（ p_0 ）。

第三，如果对于序列 $\{\rho_k\}$ 和 $\{\varphi_{kk}\}$ 来说，均不截尾，即不存在上述的 p_0 和 q_0 ，此时属于情况③，则可以判定平稳时间序列 $\{y_t\}$ 为 ARMA 模型。

关于 ARMA 模型的阶数 (p,q) 的确定，可以通过下列方法进行。设自回归系数 $\varphi_1,\cdots,\varphi_p$ 中 p 和移动平均系数 $\theta_1,\cdots,\theta_q$ ，的估计值分别为 $\bar{\varphi}_1,\cdots,\bar{\varphi}_p$ 和 $\bar{\theta}_1,\cdots,\bar{\theta}_q$ ，将其代入模型，则关于残差估计量，可得

$$u_t = y_t - \bar{\varphi}_1 y_{t-1} - \cdots - \bar{\varphi}_p y_{t-p} + \bar{\theta}_1 u_{t-1} + \cdots + \bar{\theta}_q u_{t-q} \tag{7-114}$$

选定 (p,q) ，先取初值 $u_0,\cdots,u_{1-q}$ 和 $y_0,\cdots,y_{1-p}$ 则由上式可以计算残差估计量 $\bar{u}_1$ ， $\bar{u}_2,\cdots,\bar{u}_n$ 。考虑下列假设检验 $H_0: \bar{u}_1,\bar{u}_2,\cdots,\bar{u}_n$ 是白噪声。

令 $\gamma_j(u) = \dfrac{1}{n}\sum_{t=1}^{n-j}\bar{u}_{t+j}\bar{u}_t$ ， $\rho_j(u) = r_j(u)/r_0(u)$ 在原假设 H_0 成立的条件下，构造检验统计量

$$Q_n = n\sum_{j=1}^{n}\rho_j^2(u) \tag{7-115}$$

可以证明，统计量 Q_n 有渐近分布 $\chi^2(n-p-q)$ 。因此，对于给定的 $0 < \alpha < 1$ ，当 $Q_n < \chi^2(n-p-q)$ 时接受原假设 H_0 ，即 $\bar{u}_1,\bar{u}_2,\cdots,\bar{u}_n$ ，是白噪声，此时，所选定 (p,q) 即为所求 ARMA 模型的阶数。否则，将继续尝试选定新的 (p,q) ，重复上述计算，再进行判断。

泰西和刁（Tasy & Tiao, 1984）提出了另外一种确定 ARMA 模型的阶数 (p,q) 的方法，具体是：若序列 $\{\rho_k\}$ 和 $\{\varphi_{kk}\}$ 属于情况③，则用 AR（1）拟合序列 $\{y_t\}$ ，再考察其残差序列的样本自相关函数是否截尾，若 q_1 步截尾，则模型为 ARMA（ $1,q_1$ ），否则，再用 AR（2）拟合序列 $\{y_t\}$ ，考察其残差序列的样本自相关函数是否截尾，若 q_2 步截尾，

则模型为 ARMA $(2,q_2)$。否则，再继续增大力，重复上述做法，直至残差序列的样本自相关函数截尾为止。

（2）AIC 准则法。

AIC 准则是赤池弘次（Akaika）在 1973 年提出的，该准则既考虑拟合模型对数据的接近程度，也考虑模型中所含待定参数的个数。关于 ARMA (p,q) 模型，对其定义 AIC 函数如下

$$\text{AIC}(p,q) = n\ln\sigma_\varepsilon^2(p,q) + 2(p+q) \tag{7-116}$$

式中，$\sigma_\varepsilon^2(p,q)$ 是拟合 ARMA (p,q) 模型时残差的方差，它是阶数 (p,q) 的函数。容易得到，对于固定的 n，当 (p,q) 增加时，$\sigma_\varepsilon^2(p,q)$ 减小。因此，$\ln\sigma_\varepsilon^2(p,q)$ 关于 (p,q) 是单调减的，所以，AIC 准则定阶方法可写为

$$\text{AIC}(p,q) = \min_{k,l}\text{AIC}(k,l), 0 \leqslant k \leqslant M, 0 \leqslant l \leqslant N \tag{7-117}$$

式中，M 和 N 为 ARMA 模型阶数的上限值，一般取为 $\sqrt{n}$ 或 $n/10$。

3. 模型参数估计

利用有关的样本数据对已选出的模型参数进行估计，要估计出 p 个自回归参数 $\bar{\varphi}_1,\cdots,$ $\bar{\varphi}_p$，q 个移动平均参数 $\bar{\theta}_1,\cdots,\bar{\theta}_q$ 的数值。

识别模型的类型之后，可以对选定某一组阶数的模型进行参数估计。参数估计一般情形下分两步进行。第一步，设法找出参数的初步估计（或称参数的初始估计）；第二步，在初步估计的基础上，按照一定的估计准则，求得模型参数在某种意义下的精细估计。由于计算复杂，模型参数的估计一般只能由计算机完成，AR 模型可以运用最小二乘法直接估计。

4. 模型的检验

通过检验模型的残差序列 u_t 是否为白噪声序列，考核所建模型的优劣。如果经检验 u_t 是白噪声序列，则认为模型适宜预测，反之，则需对模型进行优化。白噪声序列是一个各项之间互不相关的纯随机序列。白噪声序列的特点在于其项之间缺乏相关性，表现为随机性。

7.5.4 程序代码

ARIMA 模型需要用到 arima 和 estimate 两种函数。

（1）Arima 函数使用方法。

```
%创建非季节性时间序列模型
Mdl = arima(p,D,q)
```

% 根据输入的条件创建指定的时间序列模型

```
Mdl = arima(Name,Value)
```

输入变量含义：P 为正整数，表示非季节性自回归阶数。D 为非负整数，表示非季节性积分，即 ARIMA 模型中差分次数。q 为正整数，表示非季节性移动平均指数。

（2）estimate 函数使用方法。

```
EstMdl = estimate(Mdl,y)
[EstMdl,EstParamcov,logL,info] = estimate(MdIl,y)
[EstMdl,EstParamcov,logL,info] = estimate(Mdl,y,Name,Value)
```

输入变量含义：Mdl 为 ARIMA 模型变量。y 为用来估计参数的时间序列数据。

7.5.5　案例应用

本例选用上证50,2019 年 1 月至 2021 年 1 月的数据进行 ARIMA 建模。完整的初始数据见表 7.13。

表 7.13　2019 年 1 月至 2021 年 1 月上证 50 的数据

指数代码 _ IdxCd	指数名称 _ IdxNm	交易日期 _ TrdDt	收盘价 ( ) _ ClPr	指数日收益率 _ IdxDRet
000016	上证 50	2019-01-02	2 262.79	-0.013 2
000016	上证 50	2019-01-03	2 269.24	0.002 9
000016	上证 50	2019-01-04	2 314.65	0.020 0
000016	上证 50	2019-01-07	2 314.32	-0.000 1
000016	上证 50	2019-01-08	2 305.17	-0.004
000016	上证 50	2019-01-09	2 332.72	0.012 0
000016	上证 50	2019-01-10	2 331.85	-0.000 4
000016	上证 50	2019-01-11	2 354.5	0.009 7
000016	上证 50	2019-01-14	2 331.14	-0.009 9
000016	上证 50	2019-01-15	2 378.37	0.020 3
000016	上证 50	2019-01-16	2 381.22	0.001 2
000016	上证 50	2019-01-17	2 371.35	-0.004 1
000016	上证 50	2019-01-18	2 417.36	0.019 4
000016	上证 50	2019-01-21	2 432.49	0.006 3
000016	上证 50	2019-01-22	2 401.23	-0.012 8

续表

指数代码 _ IdxCd	指数名称 _ IdxNm	交易日期 _ TrdDt	收盘价 ( ) _ ClPr	指数日收益率 _ IdxDRet
000016	上证 50	2019-01-23	2 397.05	-0.001 7
000016	上证 50	2019-01-24	2 411.56	0.006 1
000016	上证 50	2019-01-25	2 441.64	0.012 5
000016	上证 50	2019-01-28	2 437.03	-0.001 9
000016	上证 50	2019-01-29	2 455.9	0.007 7
000016	上证 50	2019-01-30	2 440.01	-0.006 5
000016	上证 50	2019-01-31	2 483.47	0.017 8
000016	上证 50	2019-02-01	2 499.64	0.006 5
000016	上证 50	2019-02-11	2 527.47	0.011 1
000016	上证 50	2019-02-12	2 533.18	0.002 3
000016	上证 50	2019-02-13	2 580.61	0.018 7
000016	上证 50	2019-02-14	2 576.31	-0.001 7
000016	上证 50	2019-02-15	2 517.46	-0.022 8
000016	上证 50	2019-02-18	2 582.85	0.026 0
000016	上证 50	2019-02-19	2 579.05	-0.001 5
000016	上证 50	2019-02-20	2 588.17	0.003 5
000016	上证 50	2019-02-21	2 577.23	-0.004 2
000016	上证 50	2019-02-22	2 623.07	0.017 8
000016	上证 50	2019-02-25	2 787.7	0.062 8
000016	上证 50	2019-02-26	2 733.9	-0.019 3
000016	上证 50	2019-02-27	2 750.34	0.006 0
000016	上证 50	2019-02-28	2 743.97	-0.002 3
000016	上证 50	2019-03-01	2 819.47	0.027 5
000016	上证 50	2019-03-04	2 832.59	0.004 7
000016	上证 50	2019-03-05	2 828.87	-0.001 3
000016	上证 50	2019-03-06	2 840.27	0.004 0
000016	上证 50	2019-03-07	2 789.7	-0.017 8
000016	上证 50	2019-03-08	2 685.59	-0.037 3
000016	上证 50	2019-03-11	2 708.6	0.008 6
000016	上证 50	2019-03-12	2 719.77	0.004 1
000016	上证 50	2019-03-13	2 723.96	0.001 5
000016	上证 50	2019-03-14	2 729.13	0.001 9

指数代码 _ IdxCd	指数名称 _ IdxNm	交易日期 _ TrdDt	收盘价 （）_ ClPr	指数日收益率 _ IdxDRet
000016	上证 50	2019-03-15	2 755.81	0.009 8
000016	上证 50	2019-03-18	2 825.18	0.025 2
000016	上证 50	2019-03-19	2 806.9	-0.006 5
000016	上证 50	2019-03-20	2 812.92	0.002 1
000016	上证 50	2019-03-21	2 802.96	-0.003 5
000016	上证 50	2019-03-22	2 795.39	-0.002 7
000016	上证 50	2019-03-25	2 718.18	-0.027 6
000016	上证 50	2019-03-26	2 706.15	-0.004 4
000016	上证 50	2019-03-27	2 741.59	0.013 1
000016	上证 50	2019-03-28	2 733.97	-0.002 8
000016	上证 50	2019-03-29	2 838.51	0.038 2
000016	上证 50	2019-04-01	2 892.62	0.019 1
000016	上证 50	2019-04-02	2 888.53	-0.001 4
000016	上证 50	2019-04-03	2 920.00	0.010 9
000016	上证 50	2019-04-04	2 951.98	0.011 0
000016	上证 50	2019-04-08	2 962.27	0.003 5
000016	上证 50	2019-04-09	2 967.51	0.001 8
000016	上证 50	2019-04-10	2 979.10	0.003 9
000016	上证 50	2019-04-11	2 928.43	-0.017
000016	上证 50	2019-04-12	2 920.52	-0.002 7
000016	上证 50	2019-04-15	2 924.93	0.001 5
000016	上证 50	2019-04-16	3 023.03	0.033 5
000016	上证 50	2019-04-17	3 017.42	-0.001 9
000016	上证 50	2019-04-18	3 004.92	-0.004 1
000016	上证 Nm	2019-04-19	3 042.43	0.012 5
000016	上证 50	2019-04-22	2 970.49	-0.023 6
000016	上证 50	2019-04-23	2 978.85	0.002 8
000016	上证 50	2019-04-24	2 974.85	-0.001 3
000016	上证 50	2019-04-25	2 927.99	-0.015 7
000016	上证 50	2019-04-26	2 892.86	-0.012
000016	上证 50	2019-04-29	2 939.41	0.016 1
000016	上证 50	2019-04-30	2 945.24	0.002 0

指数代码 _ IdxCd	指数名称 _ IdxNm	交易日期 _ TrdDt	收盘价 ( ) _ ClPr	指数日收益率 _ IdxDRet
000016	上证 50	2019-05-06	2 805.04	-0.047 6
000016	上证 50	2019-05-07	2 806.26	0.000 4
000016	上证 50	2019-05-08	2 758.24	-0.017 1
000016	上证 50	2019-05-09	2 698.78	-0.021 6
000016	上证 50	2019-05-10	2 793.76	0.035 2
000016	上证 50	2019-05-13	2 741.11	-0.018 8
000016	上证 50	2019-05-14	2 724.73	-0.006 0
000016	上证 50	2019-05-15	2 783.54	0.021 6
000016	上证 50	2019-05-16	2 791.41	0.002 8
000016	上证 50	2019-05-17	2 735.21	-0.020 1
000016	上证 50	2019-05-20	2 715.43	-0.007 2
000016	上证 50	2019-05-21	2 739.79	0.009 0
000016	上证 50	2019-05-22	2 725.73	-0.005 1
000016	上证 50	2019-05-23	2 685.93	-0.014 6
000016	上证 50	2019-05-24	2 702.03	0.006 0
000016	上证 50	2019-05-27	2 722.33	0.007 5
000016	上证 50	2019-05-28	2 748.80	0.009 7
000016	上证 50	2019-05-29	2 755.81	0.002 5
000016	上证 50	2019-05-30	2 742.96	-0.004 7
000016	上证 50	2019-05-31	2 728.95	-0.005 1
000016	上证 50	2019-06-03	2 743.06	0.005 2
000016	上证 50	2019-06-04	2 721.31	-0.007 9
000016	上证 50	2019-06-05	2 719.59	-0.000 6
000016	上证 50	2019-06-06	2 706.76	-0.004 7
000016	上证 50	2019-06-10	2 743.37	0.013 5
000016	上证 50	2019-06-11	2 812.90	0.025 3
000016	上证 50	2019-06-12	2 796.73	-0.005 7
000016	上证 50	2019-06-13	2 794.54	-0.000 8
000016	上证 50	2019-06-14	2 785.61	-0.003 2
000016	上证 50	2019-06-17	2 793.7	0.002 9
000016	上证 50	2019-06-18	2 806.45	0.004 6
000016	上证 50	2019-06-19	2 842.74	0.012 9

续表

指数代码 _ IdxCd	指数名称 _ IdxNm	交易日期 _ TrdDt	收盘价 ( ) _ ClPr	指数日收益率 _ IdxDRet
000016	上证 50	2019-06-20	2 942.63	0.035 1
000016	上证 50	2019-06-21	2 938.77	-0.001 3
000016	上证 50	2019-06-24	2 949.52	0.003 7
000016	上证 50	2019-06-25	2 910.12	-0.013 4
000016	上证 50	2019-06-26	2 903.49	-0.002 3
000016	上证 50	2019-06-27	2 937.13	0.011 6
000016	上证 50	2019-06-28	2 930.60	-0.002 2
000016	上证 50	2019-07-01	3 002.94	0.024 7
000016	上证 50	2019-07-02	2 999.08	-0.001 3
000016	上证 50	2019-07-03	2 964.73	-0.011 5
000016	上证 50	2019-07-04	2 953.27	-0.003 9
000016	上证 50	2019-07-05	2 961.92	0.002 9
000016	上证 50	2019-07-08	2 897.51	-0.021 7
000016	上证 50	2019-07-09	2 881.55	-0.005 5
000016	上证 50	2019-07-10	2 878.78	-0.001 0
000016	上证 50	2019-07-11	2 887.83	0.003 1
000016	上证 50	2019-07-12	2 902.13	0.005 0
000016	上证 50	2019-07-15	2 902.61	0.000 2
000016	上证 50	2019-07-16	2 884.56	-0.006 2
000016	上证 50	2019-07-17	2 875.03	-0.003 3
000016	上证 50	2019-07-18	2 859.16	-0.005 5
000016	上证 50	2019-07-19	2 895.62	0.012 8
000016	上证 50	2019-07-22	2 881.90	-0.004 7
000016	上证 50	2019-07-23	2 881.10	-0.000 3
000016	上证 50	2019-07-24	2 906.55	0.008 8
000016	上证 50	2019-07-25	2 931.18	0.008 5
000016	上证 50	2019-07-26	2 939.35	0.002 8
000016	上证 50	2019-07-29	2 930.49	-0.003 0
000016	上证 50	2019-07-30	2 944.03	0.004 6
000016	上证 50	2019-07-31	2 912.66	-0.010 7
000016	上证 50	2019-08-01	2 887.87	-0.008 5
000016	上证 50	2019-08-02	2 843.77	-0.015 3

指数代码 _ IdxCd	指数名称 _ IdxNm	交易日期 _ TrdDt	收盘价 ( ) _ ClPr	指数日收益率 _ IdxDRet
000016	上证 50	2019-08-05	2 786.72	-0.020 1
000016	上证 50	2019-08-06	2 760.68	-0.009 3
000016	上证 50	2019-08-07	2 747.25	-0.004 9
000016	上证 50	2019-08-08	2 786.87	0.014 4
000016	上证 50	2019-08-09	2 772.15	-0.005 3
000016	上证 50	2019-08-12	2 824.80	0.019 0
000016	上证 50	2019-08-13	2 792.91	-0.011 3
000016	上证 50	2019-08-14	2 804.36	0.004 1
000016	上证 50	2019-08-15	2 814.39	0.003 6
000016	上证 50	2019-08-16	2 824.23	0.003 5
000016	上证 50	2019-08-19	2 877.23	0.018 8
000016	上证 50	2019-08-20	2 875.65	-0.000 5
000016	上证 50	2019-08-21	2 869.22	-0.002 2
000016	上证 50	2019-08-22	2 878.00	0.003 1
000016	上证 50	2019-08-23	2 917.38	0.013 7
000016	上证 50	2019-08-26	2 863.48	-0.018 5
000016	上证 50	2019-08-27	2 887.24	0.008 3
000016	上证 50	2019-08-28	2 867.03	-0.007 0
000016	上证 50	2019-08-29	2 855.45	-0.004 0
000016	上证 50	2019-08-30	2 872.40	0.005 9
000016	上证 50	2019-09-02	2 894.96	0.007 9
000016	上证 50	2019-09-03	2 892.18	-0.001 0
000016	上证 50	2019-09-04	2 919.68	0.009 5
000016	上证 50	2019-09-05	2 955.84	0.012 4
000016	上证 50	2019-09-06	2 981.07	0.008 5
000016	上证 50	2019-09-09	2 981.59	0.000 2
000016	上证 50	2019-09-10	2 969.80	-0.004 0
000016	上证 50	2019-09-11	2 957.14	-0.004 3
000016	上证 50	2019-09-12	2 999.56	0.014 3 0
000016	上证 50	2019-09-16	2 982.45	-0.005 7
000016	上证 50	2019-09-17	2 937.01	-0.015 2
000016	上证 50	2019-09-18	2 954.36	0.005 9

续表

指数代码 _ IdxCd	指数名称 _ IdxNm	交易日期 _ TrdDt	收盘价 ( ) _ ClPr	指数日收益率 _ IdxDRet
000016	上证 50	2019-09-19	2 956.83	0.000 8
000016	上证 50	2019-09-20	2 963.43	0.002 2
000016	上证 50	2019-09-23	2 930.91	-0.011 0
000016	上证 50	2019-09-24	2 940.08	0.003 1
000016	上证 50	2019-09-25	2 928.84	-0.003 8
000016	上证 50	2019-09-26	2 927.88	-0.000 3
000016	上证 50	2019-09-27	2 929.47	0.000 5
000016	上证 50	2019-09-30	2 897.70	-0.010 8
000016	上证 50	2019-10-08	2 922.35	0.008 5
000016	上证 50	2019-10-09	2 922.98	0.000 2
000016	上证 50	2019-10-10	2 940.80	0.006 1
000016	上证 50	2019-10-11	2 983.12	0.014 4
000016	上证 50	2019-10-14	3 013.53	0.010 2
000016	上证 50	2019-10-15	3 015.42	0.000 6
000016	上证 50	2019-10-16	3 004.72	-0.003 5
000016	上证 50	2019-10-17	3 011.75	0.002 3
000016	上证 50	2019-10-18	2 963.18	-0.016 1
000016	上证 50	2019-10-21	2 968.91	0.001 9
000016	上证 50	2019-10-22	2 973.22	0.001 5
000016	上证 50	2019-10-23	2 954.31	-0.006 4
000016	上证 50	2019-10-24	2 959.03	0.001 6
000016	上证 50	2019-10-25	2 967.05	0.002 7
000016	上证 50	2019-10-28	2 981.36	0.004 8
000016	上证 50	2019-10-29	2 968.28	-0.004 4
000016	上证 50	2019-10-30	2 952.12	-0.005 4
000016	上证 50	2019-10-31	2 954.73	0.000 9
000016	上证 50	2019-11-01	3 002.65	0.016 2
000016	上证 50	2019-11-04	3 022.27	0.006 5
000016	上证 50	2019-11-05	3 039.98	0.005 9
000016	上证 50	2019-11-06	3 032.79	-0.002 4
000016	上证 50	2019-11-07	3 033.30	0.000 2
000016	上证 50	2019-11-08	3 012.46	-0.006 9

指数代码 _ IdxCd	指数名称 _ IdxNm	交易日期 _ TrdDt	收盘价 ( ) _ ClPr	指数日收益率 _ IdxDRet
000016	上证 50	2019-11-11	2 965.71	-0.015 5
000016	上证 50	2019-11-12	2 971.36	0.001 9
000016	上证 50	2019-11-13	2 967.67	-0.001 2
000016	上证 50	2019-11-14	2 968.57	0.000 3
000016	上证 50	2019-11-15	2 954.70	-0.004 7
000016	上证 50	2019-11-18	2 980.95	0.008 9
000016	上证 50	2019-11-19	3 000.75	0.006 6
000016	上证 50	2019-11-20	2 968.12	-0.010 9
000016	上证 50	2019-11-21	2 949.34	-0.006 3
000016	上证 50	2019-11-22	2 922.27	-0.009 2
000016	上证 50	2019-11-25	2 951.25	0.009 9
000016	上证 50	2019-11-26	2 946.57	-0.001 6
000016	上证 50	2019-11-27	2 944.32	-0.000 8
000016	上证 50	2019-11-28	2 930.48	-0.004 7
000016	上证 50	2019-11-29	2 894.72	-0.012 2
000016	上证 50	2019-12-02	2 899.44	0.001 6
000016	上证 50	2019-12-03	2 909.62	0.003 5
000016	上证 50	2019-12-04	2 901.07	-0.002 9
000016	上证 50	2019-12-05	2 921.95	0.007 2
000016	上证 50	2019-12-06	2 939.82	0.006 1
000016	上证 50	2019-12-09	2 933.04	-0.002 3
000016	上证 50	2019-12-10	2 936.99	0.001 3
000016	上证 50	2019-12-11	2 949.65	0.004 3
000016	上证 50	2019-12-12	2 938.04	-0.003 9
000016	上证 50	2019-12-13	3 006.31	0.023 2
000016	上证 50	2019-12-16	2 999.2	-0.002 4
000016	上证 50	2019-12-17	3 033.14	0.011 3
000016	上证 50	2019-12-18	3 025.78	-0.002 4
000016	上证 50	2019-12-19	3 017.71	-0.002 7
000016	上证 50	2019-12-20	3 012.63	-0.001 7
000016	上证 50	2019-12-23	2 984.24	-0.009 4
000016	上证 50	2019-12-24	2 996.76	0.004 2

续表

指数代码 _ IdxCd	指数名称 _ IdxNm	交易日期 _ TrdDt	收盘价 （ ） _ ClPr	指数日收益率 _ IdxDRet
000016	上证 50	2019-12-25	2 986.00	-0.003 6
000016	上证 50	2019-12-26	3 011.64	0.008 6
000016	上证 50	2019-12-27	3 017.78	0.002 0
000016	上证 50	2019-12-30	3 062.75	0.014 9
000016	上证 50	2019-12-31	3 063.22	0.000 2
000016	上证 50	2020-01-02	3 090.83	0.009 0
000016	上证 50	2020-01-03	3 078.28	-0.004 1
000016	上证 50	2020-01-06	3 056.84	-0.007 0
000016	上证 50	2020-01-07	3 074.02	0.005 6
000016	上证 50	2020-01-08	3 037.85	-0.011 8
000016	上证 50	2020-01-09	3 067.55	0.009 8
000016	上证 50	2020-01-10	3 067.88	0.000 1
000016	上证 50	2020-01-13	3 090.13	0.007 3
000016	上证 50	2020-01-14	3 080.60	-0.003 1
000016	上证 50	2020-01-15	3 058.01	-0.007 3
000016	上证 50	2020-01-16	3 043.09	-0.004 9
000016	上证 50	2020-01-17	3 053.17	0.003 3
000016	上证 50	2020-01-20	3 065.99	0.004 2
000016	上证 50	2020-01-21	3 012.11	-0.017 6
000016	上证 50	2020-01-22	3 017.88	0.001 9
000016	上证 50	2020-01-23	2 932.49	-0.028 3
000016	上证 50	2020-02-03	2 727.09	-0.070 0
000016	上证 50	2020-02-04	2 794.66	0.024 8
000016	上证 50	2020-02-05	2 812.90	0.006 5
000016	上证 50	2020-02-06	2 854.89	0.014 9
000016	上证 50	2020-02-07	2 851.71	-0.001 1
000016	上证 50	2020-02-10	2 850.06	-0.000 6
000016	上证 50	2020-02-11	2 879.86	0.010 5
000016	上证 50	2020-02-12	2 895.59	0.005 5
000016	上证 50	2020-02-13	2 875.48	-0.006 9
000016	上证 50	2020-02-14	2 895.06	0.006 8
000016	上证 50	2020-02-17	2 950.07	0.019 0

指数代码 _ IdxCd	指数名称 _ IdxNm	交易日期 _ TrdDt	收盘价 ( ) _ ClPr	指数日收益率 _ IdxDRet
000016	上证 50	2020-02-18	2 924.40	-0.008 7
000016	上证 50	2020-02-19	2 923.76	-0.000 2
000016	上证 50	2020-02-20	2 978.18	0.018 6
000016	上证 50	2020-02-21	2 968.14	-0.003 4
000016	上证 50	2020-02-24	2 930.03	-0.012 8
000016	上证 50	2020-02-25	2 909.32	-0.007 1
000016	上证 50	2020-02-26	2 901.67	-0.002 6
000016	上证 50	2020-02-27	2 912.04	0.003 6
000016	上证 50	2020-02-28	2 821.04	-0.031 2
000016	上证 50	2020-03-02	2 907.89	0.030 8
000016	上证 50	2020-03-03	2 921.44	0.004 7
000016	上证 50	2020-03-04	2 947.57	0.008 9
000016	上证 50	2020-03-05	3 018.07	0.023 9
000016	上证 50	2020-03-06	2 964.83	-0.017 6
000016	上证 50	2020-03-09	2 868.83	-0.032 4
000016	上证 50	2020-03-10	2 924.22	0.019 3
000016	上证 50	2020-03-11	2 888.36	-0.012 3
000016	上证 50	2020-03-12	2 841.98	-0.016 1
000016	上证 50	2020-03-13	2 798.77	-0.015 2
000016	上证 50	2020-03-16	2 694.02	-0.037 4
000016	上证 50	2020-03-17	2 685.59	-0.003 1
000016	上证 50	2020-03-18	2 625.75	-0.022 3
000016	上证 50	2020-03-19	2 569.79	-0.021 3
000016	上证 50	2020-03-20	2 628.42	0.022 8
000016	上证 50	2020-03-23	2 559.62	-0.026 2
000016	上证 50	2020-03-24	2 639.38	0.031 2
000016	上证 50	2020-03-25	2 700.19	0.023 0
000016	上证 50	2020-03-26	2 689.28	-0.004
000016	上证 50	2020-03-27	2 701.44	0.004 5
000016	上证 50	2020-03-30	2 690.04	-0.004 2
000016	上证 50	2020-03-31	2 689.38	-0.000 2
000016	上证 50	2020-04-01	2 682.08	-0.002 7

续表

指数代码 _ IdxCd	指数名称 _ IdxNm	交易日期 _ TrdDt	收盘价 （）_ ClPr	指数日收益率 _ IdxDRet
000016	上证 50	2020-04-02	2 719.89	0.014 1
000016	上证 50	2020-04-03	2 708.82	-0.004 1
000016	上证 50	2020-04-07	2 757.41	0.017 9
000016	上证 50	2020-04-08	2 743.89	-0.004 9
000016	上证 50	2020-04-09	2 752.59	0.003 2
000016	上证 50	2020-04-10	2 749.85	-0.001 0
000016	上证 50	2020-04-13	2 739.17	-0.003 9
000016	上证 50	2020-04-14	2 785.72	0.017 0
000016	上证 50	2020-04-15	2 764.49	-0.007 6
000016	上证 50	2020-04-16	2 768.26	0.001 4
000016	上证 50	2020-04-17	2 809.08	0.014 7
000016	上证 50	2020-04-20	2 819.79	0.003 8
000016	上证 50	2020-04-21	2 784.53	-0.012 5
000016	上证 50	2020-04-22	2 804.24	0.007 1
000016	上证 50	2020-04-23	2 797.66	-0.002 3
000016	上证 50	2020-04-24	2 776.02	-0.007 7
000016	上证 50	2020-04-27	2 805.22	0.010 5
000016	上证 50	2020-04-28	2 825.14	0.007 1
000016	上证 50	2020-04-29	2 844.81	0.007 0
000016	上证 50	2020-04-30	2 861.91	0.006 0
000016	上证 50	2020-05-06	2 863.85	0.000 7
000016	上证 50	2020-05-07	2 854.42	-0.003 3
000016	上证 50	2020-05-08	2 873.01	0.006 5
000016	上证 50	2020-05-11	2 871.85	-0.000 4
000016	上证 50	2020-05-12	2 869.60	-0.000 8
000016	上证 50	2020-05-13	2 867.71	-0.000 7
000016	上证 50	2020-05-14	2 834.53	-0.011 6
000016	上证 50	2020-05-15	2 819.69	-0.005 2
000016	上证 50	2020-05-18	2 837.17	0.006 2
000016	上证 50	2020-05-19	2 860.67	0.008 3
000016	上证 50	2020-05-20	2 856.14	-0.001 6
000016	上证 50	2020-05-21	2 846.82	-0.003 3

表1

指数代码 _ IdxCd	指数名称 _ IdxNm	交易日期 _ TrdDt	收盘价 ( ) _ ClPr	指数日收益率 _ IdxDRet
000016	上证 50	2020-05-22	2 775.81	−0.024 9
000016	上证 50	2020-05-25	2 789.71	0.005 0
000016	上证 50	2020-05-26	2 808.84	0.006 9
000016	上证 50	2020-05-27	2 795.48	−0.004 8
000016	上证 50	2020-05-28	2 809.66	0.005 1
000016	上证 50	2020-05-29	2 806.66	−0.001 1
000016	上证 50	2020-06-01	2 870.36	0.022 7
000016	上证 50	2020-06-02	2 885.92	0.005 4
000016	上证 50	2020-06-03	2 889.11	0.001 1
000016	上证 50	2020-06-04	2 883.36	−0.002
000016	上证 50	2020-06-05	2 896.35	0.004 5
000016	上证 50	2020-06-08	2 909.59	0.004 6
000016	上证 50	2020-06-09	2 928.30	0.006 4
000016	上证 50	2020-06-10	2 908.48	−0.006 8
000016	上证 50	2020-06-11	2 876.51	−0.011 0
000016	上证 50	2020-06-12	2 884.12	0.002 6
000016	上证 50	2020-06-15	2 838.61	−0.015 8
000016	上证 50	2020-06-16	2 878.99	0.014 2
000016	上证 50	2020-06-17	2 881.13	0.000 7
000016	上证 50	2020-06-18	2 888.96	0.002 7
000016	上证 50	2020-06-19	2 925.94	0.012 8
000016	上证 50	2020-06-22	2 921.89	−0.001 4
000016	上证 50	2020-06-23	2 925.42	0.001 2
000016	上证 50	2020-06-24	2 943.47	0.006 2
000016	上证 50	2020-06-29	2 925.48	−0.006 1
000016	上证 50	2020-06-30	2 942.07	0.005 7
000016	上证 50	2020-07-01	3 009.86	0.023 0
000016	上证 50	2020-07-02	3 084.24	0.024 7
000016	上证 50	2020-07-03	3 159.16	0.024 3
000016	上证 50	2020-07-06	3 374.14	0.068 0
000016	上证 50	2020-07-07	3 381.76	0.002 3
000016	上证 50	2020-07-08	3 429.94	0.014 2

指数代码 _ IdxCd	指数名称 _ IdxNm	交易日期 _ TrdDt	收盘价 ( ) _ ClPr	指数日收益率 _ IdxDRet
000016	上证 50	2020-07-09	3 442.02	0.003 5
000016	上证 50	2020-07-10	3 351.78	-0.026 2
000016	上证 50	2020-07-13	3 390.11	0.011 4
000016	上证 50	2020-07-14	3 348.03	-0.012 4
000016	上证 50	2020-07-15	3 313.76	-0.010 2
000016	上证 50	2020-07-16	3 162.03	-0.045 8
000016	上证 50	2020-07-17	3 185.89	0.007 5
000016	上证 50	2020-07-20	3 287.91	0.032 0
000016	上证 50	2020-07-21	3 286.81	-0.000 3
000016	上证 50	2020-07-22	3 291.36	0.001 4
000016	上证 50	2020-07-23	3 284.11	-0.002 2
000016	上证 50	2020-07-24	3 158.29	-0.038 3
000016	上证 50	2020-07-27	3 163.23	0.001 6
000016	上证 50	2020-07-28	3 185.89	0.007 2
000016	上证 50	2020-07-29	3 243.38	0.018 0
000016	上证 50	2020-07-30	3 231.52	-0.003 7
000016	上证 50	2020-07-31	3 249.34	0.005 5
000016	上证 50	2020-08-03	3 281.10	0.009 8
000016	上证 50	2020-08-04	3 312.13	0.009 5
000016	上证 50	2020-08-05	3 292.31	-0.006 0
000016	上证 50	2020-08-06	3 292.20	0.000 0
000016	上证 50	2020-08-07	3 263.75	-0.008 6
000016	上证 50	2020-08-10	3 285.76	0.006 7
000016	上证 50	2020-08-11	3 262.82	-0.007 0
000016	上证 50	2020-08-12	3 249.74	-0.004 0
000016	上证 50	2020-08-13	3 241.84	-0.002 4
000016	上证 50	2020-08-14	3 288.51	0.014 4
000016	上证 50	2020-08-17	3 368.85	0.024 4
000016	上证 50	2020-08-18	3 367.33	-0.000 5
000016	上证 50	2020-08-19	3 307.66	-0.017 7
000016	上证 50	2020-08-20	3 264.53	-0.013 0
000016	上证 50	2020-08-21	3 284.73	0.006 2

指数代码 _ IdxCd	指数名称 _ IdxNm	交易日期 _ TrdDt	收盘价 ( ) _ ClPr	指数日收益率 _ IdxDRet
000016	上证 50	2020-08-24	3 298. 72	0. 004 3
000016	上证 50	2020-08-25	3 310. 84	0. 003 7
000016	上证 50	2020-08-26	3 277. 89	-0. 010 0
000016	上证 50	2020-08-27	3 290. 79	0. 003 9
000016	上证 50	2020-08-28	3 368. 44	0. 023 6
000016	上证 50	2020-08-31	3 343. 89	-0. 007 3
000016	上证 50	2020-09-01	3 355. 10	0. 003 4
000016	上证 50	2020-09-02	3 347. 30	-0. 002 3
000016	上证 50	2020-09-03	3 334. 41	-0. 003 9
000016	上证 50	2020-09-04	3 309. 21	-0. 007 6
000016	上证 50	2020-09-07	3 253. 43	-0. 016 9
000016	上证 50	2020-09-08	3 289. 91	0. 011 2
000016	上证 50	2020-09-09	3 235. 70	-0. 016 5
000016	上证 50	2020-09-10	3 245. 50	0. 003 0
000016	上证 50	2020-09-11	3 265. 50	0. 006 2
000016	上证 50	2020-09-14	3 294. 15	0. 008 8
000016	上证 50	2020-09-15	3 317. 64	0. 007 1
000016	上证 50	2020-09-16	3 295. 58	-0. 006 6
000016	上证 50	2020-09-17	3 264. 69	-0. 009 4
000016	上证 50	2020-09-18	3 347. 78	0. 025 5
000016	上证 50	2020-09-21	3 311. 59	-0. 010 8
000016	上证 50	2020-09-22	3 270. 52	-0. 012 4
000016	上证 50	2020-09-23	3 275. 74	0. 001 6
000016	上证 50	2020-09-24	3 218. 72	-0. 017 4
000016	上证 50	2020-09-25	3 229. 78	0. 003 4
000016	上证 50	2020-09-28	3 250. 50	0. 006 4
000016	上证 50	2020-09-29	3 241. 32	-0. 002 8
000016	上证 50	2020-09-30	3 232. 42	-0. 002 7
000016	上证 50	2020-10-09	3 286. 86	0. 016 8
000016	上证 50	2020-10-12	3 387. 88	0. 030 7
000016	上证 50	2020-10-13	3 386. 89	-0. 000 3
000016	上证 50	2020-10-14	3 369. 50	-0. 005 1

指数代码 _ IdxCd	指数名称 _ IdxNm	交易日期 _ TrdDt	收盘价 （）_ ClPr	指数日收益率 _ IdxDRet
000016	上证 50	2020-10-15	3 371.40	0.000 6
000016	上证 50	2020-10-16	3 380.17	0.002 6
000016	上证 50	2020-10-19	3 354.31	-0.007 7
000016	上证 50	2020-10-20	3 363.50	0.002 7
000016	上证 50	2020-10-21	3 377.42	0.004 1
000016	上证 50	2020-10-22	3 369.53	-0.002 3
000016	上证 50	2020-10-23	3 346.61	-0.006 8
000016	上证 50	2020-10-26	3 304.70	-0.012 5
000016	上证 50	2020-10-27	3 294.09	-0.003 2
000016	上证 50	2020-10-28	3 313.23	0.005 8
000016	上证 50	2020-10-29	3 324.44	0.003 4
000016	上证 50	2020-10-30	3 280.38	-0.013 3
000016	上证 50	2020-11-02	3 265.90	-0.004 4
000016	上证 50	2020-11-03	3 307.48	0.012 7
000016	上证 50	2020-11-04	3 332.19	0.007 5
000016	上证 50	2020-11-05	3 369.50	0.011 2
000016	上证 50	2020-11-06	3 359.12	-0.003 1
000016	上证 50	2020-11-09	3 418.28	0.017 6
000016	上证 50	2020-11-10	3 416.14	-0.000 6
000016	上证 50	2020-11-11	3 411.23	-0.001 4
000016	上证 50	2020-11-12	3 397.35	-0.004 1
000016	上证 50	2020-11-13	3 338.31	-0.017 4
000016	上证 50	2020-11-16	3 377.11	0.011 6
000016	上证 50	2020-11-17	3 379.27	0.000 6
000016	上证 50	2020-11-18	3 387.04	0.002 3
000016	上证 50	2020-11-19	3 410.09	0.006 8
000016	上证 50	2020-11-20	3 411.93	0.000 5
000016	上证 50	2020-11-23	3 469.80	0.017 0
000016	上证 50	2020-11-24	3 442.72	-0.007 8
000016	上证 50	2020-11-25	3 420.29	-0.006 5
000016	上证 50	2020-11-26	3 445.74	0.007 4
000016	上证 50	2020-11-27	3 498.66	0.015 4

续表

指数代码 _ IdxCd	指数名称 _ IdxNm	交易日期 _ TrdDt	收盘价 ( ) _ ClPr	指数日收益率 _ IdxDRet
000016	上证 50	2020-11-30	3 469.42	-0.008 4
000016	上证 50	2020-12-09	3 468.53	-0.008 7
000016	上证 50	2020-12-10	3 459.03	-0.002 7
000016	上证 50	2020-12-11	3 427.86	-0.009
000016	上证 50	2020-12-14	3 467.77	0.011 6
000016	上证 50	2020-12-15	3 468.83	0.000 3
000016	上证 50	2020-12-16	3 485.40	0.004 8
000016	上证 50	2020-12-17	3 539.54	0.015 5
000016	上证 50	2020-12-18	3 507.97	-0.008 9
000016	上证 50	2020-12-21	3 522.26	0.004 1
000016	上证 50	2020-12-22	3 470.90	-0.014 6
000016	上证 50	2020-12-23	3 494.59	0.006 8
000016	上证 50	2020-12-24	3 489.27	-0.001 5
000016	上证 50	2020-12-25	3 512.49	0.006 7
000016	上证 50	2020-12-28	3 523.84	0.003 2
000016	上证 50	2020-12-29	3 517.35	-0.001 8
000016	上证 50	2020-12-30	3 574.13	0.016 1
000016	上证 50	2020-12-31	3 640.64	0.018 6

输入程序	输出变量值
%读取表格里的初始数据, 将附表数据存到 excel 中, 命名 " Index50 "。 [Index, date] =xlsread ('Index50','sheet1', 'C2: D488')	Index = 1.0e+03 * 2.2628 2.2692 2.3146 2.3143 2.3052 2.3327 2.3318 2.3545 (略)

输入程序	输出变量值

	date =
	
	    481×1cell 数组
	
	    {'2019-01-02'}
	    {'2019-01-03'}
	    {'2019-01-04'}
	    {'2019-01-07'}
	    {'2019-01-08'}
	    {'2019-01-09'}
	    {'2019-01-10'}
	    {'2019-01-11'}
	（略）

%计算变量 Index 的长度，并将结果存储在变量 N 中 N=length（Index）	N = 481
%创建一个零矩阵 a=zeros（N, 1）;	
%使用循环遍历索引 i，将单元格数组 date 中的日期字符串转换为序列号（datenum 格式）并存储在矩阵 a 中 for i=1: N a（i）= datenum（cell2mat（date（i）））; end	

%将矩阵 a 中的序列号转换为日期字符串。
a=datestr（a）
	a =
	
	    481×11 char 数组
	
	    '02-Jan-2019'
	    '03-Jan-2019'
	    '04-Jan-2019'
	    '07-Jan-2019'
	    '08-Jan-2019'
	    '09-Jan-2019'
	    '10-Jan-2019'

输入程序	输出变量值
	'11-Jan-2019' （略）
a=datevec (a)	a = 　2019　1　2　0　0　0 　2019　1　3　0　0　0 　2019　1　4　0　0　0 　2019　1　7　0　0　0 　2019　1　8　0　0　0 　2019　1　9　0　0　0 　2019　1　10　0　0　0 　2019　1　11　0　0　0 （略）
Dates=datetime (a)	Dates = 　481×1 datetime 数组 　2019-01-02 00：00：00 　2019-01-03 00：00：00 　2019-01-04 00：00：00 　2019-01-07 00：00：00 　2019-01-08 00：00：00 　2019-01-09 00：00：00 　2019-01-10 00：00：00 　2019-01-11 00：00：00 （略）
%指数转收益率 Returns=tick2ret (Index)	Returns = 　0.0029 　0.0200 　−0.0001 　−0.0040 　0.0120 　−0.0004 　0.0097 　−0.0099 （略）

输入程序	输出变量值
%原始数据可视化 figure (1) subplot (2, 1, 1) plot (Dates, Index); title ('上证 50 股票价格指数') ylabel ('指数') subplot (2, 1, 2) plot (Dates (1: end-1), Returns); title ('上证 50 股票价格指数收益率') ylabel ('收益率')	
%平稳性检验 disp ('使用 pp 检验, 如果不能拒绝原假设则说明指数序列存在单位根') [hp, hpValue] =pptest (Index,'model','TS')	使用 PP 检验, 如果不能拒绝原假设则说明指数序列存在单位根 hp = 　logical 　0 hpValue = 　0.2727
%存在单位根则做一阶差分 diffIndex=diff (Index)	diffIndex= 　6.4500 　45.4100 　-0.3300 　-9.1500 　27.5500 　-0.8700 　22.6500 　-23.3600 （略）
if hp == 0 %pp 检验 [hp, hpValue, stat, cValue, reg] = pptest (diffIndex,'model','TS')	hp = 　logical 　1

续表

输入程序	输出变量值

	hpValue =
	
	  1.0000e-03
	
	stat =
	
	  -21.3700
	
	cValue =
	
	  -3.4200
	reg =
	
	  包含以下字段的 struct:
	
	     num: 480
	    size: 479
	   names: {3×1 cell}
	   coeff: [3×1 double]
	     se: [3×1 double]
	    cov: [3×3 double]
	  tStats: [1×1 struct]
	   FStat: [1×1 struct]
	     yMu: 2.8630
	  ySigma: 38.4822
	    yHat: [479×1 double]
	    res: [479×1 double]
	 autocov: 1.4773e+03
	  NWEst: 1.4773e+03
	 DWStat: 1.9921
	   SSR: 226.4943
	   SSE: 7.0763e+05
	   SST: 7.0786e+05
	   MSE: 1.4866e+03
	  RMSE: 38.5568
	   RSq: 3.1997e-04
	  aRSq: -0.0039
	    LL: -2.4275e+03
	   AIC: 4.8611e+03
	   BIC: 4.8736e+03
	   HQC: 4.8660e+03

输入程序	输出变量值
%单位根检验 [hp, hpValue, stst, cValue, reg] = adftest (diffIndex,'model','TS') end	hp = 　　logical 　　1 hpValue = 　　1.0000e-03 stst = 　　-21.3700 cValue = 　　-3.4200 reg = 　　包含以下字段的 struct: 　　　num: 480 　　　size: 479 　　names: {3×1 cell} 　　coeff: [3×1 double] 　　　se: [3×1 double] 　　　cov: [3×3 double] 　　tStats: [1×1 struct] 　　FStat: [1×1 struct] 　　　yMu: 2.8630 　ySigma: 38.4822 　　yHat: [479×1 double] 　　　res: [479×1 double] 　DWStat: 1.9921 　　SSR: 226.4943 　　SSE: 7.0763e+05 　　SST: 7.0786e+05 　　MSE: 1.4866e+03 　RMSE: 38.5568 　　RSq: 3.1997e-04 　aRSq: -0.0039 　　LL: -2.4275e+03 　　AIC: 4.8611e+03 　　BIC: 4.8736e+03 　　HQC: 4.8660e+03

续表

输入程序	输出变量值
| ```
% 自相关和偏自相关函数图
% 原指数图片
figure (2)
subplot (2, 1, 1)
autocorr (Index)
title ('指数的自相关图像')
subplot (2, 1, 2)
parcorr (Index)
title ('指数的偏自相关图像')


% 差分后的指数图片
figure (3)
subplot (2, 1, 1)
autocorr (diffIndex)
title ('指数一阶差分后的自相关图像')
subplot (2, 1, 2)
parcorr (diffIndex)
title ('指数一阶差分后的偏自相关图像')
``` | 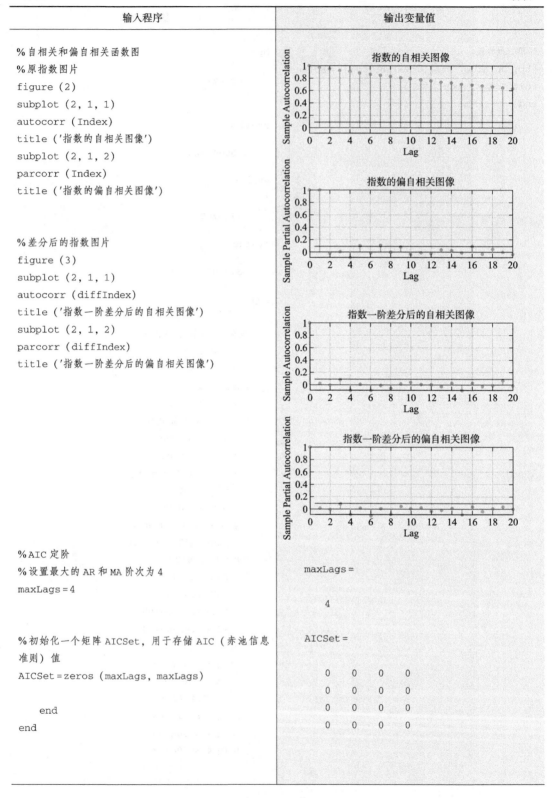 |

<table>
<tr><td>

```
% AIC 定阶
% 设置最大的 AR 和 MA 阶次为 4
maxLags = 4


% 初始化一个矩阵 AICSet，用于存储 AIC（赤池信息
准则）值
AICSet = zeros (maxLags, maxLags)

    end
end
```

</td><td>

```
maxLags =

   4

AICSet =

   0   0   0   0
   0   0   0   0
   0   0   0   0
   0   0   0   0
```

</td></tr>
</table>
```

输入程序	输出变量值
%画热度图来表示 AIC 数值的分布 figure (4) heatmap (AICSet／1000) xlabel ('MA Lags') ylabel ('AR Lags') title ('Akaike information criteria') [OptimalARLags, OptimalMALags] ＝find (AIC-Set＝＝min (min (AICSet))) %建立 ARIMA (3, 1, 3) 模型 mdl＝arima (OptimalARLags, 1, OptimalMALags)	ans＝ 　　HeatmapChart-属性: 　　XData: {4×1 cell} 　　YData: {4×1 cell} 　ColorData: [4×4 double] 　　显示所有属性 OptimalARLags＝ 　　3 OptimalMALags＝ 　　3 mdl＝ 　arima-属性: 　Description: " ARIMA (3, 1, 3) Model (Gaussian Distribution) " 　　Distribution: Name＝" Gaussian" 　　　　P: 4 　　　　D: 1 　　　　Q: 3 　　　Constant: NaN 　　　AR: {NaN NaN NaN} at lags [1 2 3] 　　　SAR: {}

输入程序	输出变量值
	MA: {NaN NaN NaN} at lags [1 2 3] SMA: {} Seasonality: 0 Beta: [1×0] Variance: NaN ARIMA (3, 1, 3) Model (Gaussian Distribution): Value StandardError TStatistic PValue ──────── ──────── ──────── ──────── Constant 0.20881 0.18675 1.1181 0.26352 AR {1} −0.77883 0.077534 −10.045 9.6566e-24 AR {2} 0.81769 0.032174 25.414 1.7566e-142 AR {3} 0.83091 0.061954 13.412 5.1664e-41 MA {1} 0.80095 0.081005 9.8877 4.7091e-23 MA {2} −0.88911 0.032212 −27.601 1.0728e-167 MA {3} −0.86671 0.071356 −12.146 6e-34 Variance 1410.9 59.736 23.619 2.4595e-123 adjdiffIndex= 3.5795 42.5395 −3.2005 −12.0205 24.6795 −3.7405 19.7795 −26.2305 (略)

fit=estimate (mdl, Index);

续表

输入程序	输出变量值
	检验残差是否存在相关性 hLBQ = 　1×4 logical 数组 　0　0　0　0 pLBQ = 　0.6967　0.9229　0.3516　0.1076 %模型残差不具有相关性

7.6　投入产出预测法与建模实现

7.6.1　概念

投入产出分析（Input－Output Analysis），亦称部门联系平衡法，是由经济学家瓦西里·列昂剔夫于 20 世纪 30 年代提出的一种经济分析方法。专注于分析不同经济部门之间的资源消耗（投入）与产品分配（产出）的关系。投入产出分析包括表格和数学模型两种表现形式。投入产出表以实物量或价值量形式展示不同部门间的相互作用，而投入产出数学模型则利用这些经济指标之间的关系，通过线性方程组来描述经济系统的资源消耗与产出。依据经济系统一部分经济变量值去预测另一部分经济变量值的方法，在能源就业预测和规划、环境与可持续发展分析等方面得到广泛应用。

7.6.2　基本原理

1. 投入产出表

价值型投入产出表是由 n 个生产部门纵横交错组成，如表 7.14 所示。

表 7.14　价值型投入产出表

投入	流量	中间产品 消耗部门 1	2	...	j	...	n	合计	最终产品 消费	储备	出口	合计	总产品
生产部门	1	z_{11}	z_{12}	...	z_{1j}	...	z_{1n}	$\sum_j z_{1j}$				y_1	x_1
	2	z_{21}	z_{22}	...	z_{2j}	...	z_{2n}	$\sum_j z_{2j}$				y_2	x_2
	⋮	⋮	⋮	⋮	⋮	⋮	⋮	⋮				⋮	⋮
	i	z_{i1}	z_{i2}	...	z_{ij}	...	z_{in}	$\sum_j z_{ij}$				y_i	x_i
	⋮	⋮	⋮	⋮	⋮	⋮	⋮	⋮				⋮	⋮
	n	z_{n1}	z_{n2}	...	z_{nj}	...	z_{nn}	$\sum_j z_{nj}$				y_n	x_n
	合计	$\sum_i z_{i1}$	$\sum_i z_{i2}$	...	$\sum_i z_{ij}$	...	$\sum_i z_{in}$	$\sum_i \sum_j z_{ij}$				$\sum_i y_i$	$\sum_i x_i$
初始投入	劳动报酬	v_1	v_2	...	v_j	...	v_n	$\sum_j v_j$					
	社会纯收入	m_1	m_2	...	m_j	...	m_n	$\sum_j m_j$					
	合计	c_1	c_2	...	c_j	...	c_n	$\sum_j c_j$					
总产值		x_1	x_2	...	x_j	...	x_n	$\sum_j x_j$					

$x_i(i = 1,2,\cdots,n)$ 指第 i 个部门的总产值；

$y_i(i = 1,2,\cdots,n)$ 指第 i 个部门的最终产品；

$z_{ij}(i,j = 1,2,\cdots,n)$ 指第 i 个生产部门向第 j 个消耗部门投入的产品数；

$v_j(j = 1,2,\cdots,n)$ 指第 j 个部门的劳动报酬；

$m_j(j = 1,2,\cdots,n)$ 指第 j 个部门的社会纯收入；

$c_j(j = 1,2,\cdots,n)$ 指第 j 个部门的初始投入。

2. 投入产出数学模型

（1）产品分配平衡式。

$$\sum_{j=1}^{n} z_{ij} + y_i = x_i \quad i = 1,2,3,\cdots,n \tag{7-118}$$

对每行的部门，表示各消耗部门对某生产部门产品的消耗量加上该生产部门最终产品的使用量，是该部门产品的总产出。

（2）产品消耗平衡式。

$$\sum_{i=1}^{n} z_{ij} + c_j = x_j \quad j = 1,2,3,\cdots,n \tag{7-119}$$

对每列的部门，表示各部门对某部门生产消耗的总投入加上该部门初始投入的生产要素，是该部门的总投入。

（3）直接消耗系数。

直接消耗系数 a_{ij} 是指第 j 个部门生产单位产品直接消耗第 i 个部门的产品量，表达式为

$$a_{ij} = \frac{z_{ij}}{x_j} \tag{7-120}$$

将其代入产品分配平衡式，则有

$$\sum_{j=1}^{n} a_{ij} x_j + y_i = x_i \tag{7-121}$$

矩阵表示为

$$AX + Y = X \tag{7-122}$$

式中，X 是各部门总产出构成的列向量 $X = (x_1, x_2, \cdots, x_n)^{\mathrm{T}}$，$Y$ 是各部门总最终产品需求构成的列向量 $Y = (y_1, y_2, \cdots, y_n)^{\mathrm{T}}$，$A$ 是直接消耗矩阵。

$$A = \begin{bmatrix} a_{11} & \cdots & a_{1j} & \cdots & a_{1n} \\ & \ddots & & & \\ a_{i1} & \cdots & a_{ij} & \cdots & a_{in} \\ & & & \ddots & \\ a_{n1} & \cdots & a_{nj} & \cdots & a_{nn} \end{bmatrix} \tag{7-123}$$

因此

$$X = (I - A)^{-1} Y = LY \tag{7-124}$$

式中，I 为单位矩阵；$L = (I - A)^{-1}$ 为列昂剔夫逆矩阵。

将直接消耗系数代入产品消耗平衡式，则有

$$\sum_{i=1}^{n} a_{ij} x_j + c_j = x_j \tag{7-125}$$

矩阵表示为

$$X = (I - D)^{-1} C \tag{7-126}$$

其中

$$D = \begin{bmatrix} \sum_{i=1}^{n} a_{i1} & & & \\ & \sum_{i=1}^{n} a_{i2} & & \\ & & \ddots & \\ & & & \sum_{i=1}^{n} a_{in} \end{bmatrix} \qquad (7-127)$$

（4）完全消耗系数。

完全消耗系数 b_{ij} 是指第 j 个部门生产单位产品时完全消耗第 i 个部门的产品量，包括直接消耗和间接消耗。完全消耗系数矩阵表示为

$$B = (I - A)^{-1} - I \qquad (7-128)$$

（5）投入产出平衡。

投入产出表中，第 k 个部门的产品生产量等于第 k 个部门的产品消耗使用量。

$$\sum_{j=1}^{n} z_{kj} + y_k = \sum_{i=1}^{n} z_{ik} + c_k \qquad (7-129)$$

即

$$\sum_{j=1}^{n} a_{kj} x_j + y_k = \sum_{i=1}^{n} a_{ik} x_i + c_k \qquad (7-130)$$

3. 预测各部门生产规模

根据最终产品的需求量，包括消费 Y_1、储备 Y_2、出口 Y_3 等方面的需求数量，可以预测各部门生产计划的规模。

$$Y = Y_1 + Y_2 + Y_3 \qquad (7-131)$$

$$X = (I - A)^{-1} Y \qquad (7-132)$$

4. 预测各部门最终产品

根据各部门的生产能力，可以预测各部门的最终产品需求量。

$$Y = (I - A) X \qquad (7-133)$$

5. 预测国民收入

劳动报酬与社会纯收入之和为国民收入，根据各部门的总产值可以预测各部门国民收入。

$$C = (I - D) X \qquad (7-134)$$

7.6.3 计算步骤

（1）根据投入产出表，建立平衡式。

（2）计算直接消耗系数矩阵。

（3）根据已知条件预测各部门的生产规模、最终产品需求、国民收入等。

7.6.4　程序代码

（1）计算直接消耗矩阵。

```
%n 是向量 X 的维度,X 是各部门总产出构成的 n 维列向量
n=length(X)
%求 A 直接消耗矩阵,Z 是部门间流量构成的 n*n 矩阵,X′是 X 的转置
A=Z./X′
%对 A 的每一列求和,得 n 维行向量 A1
A1=sum(A)
%将行向量 A1 对角化为 n 阶对角矩阵 D
D=diag(A1)
```

（2）计算需要预测的值。

```
%创建 n 阶单位矩阵
I=eye(n)
%求(I-A)的逆矩阵
L=inv(I-A)
%Y 是部门最终总需求构成的 n 维列向量,用 Y 预测生产规模 X1
X1=L*Y
%用总产值 X 预测最终产品需求 Y1,Y1 是 n 维列向量
Y1=(I-A)*X
%用总产值 X 预测国民收入 C1,C1 是 n 维列向量
C1=(I-D)*X
```

7.6.5　案例应用

设某经济系统包含重工业、轻工业、服务业、农业 4 个部门，计划期内部门间消耗系数是适用的，2017 年投入产出如表 7.15 所示。

表 7.15　某经济系统 2017 年的投入产出表　　　　　　　　单位：万元

投入	流量	产出										总产品
		中间产品					最终产品					
		消耗部门										
		1	2	3	4	合计	消费	储备	出口	合计		
生产部门	1	750	173	218	42	1 183	376	346	187	909		2 092
	2	23	472	79	3	577	865	134	24	1 023		1 600
	3	253	235	153	23	664	243	168	13	424		1 088
	4	135	154	127	74	490	742	27	115	884		1 374
	合计	1 161	1 034	577	142	2 914	2 226	675	339	3 240		6 154
初始投入	劳动报酬	319	201	224	798	1 542						
	社会纯收入	612	365	287	434	1 698						
	合计	1 007	433	511	1 232	3 240						
总产值		2 092	1 600	1 088	1 374	6 154						

问题一：2018 年，重工业、轻工业、服务业、农业的最终产品需求分别增加到 1240、1182、530、1050 时，预测各部门生产规模。

其 Matlab 实现过程如下所示。

输入程序	输出变量值
`X = [2092;1600;1088;1374]`	`X =` 　　2092 　　1600 　　1088 　　1374

`Z =[750  173  218  42`
　　`23  472  79  3`
　`253  235  153  23`
　`135  154  127  74]`
	`Z =`
	
	　750　173　218　42
	　　23　472　79　3
	　253　235　153　23
	　135　154　127　74

`n=length (X)`	`n =` 　　4

输入程序	输出变量值

`%计算直接消耗系数`
`A=Z. ./X'`
	`A =`
	
	`    0.3585   0.1081   0.2004   0.0306`
	`    0.0110   0.2950   0.0726   0.0022`
	`    0.1209   0.1469   0.1406   0.0167`
	`    0.0645   0.0963   0.1167   0.0539`

`%输入 2018 年最终需求数据`
`Y=[1240;1182;530;1050]`
	`Y =`
	
	`    1240`
	`    1182`
	`    530`
	`    1050`

`I=eye (n)`	`I =`
	
	`    1   0   0   0`
	`    0   1   0   0`
	`    0   0   1   0`
	`    0   0   0   1`

`%列昂惕夫逆矩阵`
`L=inv (I-A)`
	`L =`
	
	`    1.6508   0.3497   0.4228   0.0616`
	`    0.0513   1.4557   0.1360   0.0074`
	`    0.2440   0.3021   1.2502   0.0307`
	`    0.1479   0.2092   0.1969   1.0657`

`%预测的部门生产规模`
`X1=L*Y`
	`X1 =`
	
	`    1.0e+03 *`
	
	`    2.7490`
	`    1.8641`
	`    1.3544`
	`    1.6540`

　　问题二：2018 年，重工业、轻工业、服务业、农业的生产规模分别增加到 2 400 万元、1 822 万元、1 230 万元、1 450 万元时，预测各部门最终产品需求量。

　　其 Matlab 实现过程如下所示：

输入程序	输出变量值
% 输入 2018 年总产值数据 X = [2400；1822；1230；1450]	X = 　　2400 　　1822 　　1230 　　1450
% 预测的最终产品需求，问题一已求得 A Y1 = (I-A) * X	Y1 = 　1.0e+03 * 　1.0518 　1.1656 　0.4749 　0.8981

问题三：2018 年，重工业、轻工业、服务业、农业的总产值分别增加到 2 500 万元、1 850 万元、1 330 万元、1 650 万元时，预测各部门国民收入。

其 Matlab 实现过程如下所示。

输入程序	输出变量值
% 输入 2018 年总产值数据 X = [2500；1850；1330；1650]	X = 　　2500 　　1850 　　1330 　　1650
% 问题一已求得 A A1 = sum (A)	A1 = 　0.5550　0.6462　0.5303　0.1033
% 构造对角矩阵 D = diag (A1)	D = 　0.5550　　0　　　0　　　0 　0　　0.6462　　0　　　0 　0　　　0　　0.5303　　0 　0　　　0　　　0　　0.1033

续表

输入程序	输出变量值
% 预测的国民收入 C1 = (I-D) * X	C1 = 1.0e+03 * 1.1126 0.6544 0.6247 1.4795

7.7　GM（1,1）灰色预测法与建模实现

7.7.1　概述

1. 灰色系统理论

灰色系统理论由中国控制理论专家邓聚龙教授于 1982 年提出，它源自控制论研究，专注于数据量小且信息不足的不确定性系统分析。与传统控制论基于历史数据进行反馈控制不同，灰色系统理论利用现有信息预测系统的未来状态，并根据这些预测实施控制策略。

经过数十年的发展，灰色系统理论已形成一套完备的结构体系。该体系包括基于灰带数运算、灰色方程和灰色矩阵的理论框架；序列算子和灰色生成为核心的方法论；依托灰色关联空间和灰色聚类评价的分析机制；以及以灰色系统预测建模为中心的模型构建。特别是 GM（1,1）模型，作为灰色预测建模方法的基础，已成为研究的热点，并逐步成为主流预测技术。灰色系统理论目前已广泛应用于工程控制、经济预测、灾害预测、社会系统、医疗、生态和农业等领域，取得显著成效。

2. 灰色预测

灰色预测通过分析含有已知和不确定信息的系统，对特定时间范围内的变化过程进行预测。该方法通过处理原始数据并构建灰色模型，揭示系统的演变规律，并对未来状态进行定量分析。根据数据特性和预测需求，灰色预测可分为数列预测、区间预测、灰色灾变预测和波形预测等类型。

1）数列预测

数列预测专注于预测系统变量的未来值，其中均值 GM（1,1）模型是一种常用的预测工具。根据具体需求，可以选择其他适合的灰色模型。通过定性分析，确定恰当的序列

算子，并据此建立预测模型。模型经过精度验证后，便可用于预测。

2）区间预测

区间预测适用于原始数据显示不规则波动的场景，当缺乏描述变化趋势的合适模型时，该方法能够预测数据未来的变化区间，而非具体值。这种预测不仅关注数据的具体数值，而且关注其变化的可能范围。

3）灰色灾变预测

灰色灾变预测主要关注异常值的预测，这些异常值通常基于主观经验来定义。该预测方法的目标是确定下一次或未来几次异常值出现的时间点，从而使人们能够提前做好准备并制定相应对策。

4）波形预测

波形预测依据原始数据的波动模式来预测未来数据的发展趋势，适用于原始数据变动频繁且幅度大，普通区间预测无法准确覆盖变化范围的场合。

7.7.2 基本概念

1. 灰数

灰数指的是实数的取值范围已知而确切值未知的数，是区间数的一种扩展形式。灰数的定义基于两个方面：一是人类认知的局限性；二是背景信息的不完整性。

2. 灰色系统

在系统理论中，若系统内部特征完全一致且信息充足，称为白色系统。相反，若系统内部信息完全未知，仅能通过与外界的关系进行观察，这类系统称为黑色系统。灰色系统则位于两者之间，部分信息已知而部分未知。

3. 生成列

在建立灰色预测模型之前，为弱化原始时间序列的随机性，需要先对原始序列进行处理，经过数据处理后的时间序列称为生成列，主要有累加和累减两种。

设原始时间序列为

$$X^{(0)} = (X^{(0)}(1), X^{(0)}(2), \cdots, X^{(0)}(n)) \tag{7-135}$$

生成列为

$$X^{(1)} = (X^{(1)}(1), X^{(1)}(2), \cdots, X^{(1)}(n)) \tag{7-136}$$

其中，累加生成列为

$$X^{(1)}(1) = X^{(0)}(1) \tag{7-137}$$

$$X^{(1)}(k) = \sum_{i=1}^{k} X^{(0)}(i) = X^{(1)}(k-1) + X^{(0)}(k) \quad k = 1, 2, \cdots, n \tag{7-138}$$

累减生成列为

$$X^{(1)}(1) = X^{(0)}(1) \tag{7-139}$$

$$X^{(1)}(k) = X^{(0)}(k) - X^{(0)}(k-1) \qquad k = 1,2,\cdots,n \tag{7-140}$$

在实际应用中，数据序列通常为非负数列。通过累加生成，可以将无规律的非负数列转换为非递减数列。累加次数越多，数列的随机性越弱，规律性越明显，通常表现为近似指数增长的趋势，其生成函数符合指数函数形式。而累加生成的逆过程则通过累减生成来实现。

4. 关联度

关联分析是建立灰色预测模型的基础，其目的在于量化系统内各元素之间的相互关系，以此揭示灰色系统的核心特性。关联度是关联分析的衡量指标。计算关联度首先需要得到关联系数，关联系数的计算方式如下：

设参考序列为

$$X^{(0)} = X^{(0)}(1), X^{(0)}(2), \cdots, X^{(0)}(n) \tag{7-141}$$

比较序列为

$$X^{(i)} = X^{(i)}(1), X^{(i)}(2), \cdots, X^{(i)}(n)(i = 1,2,L,n) \tag{7-142}$$

则关联系数为

$$\eta_i(k) = \frac{\displaystyle\max_j \max_i |x^{(0)}(l) - x^{(j)}(l)| + \lambda \max_j \max_i |x^{(0)}(l) - x^{(i)}(l)|}{|x^{(0)}(k) - x^{(i)}(k)| + \lambda \max_j \max_i |x^{(0)}(k) - x^{(j)}(k)|} \tag{7-143}$$

式中，$|x^{(0)}(k) - x^{(i)}(k)|$ 为 $x^{(0)}$ 与 $x^{(i)}$ 在第 k 点上的绝对差；$\max_l |x^{(0)}(l) - x^{(j)}(l)|$ 表示在 $x^{(j)}$ 序列上找出各点与 X_0 的最大差，找出所有序列中的最大差就是两级最大差 $\max_j \max_l |x^{(0)}(l) - x^{(j)}(l)|$；同样两级最小差的含义与最大差相似；$\lambda$ 称为分辨率，$0 < \lambda < 1$，一般取 $\lambda = 0.5$（计算关联系数前通常要先进行初始化，即将该序列所有数据分别除以第一个数据）。

关联系数衡量比较数列与参考数列在特定时刻的关联程度。为全面评估序列间的整体关联性，关联度被定义为各时刻关联系数的平均值，$x^{(i)}$ 与 $x^{(0)}$ 的关联度为

$$r_i = \frac{1}{n} \sum_{k=1}^{n} \eta_i(k) \tag{7-144}$$

5. 灰色模型

由于微分方程能够有效描述灰色系统的动态特性，因此，微分拟合法是建立灰色系统预测模型的常用方法。这类模型统称为灰色模型（grey model），简称 GM。而 GM (n,h) 表示 n 阶 h 个变量的微分方程。GM (n,h) 模型中，n 越大，计算越复杂。

7.7.3　基本原理

1. 建立 GM（1,1）模型

设时间序列有 n 个观察值

$$X^{(0)} = (X^{(0)}(1), X^{(0)}(2), \cdots X^{(0)}(n)) \tag{7-145}$$

通过累加生成新序列

$$X^{(1)} = (X^{(1)}(1), X^{(1)}(2), \cdots X^{(1)}(n)) \tag{7-146}$$

令 $Z^{(1)}$ 为 $X^{(1)}$ 的紧邻均值生成序列

$$Z^{(1)} = (Z^{(1)}(1), Z^{(1)}(2), \cdots, Z^{(1)}(n)) \tag{7-147}$$

$$Z^{(1)}(k) = \frac{1}{2}(X^{(1)}(k-1) + X^{(1)}(k)) \tag{7-148}$$

则 GM（1,1）的灰微分方程模型为

$$X^{(0)}(k) + aZ^{(1)}(k) = b \tag{7-149}$$

式中，a 为发展灰数；b 为内生控制灰数。

设 $\hat{\boldsymbol{\beta}}$ 为待估参数向量

$$\hat{\boldsymbol{\beta}} = (a, b)^{\mathrm{T}} \tag{7-150}$$

可利用最小二乘法对灰色微分方程式 $X^{(0)}(k) + aZ^{(1)}(k) = b$ 求解，得到

$$\hat{\boldsymbol{\beta}} = (\boldsymbol{B}^{\mathrm{T}}\boldsymbol{B})^{-1}\boldsymbol{B}^{\mathrm{T}}\boldsymbol{Y} \tag{7-151}$$

式中

$$\boldsymbol{B} = \begin{bmatrix} -Z^{(1)}(2) & 1 \\ -Z^{(1)}(3) & 1 \\ \vdots & \vdots \\ -Z^{(1)}(n) & 1 \end{bmatrix} \tag{7-152}$$

$$\boldsymbol{Y} = \begin{bmatrix} X^{(0)}(2) \\ X^{(0)}(3) \\ \vdots \\ X^{(0)}(n) \end{bmatrix} \tag{7-153}$$

称微分方程

$$\frac{\mathrm{d}X^{(1)}}{\mathrm{d}t} + aX^{(1)} = b \tag{7-154}$$

为灰色微分方程 $X^{(0)}(k) + aZ^{(1)}(k) = b$ 的白化方程，也称为影子方程。

白化微分方程的解也称为时间响应函数，即

$$\hat{X}^{(1)}(t) = \left(X^{(1)}(0) - \frac{b}{a}\right)e^{-at} + \frac{b}{a} \qquad (7-155)$$

灰微分方程的时间响应序列为

$$\hat{X}^{(1)}(k+1) = \left(\hat{X}^{(1)}(0) - \frac{b}{a}\right)e^{-ak} + \frac{b}{a} \qquad k = 1, 2, \cdots, n \qquad (7-156)$$

取 $X^{(1)}(0) = X^{(0)}(1)$ ，则

$$\hat{X}^{(1)}(k+1) = \left(X^{(0)}(1) - \frac{b}{a}\right)e^{-ak} + \frac{b}{a} \qquad (7-157)$$

预测方程为

$$\hat{X}^{(0)}(k+1) = \hat{X}^{(1)}(k+1) - \hat{X}^{(1)}(k) \qquad (7-158)$$

2. 检验 GM（1,1）模型

在预测之前要对 GM（1,1）模型进行检验，若检验在允许范围内，则可用所建立的模型进行预测，否则应当进行修正。GM（1,1）模型的检验方法主要包括三种：残差检验、关联度检验和后验差检验。

1）残差检验

对模型值和实际值的残差进行逐一检验。首先按照模型计算 $\hat{X}^{(0)}(k)$ ，然后计算 $\hat{X}^{(0)}(k)$ 与原始序列 $X^{(0)}(k)$ 的绝对残差序列

$$\varepsilon^{(0)} = \{\varepsilon^{(0)}(k), k = 1, 2, \cdots, n\} \qquad (7-159)$$

$$\varepsilon^{(0)}(k) = |X^{(0)}(k) - \hat{X}^{(0)}(k)| \qquad (7-160)$$

计算相对残差序列

$$\eta = \{\eta_k, k = 1, 2, \cdots, n\} \qquad (7-161)$$

$$\eta_k = \frac{\varepsilon^{(0)}(k)}{X^{(0)}(k)} \times 100\% \qquad (7-162)$$

计算平均相对残差

$$\bar{\eta} = \frac{1}{n}\sum_{k=1}^{n}\eta_k \qquad (7-163)$$

给定 α ，当 $\bar{\eta} < \alpha$ ，且 $\eta_n < \alpha$ 成立时，称模型为残差合格模型，且平均相对残差 $\bar{\eta}$ 越小越好。

2）关联度检验

通过考察模型值曲线和建模序列曲线的相似程度进行检验。根据经验，当 $\rho = 0.5$ 时，

关联度大于 0.6 即达到满意, 关联度 r_i 越大越好。

3) 后验差检验

计算原始序列的标准差

$$S_1 = \sqrt{\frac{\sum [X^{(0)}(i) - \bar{X}^{(0)}]^2}{n - 1}} \qquad (7 - 164)$$

计算绝对误差序列的标准差

$$S_2 = \sqrt{\frac{\sum [\varepsilon^{(0)}(i) - \bar{\varepsilon}^{(0)}]^2}{n - 1}} \qquad (7 - 165)$$

计算方差比

$$C = \frac{S_2}{S_1} \qquad (7 - 166)$$

注: 对于给定的 C_0, 当 $C < C_0$ 时, 称模型为均方差比合格模型, 均方差比值 C 越小越好。从经验上来说, 当 $C < 0.35$ 时, 认为模型很好

计算小误差概率

$$P = P\{|\varepsilon^{(0)}(i) - \bar{\varepsilon}^{(0)}| < 0.674 5S_1\} \qquad (7 - 167)$$

注: 对于给定的 P_0, 当 $P < P_0$ 时, 称模型为小残差概率合格模型, 小误差概率 P 越大越好。从经验上来说, 当 $P > 0.95$ 时, 认为模型很好。

3. GM (1,1) 残差模型

如果用原始序列 $X^{(0)}$ 建立的 GM (1,1) 模型检验精度不理想, 则要对建立的 GM (1, 1) 模型进行残差修正来提高模型的预测精度, 这种修正模型称为 GM (1,1) 残差修正模型。

设原始序列 $X^{(0)}$ 建立的 GM (1,1) 模型为

$$\hat{X}^{(1)}(k + 1) = \left[X^{(0)}(1) - \frac{b}{a}\right] e^{-ak} + \frac{b}{a} \qquad k = 1, 2, \cdots, n \qquad (7 - 168)$$

可获得生成序列 $X^{(1)}$ 的预测值 $\hat{X}^{(1)}$, 即对于 $\hat{X}^{(1)} = \{\hat{X}^{(1)}(1), \hat{X}^{(1)}(2), \cdots, \hat{X}^{(1)}(n)\}$, 有预测序列 $\hat{X}^{(1)} = \{\hat{X}^{(1)}(1), \hat{X}^{(1)}(2), \cdots, \hat{X}^{(1)}(n)\}$。

定义残差为

$$e^{(0)}(j) = X^{(1)}(j) - \hat{X}^{(1)}(j) \qquad (7 - 169)$$

若取 $j = k, k + 1, \cdots, n$ 则与 $X^{(1)}$ 及 $\hat{X}^{(1)}$ 对应的残差序列为

$$e^{(0)} = \{e^{(0)}(k), e^{(0)}(k + 1), \cdots, e^{(0)}(n)\} \qquad (7 - 170)$$

为便于计算，改写为

$$e^{(0)} = \{e^{(0)}(1'), e^{(0)}(2'), \cdots, e^{(0)}(n')\} \qquad (7-171)$$

$e^{(0)}$ 的累加生成序列为

$$e^{(1)} = \{e^{(1)}(1'), e^{(1)}(2'), \cdots, e^{(1)}(n')\} \qquad n' = n - k \qquad (7-172)$$

$e^{(1)}$ 可建立相应的 GM (1,1) 模型

$$\hat{e}^{(1)}(k+1) = \left[e^{(0)}(1) - \frac{b_e}{a_e}\right]e^{-a_e k} + \frac{b_e}{a_e} \qquad (k=1,2,\cdots,n) \qquad (7-173)$$

修正模型为

$$\hat{X}^{(1)}(k+1) = \left[X^{(0)}(1) - \frac{b}{a}\right]e^{-ak}\frac{b}{a} + \delta(k-1)(-a_e) \cdot \left[e^{(0)}(1) - \frac{b_e}{a_e}\right]e^{-a_e(k-1)}$$

$$(7-174)$$

式中, $\delta(k-1) = \begin{cases} 1, k \geqslant 2 \\ 0, k < 2 \end{cases}$ 为修正系数

经残差修正的原始序列预测模型为

$$\hat{X}^{(0)}(k+1) = \hat{X}^{(1)}(k+1) - \hat{X}^{(1)}(k) \qquad k=1,2,\cdots \qquad (7-175)$$

7.7.4　计算步骤

（1）生成原始序列 $X^{(0)}(k)$ 的累加生成序列 $X^{(1)}$；

（2）生成 $X^{(1)}$ 的紧邻均值生成序列 $Z^{(1)}$；

（3）构造矩阵 $\boldsymbol{B}$ 和矩阵 $\boldsymbol{Y}$，估计模型待估参数；

（4）分析模型参数建立灰色预测模型；

（5）根据所建立的灰色预测模型计算模型模拟值及预测值；

（6）根据模拟值及预测值计算模型的相对预测百分比误差；

（7）根据系统精度要求，检验模型模拟及预测性能；

（8）若模型通过检测则可用于预测，否则需重新构造及优化灰色预测模型。

7.7.5　程序代码

（1）输入原始序列与预测要求。

```
% 从用户输入获取原始序列数据
X0 = input('请输入原始序列:');
% 从用户输入获取需要预测的数据个数
```

```
m=input('请输入后续需要预测的数据个数:');
%计算原始序列 X0 的元素个数,并将结果存储在变量 n 中
n=numel(X0);
```

(2) 计算原始序列的 1-AGO。

```
for k =1:n
        %初始化临时变量 tmp 为 0
        tmp=0;
        for j =1:k
                %将 X0 中前 k 个元素相加,并将结果存储在 tmp 中
                tmp=tmp+X0(j);
        end
        %将 tmp 的值赋给 X1 的第 k 个元素
        X1(k)=tmp;
end
```

(3) 对 X_1 作紧邻均值生成序列 Z_1。

```
for i =2:n
        %计算 X1 中相邻两个元素的平均值,并将结果存储在 Z1 中
        Z1(i-1)=(X1(i)+X1(i-1))/2;
end
```

(4) 求矩阵 B 和 Y。

```
%创建一个大小为(n-1)x2 的矩阵 B,元素均为 1
B=ones(n-1,2);
%创建一个大小为(n-1)x1 的矩阵 Y,元素均为 1
Y=ones(n-1,1);
for i =1:n-1
        %将 X0 中第 i+1 个元素赋给 Y 的第 i 行第 1 列
        Y(i,1)=X0(i+1);
        %将-Z1 中第 i 个元素赋给 B 的第 i 行第 1 列
        B(i,1)=-Z1(i);
```

```
end
```

（5）求 a、b 的值。

```
%计算线性方程组的解
E=inv(B'*B)*B'*Y;
%将 E 的第一个元素赋给变量 a
a=E(1);
%将 E 的第二个元素赋给变量 b
b=E(2);
%创建一个大小为 nx5 的全零矩阵 A
A=zeros(n,5);
%将 A 的第一行第一列元素设为 1
A(1,1)=1;
%将 X0 的第一个元素赋给 A 的第一行第二列
A(1,2)=X0(1);
```

（6）计算模拟数据、残差和相对误差。

```
%初始化 mp 为 0
mp=0;
for k=2:n
    %将 k 存储在 A 的第 k 行第一列
    A(k,1)=k;
    %将 X0 的第 k 个元素存储在 A 的第 k 行第二列
    A(k,2)=X0(k);
    %计算指定公式值并保留三位小数
    A(k,3)=roundn((1-exp(a))*(X0(1)-b/a)*exp(-a*(k-1)),-3);
    %计算 A(k,2) 和 A(k,3) 的差值并保留三位小数
    A(k,4)=roundn(A(k,2)-A(k,3),-3);
    %计算 A(k,4) 相对于 A(k,2) 的绝对百分比误差并保留三位小数
    A(k,5)=roundn(100*abs(A(k,4))/A(k,2),-3);
    %计算 mp 的累加值
    mp=mp+100*abs(A(k,4))/A(k,2);
```

```
end
```

%计算 mp 的平均值并保留四位小数

```
mp = roundn(mp/(length(X0)-1),-4);
```

mp 用来储存平均相对模拟百分误差。

（7）计算后续 m 个预测值。

```
if m >0
    for k =n:m+n-1
            %计算 F(k)的值并存储在 F 的相应位置
            F(k-n+1)=(1-exp(a))*(X0(1)-b/a)*exp(-a*k);
    end
end
```

（8）输出预测结果与误差检验结果。

```
%显示分隔线
disp('-------------------------------------');
%显示原始序列
disp('(1)输入原始序列为:');
%显示原始序列 X0
disp(X0);
%显示 GM(1,1)模型的参数 a 和 b
disp('(2)GM(1,1)模型的参数 a,b 分别为:');
%显示参数 a 和 b,并保留六位小数
disp(roundn(E,-6));
%显示 GM(1,1)模型的误差检验表标题
disp('(3)GM(1,1)模型的误差检验表为:');
%显示误差检验表的列标题
disp('序号 实验数据 模拟数据 残差 相对误差(%)');
%显示误差检验表 A
disp(A);
%显示平均相对模拟误差
disp('(4)平均相对模拟误差为(%):');
```

%显示平均相对模拟误差的值

disp(mp);

if m >0

    %如果有后续预测数据,显示标题

    disp('(5)后续预测数据为:');

    %显示后续预测数据,并保留四位小数

    disp(roundn(F,-4));

end

7.7.6 案例应用

1. 案例/数据说明

本案例[5] 节选自《数学的实践与认识》于 2019 年第 15 期第 49 卷收录的《基于灰色模型的我国研究生教育规模预测》。

2. 研究问题描述

由于研究生规模发展受多方面因素的影响,其发展过程具有动态性,属于典型的灰色系统,故应当采用灰色 GM(1,1)模型来预测未来我国研究生的教育规模。现使用 2011—2016 年的研究生教育规模来预测 2017—2022 年的教育规模。2011—2016 年的教育规模如表 7.16 所示。

表 7.16　2011 年~2016 年的教育规模　　　　　　　　　　　　单位:人

序号	年份	毕业人数	招生人数	在校人数
1	2011	429 994	560 168	1 645 845
2	2012	486 455	589 673	1 719 818
3	2013	513 626	611 381	1 793 953
4	2014	535 863	621 323	1 847 689
5	2015	551 522	645 055	1 911 406
6	2016	563 938	667 064	1 981 051

数据来源:中华人民共和国国家统计局《中国统计年鉴》

用 Matlab 计算过程如下。

(1)三种预测对象的时间相应模型。

输入程序	输出变量值

`% 第一组数据：毕业人数`
`% 设置输出显示格式为长固定小数格式`
`format long g`
 	
`% 输入原始序列`
`X0 = [429994    486455   513626   535863`
`    551522   563938]`
	`X0 =`
	
	`    429994   486455   513626   535863`
	`    551522   563938`

`% 输入后续需要预测的数据个数`
`m = 6`
	`m =`
	
	`    6`

`% 原始序列元素个数`
`n = numel (X0)`
	`n =`
	
	`    6`

`% 计算原始序列的 1-AGO`
`for k = 1: n`
`    tmp = 0;`
`    for j = 1: k`
`      tmp = tmp+X0 (j);`
`    end`
`    X1 (k) = tmp;`
`end`
`display (X1)`
	
	`X1 =`
	
	`    429994   916449   1430075   1965938`
	`    2517460   3081398`

`% 对 X1 作紧邻均值生成序列 Z1`
`for i = 2: n`
`    Z1 (i-1) = (X1 (i) +X1 (i-1) ) /2;`
`end`
`display (Z1)`
	
	`Z1 =`
	
	`    673221.5   1173262   1698006.5   2241699`
	`    2799429`

`% 求矩阵 B 和 Y`
`B = ones (n-1, 2);`
`% 构造元素全为 1 的矩阵`
`    Y = ones (n-1, 1);`
`    for i = 1: n-1`
`      Y (i, 1) = X0 (i+1);`
`      B (i, 1) = -Z1 (i);`
`    end`
`display (B)`
	`B =`
	
	`    -673221.5   1`
	`    -1173262   1`
	`    -1698006.5   1`
	`    -2241699   1`
	`    -2799429   1`

输入程序	输出变量值
display (Y)	Y = 486455 513626 535863 551522 563938
% 求 a, b 的值 E=inv (B′*B) *B′*Y	E = -0.036106949890288 468280.704219369
% 参数 a a=E (1)	a = -0.036106949890288
% 参数 b b=E (2)	b = 468280.704219369
p=b/a	p = -12969267.8457265
% 表示 x$^{(0)}$ (1) -b/a q=X0 (1) -p	q = 13399261.8457265

同理，可求得招生人数和毕业人数两组序列对应的参数 a 与参数 b，如表 7.17 所示。

表 7.17　时间相应函数参数估计表

预测对象	参数 a	参数 b	b/a	$x^{(0)}$ (1) -b/a
研究生毕业人数	-0.036 106 95	468 280.704 219	-12 969 267.85	13 399 261.85
研究生招生人数	-0.030 121 727	563 953.081 079	-18 722 468.67	19 282 636.67
研究生在校人数	-0.034 563 650	1 638 395.996 381	-47 402 283.86	49 048 128.86

三种模型整理如下：

研究生毕业人数模型 $\hat{X}^{(1)}(k+1) = 13\,399\,261.85e^{0.036\,106\,95k} - 12\,969\,267.85$；

研究生招生人数模型 $\hat{X}^{(1)}(k+1) = 19\,282\,636.67e^{0.030\,121\,727k} - 18\,722\,468.67$;

研究生在校人数模型 $\hat{X}^{(1)}(k+1) = 49\,048\,128.86e^{0.034\,563\,65k} - 47\,402\,283.86$。

（2）三种模型的模型检验。

输入程序	输出变量值

`%计算模拟数据、残差和相对误差`
`%X0 为毕业人数数据`
`A=zeros (n, 5);`
`A (1, 1) =1;`
`A (1, 2) =X0 (1);`
`mp=0;`
`for k=2: n`
`    A (k, 1) =k;`
`    A (k, 2) =X0 (k);`
`    A (k, 3) = roundn ( (1-exp (a) ) *`
`(X0 (1) -b/a) *exp (-a* (k-1) ), -3);`
`    A (k, 4) = roundn (A (k, 2) -A (k,`
`3), -3);`
`    A (k, 5) = roundn (100 * abs (A (k,`
`4) ) /A (k, 2), -3);`
`    mp=mp+100 * abs (A (k, 4) ) /A (k,`
`2);`
`end`
`display (A)`	

	`A =`

	`1  429994          0          0      0`
	`2  486455  492646.944  -6191.944  1.273`
	`3  513626  510759.958   2866.042  0.558`
	`4  535863  529538.927   6324.073   1.18`
	`5  551522  549008.338   2513.662  0.456`
	`6  563938  569193.575   5255.575  0.932`

	`%A 的 5 列数据分别表示：序号，实验数据，模拟数据，残差，相对误差（%）`
`%平均相对模拟百分误差` `mp=roundn (mp/(length (X0) -1), -4)`	`mp =` `0.8797`

同理，可求得招生人数和毕业人数两个模型的模拟数据、残差和相对误差，三组数据的模型 GM（1,1）模型的误差检验表如表 7.18 所示。

表 7.18 GM (1,1) 模型的误差检验表

模型	序号	实验数据	模拟数据	残差 E (k)	相对误差 (%) e (k)
研究生毕业 人数模型	2011	429 994	0	0	0
	2012	486 455	492 646. 944	−6 191. 94	1. 273
	2013	513 626	510 759. 958	2 866. 042	0. 558
	2014	535 863	529 538. 927	6 324. 073	1. 180
	2015	551 522	549 008. 338	2 513. 662	0. 456
	2016	563 938	569 193. 575	−5 255. 58	0. 932
研究生招生 人数模型	2011	560 168	0	0	0
	2012	589 673	589 662. 552	10. 448	0. 002
	2013	611 381	607 694. 418	3 686. 582	0. 603
	2014	621 323	626 277. 698	−4 954. 70	0. 797
	2015	645 055	645 429. 255	−374. 255	0. 058
	2016	667 064	665 166. 465	1 897. 535	0. 284
研究生在校 人数模型	2011	1 645 845	0	0	0
	2012	1 719 818	1 724 920. 464	−5 102. 460	0. 297
	2013	1 793 953	1 785 582. 322	8 370. 678	0. 467
	2014	1 847 689	1 848 377. 53	−688. 530	0. 037
	2015	1 911 406	1 913 381. 116	−1 975. 12	0. 103
	2016	1 981 051	1 980 670. 741	380. 259	0. 019

模型精度较高，可以预测未来一段时间的研究生规模增长趋势。

（3）三个模型预测后续数据。

输入程序	输出变量值

``%计算后续 m 个预测值
if m>0
    for k=n: m+n-1
    F (k−n+1) = (1−exp (a)) * (X0
(1) −b/a) * exp (−a*k);
    end
end
 	
if m>0
    F=roundn (F, −4)
end```
	F =
	
	590120.9577 611817.7713 634312.3056
	657633.8902 681812.9331 706880.9601

同理，可求得招生人数和毕业人数两个模型的预测值。

依据灰色模型的原始序列，我国未来 6 年研究生教育规模如表 7.19 所示，结果与文献 5 结果一致。

表 7.19　研究生教育规模预测表　　　　　　单位：人

序号	年份	毕业人数	招生人数	在校人数
1	2017	590 121	685 507	2 050 327
2	2018	611 818	706 470	2 122 432
3	2019	634 312	728 074	2 197 074
4	2020	657 634	750 338	2 274 340
5	2021	681 813	773 284	2 354 324
6	2022	706 881	796 931	2 437 121

7.8　BP 神经网络预测法与建模实现

7.8.1　概念

1. 神经网络概述

人工神经网络（Artificial Neural Network，ANN）是由众多互联节点（神经元）组成的复杂结构，每个节点具备输入、权重、求和、激活函数及输出。ANN 通过调节节点间的连接权重来模仿大脑的信息处理和记忆功能，实现信息处理目标，并具备自我学习与适应能力。神经网络运作分为学习和工作两个阶段：学习阶段，网络通过调整权重进行优化；工作阶段，权重固定，计算单元变化以维持稳定状态，即特征统计不随时间改变。

自罗森布拉特（Rosenblatt）于 1957 年提出首个人工神经网络模型以来，已发展出数百种神经网络。其中，较为知名的包括 MP 模型、感知机、BP 网络、径向基网络、自组织映射（SOM）、学习向量量化（LVQ）、Hopfield 网络及 Boltzmann 网络等。根据神经网络的学习机理、工作特点等，神经网络的分类情况如表 7.20 所示。

表 7.20　神经网络的分类

分类依据	分类
按功能	离散型与连续型、随机型与连续型、静态型与动态型
按连接方式	前馈型与反馈型
按逼近特性	全局逼近型与局部逼近型
按学习方式	无监督学习型、有监督学习型与强化学习型

2. BP 神经网络

1986 年鲁梅尔哈特（D. E. Rumelhart）和麦克莱兰（J. L. McClelland）提出的误差反向传播神经网络（erroe back propagation network），又称 BP 神经网络，是目前应用最为广泛的神经网络之一。常用的 BP 神经网络结构分为三层：输入层、隐含层以及输出层，每层都包含多个神经元，通过层与层之间的神经元连接，构成了一个完整的多层前馈网络结构。

BP 神经网络的学习算法核心是梯度最速下降法，旨在通过梯度搜索最小化实际输出与期望输出间的误差平方。该算法分为正向传播和反向传播两阶段：正向传播中，信息从输入层逐级至输出层，每层仅影响其下一层；若输出非理想，则启动反向传播，沿相同路径传递误差信号，并调整权重以减少误差。

20 世纪以来，随着大数据和人工智能的发展，BP 神经网络逐渐成为应用最为广泛和成功的神经网络之一。BP 神经网络广泛应用于模式识别和分类，如文字、图像和语音识别，以及医学诊断；在函数逼近领域，它用于非线性控制系统建模、机器人轨迹控制和其他工业控制；此外，BP 神经网络也用于数据压缩，包括图像的压缩存储、编码的压缩恢复以及图像特征提取等任务。

7.8.2　基本原理

1. 基本结构

BP 神经网络结构如图 7.5 所示。

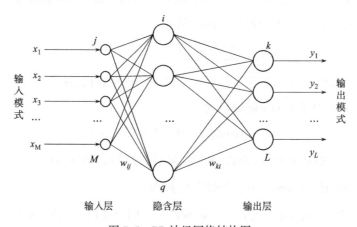

图 7.5　BP 神经网络结构图

2. 前馈计算

在训练神经网络的学习阶段，设有 N 个样本用于训练学习，假定以样本 P 的输入模式 $\{x^p\}$ 和期望输出模式 $\{t^p\}$ 对网络进行训练，隐含层的第 i 个神经元在样本 P 作用下的输入 net_i^p 为

$$\text{net}_i^p = \sum_{j=1}^{M} w_{ij} o_j^p = \sum_{j=1}^{M} w_{ij} x_j^p \quad i = 1, 2, \cdots, q \tag{7-176}$$

式中，x_j^p 和 o_j^p 分别为在样本 P 作用下输入节点 j 的输入值与输出值，对输入节点而言两者相当；w_{ij} 为输入层神经元 j 和隐含层神经元 i 之间的连接权值；M 为输出层的节点数，也就是输入的个数。

隐含层的第 i 个神经元输出 o_i^p 为

$$o_i^p = g(\text{net}_i^p - \theta_i) \quad i = 1, 2, \cdots, q \tag{7-177}$$

式中，$g(\text{net}_i^p - \theta_i)$ 为隐含层的激活函数；θ_i 为隐含层神经元 i 的阈值。

隐含层中常用的激活函数为 Sigmoid 型激活函数，其形式为

$$g(x) = \frac{1}{1 + e^{-\frac{x + \theta_1}{\theta_0}}} \tag{7-178}$$

式中，参数 θ_1 为激活函数的偏移量。θ_1 为正值时激活函数水平向左移动，反之激活函数水平向右移动。θ_0 用于调节 Sigmoid 函数的形状。θ_0 越小时 Sigmoid 函数越逼近于阶跃限幅函数，θ_0 越大时 Sigmoid 函数越平坦。

隐含层激活函数 $g(\text{net}_i^p - \theta_i)$ 的微分函数为

$$g'(\text{net}_i^p - \theta_i) = g(\text{net}_i^p - \theta_i) [1 - g(\text{net}_i^p - \theta_i)] = o_i^p (1 - o_i^p) \quad i = 1, 2, \cdots, L \tag{7-179}$$

隐含层第 i 个神经元的输出 o_i^p 将通过权重系数向前传播到输出层第 k 个神经元作为它的输入之一，而输出层的第 k 个神经元的总输入为

$$\text{net}_k^p = \sum_{i=1}^{q} w_{ki} o_i^p \quad k = 1, 2, \cdots, L \tag{7-180}$$

式中，w_{ki} 为隐含层神经元 i 与输出层神经元 k 之间的连接权值；q 为隐含层节点数。

输出层的第 k 个神经元的实际输出为

$$o_k^p = g(\text{net}_k^p - \theta_k) \quad k = 1, 2, \cdots L \tag{7-181}$$

式中，$g(\text{net}_k^p - \theta_k)$ 为输出层激活函数，θ_k 为输出层神经元 k 的阈值。

输出层的激活函数 $g(\text{net}_k^p - \theta_k)$ 的微分函数为

$$g'(\text{net}_k^p - \theta_k) = g(\text{net}_k^p - \theta_k) [1 - g(\text{net}_k^p - \theta_k)] = o_k^p (1 - o_k^p) \quad k = 1, 2, \cdots, L \tag{7-182}$$

3. 反馈计算

若其输出值 o_k^p 与期望输出 t_k^p 不一致，则误差信号就会反向传播回来，并在传播过程中调整加权系数，直到 o_k^p 与 t_k^p 都满足误差要求为止。

对样本 P 的输入模式，二次型误差函数为

$$J_p = \frac{1}{2} \sum_{k=1}^{L} (t_k^p - o_k^p)^2 \qquad (7-183)$$

则系统对所有 N 个训练样本的总误差函数为

$$J = \frac{1}{2} \sum_{p=1}^{N} \sum_{k=1}^{L} (t_k^p - o_k^p)^2 \qquad (7-184)$$

在在线学习过程中，针对某个样本 P，通过调整网络权重系数来满足误差要求，此过程持续进行直至所有样本均达到误差标准。权重系数的调整基于 J_p 函数梯度的反方向，以促使网络误差逐步收敛。而在离线学习中，权重系数的调整旨在最大程度减少误差函数，此过程在输入全部样本并计算总误差后执行。通常情况下，当样本数量较多时，离线学习比在线学习收敛得更快。受篇幅所限，具体原理省略。

7.8.3　计算步骤

（1）初始化，设置全部加权系数为最小随机数；

（2）提供训练集，给出顺序赋值的输入向量 $x^{(1)}, x^{(2)}, \cdots, x^{(N)}$ 和期望的输出向量 $t^{(1)}, t^{(2)}, \cdots, t^{(N)}$；

（3）计算实际输出；

（4）计算隐含层、输出层各神经元的输出；

（5）计算期望值与实际输出的误差；

（6）调整输出层的加权系数 w_{kj}；

（7）调整输出层的加权 w_{ij}；

（8）返回实际输出，直到误差满足为止。

7.8.4　程序代码

```
net =newff(PR,[S1 S2···SN1],{TF1 TF2···TFN1},BTF,BLF PF)
```

其中，**PR** 为输入向量取值范围的矩阵；$[S_1 S_2 \cdots S_N]$ 为网络隐含层和输出层神经元的个数；$\{TF_1 TF_2 \cdots TF_N\}$ 为网络隐含层和输出层的传输函数，默认为 'tansig'；BTF 表示网络的训练函数，默认为 'trainlm'；BLF 表示网络的权值学习函数，默认为 'learngdm'；PF 表示性能函数，默认为 'mse'。

7.8.5　案例应用

1. 研究问题描述

为预测某药品的销售状况，现构建一个三层的 BP 神经网络进行预测。预测方法采用滚动预测法，即用第 1、第 2、第 3 个月的销售量为输入预测第 4 个月的销售量，用第 2、第 3、第 4 个月的销售量为输入预测第 5 个月的销售量等，如表 7.21 所示。

表 7.21　药品销售状况

月份	销量	月份	销量	月份	销量
1	2 056	5	1 634	9	1 900
2	2 395	6	1 600	10	1 500
3	2 600	7	1 873	11	2 046
4	2 298	8	1 478	12	1 556

2. 案例实现过程

实现过程如下。

输入程序	输出变量值

%对每月销量数据做归一化处理
A=[2056
　　2395
　　2600
　　2298
　　1634
　　1600
　　1873
　　1478
　　1900
　　1500
　　2046
　　1556]
%输入原始函数
x=max(A);
y=min(A);
m=length(A);
X=repmat(x,m,1);
Y=repmat(y,m,1);
	A=
	
	2056
	2395
	2600
	2298
	1634
	1600
	1873
	1478
	1900
	1500
	2046
	1556

输入程序	输出变量值
%归一化处理的数据 B＝(A-Y)./(X-Y) %训练集：取 1—8 月，以每三个月的销售量作为输入	B＝ 0.5152 0.8173 1.0000 0.7308 0.1390 0.1087 0.3520 　　0 0.3761 0.0196 0.5062 0.0695
P＝[0.5152　0.8173　　　1; 　　0.8173　　　1　0.7308; 　　　　1　0.7308　0.1390; 　　0.7308　0.1390　0.1087; 　　0.1390　0.1087　0.3520; 　　0.1087　0.3520　　　0]; %转置 P＝P′	P＝ 0.5152　0.8173　1.0000 0.7308　0.1390　0.1087 0.8173　1.0000　0.7308 0.1390　0.1087　0.3520 1.0000　0.7308　0.1390 0.1087　0.3520　　　0
%取 4—9 月，即每组的第四个月销量作为目标向量 T＝[0.7308　0.1390　　0.1087 　　0.3520　　　0　0.3761]	T＝ 0.7308　0.1390　0.1087 0.3520　　　0　0.3761
%创建 BP 神经网络 net＝newff ([0 1; 0 1; 0 1], [5, 1], {'tan-sig','logsig'},'traingd'); %迭代次数 net. trainParam. epochs＝15000; %均方根误差小于这个值训练结束 net. trainParam. goal＝0. 01; %学习率 %每个输入向量的取值范围为 [0，1]，隐含层有 5 个神经元，输出层有一个神经元隐含层激活函数为 tansig，输出层的激活函数为 logsig，训练函数为梯度下降函数 traingd LP. lr＝0. 1;	

输入程序	输出变量值
%训练网络 net =train (net, P, T);	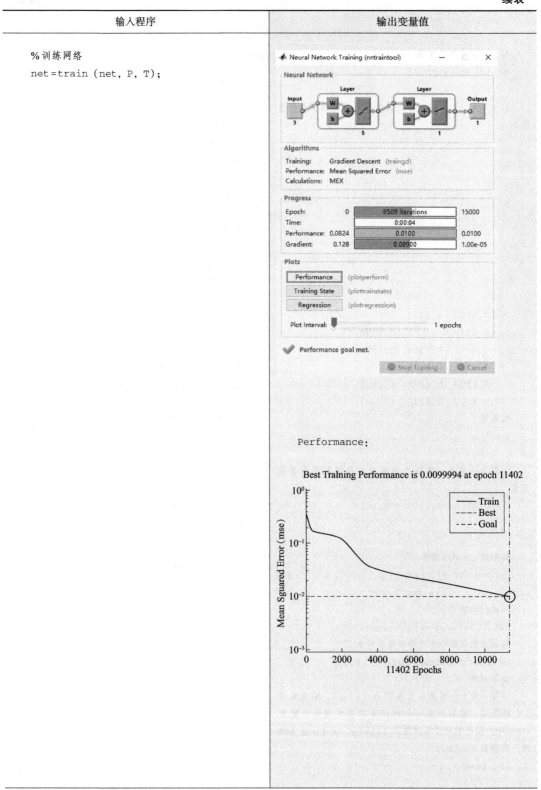 Performance: Best Tralning Performance is 0.0099994 at epoch 11402

输入程序	输出变量值
% 仿真测试 % 测试集，取 6—9 月，每三个月的销量作为输入	Training State: cradient=0.011788, at epoch 11402 Valldation Checks=0, at epoch 11402 Regression: Training: R=0.93841 % 预测模型的可决系数为 $R^2 = 0.93841$，网络的精度较高。

P_ test =[0.1087 0.3520   0
        0.3520   0 0.3761
              0 0.3761 0.0196
        0.3761 0.0196 0.5062];
P_ test =P_ test′
	P_ test =
	
	0.1087 0.3520 0 0.3761
	0.3520 0 0.3761 0.0196
	      0 0.3761 0.0196 0.5062

% 预测 9—12 月销量 T_ sim=sim (net, P_ test)	T_ sim=0.3255 0.2029 0.3454 0.1644

7.9 马尔科夫预测法与建模实现

7.9.1 概述

俄国数学家马尔科夫（A. A. Markov）在 20 世纪初定义了马尔科夫过程，这是一种随机过程，其中变量的未来状态仅取决于其当前状态，而与过去状态无关。马尔科夫预测法利用概率论中的马尔科夫链理论分析马尔科夫过程，并预测其未来的发展趋势。与传统概率论不同，它不仅研究有限数量或独立的随机变量，而且专注于无限数量、相互关联的随机变量的动态。因此，马尔科夫预测法是随机过程理论在预测学科中的具体应用。

马尔科夫预测方法不需要大量的历史资料，只需要对近期状况作出详细的分析。其应用范围非常广泛，可用于稳态预测、市场占有率预测、期望报酬预测、人力资源预测、股票价格预测等。

7.9.2 基本原理

1. 随机过程

设有参数集 $T \subset (-\infty, +\infty)$，若对任意的 $t \in T$，总有一个随机变量 X_t 与之对应，则称 $\{X_t, t \in T\}$ 为一随机过程。

若 T 为离散集（不妨设 $T = \{t_0, t_1, t_2, \cdots, t_n, \cdots\}$），同时 X_t 的取值也是离散的，则称 $\{X_t, t \in T\}$ 为离散的随机过程。

设有一离散型随机过程，它所处的所有可能状态集合为 $S = \{1, 2, \cdots, N\}$，称其为状态空间。系统只能在时刻 $t_0, t_1, t_2, \cdots$ 改变其状态，以下将 X_{t_n} 简记为 X_n。

2. 马尔科夫链

若对任意 $n > 1$，任意的 $i_1, i_2, \cdots, i_n, j \in S$，恒有

$$P\{X_n = j \mid X_1 = i_1, X_2 = i_2, \cdots X_{n-1} = i_{n-1}\} = P\{X_n = j \mid X_{n-1} = i_{n-1}\} \qquad (7-185)$$

则称离散型随机过程 $\{X_t, t \in T\}$ 为马尔科夫链。

3. 状态转移概率

状态是用于描述系统特定条件的一组标识，通常以向量形式表现，因此被称为状态向量。系统从一个状态向另一个状态的变化称为状态转移。由于这种转移是随机发生的，状态转移必须用概率来描述其发生的可能性。

若在时刻 t_n 系统的状态为 $X_n = i$ 的条件下，在下一时刻 t_{n+1} 系统状态为 $X_{n+1} = j$ 的概率

$p_{ij}(n)$ 与 n 无关，则称此马尔科夫链为齐次马尔科夫链，并记

$$p_{ij} = P\{X_{n+1} = j \mid X_n = i\} \qquad i,j = 1,2,\cdots,N \tag{7 - 186}$$

称 p_{ij} 为状态转移概率。显然有

$$p_{ij} \geqslant 0 \qquad i,j = 1,2,\cdots,N \tag{7 - 187}$$

$$\sum_{J=1}^{N} p_{ij} = 1 \qquad i,j = 1,2,\cdots,N \tag{7 - 188}$$

4. 转移矩阵

设系统的状态转移过程为齐次马尔科夫链，状态空间 $S = \{1,2,\cdots,N\}$ 为有限集合，状态转移概率为 p_{ij}，则称矩阵

$$\boldsymbol{P} = \begin{bmatrix} P_{11} & P_{12} & \cdots & P_{1N} \\ P_{21} & P_{22} & \cdots & P_{2N} \\ \vdots & \vdots & \ddots & \vdots \\ P_{N1} & P_{N2} & \cdots & P_{NN} \end{bmatrix} \tag{7 - 189}$$

为该系统的状态转移概率矩阵，简称为转移矩阵。

5. k 步转移概率及 k 步状态转移概率矩阵

对 $k \geqslant 1$，记

$$p_{ij}^{(k)} = \boldsymbol{P}\{X_{n+k} = j \mid X_n = i\} \tag{7 - 190}$$

$$\boldsymbol{P}^{(k)} = (p_{ij}^{(k)})_{N \times N} \tag{7 - 191}$$

称 $p_{ij}^{(k)}$ 为 k 步状态转移概率，$\boldsymbol{P}^{(k)}$ 为 k 步状态转移概率矩阵，它们均与 n 无关。当 $k = 1$ 时，$p_{ij}^{(1)} = p_{ij}$ 为 1 步状态转移概率。$p_{ij}^{(1)}$ 为马尔科夫链中任何 k 步状态转移概率的求解基础。

规定

$$p_{ij}^{(0)} = \begin{cases} 0 & i \neq j \\ 1 & i = j \end{cases} \tag{7 - 192}$$

显然，k 步状态转移概率 $p_{ij}^{(k)}$ 就是指系统从状态 i 出发，经过 k 步后转移到 j 的概率，它对中间的 $k - 1$ 步状态并没有要求。

6. 查普曼-科尔莫哥洛夫方程

查普曼-科尔莫哥洛夫方程（C-K 方程）在马尔科夫预测理论中描述转移概率的特征。通过 C-K 方程，可以有效地确定 k 步转移概率。

$$p_{ij}^{(m+n)} = \sum_{k \in N} p_{ik}^{(m)} p_{kj}^{(n)} \tag{7 - 193}$$

对于齐次马尔科夫链，k 步转移概率矩阵是 1 步转移概率矩阵的 k 次方。

$$\boldsymbol{P}^{(n)} = \boldsymbol{P}^{(1)} \boldsymbol{P}^{(n-1)} = \boldsymbol{P}^{(1)} g \boldsymbol{P}^{(2)} g \boldsymbol{P}^{(n-2)} = \cdots = (\boldsymbol{P}^{(1)})^{n} \tag{7 - 194}$$

7. 平稳分布

设 $X = (x_1, x_2, \cdots x_N)$ 为一状态概率向量，P 为状态转移矩阵。若

$$XP = X \qquad (7-195)$$

即

$$\sum_{i=1}^{N} x_i p_{ij} = x_j, \quad j = 1, 2, \cdots, N \qquad (7-196)$$

则称 X 为马尔科夫链的一个平稳分布。

若随机过程某时刻的状态概率向量 $P^{(k)}$ 为平稳分布，则称过程处于平衡状态。一旦过程处于平衡状态，该过程将一直处于平衡状态。对于有限状态的马尔科夫链，平稳分布必定存在。

8. 马尔科夫链不可约

设齐次马尔科夫链 $\{X_t, t = 0, 1, 2, \cdots\}$ 的状态空间为 S，如果存在某个正整数 m，使得 $\{X_t, t = 0, 1, 2, \cdots\}$ 的 1 步转移概率矩阵 P 的 m 次幂 $P^m = (p_{ij}^{(m)})$ 中每个元素都大于 0，则称此马尔科夫链是不可约的。

当马尔科夫链不可约时，平稳分布唯一。此时，求解 $XP = X$，即可得到系统的平稳分布。

9. 稳态分布

对概率向量 $\boldsymbol{\pi} = (\pi_1, \pi_2 \cdots, \pi_N)$，对任意的 $i, j \in S$ 均有

$$\lim_{m \to +\infty} p_{ij}(m) = \pi_j \qquad (7-197)$$

则称 $\boldsymbol{\pi}$ 为稳态分布。此时，不管初始状态概率向量如何，均有

$$\lim_{m \to +\infty} p_j(m) = \lim_{m \to +\infty} \sum_{i=1}^{N} p_i(0) p_{ij}(m) = \sum_{i=1}^{N} p_i(0) \pi_j = \pi_j \qquad (7-198)$$

或

$$\lim_{m \to \infty} P(m) = \lim_{m \to \infty} (p_1(m), p_2(m), \cdots, p_N(m)) = \boldsymbol{\pi} \qquad (7-199)$$

设存在稳态分布 $\boldsymbol{\pi} = (\pi_1, \pi_2 \cdots, \pi_N)$，则由于以下恒等式的成立

$$P^{(k)} = P^{(k-1)} P \qquad (7-200)$$

当 $k \to +\infty$，就得

$$\boldsymbol{\pi} = \boldsymbol{\pi} P \qquad (7-201)$$

即有限状态马尔科夫链的稳态分布如果存在，则也必为平稳分布。

10. 马尔科夫链的非周期性

对任一状态 i，如果 $\{k \mid p_{ij}^{(k)} > 0\}$ 的最大公因数为 1，则称 i 为非周期状态。若马尔科夫链的所有状态均为非周期，则此马尔科夫链为非周期的。对有限状态的非周期马尔科夫

链，稳态分布必然存在，对不可约的非周期马尔科夫链，稳态分布和平稳分布相同且唯一。

7.9.3　计算步骤

1. 确定状态区间

确定状态区间的过程涉及将预测对象的状态进行划分。这一划分可以基于预测对象的明确状态界限，或根据实际情况进行主观判断。在划分过程中，应充分考虑预测的目标和状态的完整性。一旦状态区间确定，就可以依此区间来识别序列中各个时间段的指标状态。

2. 计算初始状态概率向量

统计状态区间，得到马尔可夫链的一步转移概率矩阵 P，它决定了指标状态转移过程的概率发展。

设在 M 次观察中，被预测对象 X 处于状态 i 共有 n_i 次，显然有

$$M = \sum_{i=1}^{N} n_i \tag{7-202}$$

用频率代替可得

$$p_i = P\{X = i\} = \frac{n_i}{M} \qquad i = 1,2,\cdots N \tag{7-203}$$

式中 $0 \leq p_i \leq 1$ 且 $\sum_{i=1}^{N} p_i = 1$，p_i 可以作为对象 X 处于状态 i 的状态概率估计，所以状态概率向量为 $[p_0, p_1, \cdots, p_N]$。

3. 一步状态转移概率

如果被预测对象 X 处于状态 i，下一次转入状态 j 共发生了 n_{ij} 次，显然有

$$n_i = \sum_{j=1}^{N} n_{ij} \qquad i, j = 1,2,\cdots,N \tag{7-204}$$

那么用频率代替概率可得

$$p_{ij} = \frac{n_{ij}}{n_i} \qquad i, j = 1,2,\cdots,N \tag{7-205}$$

式中 $0 \leq p_{ij} \leq 1$，且 $\sum_{j=1}^{N} p_{ij} = 1$，则 p_{ij} 就可以作为现象的一步转移概率估计值。

4. 状态概率预测

确定初始分布 $P^{(0)}$。利用 $P^{(n)} = P^{(0)} g P^n = [p_0, p_1, \cdots, p_N] g P^n$，分别求得 $n = 1,2,3,\cdots$ 各期的绝对分布

$$P(n) = (p_1^{(n)}, p_2^{(n)}, \cdots, p_N^{(n)}) \tag{7-206}$$

从而所预测的状态 j 满足

$$p_j(n) = \max\{p_i(n), i \in I\} \qquad (7-207)$$

5. 计算长期稳态时的分布律情况

进一步讨论遍历性，确定平稳分布，计算长期稳态时的分布律情况。

7.9.4 程序代码

利用 Matlab 可以计算出第 k 阶的状态转移矩阵。

（1）初始状态概率向量。

```
%输入初始状态,1*n 行向量
X=[ ];
n=length(X)
%输入状态值,例如共有 1,2,3 三种状态
for i =1:3
    L(i)=length(find(X==i));
    %pi 为初始状态概率向量
    pi(i)=L(i)/n;
end
```

（2）一步状态转移概率。

```
for i =1:3
    for j =1:3
        %s 包含所有状态转移出现的结果
        s=[i j];
        f(i,j)=length(strfind(X,s));
    end
end
fs =sum(f')
for i =1:N
    %p 为一步状态转移概率
    p(i,:)=f(i,:)/fs(i);
end
```

（3）预测未来状态，即第 k 阶的状态转移矩阵。

```
%输入进行预测的初始状态概率向量
x=[ ];
for i =1:k
        y =x * p^i
end
```

式中，k 为预测期数，可按照实际需求调整。

7.9.5　案例应用

1. 案例/数据说明

本案例[6] 节选自《统计与决策》于 2015 年第 02 期收录的《基于马尔科夫链状态转移概率矩阵的商品市场状态预测》。

2. 研究问题描述

某产品的市场状态有畅销、正常、滞销三种状态。三年内的销售记录如表 7.22 所示。其中，1 表示畅销，2 表示正常，3 表示滞销。

表 7.22　三年内的销售记录

月份	市场状态	月份	市场状态	月份	市场状态
1	1	12	2	23	3
2	1	13	2	24	2
3	2	14	3	25	3
4	3	15	1	26	2
5	3	16	1	27	2
6	2	17	2	28	1
7	2	18	3	29	3
8	1	19	1	30	2
9	1	20	3	31	1
10	1	21	2	32	1
11	3	22	2		

3. 案例实现过程

（1）初始状态概率向量计算。

在 32 个记录中，状态 1 有 11 个，状态 2 有 12 个，状态 3 有 9 个，则初始概率向量为

$$\boldsymbol{\pi} = \left(\frac{11}{32}, \frac{12}{32}, \frac{9}{32}\right)。$$

（2）计算状态转移矩阵。

根据市场状态，状态转移情况如表 7.23 所示。

表 7.23　状态转移

		下一步状态		
		1	2	3
当前状态	1	5	2	3
	2	3	4	5
	3	2	6	1

由表可知，得一步状态转移矩阵为

$$\boldsymbol{P} = \begin{bmatrix} \dfrac{5}{10} & \dfrac{2}{10} & \dfrac{3}{10} \\ \dfrac{3}{12} & \dfrac{4}{12} & \dfrac{5}{12} \\ \dfrac{2}{9} & \dfrac{6}{9} & \dfrac{1}{9} \end{bmatrix} = \begin{bmatrix} 0.5 & 0.2 & 0.3 \\ 0.25 & 0.33 & 0.42 \\ 0.22 & 0.67 & 0.11 \end{bmatrix}$$

（3）未来 3-8 个月市场状态概率预测。

记第 32 个月的市场状态为 $\boldsymbol{\pi}(0)$，由于第 32 个月的市场状态为 1，故初始状态向量为 $\boldsymbol{\pi}(0) = [1,0,0]$

利用 Matlab 预测未来市场状态，得到未来 3~8 个月可能出现的各种状态的概率如下表所示。

表 7.24　未来市场状态预测结果

月份	市场状态	概率	月份	市场状态	概率
第 35 个月	1	0.333	第 38 个月	1	0.322
	2	0.373		2	0.387
	3	0.293		3	0.291
第 36 个月	1	0.325	第 39 个月	1	0.322
	2	0.386		2	0.387
	3	0.289		3	0.291
第 37 个月	1	0.322	第 40 个月	1	0.322
	2	0.386		2	0.387
	3	0.291		3	0.291

在 Matlab 中的计算过程如下。

输入程序	输出变量值
%输入观测对象所处的各种状态 X = [1, 1, 2, 3, 3, 2, 2, 1, 1, 1, 3, 2, 2, 3, 1, 1, 2, 3, 1, 3, 2, 2, 3, 2, 3, 2, 2, 1, 3, 2, 1, 1]	X = 1 至 23 列 1　1　2　3　3 2　2　1　1　1 3　2　2　3　1 1　2　3　1　3 2　2　3 24 至 32 列 2　3　2　2　1 3　2　1　1
%共 32 个观测值 n = length (X)	n = 　32
%表示共有 N = 3 种状态 N = 3	N = 　3
for i = 1: N 　L (i) = length (find (X == i)); 　pi (i) = L (i) /n; end % 初始状态概率向量 display (pi)	pi = 0.3438　0.3750　0.2813
for i = 1: N 　for j = 1: N s = [i j] 　　f (i, j) = length (strfind (X, s)) 　end end display (f)	f = 　5　2　3 　3　4　5 　2　6　1

续表

输入程序	输出变量值
`fs = sum (f')`	`fs =` `  10  12  9`

`for i=1: N`
`    p (i,:) = f (i,:) /fs (i);`
`end`
`%一步状态转移概率`
`display (p)`
	`p =`
	`  0.5000  0.2000  0.3000`
	`  0.2500  0.3333  0.4167`
	`  0.2222  0.6667  0.1111`

`%读取初始状态概率向量`
`x= [1, 0, 0]`
	`x =`
	
	`  1  0  0`

`for i=1: 8`
`    %预计今后8年的市场状态概率`
`    y (i,:) =x * p^i;`
`end`
 	
`%第33-40个月的市场状态概率`
`display (y)`
	`y =`
	
	`  0.5000  0.2000  0.3000`
	`  0.3667  0.3667  0.2667`
	`  0.3343  0.3733  0.2924`
	`  0.3254  0.3862  0.2883`
	`  0.3234  0.3860  0.2906`
	`  0.3228  0.3871  0.2901`
	`  0.3226  0.3870  0.2904`
	`  0.3226  0.3871  0.2903`

7.10 预测研究方法前沿应用的热点追踪

7.10.1 文献研究热点

本章基于 CiteSpace 软件，以"定性预测方法""时间序列平滑预测法""趋势外推预测方法""随机时间序列预测""投入产出预测法""GM（1,1）灰色预测法""BP 神经网络预测法"和"马尔科夫预测法"为主题，对中国知网 CNKI 数据库中具有代表性的经济管理学术期刊的文献计量分析。研究期刊中文献关键词词频、中介中心度统计情况如表 7.25 所示，其中，前 5 频次的关键词为"预测""神经网络""时间序列""预测模型"

和"遗传算法";前 5 中心度的关键词为"预测""神经网络""遗传算法""时间序列"和"预测模型"。总体上,频次和中心度两个维度统计出的关键词基本一致,基本呈现了研究期内关注的热点问题。

表 7.25　2012—2022 年关键词词频、中介中心度统计表

排序	频次	中心度	年份	关键词
1	102	0.24	2012	预测
2	73	0.20	2012	神经网络
3	44	0.09	2012	时间序列
4	43	0.06	2013	预测模型
5	36	0.14	2012	遗传算法
6	36	0.06	2012	GM(1,1)模型
7	27	0.06	2012	灰色预测
8	24	0.06	2016	正交试验
9	14	0.05	2012	灰色模型
10	13	0.03	2013	组合预测

图 7.6 为代表性期刊文献的关键词共现图谱,共有节点 359 个,连线 359 条。"预测""神经网络""遗传算法""时间序列""灰色模型"和"预测模型""等处于关键词共现的中心。通过观察关键词共现图谱的网络连线,说明相关文献所关注的热点关键词具有趋同性。

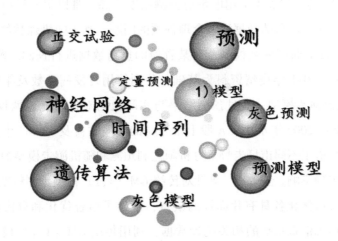

图 7.6　代表性期刊文献基于预测方法的关键词共现图谱

注:上图 CiteSpace 分析中"1)模型"为"GM(1,1)模型"。

表 7.26 为代表性期刊文献主要突现关键词,突现关键词是指文献中最早出现该关键

词的研究年份。2016 年以来，突现的关键词为"正交试验"，但 2016 年之后相关研究热度有所降低。2019—2022 年突现关键词为"随机森林"和"机器学习"，且研究热度不断提升。

表 7.26 代表性期刊文献采用预测方法的相关文献前 3 位突现关键词

排序	关键词	突现率/%	开始年份	结束年份	2012—2022 年
1	正交试验	4.80	2016	2019	
2	随机森林	2.75	2019	2022	
3	机器学习	2.55	2020	2022	

7.10.2 高引高关注文献

高被引文献是一个研究领域的重要知识来源，是探究热点主题、研究前沿的重要依据。表 7.27 为 2012—2022 年北大核心与 CSSCI 期刊中涉及"定性预测方法""时间序列平滑预测法""趋势外推预测方法""随机时间序列预测""投入产出预测法""GM（1，1）灰色预测法""BP 神经网络预测法"和"马尔科夫预测法"的文章中前 10 位的高被引文献，研究主题主要涉及"GM（1，1）灰色预测模型""用电负荷预测""感染人数预测"和"市场预期盈利"等。下面按照被引次数大小简要介绍五篇高引文献的主要成果，李梦婉等[6] 针对传统的 GM（1，1）模型预测精度不高，并且其求解优化与多项式拟合各有片面性的缺点，给出了基于求解优化和多项式拟合优化相结合的改进灰色等维动态预测方法。李婉华等[7] 为了解决当下用电负荷预测精度不高，难以很好模拟实际用电负荷的分布情况而不能对未来的负荷数据进行合理预测的问题，基于随机森林的分类模型、回归模型以及结合 Weka 的时间序列模型，对某省份的负荷数据进行预测。范引光等[8] 以安徽省芜湖市 2005—2011 年疫情资料为基础，分别使用月发病人数及年度发病人数建立 ARIMA 模型与灰色预测模型，通过预测结果与实际值的对比来比较两模型的应用效果。李丽青[9] 以 2008—2009 年 420 家 A 股上市公司的每股收益及 15 967 个分析师盈利预测的观测值，比较分析了不同市场走势下分析师盈利预测和随机游走模型盈利预测的准确性及它们对投资回报的影响。王璐[10] 等针对传统 GM（1，1）模型预测精度不高，并且其背景值优化与求解方法优化各具有片面性的缺点，给出了组合优化和分段优化两种改进方法，并结合国内居民消费水平的相关统计数据，利用传统 GM（1，1）模型及其优化后的模型与两种方法的误差进行对比，表明改进后的灰色模型精度更高，且预测值与实际值较吻合，说明改进后的灰色预测模型的可行性与可靠性更好。

表 7.27 2012—2022 年代表性期刊文献涉及预测方法的前 10 篇高引论文汇总

排序	题名	作者	来源	发表时间	被引/次
1	基于 GM（1,1）灰色预测模型的改进与应用	李梦婉；沙秀艳	计算机工程与应用	2015-09-29	106
2	基于随机森林算法的用电负荷预测研究	李婉华；陈宏；郭昆；郭松荣；韩嘉民	计算机工程与应用	2016-12-01	73
3	ARIMA 模型与灰色预测模型 GM（1,1）在 HIV 感染人数预测中的应用	范引光；吕金伟；戴色莺；张渝婧；苏虹	中华疾病控制杂志	2012-12-10	72
4	分析师盈利预测能表征"市场预期盈利"吗？——来自中国 A 股市场的经验证据	李丽青	南开管理评论	2012-12-08	72
5	改进的 GM（1,1）灰色预测模型及其应用	王璐；沙秀艳；薛颖	统计与决策	2016-05-18	65
6	灰色预测 GM（1,1）模型的 Matlab 实现	朱登远；常晓凤	河南城建学院学报	2013-05-15	63
7	低渗透储层裂缝研究进展	王珂；张荣虎；戴俊生；郈志鹏；田福春	地球科学与环境学报	2015-03-15	59
8	光谱特征波长的 SPA 选取和基于 SVM 的玉米颗粒霉变程度定性判别	袁莹；王伟；褚璇；喜明杰	光谱学与光谱分析	2016-01-15	57
9	GM（1,1）灰色预测模型的改进与应用	杨国华；颜艳；杨慧中	南京理工大学学报	2020-10-30	50
10	GM（1,1）灰色预测模型在道路软基沉降预测中的应用	李小刚；张廷会	铁道科学与工程学报	2016-01-15	46

7.10.3 前沿应用热点小结

本章通过 CiteSpace 软件对 CNKI 数据库中 2012—2022 年北大核心与 CSSCI 期刊中涉及"定性预测方法""时间序列平滑预测法""趋势外推预测方法""随机时间序列预测""投入产出预测法""GM（1,1）灰色预测法""BP 神经网络预测法"和"马尔科夫预测法"方法的文章进行热点分析，得出以下结论。

（1）在研究热点方面，通过对相应文献分别进行关键词共现分析以及高频关键词归纳总结，得出目前研究主要围绕"预测""神经网络""时间序列""遗传算法""GM（1,

1）模型""正交试验"和"组合预测"等方面。

（2）在文献被引方面，高被引的10篇文章涉及"GM（1,1）灰色预测模型""用电负荷预测""感染人数预测"和"市场预期盈利"等主题，也在一定程度上反映出了研究热点。

参考文献

[1]　李佳民.基于简单移动平均法的汽车售后配件需求预测研究[J].中国商论,2019,(14):234-235.

[2]　董鑫,周利明,刘阳春,等.基于指数平滑预测的高效变量喷灌方法[J].农业机械学报,2018,49(S1):372-378.

[3]　张磊,薛馨.指数曲线法在地基沉降预测中的应用[J].水利科技与经济,2016,22(6):16-17.

[4]　阿苦建英.修正指数曲线法与灰色模型和BP神经网络预测在建筑物沉降中的对比分析[J].北京测绘,2018,32(8):910-914.

[5]　张福平,刘兴凯,王凯.基于灰色模型的我国研究生教育规模预测[J].数学的实践与认识,2019,49(15):318-323.

[6]　李梦婉,沙秀艳.基于GM(1,1)灰色预测模型的改进与应用[J].计算机工程与应用,2016,52(4):24-30.

[7]　李婉华,陈宏,郭昆,等.基于随机森林算法的用电负荷预测研究[J].计算机工程与应用,2016,52(23):236-243.

[8]　范引光,吕金伟,戴色莺,等.ARIMA模型与灰色预测模型GM(1,1)在HIV感染人数预测中的应用[J].中华疾病控制杂志,2012,16(12):1100-1103.

[9]　李丽青.分析师盈利预测能表征"市场预期盈利"吗?——来自中国A股市场的经验证据[J].南开管理评论,2012,15(6):44-50,84.

[10]　王璐,沙秀艳,薛颖.改进的GM(1,1)灰色预测模型及其应用[J].统计与决策,2016(10):74-77.

第8章　经济管理领域最优化研究方法及应用

最优化方法是依据预期目标与限定条件，寻找一个最优状态或给出一组最优解的方法。本章介绍了"线性规划""整数规划""0-1规划"和"数据包络分析"等常用最优化方法，重点讲解了相关方法的基本概念、计算步骤、程序代码以及实际案例应用，同时基于 CiteSpace 对中国知网 CNKI 相关研究文献进行了研究热点追踪。

8.1　最优化方法概述

8.1.1　方法简介

最优化方法是解决最优化问题的一种方法，通常由决策变量、目标函数和约束条件构成。决策变量是问题中需求解的变量，目标函数则定义了需要优化的目标，约束条件规定了可行解空间范围。在此基础上，最优化分析旨在通过调整变量取值，使目标函数在给定约束条件下达到最佳状态。

常见的最优化方法包括线性规划、整数规划、0-1规划和数据包络分析等，在各个领域得到广泛应用。举例而言，在工程设计中可用于优化材料以节约成本；在数据科学领域可用于提升算法效率或精度；在经济领域可帮助企业和政府制定最佳策略和政策。

8.1.2　优化方法特点

1. 目标函数值全局性

解决最优化问题需要获取目标函数的全局信息，以获得特定点的最小函数值。在这里，"最小"指的是这一点的函数值比其他所有点的函数值小，涵盖了特定点函数值与所有点函数值的大小比较关系，具有全局性。

2. 信息全局性

最优化问题的解涵盖全局信息，然而在解决过程中只能获取局部信息且次数有限，这限制了最优解搜索和确认的难度。因此，需要不断改进算法，在解析式和约束中，通过少量信息采样来探索更多信息，并整合收集到的有用信息形成全局视角。

3. 约束性

系统优化受到特定条件约束的影响，这些约束通常导致系统内外部分之间产生冲突。应妥善处理这些冲突，以实现系统的最佳优化。

8.1.3　分类与范畴

最优化问题的类型多种多样，可根据设计变量特征来分类。一种分类方法是根据设计变量的维数，即设计变量个数，将问题划分为一维优化问题和多维优化问题。另一种分类方法是根据设计变量取值的特性，将问题分为离散最优化（组合最优化）和连续最优化。例如，整数规划属于离散最优化问题。在优化问题中，若设计变量取值确定，则为确定性优化问题；若某些变量值不确定但可通过试验统计获取其概率分布，则为随机性优化问题。

根据目标函数的类型进行分类，只有一个目标时称为单目标优化问题，存在两个或者两个以上目标函数的优化问题称为多目标优化问题。也可以根据约束条件进行分类，约束条件数量为 0 时，称为无约束优化问题，若不为 0 则称约束优化问题。当约束条件中所有的约束函数均为线性函数且 x 连续时，称为线性规划问题。如果约束条件中的所有约束函数均为线性函数且目标函数为 x 的二次函数时称为二次规划，常写成 QP 问题。而当 x 均是整数变量时，叫做整数规划。在整数规划中，如果 x 的各个分量只能取 0、1 两个值，称为 0-1 规划。当目标函数和约束中的任意一个是变量的非线性函数时，这种最优化问题称为非线性规划。

除了按照三要素分类，还可根据最优化问题的解是否随时间变化来分类。若问题解不随时间改变[1]，则为静态最优化问题或参数最优化问题；若问题解会随时间变化，则为动态最优化问题（图 8.1）。

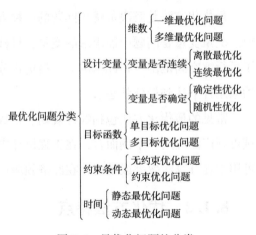

图 8.1　最优化问题的分类

8.1.4　计算步骤与求解方法

1. 计算步骤

一般的最优化问题，其求解过程可以分为如下几个步骤：

（1）提出最优化的问题，确定问题研究的边界，收集与问题相关的数据和资料；

（2）建立最优化问题的数学模型，确定设计变量、目标函数和有关约束条件；

（3）对建立的数学模型进行分析和修正，选择合适的优化算法；

（4）运用合适的软件编写优化算法程序，对最优化模型进行求解；

（5）如果是理论问题，对优化结果进行分析和比较，总结规律；如果是实际问题，将所获得的最优解应用到实际问题中进行验证和实施，再进行理论分析。

2. 求解方法

最优化问题的求解中，最关键的问题是选择合适的优化算法实现求解，常见的求解方法有解析法、数值解法、混合解法、图论方法和智能优化算法等。

1）解析法

在最优化数学模型中，若目标函数和约束条件有清晰的数学解析表达式，可利用解析法求解问题。通常方法是根据函数极值的必要条件，借助导数方法或变分法等数学分析手段得出解析解，进而根据实际物理意义确定最优解。

2）数值解法

数值解法的核心理念在于通过迭代搜索的方式逐步逼近问题的最优解。这种方法通常需要经验或试验，并且需要对结果进行实际问题验证才能确保有效性。数值解法适用于目标函数或约束条件较为复杂，缺乏明确的数学解析表达式，或者使用传统解析方法无法获取解析解的优化问题。

3）混合解法

混合解法是将解析法和数值解法结合的方法。例如，一类以梯度法为代表的混合解法就是解析法和数值解法的结合。

4）图论方法和智能优化算法[1]

其他的优化方法有以网络图为基础的图论方法，近代发展起来的各种智能优化算法（如遗传算法、神经网络方法、蚁群算法、禁忌搜索、粒子群算法等）。

8.2　线性规划方法与建模实现

8.2.1　方法简介

线性规划是运筹学中一个重要的分支，涉及在线性约束条件下求解线性目标函数最大值或最小值的问题。常见的线性规划解决方法包括单纯形法、内定法和分支定界法[2]。随着计算机技术的进步，能够轻松解决包含大量约束条件和决策变量的复杂线性规划问题，从而推动了线性规划在各个领域的广泛应用。

8.2.2 基本原理

1. 线性规划问题的标准型

线性规划的目标函数可为最大值或最小值，约束条件可包含等式、不等式，为保持统一形式，通常用标准型表示。

根据线性规划问题的定义，线性规划问题即求取设计变量 $x = [x_1, x_2 \cdots x_n]^{\mathrm{T}}$ 的值，在线性约束条件下使得线性目标函数达到最大，由此可得线性规划问题的标准形式：

$$\max \quad f = C_1 x_1 + C_2 x_2 + \cdots + C_n x_n$$

$$\text{s.t.} \begin{cases} a_{11} x_1 + a_{12} x_2 + \cdots + a_{1n} x_n = b_1 \\ a_{21} x_1 + a_{22} x_2 + \cdots + a_{2n} x_n = b_2 \\ \qquad\qquad\qquad \vdots \\ a_{m1} x_1 + a_{m2} x_2 + \cdots + a_{mn} x_n = b_m \\ x_j \geq 0 \qquad j = 1, 2, \cdots, n \end{cases} \tag{8-1}$$

利用向量或矩阵符号，线性规划问题的标准形式还可以利用矩阵形式表示为

$$\max \quad f = Cx$$

$$\text{s.t.} \begin{cases} Ax = b \\ x \geq 0 \end{cases} \tag{8-2}$$

有时还需将线性规划问题用向量进行表示，则线性规划的向量标准形式为

$$\max \quad f = cx$$

$$\text{s.t.} \begin{cases} [P_1, \ P_2 \cdots P_n] x = b \\ x \geq 0 \end{cases} \tag{8-3}$$

2. 非标准型的标准化

根据实际问题建立的方程未必是标准型，因此需要将其转化为标准型，通常有以下几种做法。

1）问题为极小化目标函数

设原问题目标函数为：$\min f = C_1 x_1 + C_2 x_2 + \cdots + C_n x_n$，此时，可设 $f' = -f$，则极小化目标函数转化为极大化目标函数，即为 $\max f = -C_1 x_1 - C_2 x_2 - \cdots - C_n x_n$。

2）约束条件为不等式

如果原有线性规划问题的约束条件为不等式，则可增加一个或减去一个非负变量，使约束条件变为等式，增加或减去的非负变量称为松弛变量。

3. 基本解的理论推导

如果线性规划问题的解存在，那么它必定是从 $Ax = b$ 的基本解中选出的，因此我们首先要求出方程 $Ax = b$ 的基本解。

在这个问题的探讨中，已知独立方程的个数为 m 个，故约束方程组 $Ax = b$ 的系数矩阵 A 的秩为 m，于是 A 中必有 m 列向量是线性无关的，则由这 m 个线性无关的向量构成矩阵 A 的非奇异矩阵 B 为

$$B = \begin{bmatrix} a_{11} & a_{12} & \cdots & a_{1m} \\ a_{21} & a_{22} & \cdots & a_{2m} \\ \cdots & & \ddots & \\ a_{m1} & a_{m2} & \cdots & a_{mm} \end{bmatrix} = [P_1, P_2, \cdots, P_m] \tag{8-4}$$

B 是一个 m 阶的满秩方阵，我们把这个满秩方阵 B 称为线性规划问题的一个基矩阵，简称基。基矩阵 B 的每一个列向量 $P_j(j = 1, 2, \cdots m)$ 称为基向量，基向量所对应的设计变量称为基变量，记为

$$x_B = [x_1, x_2, \cdots, x_m]^T \tag{8-5}$$

A 中其余 $n - m$ 个列向量所构成的 $m \times (n - m)$ 维矩阵称为非基矩阵，记为

$$N = [P_{m+1}, P_{m+2}, \cdots, P_n]^T \tag{8-6}$$

非基矩阵 N 的每一个列向量称为非基向量，非基向量所对应的设计向量称为非基变量，记为

$$x_N = [x_{m+1}, x_{m+2}, \cdots, x_n]^T \tag{8-7}$$

根据以上转化，约束方程组 $Ax = b$ 可以转化为如下形式

$$[B \ N] \begin{bmatrix} x_B \\ x_N \end{bmatrix} = b$$

即

$$Bx_B + Nx_N = b \tag{8-8}$$

由于 B 为满秩矩阵，因此 B 的逆矩阵存在，上式两边同时乘上 B^{-1}，可得

$$x_B + B^{-1}Nx_N = B^{-1}b \tag{8-9}$$

式（8-9）称为方程组 $Ax = b$ 的"典范式"，如果令非基变量 $x_N = 0$，可得 $x_B = B^{-1}b$，故有

$$x = \begin{bmatrix} x_B \\ x_N \end{bmatrix} = \begin{bmatrix} B^{-1}b \\ 0 \end{bmatrix} \tag{8-10}$$

式（8-10）称为约束方程组 $Ax = b$ 的一个基本解，需注意的是基本解不是线性规划

问题的解，而仅是满足约束方程组的解。

如果线性规划问题的基本解能够满足线性规划问题中的非负约束，即 $x_B = B^{-1}b \geq 0$，则称该解 x_B 为基本可行解，简称基可行解，称 B 为可行基。基可行解的数量不会超过 C_n^m 个。能够使线性规划问题中的目标函数值达到最大的可行解称为最优解，而最优解一定可以在基可行解中找到。

4. 最优解的理论推导

由式（8-9）推导可得

$$x_B = B^{-1}b - B^{-1}Nx_N \tag{8-11}$$

式（8-11）的意义在于用非基变量表达基变量，相应地，将目标函数改写为类似的形式，令

$$c_B = [c_1, c_2, \cdots, c_m], c_N = [c_{m+1}, c_{m+2}, \cdots, c_n]$$

于是可将目标函数表达为如下所示

$$f = [c_B \ c_N]\begin{bmatrix} x_B \\ x_N \end{bmatrix} \tag{8-12}$$

将式（8-11）代入（8-12）可得

$$f = c_B B^{-1}b - (c_B B^{-1}N - c_N)x_N \tag{8-13}$$

如果可行基 B 满足 $c_B B^{-1}N - c_N \geq 0$，则由式（8-13）可得

$$f = cx \leq c_B B^{-1}b \tag{8-14}$$

式（8-14）表明对应于可行基 B 的基本可行解，能使目标函数达到最大值，即最优解。

同时，注意到

$$c_B B^{-1}A - c_N = c_B B^{-1}[BN] - [c_B c_N] = [c_B B^{-1}N - c_N]$$

故 $c_B B^{-1}N - c_N \geq 0$ 与 $c_B B^{-1}A - c_N \geq 0$ 等价。

于是可总结出，对于线性规划的基矩阵 B，若满足 $B^{-1}b \geq 0$ 且 $c_B B^{-1}A - c \geq 0$，则对于基矩阵 B 的基本解是最优解，又叫基本最优解，B 被称为最优基。

由式（8-13）可得 $f + (c_B B^{-1}N - c_N)x_N = c_B B^{-1}b$，即 $f + [c_B B^{-1}A - c]x = c_B B^{-1}b$。又由 $Ax = b$ 得 $B^{-1}Ax = B^{-1}b$，把上面两式写成矩阵形式，得

$$\begin{bmatrix} I & c_B B^{-1}A - c \\ 0 & B^{-1}A \end{bmatrix}\begin{bmatrix} f \\ x \end{bmatrix} = \begin{bmatrix} c_B B^{-1}b \\ B^{-1}b \end{bmatrix}$$

令

$$T(B) = \begin{bmatrix} c_B B^{-1} b & c_B B^{-1} A - c \\ B^{-1} b & B^{-1} A \end{bmatrix} = \begin{bmatrix} b_{00} & b_{01} & b_{02} & \cdots & b_{0n} \\ b_{10} & b_{11} & b_{12} & \cdots & b_{1n} \\ b_{20} & b_{21} & b_{22} & \cdots & b_{2n} \\ \vdots & \vdots & \vdots & \ddots & \vdots \\ b_{m0} & b_{m1} & b_{m2} & \cdots & b_{mn} \end{bmatrix} \qquad (8-15)$$

称 $T(B)$ 为对应于基 B 的单纯形表，$b_{oj}(j=1,2,\cdots,n)$ 称为检验数，若检验数均 $b_{oj}(j=1,2,\cdots,n) \geq 0$，则 $x_B = B^{-1} b - B^{-1} N X_N$ 是最优解，若存在一个检验数 $b_{o,m+s} < 0$，且 在该列中的 $b_{i,m+s}(i=1,2,\cdots,m) \leq 0$，则线性规划问题无最优解[1]。

5. 对偶理论

对偶在此指同一事物（问题）从不同角度观察，表达为两种近似对立方式。例如，对 同一数据集的线性规划问题，可有两种优化表述：企业决策者在制定生产规划时，可选择 最大化利润或最小化资源消耗作为目标。

1）原问题与对偶问题的关系

在线性规划中，对于同一数据集 (a,b,c)，可以用"$\leq$"不等式约束条件和目标函 数最大化的原问题与"$\geq$"不等式约束条件和目标函数最小化的对偶问题，建立标准的 对应关系。

展开形式的原问题

$$\max z = c_1 x_1 + c_2 x_2 + \cdots + c_n x_n$$

$$\text{s. t.} \begin{cases} \begin{bmatrix} a_{11} & a_{12} & \cdots & a_{1n} \\ \vdots & \vdots & & \vdots \\ a_{m1} & a_{m2} & \cdots & a_{mn} \end{bmatrix} \begin{bmatrix} x_1 \\ x_2 \\ \vdots \\ x_n \end{bmatrix} \leq \begin{bmatrix} b_1 \\ \vdots \\ b_m \end{bmatrix} \\ x_1, x_1, \cdots, x_n \geq 0 \end{cases} \qquad (8-16)$$

对应的对偶问题

$$\min \omega = y_1 b_1 + y_2 b_2 + \cdots + y_m b_m$$

$$\text{s. t.} \begin{cases} (y_1, y_2, \cdots, y_m) \begin{bmatrix} a_{11} & a_{12} & \cdots & a_{1n} \\ \vdots & \vdots & & \vdots \\ a_{m1} & a_{m2} & \cdots & a_{mn} \end{bmatrix} \geq (c_1, c_2, \cdots, c_n) \\ y_1, y_1, \cdots, y_m \geq 0 \end{cases} \qquad (8-17)$$

以上是原问题与对偶问题的标准形式，它们之间的关系可以用表 8.1 表示。

表 8.1　原问题与对偶问题的标准形式变换

y_i	x_j		
	$x_1 \quad x_2 \quad \cdots \quad x_n$	原关系	$\min\omega$
y_1 y_2 $\vdots$ y_m	$a_{11} \quad a_{12} \quad \cdots \quad a_{1m}$ $\vdots \quad\ \vdots \qquad\quad \vdots$ $a_{m1} \quad a_{m2} \quad \cdots \quad a_{mn}$	$\leqslant$ $\leqslant$ $\vdots$ $\leqslant$	b_1 $\vdots$ b_m
对偶关系	$\geqslant \geqslant \cdots \geqslant$		
$\max z$	$c_1,\ c_2,\ \cdots,\ c_n$	\multicolumn{2}{c}{$\max z = \min\omega$}	

线性规划的原问题与对偶问题的关系，其变换形式可以归纳为表 8.2 中所示的对应关系。

表 8.2　原问题与对偶问题变换形式

原问题（或对偶问题）	对偶问题（或原问题）
目标函数 $\max z$	目标函数 $\min\omega$
变 量 $\begin{cases} n\text{个} \\ \geqslant 0 \\ \leqslant 0 \\ \text{无约束} \end{cases}$	$\begin{array}{l} n\text{个} \\ \geqslant \\ \leqslant \\ = \end{array} \left.\begin{array}{}\\\\\\\\\end{array}\right\}$ 约束条件
约 束 条 件 $\begin{cases} m\text{个} \\ \leqslant \\ \geqslant \\ = \end{cases}$	$\begin{array}{l} m\text{个} \\ \geqslant 0 \\ \leqslant 0 \\ \text{无约束} \end{array} \left.\begin{array}{}\\\\\\\\\end{array}\right\}$ 变量
约束条件右端项 目标函数变量的系数	目标函数变量的系数 约束条件右端项

2）对偶问题的基本性质

（1）对称性。

对偶问题的对偶是原问题。

证　设原问题是

$$\max z = CX;\ AX \leqslant b;\ X \geqslant 0 \tag{8-18}$$

根据对偶问题的对称变换关系，可以找到它的对偶问题是

$$\min\omega = Yb;\ YA \geqslant C;\ Y \geqslant 0 \tag{8-19}$$

若将上式两边取负号，又因 $-\min\omega = \max(-\omega)$ 可得到

$$\max(-\omega) = -Yb;\ -YA \leqslant -C;\ Y \geqslant 0 \tag{8-20}$$

根据对称变换关系，得到上式的对偶问题是

$$\min(-\omega') = -CX; -AX \geqslant -b; X \geqslant 0 \tag{8-21}$$

又因

$$\min(-\omega') = -\max\omega' \tag{8-22}$$

可得

$$\max\omega' = \max z = CX; AX \leqslant b; X \geqslant 0 \tag{8-23}$$

这就是原问题。

（2）弱对偶性。

若 $\bar{X}$ 是原问题的可行解，$\bar{Y}$ 是对偶问题的可行解，则存在 $C\bar{X} \leqslant \bar{Y}b$。

证　设原问题是

$$\max z = CX; AX \leqslant b; X \geqslant 0 \tag{8-24}$$

因 $\bar{X}$ 是原问题的可行解，所以满足条件，即

$$A\bar{X} \leqslant b \tag{8-25}$$

若 $\bar{Y}$ 是给定的一组值，设它是对偶问题的可行解，将 $\bar{Y}$ 左乘上式，得到

$$\bar{Y}A\bar{X} \leqslant \bar{Y}b \tag{8-26}$$

原问题的对偶问题是

$$\min\omega = Yb; YA \geqslant C; Y \geqslant 0 \tag{8-27}$$

因为 $\bar{Y}$ 是对偶问题的可行解，所以满足

$$\bar{Y}A \geqslant C \tag{8-28}$$

将 $\bar{X}$ 右乘上式，得到

$$\bar{Y}A\bar{X} \geqslant C\bar{X} \tag{8-29}$$

于是得到

$$C\bar{X} \leqslant \bar{Y}A\bar{X} \leqslant \bar{Y}b \tag{8-30}$$

（3）无界性。

若原问题为无界解，则其对偶问题无可行解。当原问题无可行解时，其对偶问题可能是无界解或无可行解。

（4）可行解是最优解时的性质。

设 $\hat{X}$ 是原问题的可行解，$\hat{Y}$ 是对偶问题的可行解，当 $C\hat{X} = \hat{Y}b$ 时，$\hat{X}$，$\hat{Y}$ 是最优解。

证　若 $C\hat{X} = \hat{Y}b$，根据第二条性质可知：对偶问题的所有可行解 $\bar{Y}$ 都存在 $\bar{Y}A \geqslant C$，因 $C\hat{X} = \hat{Y}b$ 所以 $\bar{Y}b \geqslant \hat{Y}b$。可见 $\hat{Y}$ 是使目标函数取值最小的可行解，因而是最优解。同样可证明：对于原问题的所有可行解 $\bar{X}$ 存在

$$C\hat{X} = \hat{Y}b \geqslant C\bar{X} \tag{8-31}$$

所以 $\hat{X}$ 是最优解。

（5）对偶定理。

若原问题有最优解，那么对偶问题也有最优解，且目标函数值相等。

证设 $\hat{X}$ 是原问题的最优解，它对应的基矩阵 B 必存在 $C - c_B B^{-1} A \leqslant 0$。即得到 $\hat{Y}A \geqslant C$，其中 $\hat{Y} = c_B B^{-1}$。

这时 $\hat{Y}$ 是对偶问题的可行解，它使 $\omega = \hat{Y}b = c_B B^{-1} b$。

因原问题的最优解是 $\hat{X}$，使目标函数取值

$$z = C\hat{X} = c_B B^{-1} b$$

由此，得到

$$\hat{Y}b = c_B B^{-1} b = C\hat{X} \tag{8-32}$$

可见 $\hat{Y}$ 是对偶问题的最优解。

（6）互补松弛性。

若 $\hat{X}$，$\hat{Y}$ 分别是原问题和对偶问题的可行解，那么 $\hat{Y}X_s = 0$ 和 $Y_s\hat{X} = 0$，当且仅当 $\hat{X}$，$\hat{Y}$ 为最优解。

（7）设原问题如下。

$$\max z = CX; AX + X_S = b; X, X_s \geqslant 0$$

它的对偶问题如下。

$$\min \omega = Yb; YA - Y_s = C; Y, Y_s \geqslant 0$$

则原问题单纯形表的检验数行对应其对偶问题的一个基解，其对应关系见表8.3。

表8.3 原问题和对偶问题对应关系

原问题 X_B	X_N	X_s
检验数 0	$C_N - c_B B^{-1} N$	$-c_B B^{-1}$
对偶问题 Y_{s1}	$-Y_{s2}$	$-Y$

这里 Y_{s1} 是对应原问题中基变量 X_B 的剩余变量，$-Y_{s2}$ 是对应原问题中非基变量 X_N 的剩余变量[2]。

8.2.3 计算步骤

求解线性规划问题的方法主要有图形解法和单纯形法，下面详细介绍这两种解法的计

算步骤。

1. 图形解法

图形解法往往适用于二维问题的解决，通过约束条件能够在坐标轴中确定可行域，之后将目标函数进行相应转化，在图中可以画出该目标函数。例如 $\max f = x_1 + x_2$，可将等式变化为 $x_2 = -x_1 + \max f$，要使 f 最大，只需使该函数在可行域内使其截距在 y 轴上达到最大，即可求解得出目标函数的最大值。

2. 单纯形法

通常用单纯形法求解最优解。这一过程是迭代的，首先找到一个满足所有约束条件的基本可行解，随后每一步迭代都寻找新的基本可行解，使目标函数值逐步增加，直至找到最优解。

1）建立初始单纯形表 $T(B)$，确定 $T(B)$ 中的枢点（Pivot）项

首先由可行基 B 按照式（8-15）确定初始的单纯形表，然后根据该初始单纯形表判断 B 对应的基可行解是否为最优解，如果不是最优解，则需要找到一个新的基变量代替原可行基中的某个基变量，其目的是在换基之后使得目标函数值有所增加，向最优的目标靠拢。以下是确定进基变量和出基变量的具体步骤：

（1）确定进基变量。

确定进基变量的手段是在初始单纯形表的第一行检验数中进行选择。采用的方法是在所有 $b_{oj} < 0$ 的检验数中，选出最小的一个设为 b_{os}，其对应的非基变量为 x_s，向量 $\boldsymbol{P}'_s = \boldsymbol{B}^{-1}\boldsymbol{P}_s$。此时，即已确定 x_s 为进基变量，即下一次的迭代中将以 x_s 作为基变量。

（2）确定出基变量。

既然有新的变量进基，则必有变量出基。确定出基变量的方法是：用 $\boldsymbol{P}'_s$ 列中正的分量 b_{is} 分别除去 b_{io}，取 $\min\{b_{is}/b_{io}\}$（若同时有几个相同的最小者，则取其对应的基变量下标最小者），设为 b_{rs}/b_{ro}，即 $\min\{b_{is}/b_{io}\} = b_{rs}/b_{ro}$。此时，即已确定出基变量为 x_r。

（3）确定枢点项。

由确定出基变量时所得的结论可知，b_{rs} 即被称为枢点项，此时需要对枢点项 b_{rs} 进行标注，如在右上角加 * 或者将枢点项用括号括起来等，以便于后面的讨论和分析。

2）调换基变量，构造新基，构造新的单纯形表 $T(B')$

在基 B 中调入 P_s，换出 P_r，得到新基：$B' = (P_1, P_2, P_3, \cdots P_m)$，在确定了线性规划问题的新基之后，再进一步对单纯形表进行变换，目的是使下一步对基 B 的单纯形表 $T(B')$ 进行适当的变换，使得向量 $\boldsymbol{P}'_s$ 变为单位向量，即使得分量 b_{rs} 取 1，其他分量取 0。在这个过程中运用的是 Gauss Jordan 消元法，由此可以得到新 B' 的单纯形表 $T(B')$。Gauss Jordan 消元法实际就是下述两次变换。

（1）第一次变换，使 $b_{rs} = 1$。

为了使 $b_{rs} = 1$，需将原表数用 b_{rs} 去除第 r 行各数，得到新表第 r 行各数，即

$$b'_{rj} = \frac{b_{rs}}{b_{rj}} \qquad 0 \leqslant j \leqslant n \tag{8-33}$$

（2）第二次变换，使用 $b_{is} = 0(0 \leqslant i \neq r \leqslant m)$。

为了使新表中 $b_{is} = 0(0 \leqslant i \neq r \leqslant m)$ 需要将原表中第 i 行减去第 r 行相应数的 b_{is}/b_{rs}，得到新表第 i 行的数即

$$b_{ij}' = b_{ij} - b_{rj} \cdot \frac{b_{is}}{b_{rs}} \qquad 0 \leqslant i \neq j \leqslant m, 0 \leqslant j \leqslant n \tag{8-34}$$

换基后，新基 B' 仍是一个可行基，且目标函数值增加。

（3）按照上面步骤（1）和（2）进行重复迭代，循环操作，以求得最优解。

需要注意的是，如果基 B 对应的单纯形表 $T(B)$ 中检验数有负数 $b_{os} < 0$，且对应向量

$$\boldsymbol{P}'_s = \boldsymbol{B}^{-1}\boldsymbol{P}_s = \begin{bmatrix} b_{1s} \\ b_{2s} \\ \vdots \\ b_{ms} \end{bmatrix} \leqslant 0，则目标函数无上界，即无最优解[1]。$$

8.2.4 程序代码

在 Matlab 中求解线性规划问题，需要调用 linprog 函数，求得近似最优解。

（1）将线性规划目标函数化为标准型。

linprog 函数解决的线性规划问题标准型如下：

$$\min \quad f = \boldsymbol{c}^{\mathrm{T}}x$$

$$\mathrm{s.t.} \begin{cases} Ax \leqslant b \\ A_{\mathrm{eq}}x = b_{\mathrm{eq}} \\ lb \leqslant x \leqslant ub \end{cases}$$

值得注意的是在 linprog 函数的标准型中需将原问题转换为最小化问题；在 linprog 函数的标准型中，不等式约束均为"$\leqslant$"（对 $Ax \geqslant b$ 两边加负号即可解决，如 $-Ax \leqslant -b$）。

（2）调用 linprog 函数。

```
x=linprog(f,A,b,Aeq,beq,lb,ub,options)
```

其中，$\boldsymbol{f}$ 为 n 维的目标函数中设计变量的系数列向量；$\boldsymbol{A}$ 为 $m_1 \times n$ 维的不等式约束条件

系数矩阵；b 为 m_1 维的不等式约束条件的资源列向量，即不等式右边函数值所组成的矩阵；**Aeq** 为 $m_2 \times n$ 的等式约束的系数矩阵；**Beq** 为 m_1 维的等式约束的资源列向量，即等式右边函数值所组成的矩阵；**lb** 为对设计变量下界约束，为 n 维列向量，如果对设计变量没有下界约束，可以设置 **lb**（i）= $-$Inf；**ub** 为对设计变量上界约束，为 n 维列向量，如果对设计变量没有上界约束，可以设置 **ub**（i）= Inf；options 是 optimset 函数中定义的参数的值，使用 options 中指定的优化选项执行最小化。

（3）输出 x、fval 的值。

```
[x,fval,exitflag,output]=linprog(__)
```

其中，x 是所求解的线性规划问题的最优解；fval 是最优解 x 处的函数值；当 exitflag 取值为 1 时，表示已经收敛到解 x；output 是一个返回求解最优化过程相关信息的结构变量。

8.2.5　案例应用

1. 案例/数据说明

本案例节选自《地质学刊》于 2019 年 01 期收录的论文《小流域水土资源优化配置线性规划数学模型的构建及求解——以陕南丹凤大南沟小流域为例》[3]。

2. 研究问题描述

通过线性规划确定"以人定水田""以水定田无旱无树""以水定田无旱有树" 3 种水土资源配置方案哪一种是最佳方案。

3. 案例实现过程

其中"以人定水田"方案的线性规划数学模型如下

$$\max z = 3697.5x_1 + 1320x_2 + 4800x_3 + 489x_4$$

$$\text{s.t.} \begin{cases} x_1 + x_2 + x_3 + x_4 \leqslant 297.61 \\ 5139.15x_1 - 241.5x_3 - 1207.8x_4 \leqslant 0 \\ x_4 \geqslant 130.98 \\ x_1 = 13.27 \\ x_1 + x_2 + x_3 \leqslant 166.63 \\ x_i \geqslant 0(i = 1,2,3,4) \end{cases}$$

其 Matlab 实现过程如下所示。

输入程序	输出变量值

%取目标函数的相反数，f 为目标函数中设计变量的系数列向量
f = [−3697.5；−1320；−4800；−489]
	f =
	
	    −3697.5
	     −1320
	     −4800
	      −489

%A 为线性不等式约束的系数矩阵
A = [1 1 1 1；5139.15 0 −241.5 −1207.8；0 0 0 −1；1 1 1 0]
	A =
	
	       1 1 1 1
	 5139.15 0 −241.5 −1207.8
	      0 0 0 −1
	      1 1 1 0

%b 为不等式右边函数值所组成的矩阵
b = [297.61；0；−130.98；166.63]
	b =
	
	    297.61
	        0
	   −130.98
	    166.63

%Aeq 为线性等式约束的系数矩阵 Aeq = [1 0 0 0]	Aeq = 1 0 0 0
%beq 为线性约束等式右边函数值所组成的矩阵 beq = [13.27]	beq = 13.27

%输入设计变量的下界
lb = [0；0；0；0]
	lb =
	
	     0
	     0
	     0
	     0
	
	Optimal solution found

%调用 linprog 函数
[x, fval, exitflag] =linprog (f, A, b, Aeq, beq, lb)
	x =
	
	    13.27
	       0
	   153.36
	   130.98

输入程序	输出变量值
	fval = 　-849243.045 exitflag = 　1

因此，最优解向量为，最优解处函数值为-849 243，由于目标函数最小化调整，采用了负运算，故原线性规划问题的最优解为849 243。

8.3　整数规划方法与建模实现

8.3.1　方法简介

在线性规划中，整数规划要求最优解为整数，即线性规划问题中部分或全部变量都应为整数。根据决策变量的取值范围，整数线性规划可分为不同类别：若所有变量限制为（非负）整数，则称为纯整数线性规划；若部分变量限制为整数，则为混合整数线性规划。另一种形式是0-1规划，其中决策变量仅可取0或1。

8.3.2　基本原理

一般的整数线性规划的模型可以表示为

$$\max z = \sum_{j=1}^{n} c_j x_j$$

$$\text{s.t.} \begin{cases} \sum_{j=1}^{n} a_{ij} x_j = b & i = 1,2,\cdots,m \\ x_j \geq 0 & j = 1,2,\cdots,n \\ x_j \text{ 全为整数或部分变量为整数} & j = 1,2,\cdots,n \end{cases} \qquad (8-35)$$

对于整数线性规划问题，单纯形法并不是有效的求解方法，因为无法保证所得最优解为整数。同时，直接对单纯形法的最优解取整也不可行，因为取整后的解可能不是原问题的最优解，有时甚至不是可行解。整数线性规划问题的解与其对应的松弛问题的解存在以下几种关系：

（1）如果松弛问题无可行解，则整数规划也无可行解，应停止计算。

（2）若松弛问题有最优解且符合整数规划整数条件，则该最优解同时也是整数规划的最优解。

（3）如果松弛问题有最优解但不符合整数规划整数条件，则需采用适当方法继续求解。由于整数规划添加了变量必须为整数的约束，使得求解变得更为复杂，因此需要采用新的求解方法。常见方法包括分支定界法和割平面法。受篇幅所限，具体原理省略。

8.3.3　计算步骤

（1）首先求解整数规划问题的线性松弛问题（即忽略整数约束），得到一个初始的上界或下界。

（2）根据松弛问题的解，选择一个非整数变量进行分支，即将其分为两个子问题，分别添加该变量小于等于当前值和大于等于当前值+1的约束。

（3）在求解每个子问题时，更新上下界，如果子问题的解不优于当前的上下界，则剪枝，不再继续分支。

（4）在求解过程中，可能会添加切割平面来切割掉非整数解的可行域，从而缩小搜索范围。

8.3.4　程序代码

（1）定义目标函数向量：将目标函数的系数写成向量形式，如 $f=[c_1,c_2,\cdots,c_n]$，其中 c_i 是第 i 个决策变量在目标函数中的系数。

（2）确定整数变量的位置：创建一个向量 intcon，指定哪些变量需要取整数值。例如，若变量 x_1、x_3、x_5 需要是整数，那么 intcon=[1,3,5]。

（3）输入不等式约束系数矩阵和资源列向量：将不等式约束写成 $AX \leqslant b$ 的形式，其中 A 是系数矩阵，b 是资源向量。

（4）输入等式约束系数矩阵和常数项向量（若存在）：若有等式约束，将其写成 $AeqX=beq$ 的形式。

（5）确定变量的上下界（若存在）：使用 lb 和 ub 分别指定变量的下界和上界。

（6）调用 intlinprog 函数

```
[x,fval,exitflag,output]=intlinprog(f,intcon,A,b,Aeq,beq,lb,ub,
x0,options)
```

其中，x 是所求解的线性规划问题的最优解；fval 是最优解 x 处的函数值；当 exitflag 取值为 1 时，表示已经收敛到解 x；output 是一个返回求解最优化过程相关信息的结构变量。

在 intlinprog 函数中，f 和 intcon 是必选项，f 表示目标函数中决策变量的系数列向量。intcon 表示整数变量的位置。其他参数为可选项，**A**、**b** 表示不等式约束条件 **$AX \leq b$** 的系数矩阵和资源列向量。**Aeq**、**beq** 表示等式约束条件 **Aeq$X$ = beq** 的系数矩阵和资源列向量。lb、ub 分别表示 x 的下界和上界。x_0 表示 x 的起始点。options 是 optimset 函数中定义的参数的值，使用 options 中指定的优化选项执行最小化。

8.3.5　案例应用

1. 案例说明

本案例[6] 节选自《湘南学院学报》于 2010 年 05 期收录的论文《Matlab 求解整数规划问题》。

2. 研究问题描述

某中型的百货商场对售货人员的需求经过统计分析，一周中星期日、一、二、三、四、五和六，每天所需的售货人数依次为 12 人、18 人、15 人、12 人、16 人、19 人、14 人（每天售货员工资 200 元）。为保证销售人员充分休息，售货人员每周工作五天，休息两天，并要求休息的两天是连续的，问应该如何安排售货人员的作息，既满足了工作需要，又使所配备的售货人员总费用最少？

3. 案例实现过程

此问题是一个整数规划问题，目标是要求售货人员总数最少。因为每个售货员都工作 5 天，休息 2 天，所以只要计算出连续休息两天的售货员人数，也就计算出了售货员的总数。以每天开始休息的人数为决策变量 x_i，即星期一开始休息的人数为 x_1，星期二开始休息的人数为 x_2，依次类推，建立如下的数学模型：

$$\min z = 200x_1 + 200x_2 + 200x_3 + 200x_4 + 200x_5 + 200x_6 + 200x_7$$

$$\text{s.t.} \begin{cases} x_1 + x_2 + x_3 + x_4 + x_5 \geq 12 \\ x_2 + x_3 + x_4 + x_5 + x_6 \geq 18 \\ x_3 + x_4 + x_5 + x_6 + x_7 \geq 15 \\ x_1 + x_4 + x_5 + x_6 + x_7 \geq 12 \\ x_1 + x_2 + x_5 + x_6 + x_7 \geq 16 \\ x_1 + x_2 + x_3 + x_6 + x_7 \geq 19 \\ x_1 + x_2 + x_3 + x_4 + x_7 \geq 14 \\ x_i \geq 0 \text{ 且为整数}, i = 1, \cdots, 7 \end{cases}$$

首先将上述模型转化为 intlinprog 函数适用的形式：

$$\min z = 200x_1 + 200x_2 + 200x_3 + 200x_4 + 200x_5 + 200x_6 + 200x_7$$

$$\text{s. t.} \begin{cases} -x_1 - x_2 - x_3 - x_4 - x_5 \leqslant -12 \\ -x_1 - x_2 - x_3 - x_4 - x_5 \leqslant -18 \\ -x_1 - x_2 - x_3 - x_4 - x_5 \leqslant -15 \\ -x_1 - x_2 - x_3 - x_4 - x_5 \leqslant -12 \\ -x_1 - x_2 - x_3 - x_4 - x_5 \leqslant -16 \\ -x_1 - x_2 - x_3 - x_4 - x_5 \leqslant -19 \\ -x_1 - x_2 - x_3 - x_4 - x_5 \leqslant -14 \\ x_i \geqslant 0 \text{ 且为整数}, i = 1, \cdots, 7 \end{cases}$$

利用上述 Matlab 软件中的 intlinprog 函数求解的该整数规划过程如下。

输入程序	输出变量值
%输入目标函数向量 f = [200 200 200 200 200 200 200]	f=200 200 200 200 200 200 200
%确定整数变量的位置 intcon = [1 2 3 4 5 6 7]	intcon=1 2 3 4 5 6 7

%输入不等式约束系数矩阵
A=[-1 -1 -1 -1 -1   0   0
     0 -1 -1 -1 -1 -1   0
     0   0 -1 -1 -1 -1 -1
    -1   0   0 -1 -1 -1 -1
    -1 -1   0   0 -1 -1 -1
    -1 -1 -1   0   0 -1 -1
    -1 -1 -1 -1   0   0 -1]
	A =
	
	-1 -1 -1 -1 -1 0 0
	 0 -1 -1 -1 -1 -1 0
	 0 0 -1 -1 -1 -1 -1
	-1 0 0 -1 -1 -1 -1
	-1 -1 0 0 -1 -1 -1
	-1 -1 -1 0 0 -1 -1
	-1 -1 -1 -1 0 0 -1

%输入资源列向量 b = [-12 -18 -15 -12 -16 -19 -14]	b=-12 -18 -15 -12 -16 -19 -14
%输入 x 的约束条件，限定 x 的范围 lb=zeros (7, 1)	lb= 0 0 0 0 0 0 0

输入程序	输出变量值
	LP: Optimal objective value is 4240.000000.
	Heuristics: Found 1 solution using rounding.
	Upper bound is 4800.000000.
	Relative gap is 11.66%.
	Cut Generation: Applied 1 strong CG cut.
	Lower bound is 4400.000000.
	Relative gap is 0.00%.
	Optimal solution found.
	Intlinprog stopped at the root node because the objective value is within a gap tolerance of the optimal value, options. AbsoluteGap-Tolerance=0 (the default value). The intcon variables are integer within tolerance, op-tions. IntegerTolerance=1e-05 (the default value).
%调用 intlinprog 函数 [x, fval, exitflag, output] = intlinprog (f, intcon, A, b, [], [], lb, [])	x = 　0 　7 　3 　3 　0 　8 　1 fval = 　4400 exitflag = 　1 output = 包含以下字段的 struct：

输入程序	输出变量值
	relativegap: 0
	absolutegap: 0
	numfeaspoints: 2
	numnodes: 0
	constrviolation: 0
	message: 'Optimal solution found.

因满足条件的最优解有多个，本文只展示其中之一。

计算结果表明，得到其最优解为 $x_1^* = 0, x_2^* = 7, x_3^* = 3, x_4^* = 3, x_5^* = 0, x_6^* = 8, x_7^* = 1$。最优目标函数值为 $z^* = 4\,400$。即当星期二开始休息的人数为 7 人，星期三、星期四开始休息的人数为 3 人，星期六开始休息的人数为 8 人，星期日开始休息的人为 1 人时，既满足了工作需要，又使所配备的售货人员总费用最少。此时，总费用最少为 4 400 元。

8.4 0-1 规划方法与建模实现

8.4.1 方法简介

整数线性规划中，特别有一类称为 0-1 型整数规划，约束条件仅限于决策变量为 0 或 1。这种规划被广泛应用，并可细分为纯 0-1 型和混合 0-1 型整数规划。0-1 规划常见于实际问题中，如投资决策、工厂选址等，其中决策变量仅能取 0 或 1，适用于解决互斥、约束、费用固定、分派等问题，比如线路设计、选址策略、旅行规划、背包问题、排班安排和可靠性问题。另外，由于非负整数可用二进制方式表示，因此任何有界整数规划理论上均可转换为 0-1 规划来解决。

8.4.2 基本原理

0-1 规划的数学模型可以写为

$$\max z = \sum_{j=1}^{n} c_j x_j$$

$$\text{s.t.} \begin{cases} \sum_{j=1}^{n} a_{ij} x_j = b_i & i = 1, 2, \cdots, m \\ x_j \geq 0 & j = 1, 2, \cdots, n \\ x_j = 0\ \text{或}\ 1 & j = 1, 2, \cdots, n \end{cases} \qquad (8-42)$$

0-1 规划的变量是一种决策变量，常应用于在是与否之间二选一的问题。例如是否选择某个方案 A，可以采用 0-1 变量来表示，

$$x = \begin{cases} 1 & \text{当采取 A 方案时} \\ 0 & \text{当不采取 A 方案时} \end{cases}$$

0-1 规划是一种决策变量只能取两个值的问题，常使用枚举法来求解。枚举法即列出所有决策变量取 0 或 1 的各种组合，检查符合约束条件的可行解，找出目标函数取得最大或最小值的解作为最优解[7]。当变量较少时，枚举法可行；但变量较多时，所有组合太多，枚举法复杂烦琐。因此，隐枚举法作为一种改进出现，通过增加约束条件减少计算次数。例如，在求解极值问题时，可以观察得到一个可行解，利用其目标函数值进行筛选。只有当新的目标函数值大于已获得的最优值时才继续验证组合，确保满足约束条件。逐步检查直至所有组合验证完成[8]。

8.4.3　计算步骤

（1）将目标函数的系数组成向量，每个元素代表对应决策变量的系数。

（2）指定所有变量都为整数变量，即所有变量都必须取 0 或 1。

（3）输入不等式约束系数矩阵和资源列向量时，需将约束条件写成 $AX \leqslant b$ 的形式，其中 A 是系数矩阵，b 是资源向量。

（4）确定变量的上下界时，将变量的下界设为 0，上界设为 1，确保变量只能取 0 或 1。

（5）根据目标函数、整数变量位置、约束矩阵、资源向量以及变量上下界，求解该整数规划问题，得到最优解和最优值。

8.4.4　程序代码

（1）输入目标函数向量，如 $f = [c_1, c_2, \cdots, c_n]$。

（2）确定整数变量的位置时，必须指定所有变量都为整数，即 $intcon = [1, 2, \cdots, n]$，其中 n 是变量的数量。在 0-1 整数规划中，所有变量都只能取 0 或 1，因此 intcon 需要包含所有决策变量的索引。

（3）分别输入不等式约束系数矩阵 A 和资源列向量 b。

（4）确定变量的上下界时，需设置 lb=zeros(n,1) 和 ub=ones(n,1)，其中 n 是变量的数量。这样可以确保所有变量只能取 0 或 1。

（5）调用 intlinprog 函数时，需根据实际情况设置其他参数。

```
[x,fval,exitflag,output]=intlinprog(f,intcon,A,b,Aeq,beq,lb,ub,
x0,options)
```

8.4.5 案例应用

1. 研究问题描述

某公司在 A 市有 6 个仓库，现计划在仓库内设立配送点。公司希望在满足各仓库配送需求的情况下所设立的配送点最少。

根据公司的要求，当某仓库货物不足时，需要其他仓库的配送车辆在 15 分内将货送到。若第 i 个仓库设配送点，则配送货物到第 j 个区所需时间见表 8.4。求解该市应如何安排配送点？

表8.4 各仓库之间配送时间   单位：分

	仓库 1	仓库 2	仓库 3	仓库 4	仓库 5	仓库 6
仓库 1	0	10	17	29	26	21
仓库 2	10	0	23	30	16	11
仓库 3	17	23	0	12	27	21
仓库 4	29	30	12	0	14	26
仓库 5	26	16	27	14	0	12
仓库 6	21	11	21	26	12	0

2. 案例实现过程

对于某个仓库来说，要么设立一个配送点，要么不设立，所以引入 0-1 变量 $x_i(i=1,2,\cdots,n)$。当 x_i 取 1 时，表示在第 i 个仓库设立配送点，当 x_i 取 0 时，则表示不设立配送点。由表可知，要保证每个仓库都在配送点 15 分的配送范围内即要求相关仓库的配送点数量至少是 1，比如地区 1，只有当地区 1 和地区 2 中至少有一个配送点时，才能满足配送需求。这就是要求 $x_1+x_2 \geqslant 1$，其他区的情况类似地考虑。从而可建立该问题的数学模型为

$$\min z = x_1 + x_2 + x_3 + x_4 + x_5 + x_6$$

$$\text{s.t.} \begin{cases} x_1 + x_2 \geqslant 1 \\ x_1 + x_2 + x_6 \geqslant 1 \\ x_3 + x_4 \geqslant 1 \\ x_3 + x_4 + x_5 \geqslant 1 \\ x_4 + x_5 + x_6 \geqslant 1 \\ x_2 + x_5 + x_6 \geqslant 1 \\ x_i = 0 \text{ 或 } 1, i = 1, \cdots, 6 \end{cases}$$

首先将模型中的约束转化为 "≤" 的形式

$$\min z = x_1 + x_2 + x_3 + x_4 + x_5 + x_6$$

$$\text{s. t.} \begin{cases} -x_1 - x_2 \leq -1 \\ -x_1 - x_2 - x_6 \leq -1 \\ -x_3 - x_4 \leq -1 \\ -x_3 - x_4 - x_5 \leq -1 \\ -x_4 - x_5 - x_6 \leq -1 \\ -x_2 - x_5 - x_6 \leq -1 \\ x_i = 0 \text{ 或 } 1, i = 1, \cdots, 6 \end{cases}$$

利用 intlinprog 函数求解上述 0-1 线性规划问题的过程如下。

输入程序	输出变量值
`%目标函数向量（最小化配送点数量）` `f = [1, 1, 1, 1, 1, 1]`	`f = 1  1  1  1  1  1`
`%整数变量的位置（所有变量都是 0-1 变量）` `intcon = [1, 2, 3, 4, 5, 6]`	`intcon = 1  2  3  4  5  6`

`%配送时间矩阵（单位：分钟）`
`delivery_ time=[0,  10,  17,  29,  26,  21;`
`                10,   0,  23,  30,  16,  11;`
`                17,  23,   0,  12,  27,  21;`
`                29,  30,  12,   0,  14,  26;`
`                26,  16,  27,  14,   0,  12;`
`                21,  11,  21,  26,  12,   0]`
	`delivery_ time =`
	` 0  10  17  29  26  21`
	`10   0  23  30  16  11`
	`17  23   0  12  27  21`
	`29  30  12   0  14  26`
	`26  16  27  14   0  12`
	`21  11  21  26  12   0`

`%构建覆盖约束矩阵 A 和资源列向量 b`
`A = [];`
`b = [];`
`for j =1: 6`
`    %找出能够覆盖仓库 j 的所有仓库 i`
`    covering_ warehouses =find (delivery_`
`time (:, j) <=15);`
`    %添加约束：至少有一个覆盖仓库设立配送点`
`    constraint =zeros (1, 6);`
`    constraint (covering_ warehouses) =1;`
`    A = [A; -constraint];`
`    b = [b; -1];`
`end`	

续表

输入程序	输出变量值
A	A = -1 -1 0 0 0 0 -1 -1 0 0 0 -1 0 0 -1 -1 0 0 0 0 -1 -1 -1 0 0 0 0 -1 -1 -1 0 -1 0 0 -1 -1
b	b = -1 -1 -1 -1 -1 -1
%变量的上下界（0-1变量） lb=zeros (6, 1)	lb = 0 0 0 0 0 0
ub=ones (6, 1)	ub = 1 1 1 1 1 1
	LP: Optimal objective value is 2.000000. Optimal solution found. Intlinprog stopped at the root node because the objective value is within a gap tolerance of the optimal value, options. AbsoluteGapTolerance = 0 (the default value). The intcon variables are integer within tolerance, options. IntegerTolerance=1e-05 (the default value).

输入程序	输出变量值
%调用 intlinprog 函数 [x, fval, exitflag, output] = intlinprog (f, intcon, A, b, [ ], [ ], lb, ub)	X = 　0 　1 　0 　1 　0 　0 fval = 　2 exitflag = 1 output = 包含以下字段的 struct： relativegap: 0 absolutegap: 0 numfeaspoints: 1 numnodes: 0 constrviolation: 0 message:'Optimal solution found. Intlinprog stopped at the root node because the objective value is within a gap tolerance of the optimal value, options. AbsoluteGapTolerance = 0 (the default value). The intcon variables are integer within tolerance, options. Integer-Tolerance=1e-05 (the default value).'
%输出结果	求解得到的变量值（设立配送点的仓库为1）： 　0 　1 　0 　1 　0 　0 最少需要设立的配送点数量： 　2

该 0-1 规划的最优解为 $(x_1^*, x_2^*, x_3^*, x_4^*, x_5^*, x_6^*) = (0,1,0,1,0,0)$，即只需在第二区和第四区之间各设立一个配送点即可满足要求。

8.5 数据包络分析方法与建模实现

8.5.1 方法简介

数据包络分析（Data Envelopment Analysis，DEA）是由美国运筹学家查恩斯（Charnes）等人提出的一种方法，用数学规划模型评估决策单元（Decision Making Unit，DMU）的效率[8]。决策单元的输入反映成本指标，输出反映成果指标，以数值形式表达。对于具有多个输入和输出的决策单元 DMU，DEA 根据实际观察值估计有效生产前沿，即满足最优条件的曲线，通过数学规划模型来评定该 DMU 是否位于有效生产前沿，判断其是否达到 DEA 有效性。

1978 年，查恩斯、库柏（Cooper）和 Rhodes 提出了第一个 DEA 模型——C²R 模型，标志着 DEA 方法的诞生。建立在 C²R 模型基础上，还发展了一系列其他 DEA 模型，如 BC² 模型、FG 模型、ST 模型，以及半无线规划的 DEA 模型、C2W 模型和锥比率的 C²WH 模型。DEA 模型不仅广泛应用于生产领域，还在经济系统评估与分析、物流与供应链管理、技术创新与进步等领域得到应用。

8.5.2 C²R 模型

C²R 模型是数据包络分析（DEA）方法中最早的基础模型。最初的 C²R 模型是一个分式规划，可经过 C² 变换（Charnes-Cooper 变换）转换为等价的线性规划问题。通过对偶理论，获得了 C²R 模型的对偶模型，更有利于评价 DEA 的有效性，其核心在于确定决策单元是否位于生产可能集的前沿[9]。从多目标规划的角度看，以最小输入、最大输出为目标，约束集合即为生产可能集，而生产前沿则对应于线性多目标规划的 Pareto 面。

1. C²R 模型和 DEA 有效

假设 n 个决策单元 DMU_j，每个决策单元 DMU_j 都有 m 种类型的"输入"和 s 种类型的"输出"。

记输入和输出向量分别为

$$X_j = (x_{1j}, x_{2j}, \cdots, x_{mj})^T \qquad j = 1, 2, \cdots, n \qquad (8-43)$$

$$Y_j = (y_{1j}, y_{2j}, \cdots, y_{sj})^T \qquad j = 1, 2, \cdots, n \qquad (8-44)$$

式中，x_{ij} 为第 j 个决策单元对第 i 个输入变量的投入量，$x_{ij} > 0$；y_{rj} 为第 j 个决策单元对第 r

个输出变量的投入量, $y_{rj} > 0$。

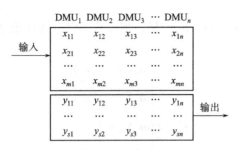

图 8.2　决策单元

可以把它们看作只有一个总体输入和一个总体输出的生产过程，需要赋予每个输入、输出适当的权重。设对应输入、输出的权重向量分别为

$$\boldsymbol{V} = (v_1, v_2, \cdots, v_m)^{\mathrm{T}} \tag{8-45}$$

$$\boldsymbol{U} = (u_1, u_2, \cdots, u_s)^{\mathrm{T}} \tag{8-46}$$

式中, v_i 为第 i 种输入的权重, $i = 1, 2, \cdots, m$; u_r 为第 r 种输出的权重, $r = 1, 2, \cdots, s$ 。

决策单元 DMU_j 的效率评价指数 h_j 为

$$h_j = \frac{U^T Y}{V^T X} = \frac{\displaystyle\sum_{r=1}^{s} u_r y_{rj}}{\displaystyle\sum_{i=1}^{m} v_i x_{ij}} \tag{8-47}$$

适当地选取权重 V 和 U ，能保证 $h_j \leqslant 1$ 。

对第 $j_0 (1 \leqslant j_0 \leqslant n)$ 个决策单元 DMU_{j_0} ，当 h_{j0} 越大，表明 DMU_{j_0} 能够用相对较少的输入得到相对较多的输出。从最有利于 DMU_{j_0} 的角度出发，变化 V 和 U 来求 h_{j0} 最大值，以此来判断 DMU_{j_0} 是否最优，依据这种思想，可构造 $\mathrm{C^2R}$ 模型。

以权重 V 和 U 为变量，以第 j_0 个决策单元的效率指数 h_{j0} 为目标，以所有决策单元的效率指数 $h_j \leqslant 1$ 为约束，构成如下的 $\mathrm{C^2R}$ 模型

$$(\bar{P}_{\mathrm{C^2R}}) \begin{cases} \max h_j = \dfrac{\displaystyle\sum_{r=1}^{s} u_r y_{rj}}{\displaystyle\sum_{i=1}^{m} v_i x_{ij}} \\[4mm] \dfrac{\displaystyle\sum_{r=1}^{s} u_r y_{rj}}{\displaystyle\sum_{i=1}^{m} v_i x_{ij}} \leqslant 1 \\[4mm] u_r, v_i \geqslant 0 \\[2mm] j = 1, 2, \cdots, n \end{cases} \tag{8-48}$$

式（8-48）是一个分式规划，使用 C^2 变换，可以将其变成一个等价的线性规划问题。为此，令 $t = \dfrac{1}{V^T X_0}$，$\omega = tV$，$\mu = tU$，则可获得以下线性规划

$$(P_{C^2R})\begin{cases} \max h_{j0} = \boldsymbol{\mu}^T Y_0 \\ \boldsymbol{\omega}^T X_j - \boldsymbol{\mu}^T Y_j \geq 0 \\ \boldsymbol{\omega}^T X_0 = 1 \\ \omega^T X \geq 0, \mu^T Y \geq 0 \\ j = 1,2,\cdots,n \end{cases} \qquad (8-49)$$

利用线性规划的最优解来定义决策单元 DMU_{j_0} 的有效性。从模型可以看出，该决策单元 DMU_{j_0} 的有效性是相对其他所有决策单元而言的。对于 C^2R 模型可以用线性规划 (P_{C^2R}) 表达，而线性规划一个重要的有效理论是通过建立对偶模型，更容易从理论和经济意义上作深入分析。

线性规划 (P_{C^2R}) 的对偶规划为 (D_{C^2R})

$$(D_{C^2R})\begin{cases} \min \theta \\ \sum_{j=1}^{n} \lambda_j X_j \leq \theta X_0 \\ \sum_{j=1}^{n} \lambda_j Y_j \geq Y_0 \\ \lambda_j \geq 0 \qquad j = 1,2,\cdots,n \end{cases} \qquad (8-50)$$

为了讨论和计算应用方便，进一步引入松弛变量 s^+ 和剩余变量 s^-，将上面的不等式约束变为等式约束，可变成

$$(D_{C^2R})\begin{cases} \min \theta \\ \sum_{j=1}^{n} \lambda_j X_j + s^+ = \theta X_0 \\ \sum_{j=1}^{n} \lambda_j Y_j - s^- = Y_0 \\ \lambda_j \geq 0 \qquad j = 1,2,\cdots,n \\ s^- \geq 0, s^+ \geq 0 \end{cases} \qquad (8-51)$$

为了方便判断 DEA 有效性，夏奈尔（Chaner）通过引入非阿基米德无穷小的概念构建判断 DEA 有效性的数学模型，在式（8-51）引入非阿基米德无穷小量 ε，一个小于任何正数且大于零的数，式（8-51）进一步表示为

$$(D_\varepsilon) \begin{cases} \min\left[\theta - \varepsilon\left(\sum\limits_{j=1}^{m} s^- + \sum\limits_{j=1}^{r} s^+\right)\right] \\[2mm] \sum\limits_{j=1}^{n} X_j\lambda_j + s^- = \theta X_0 \\[2mm] \sum\limits_{j=1}^{n} Y_j\lambda_j - s^+ = Y_0 \\[2mm] \lambda_j \geqslant 0 \qquad j = 1,2,\cdots,n \\[2mm] s^- \geqslant 0, s^+ \geqslant 0 \end{cases} \qquad (8-52)$$

线性规划 (D_ε) 的最优解是 θ^0, λ^0, s^{-0}, s^{+0}。

利用 C^2R 模型判断决策单元 DEA 有效性有以下结论[9]:

定理 8.5.1　线性规划 (P_{C^2R}) 和对偶规划 (D_ε) 均存在可行解,所以都存在最优值。假设它们的最优值分别为 $h_j{}^*$ 与 θ^*,则有 $h_j{}^* = \theta^*$。

定义 8.5.1　若线性规划 (P_{C^2R}) 的最优值 $h_j{}^* = 1$,则称决策单元 DMU_{j_0} 为弱 DEA 有效。

定义 8.5.2　若线性规划 (P_{C^2R}) 的解中存在 $w^* > 0, \mu^* > 0$,并且最优值 $h_j{}^* = 1$,则称决策单元 DMU_{j_0} 为 DEA 有效。

定理 8.5.2　决策单元 DMU_{j_0} 为弱 DEA 有效的充要条件是线性规划 (D_ε) 的最优值 $\theta^* = 1$;DMU_{j_0} 为 DEA 有效的充要条件是线性规划 (D_ε) 的最优值 $\theta^* = 1$,并且对于每个最优解 λ^*,都有 $s^{-0} = 0, s^{+0} = 0$。

因此,若 $\theta^0 = 1$,并且 $s^{-0} = 0, s^{+0} = 0$,则决策单元 DMU_{j_0} 为 DEA 有效,决策单元的经济活动同时为技术有效和规模有效;若 $\theta^0 = 1$,则决策单元 DMU_{j_0} 为弱 DEA 有效,经济活动不是同时为技术效率最佳和规模最佳;若 $\theta^0 < 1$,则决策单元 DMU_{j_0} 为非 DEA 有效,经济活动既不是技术效率最佳,也不是规模最佳。具体地说,技术有效是指相对于最优生产效率水平的目前投入要素的浪费情况,规模有效是指按照最优生产效率水平所能获得的最大产出情况。

用 C^2R 模型中的 λ_j 还可以判断 DMU 的规模收益情况:

如果存在 $\lambda_j{}^*(j = 1,2,\cdots,n)$ 使得 $\sum \lambda_j{}^* = 1$,则 DMU 为规模收益不变;

如果不存在 $\lambda_j{}^*(j = 1,2,\cdots,n)$ 使得 $\sum \lambda_j{}^* = 1$,若 $\sum \lambda_j{}^* < 1$,则 DMU 为规模收益递增;

如果不存在 $\lambda_j{}^*(j = 1,2,\cdots,n)$ 使得 $\sum \lambda_j{}^* = 1$,若 $\sum \lambda_j{}^* > 1$,则 DMU 为规模收益递减。

2. DEA 有效与 Pareto 最优的关系

一个理想的决策单元应该是以较少的投入获取较多的产出。对于 n 个决策单元的 m 种输入和 s 种输出，若输入向量和输出向量为

$$X = (x_1, x_2, \cdots, x_m)^{\mathrm{T}}$$

$$Y = (y_1, y_2, \cdots, y_s)^{\mathrm{T}}$$

从多目标决策角度描述，则有 $m + s$ 个以追求最小为目标的函数

$$f_1(X, Y) = x_1$$

$$f_2(X, Y) = x_2$$

$$\vdots$$

$$f_m(X, Y) = x_m$$

$$f_{m+1}(X, Y) = - y_1$$

$$f_{m+2}(X, Y) = - y_2$$

$$\vdots$$

$$f_{m+s}(X, Y) = - y_s$$

为方便起见，记

$$F(X, Y) = (f_1(X, Y), \cdots, f_{m+s}(X, Y))^{\mathrm{T}} \tag{8 - 53}$$

而约束集合（生产可能集）为

$$T = \left\{ (X, Y) \mid \sum_{j=1}^{n} X_j \lambda_j \leqslant X, \sum_{j=1}^{n} Y_j \lambda_j \geqslant Y, \lambda_j \geqslant 0, \quad j = 1, 2, \cdots, n \right\} \tag{8 - 54}$$

便可得到多目标规划

$$(\mathrm{VP}) = \begin{cases} V\text{—}\min F(X, Y) \\ (X, Y) \in T \end{cases} \tag{8 - 55}$$

DEA 有效与 Pareto 最优的相关结论如下[9]：

定义 8.5.3 设 $(X_0, Y_0) \in T$，若不存在 $(X, Y) \in T$，使得

$$F(X, Y) < F(X_0, Y_0)$$

则称 (X_0, Y_0) 为多目标规划 (VP) 的弱 Pareto 有效解。

定义 8.5.4 设 $(X_0, Y_0) \in T$，若不存在 $(X, Y) \in T$，使得

$$F(X, Y) \leqslant F(X_0, Y_0)$$

则称 (X_0, Y_0) 为多目标规划 (VP) 的 Pareto 有效解。

定理 8.5.3 决策单元 DMU_{j_0} 为弱 DEA 有效的充要条件是：(X_0, Y_0) 为多目标规划 (VP) 的弱 Pareto 有效解。

定理 8.5.4　决策单元 DMU_{j_0} 为 DEA 有效的充要条件是：(X_0, Y_0) 为多目标规划 (VP) 的 Pareto 有效解。

3. 决策单元在生产前沿面上的"投影"

"投影"是利用某种算法将非 DEA 有效或弱 DEA 有效的决策单元转化为 DEA 有效的决策单元的过程。以有效生产前沿面为基础，通过最优效率评价指数、剩余变量、松弛变量、投入变量和产出变量之间的数学转换，运用几何学的投影概念及原理来实现。投影计算可对非 DEA 有效或弱 DEA 有效的 DMU 进行分析，提出转变为 DEA 有效的改进方案，并具体说明每个投入和产出要素的改进程度。

C^2R 模型容许在减少投入的同时增加产出，通过对原有的输入向量和输出向量进行调整使其成为 DEA 有效，调整后的点为决策单元在 DEA 有效面上的"投影"。

线性规划 (D_ε) 式（8-52）的最优解为 $\theta^0, \lambda^0, s^{-0}, s^{+0}$，令

$$\hat{X}_0 = \theta^0 X_0 - s^{-0} \tag{8-56}$$

$$\hat{Y}_0 = Y_0 + s^{+0} \tag{8-57}$$

称 $(\hat{X}_0, \hat{Y}_0)$ 为决策单元 DMU_{j_0} 对应的 (X_0, Y_0) 在 DEA 有效面上的"投影"。可以看出

$$\hat{X}_0 = \theta^0 X_0 - s^{-0} = \sum_{j=1}^{n} X_j \lambda_j^0 \tag{8-58}$$

$$\hat{Y}_0 = Y_0 + s^{+0} = \sum_{j=1}^{n} Y_j \lambda_j^0 \tag{8-59}$$

若决策单元 DMU_{j_0} 为 DEA 弱有效，则

$$\hat{X}_0 = X_0 - s^{-0} \tag{8-60}$$

$$\hat{Y}_0 = Y_0 + s^{+0} \tag{8-61}$$

若决策单元 DMU_{j_0} 为 DEA 有效，则

$$\hat{X}_0 = X_0 \tag{8-62}$$

$$\hat{Y}_0 = Y_0 \tag{8-63}$$

需要注意的是，$(\hat{X}_0, \hat{Y}_0)$ 相对于原来 n 个决策单元 DMU 来说是 DEA 有效的，因此 DMU_{j_0} 在生产前沿面上的"投影"就是它需要改进的方向。

8.5.3　BC^2 模型

1. BC^2 模型和 DEA 有效

BC^2 模型可用来评价决策单元的技术有效性，与 C^2R 模型有极大的相似之处。同样假

设 n 个决策单元 DMU_j $(j = 1, 2, \cdots, n)$ 的输入和输出向量分别为 $\boldsymbol{X}_j = (x_{1j}, x_{2j}, \cdots, x_{mj})^{\mathrm{T}}$ 和 $\boldsymbol{Y}_j = (y_{1j}, y_{2j}, \cdots, y_{sj})^{\mathrm{T}}$，则 BC^2 模型为

$$(P_{\mathrm{BC}^2}) \begin{cases} \max h_{j0} = \boldsymbol{\mu}^{\mathrm{T}} Y_0 + \mu_0 \\ \boldsymbol{\omega}^{\mathrm{T}} \boldsymbol{X}_j - \boldsymbol{\mu}^{\mathrm{T}} \boldsymbol{Y}_j - \mu_0 \geq 0 \\ \boldsymbol{\omega}^{\mathrm{T}} \boldsymbol{X}_0 = 1 \\ \boldsymbol{\omega} \geq 0, \boldsymbol{\mu} \geq 0 \\ j = 1, 2, \cdots, n \end{cases} \tag{8-64}$$

上述模型的对偶规划为

$$(D_{\mathrm{BC}^2}) \begin{cases} \min \theta \\ \displaystyle\sum_{j=1}^{n} \lambda_j \boldsymbol{X}_j + \mathrm{s}^+ = \theta X_0 \\ \displaystyle\sum_{j=1}^{n} \lambda_j \boldsymbol{Y}_j - \mathrm{s}^- = Y_0 \\ \displaystyle\sum_{j=1}^{n} \lambda_j = 1 \\ \lambda_j \geq 0 \qquad j = 1, 2, \cdots, n \\ \mathrm{s}^+ \geq 0, \mathrm{s}^- \geq 0 \end{cases} \tag{8-65}$$

当引进非阿基米德无穷小量 ε 后，可以得到下面的对偶规划

$$(\overline{D}_{\varepsilon}) \begin{cases} \min \left[\theta - \varepsilon \left(\displaystyle\sum_{j=1}^{m} s^- + \displaystyle\sum_{j=1}^{r} s^+ \right) \right] \\ \displaystyle\sum_{j=1}^{n} \boldsymbol{X}_j \lambda_j + s^- = \theta X_0 \\ \displaystyle\sum_{j=1}^{n} \boldsymbol{Y}_j \lambda_j - s^+ = Y_0 \\ \displaystyle\sum_{j=1}^{n} \lambda_j = 1 \\ \lambda_j \geq 0 \qquad j = 1, 2, \cdots, n \\ s^- \geq 0, s^+ \geq 0 \end{cases} \tag{8-66}$$

线性规划 $(\overline{D}_{\varepsilon})$ 的最优解为 θ^0, λ^0, s^{-0}, s^{+0}。

利用 BC^2 模型判断决策单元 DEA 有效性：

若 $\theta^0 = 1$，并且 $s^{-0} = 0$, $s^{+0} = 0$，则决策单元 DMU_{j_0} 为 DEA 有效（BC^2）；

若 $\theta^0 = 1$，则决策单元 DMU_{j_0} 为弱 DEA 有效（BC^2）；

若 $\theta^0 < 1$，则决策单元 DMU_{j_0} 为非 DEA 有效（BC^2）。

2. DEA 有效与 Pareto 最优的关系

对于 BC^2 模型的多目标规划，约束集合（生产可能集）为

$$T = \left\{ (X, Y) \mid \sum_{j=1}^n X_j \lambda_j \leqslant X, \sum_{j=1}^n Y_j \lambda_j \geqslant Y, \sum_{j=1}^n \lambda_j = 1, \lambda_j \geqslant 0, \quad j = 1, 2, \cdots, n \right\}$$

多目标规划模型为

$$(\mathrm{VP}) = \begin{cases} V - \min F(X, Y) \\ (X, Y) \in T \end{cases} \tag{8-67}$$

决策单元 DMU_{j_0} 为弱 DEA 有效的充要条件是 (X_0, Y_0) 为多目标规划（VP）的弱 Pareto 有效解；决策单元 DMU_{j_0} 为 DEA 有效的充要条件是 (X_0, Y_0) 为多目标规划（VP）的 Pareto 有效解。

3. 决策单元在生产前沿面上的"投影"

对于 BC^2 模型也可以定义决策单元在生产前沿面上的"投影"，令

$$\hat{X}_0 = \theta^0 X_0 - s^{-0} = \sum_{j=1}^n X_j \lambda_j^0 \tag{8-68}$$

$$\hat{Y}_0 = Y_0 + s^{+0} = \sum_{j=1}^n Y_i \lambda_j^0 \tag{8-69}$$

式中，θ^0、λ^0、s^{-0}、s^{+0} 为线性规划 $(\overline{D}_\varepsilon)$ 的最优解，称 $(\hat{X}_0, \hat{Y}_0)$ 为决策单元 DMU_{j_0} 对应的 (X_0, Y_0) 在 DEA 有效面上的"投影"，$(\hat{X}_0, \hat{Y}_0)$ 相对于原来 n 个决策单元 DMU 来说是 DEA 有效的（BC^2）。

8.5.4　计算步骤

DEA 方法的工作步骤可分为明确问题、建模计算及分析结果三个阶段，具体工作流程如下：

（1）明确决策单元的输入和输出指标值。

（2）选择合适的 DEA 模型，计算最优解。

（3）判断决策单元是否 DEA 有效，找到非 DEA 有效的决策单元。

（4）通过"投影"改进非 DEA 有效的决策单元。

（5）根据定性分析与预测结果考察评价结果的合理性。

8.5.5　程序代码

下面分别介绍在 Matlab 中利用 $\mathrm{C}^2\mathrm{R}$ 模型和 BC^2 模型求解线性规划问题的过程。

1. $\mathrm{C}^2\mathrm{R}$ 模型的 Matlab 求解

对于引入非阿基米德无穷小量的 $\mathrm{C}^2\mathrm{R}$ 模型 ［式（8-52）］，调用 linprog 函数求决策

变量的最优解，由于 C^2R 模型中无不等式约束，变量无上界约束，linprog 函数形式为

```
z=linprog(f,[],[],Aeq,beq,lb,[])
```

具体程序代码如下：

（1）设置 linprog 函数中的变量。

```
%目标函数的系数列向量
f=[zeros(1,n+m+s)1]
A1=[X;Y]
%由两个单位向量构造一个块对角矩阵
A2=blkdiag(eye(m),-eye(s))
A3=[-X(:,i);zeros(s,1)]
%等式约束的系数矩阵
Aeq=[A1 A2 A3]
%等式约束的资源列向量
beq=[zeros(m,1;Y(:,i))]
%变量的下界约束
lb=zeros(n+m+s+1,1)
```

（2）提取最优解。

```
%n*n 矩阵
lambda=z(1:n,:)
%m*n 矩阵
s_minus=z(n+1:m+n,:)
%s*n 矩阵
s_plus=z(n+m+1:n+m+s,:)
%n 维行向量
theta=z(n+m+s+1,:)
```

（3）"投影"运算调整非 DEA 有效的 DMU。

```
%调整后的输入向量
```

```
X_(:,j)=theta(:,j).*X(:,j)-s_minus(:,j)
```
%调整后的输出向量
```
Y_(:,j)=Y(:,j)+s_plus(:,j)
```

2. BC^2 模型的 Matlab 求解

对于引入非阿基米德无穷小量的 BC^2 模型［式（8-66）］，求解程序与 C^2R 模型相似，只需增加一个等式约束，改变参数 Aeq 和 beq 的值。

（1）设置 linprog 函数中的变量。

%目标函数的系数列向量
```
f=[zeros(1,n+m+s)1]
A1=[X;Y]
```
%由两个单位向量构造一个块对角矩阵
```
A2=blkdiag(eye(m),-eye(s))
A3=[-X(:,i);zeros(s,1)]
A4=[ones(1,n),zeros(1,m+s+1)]
```
%增加等式约束后的系数矩阵
```
Aeq=[A1 A2 A3;A4]
```
%增加等式约束后的列向量
```
beq=beq=[zeros(m,1);Y(:,i);1]
```
%变量的下界约束
```
lb=zeros(n+m+s+1,1)
```

（2）提取最优解。

%n*n 矩阵
```
lambda=z(1:n,:)
```
%m*n 矩阵
```
s_minus=z(n+1:m+n,:)
```
%s*n 矩阵
```
s_plus=z(n+m+1:n+m+s,:)
```
%n 维行向量
```
theta=z(n+m+s+1,:)
```

（3）"投影"运算调整非 DEA 有效的 DMU。

```
%调整后的输入向量
X_(:,j)=theta(:,j).*X(:,j)-s_minus(:,j)
%调整后的输出向量
Y_(:,j)=Y(:,j)+s_plus(:,j)
```

8.5.6　案例应用

1. 案例说明

本案例[10] 节选自《统计与决策》于 2005 年 24 期收录的《基于 DEA 模型的煤炭行业上市公司经营效率评价》。

2. 研究问题描述

为了客观反映煤炭企业的经营效率，用 DEA 方法对 10 家煤炭行业上市公司的经营效率作评价。本文运用 C^2R 模型，根据 2003 年年报选取 10 家煤炭行业上市公司的经营数据，包括 3 个投入指标和 2 个产出指标：每股总资产 X_1、每股净资产 X_2、每股主营成本 X_3、每股收益 Y_1、每股主营利润 Y_2，求解每个公司最优的经营效率值，以此来判断公司的经营效率是否为 DEA 有效，对非 DEA 有效的公司的投入产出指标进行"投影"，提高经营效率。

3. 案例实现过程

记 10 家煤炭公司为 10 个决策单元 DMU，每个决策单元具有 3 个输入和 2 个输出，上市煤炭公司的经营数据如表 8.5 所示。

表 8.5　10 家煤炭公司经营数据

DMU 序号	公司名称	X_1	X_2	X_3	Y_1	Y_2
1	兖州煤业	4.86	3.7	2.63	0.39	0.39
2	西山煤电	6.68	3.96	3.15	0.37	0.37
3	国阳新能	6.77	3.11	4.23	0.54	0.43
4	上海能源	6.78	4.05	3.86	0.43	0.43
5	金牛能源	5.98	3.97	2.70	0.32	0.32
6	煤气化	5.65	3.11	2.70	0.18	0.18
7	开滦股份	3.08	2.04	1.86	0.41	0.28
8	盘江股份	4.10	3.33	2.39	0.20	0.20
9	兰花科技	4.53	2.65	1.89	0.47	0.47
10	神火股份	6.21	4.79	2.57	0.65	0.65

用引入非阿基米德无穷小量的 C^2R 模型 (D_ε) 求解，则

$$(D_\varepsilon)\begin{cases} \min[\theta - \varepsilon(s_1^- + s_2^- + s_3^- + s_1^+ + s_2^+)] \\ 4.86\lambda_1 + 6.68\lambda_2 + 6.77\lambda_3 + 6.78\lambda_4 + 5.98\lambda_5 + 5.65\lambda_6 + 3.08\lambda_7 + \\ 4.1\lambda_8 + 4.53\lambda_9 + 6.21\lambda_{10} + s_1^- - \theta x_0 = 0 \\ 3.7\lambda_1 + 3.96\lambda_2 + 3.11\lambda_3 + 4.05\lambda_4 + 3.97\lambda_5 + 3.11\lambda_6 + 2.04\lambda_7 + \\ 3.33\lambda_8 + 2.65\lambda_9 + 4.79\lambda_{10} + s_2^- - \theta x_0 = 0 \\ 2.63\lambda_1 + 3.15\lambda_2 + 4.23\lambda_3 + 3.86\lambda_4 + 2.7\lambda_5 + 2.7\lambda_6 + 1.86\lambda_7 + \\ 2.39\lambda_8 + 1.89\lambda_9 + 2.57\lambda_{10} + s_3^- - \theta x_0 = 0 \\ 0.39\lambda_1 + 0.37\lambda_2 + 0.54\lambda_3 + 0.43\lambda_4 + 0.32\lambda_5 + 0.18\lambda_6 + 0.41\lambda_7 + \\ 0.2\lambda_8 + 0.47\lambda_9 + 0.65\lambda_{10} - s_1^+ = y_0 \\ 0.39\lambda_1 + 0.37\lambda_2 + 0.43\lambda_3 + 0.43\lambda_4 + 0.32\lambda_5 + 0.18\lambda_6 + 0.28\lambda_7 + \\ 0.2\lambda_8 + 0.47\lambda_9 + 0.65\lambda_{10} - s_2^+ = y_0 \\ \lambda_j \geqslant 0, j = 1,2,\cdots,10 \\ s_m^- \geqslant 0, m = 1,2,3; s_s^+ \geqslant 0, s = 1,2 \end{cases}$$

将目标函数转化为优化标准格式

$$f = f(\lambda_1, \lambda_2, \lambda_3, \lambda_4, \lambda_5, \lambda_6, \lambda_7, \lambda_8, \lambda_9, \lambda_{10}, s_1^-, s_2^-, s_3^-, s_1^+, s_2^+, \theta)$$
$$= (0,0,0,0,0,0,0,0,0,0, -\varepsilon, -\varepsilon, -\varepsilon, -\varepsilon, -\varepsilon, 1)$$
$$(\lambda_1, \lambda_2, \lambda_3, \lambda_4, \lambda_5, \lambda_6, \lambda_7, \lambda_8, \lambda_9, \lambda_{10}, s_1^-, s_2^-, s_3^-, s_1^+, s_2^+, \theta)^{\mathrm{T}}$$

令 $Z = (\lambda_1, \lambda_2, \lambda_3, \lambda_4, \lambda_5, \lambda_6, \lambda_7, \lambda_8, \lambda_9, \lambda_{10}, s_1^-, s_2^-, s_3^-, s_1^+, s_2^+, \theta)$ ，除 θ 无约束外，依据线性规划模型 (D_ε) 不等式约束转化为标准格式为 $\mathrm{lb} \leqslant Z \leqslant \mathrm{ub}$ ，其中 lb 为约束下限，ub 为约束上限。

运用 Matlab 中的 linprog 函数实现过程如下。

输入程序	输出变量值

%输入投入指标的矩阵 X
 X=[4.86 6.68 6.77 6.78 5.98
    5.65 3.08   4.1 4.53 6.21
     3.7 3.96 3.11 4.05 3.97
    3.11 2.04 3.33 2.65 4.79
    2.63 3.15 4.23 3.86   2.7
     2.7 1.86 2.39 1.89 2.57]
	X =
	 4.8600 6.6800 6.7700 6.7800 5.9800
	 5.6500 3.0800 4.1000 4.5300 6.2100
	 3.7000 3.9600 3.1100 4.0500 3.9700
	 3.1100 2.0400 3.3300 2.6500 4.7900
	 2.6300 3.1500 4.2300 3.8600 2.7000
	 2.7000 1.8600 2.3900 1.8900 2.5700

输入程序	输出变量值

%输入产出指标的矩阵 Y
Y =[0.39 0.37 0.54 0.43 0.32
    0.18 0.41 0.2 0.47 0.65
    0.39 0.37 0.43 0.43 0.32
    0.18 0.28 0.2 0.47 0.65]
	Y =
	0.3900 0.3700 0.5400 0.4300 0.3200
	0.1800 0.4100 0.2000 0.4700 0.6500
	0.3900 0.3700 0.4300 0.4300 0.3200
	0.1800 0.2800 0.2000 0.4700 0.6500

A1 = [X; Y]	A1 = 4.8600 6.6800 6.7700 6.7800 5.9800 5.6500 3.0800 4.1000 4.5300 6.2100 3.7000 3.9600 3.1100 4.0500 3.9700 3.1100 2.0400 3.3300 2.6500 4.7900 2.6300 3.1500 4.2300 3.8600 2.7000 2.7000 1.8600 2.3900 1.8900 2.5700 0.3900 0.3700 0.5400 0.4300 0.3200 0.1800 0.4100 0.2000 0.4700 0.6500 0.3900 0.3700 0.4300 0.4300 0.3200 0.1800 0.2800 0.2000 0.4700 0.6500
%3 个输入 m=size (X, 1)	m=3
%2 个输出 s=size (Y, 1)	s=2
%10 个决策变量 n=size (A1, 2)	n=10
%输入目标函数系数列向量 f = [zeros (1, n+m+s) 1]	f = 0 0 0 0 0 0 0 0 0 0 0 0 0 0 0 1
%由两个单位向量构造一个块对角矩阵 A2 =blkdiag (eye (m), -eye (s))	A2 = 1 0 0 0 0 0 1 0 0 0 0 0 1 0 0 0 0 0 -1 0 0 0 0 0 -1

输入程序	输出变量值

```for i=1: n A3 = [-X (:, i); zeros (s, 1)]; Aeq = [A1 A2 A3]; beq = [zeros (m, 1); Y (:, i)]; lb = [zeros (n+m+s+1, 1)]; %调用 linprog 函数 z (:, i) = linprog (f, [], [], Aeq, beq, lb, []); end display (A3)```	A3 =
	   -6.2100
	   -4.7900
	   -2.5700
	       0
	       0

%输出等式约束系数矩阵
 display (Aeq)
	Aeq =
	 1 至 11 列
	 4.8600 6.6800 6.7700 6.7800 5.9800
	 5.6500 3.0800 4.1000 4.5300 6.2100
	 1.0000 3.7000 3.9600 3.1100 4.0500
	 3.9700 3.1100 2.0400 3.3300 2.6500
	 4.7900 0 2.6300 3.1500 4.2300
	 3.8600 2.7000 2.7000 1.8600 2.3900
	 1.8900 2.5700 0 0.3900 0.3700
	 0.5400 0.4300 0.3200 0.1800 0.4100
	 0.2000 0.4700 0.6500 0 0.3900
	 0.3700 0.4300 0.4300 0.3200 0.1800
	 0.2800 0.2000 0.4700 0.6500 0
	 12 至 16 列
	     0 0 0 0 -6.2100
	 1.0000 0 0 0 -4.7900
	     0 1.0000 0 0 -2.5700
	     0 0 -1.0000 0 0
	     0 0 0 -1.0000 0

%输出等式约束列向量
 display (beq)
	beq =
	       0
	       0
	       0
	   0.6500
	   0.6500

输入程序	输出变量值
% 输出 x 的下界 display (lb)	lb = 0 0 0 0 0 0 0 0 0 0 0 0 0 0 0 0
% 输出最优解 z display (z)	z =

0	0	0	0	0
0	0	0	0	0
0	0	0	0	0
0	0	0	0	0
0	0	0	0	0
0	0	0	0	0
0	0	0	0	0
0	0	0	0	0
0	0	0	0	0
0	0	0	0	0
0	0	0.8462	0	0
0	1.0000	0	0	0
0	0	0	0	0
0	0	0	0	0
0.0442	0.7539	0.4108	0.8537	0.3911
0.3830	0	0	1.0000	0
0.5680	0.0241	0	0.0442	0.2095
0	0	0.3077	0	1.0000
0	0	1.6603	0	0
0.1089	0	0	0	0

输入程序	输出变量值				
	0	0	0	0	0
	0	0	0.0781	0	0
	0.4739	0.1942	1.4782	0.6309	0.1097
	0.1573	0	0.3231	0	0
	0	0	0	0	0
	0	0	0	0	0
	0	0	0	0	0
	0	0	0	0	0
	0.7670	0.5337	0.9051	0.6109	0.5138
	0.3263	1.0000	0.4660	1.0000	1.0000
%提取 theta = z (n+m+s+1,:)	theta = 0.7670　0.5337　0.9051　0.6109　0.5138 0.3263　1.0000　0.4660　1.0000　1.0000				
%提取 λ lambda = z (1: n,:)	lambda =				
	0.0000	0.0000	0.0000	0.0000	0.0000
	0.0000	0.0000	0.0000	0.0000	0.0000
	0.0000	0.0000	0.0000	0.0000	0.0000
	0.0000	0.0000	0.0000	0.0000	0.0000
	0.0000	0.0000	0.0000	0.0000	0.0000
	0.0000	0.0000	0.0000	0.0000	0.0000
	0.0000	0.0000	0.0000	0.0000	0.0000
	0.0000	0.0000	0.0000	0.0000	0.0000
	0.0000	0.0000	0.0000	0.0000	0.0000
	0.0000	0.0000	0.0000	0.0000	0.0000
	0.0000	0.0000	0.8462	0.0000	0.0000
	0.0000	1.0000	0.0000	0.0000	0.0000
	0.0000	0.0000	0.0000	0.0000	0.0000
	0.0000	0.0000	0.0000	0.0000	0.0000
	0.0442	0.7539	0.4108	0.8537	0.3911
	0.3830	0.0000	0.0000	1.0000	0.0000
	0.5680	0.0241	0.0000	0.0442	0.2095
	0.0000	0.0000	0.3077	0.0000	1.0000
%提取松弛变量 s⁻ s_ minus = z (n+1: m+n,:)	s_ minus = 0.0000　0.0000　1.6603　0.0000　0.0000 0.1089　0.0000　0.0000　0.0000　0.0000				

续表

输入程序	输出变量值
	0.0000　0.0000　0.0000　0.0000　0.0000
	0.0000　0.0000　0.0781　0.0000　0.0000
	0.4739　0.1942　1.4782　0.6309　0.1097
	0.1573　0.0000　0.3231　0.0000　0.0000
%提取松弛变量 s$^+$ s_ plus =z (m+n+1: m+n+s,:) %"投影"运算 for j=1: n X_ (:, j) = theta (:, j). * X (:, j) -s_ mi-nus (:, j); Y_ (:, j) =Y (:, j) +s_ plus (:, j); end	s_ plus = 0.0000　0.0000　0.0000　0.0000　0.0000 0.0000　0.0000　0.0000　0.0000　0.0000 0.0000　0.0000　0.0000　0.0000　0.0000 0.0000　0.0000　0.0000　0.0000　0.0000
%输出调整后的投入指标数值 display (X_)	X_ = 3.7278　3.5648　4.4671　4.1420　3.0728 1.7349　3.0800　1.9108　4.5300　6.2100 2.8380　2.1133　2.8148　2.4742　2.0399 1.0149　2.0400　1.4738　2.6500　4.7900 1.5434　1.4868　2.3503　1.7272　1.2776 0.7238　1.8600　0.7908　1.8900　2.5700
%输出调整后的产出指标数值 display (Y_)	Y_ = 0.3900　0.3700　0.5400　0.4300　0.3200 0.1800　0.4100　0.2000　0.4700　0.6500 0.3900　0.3700　0.4300　0.4300　0.3200 0.1800　0.2800　0.2000　0.4700　0.6500

对 DEA 分析结果汇总如表 8.6 所示，在 10 家上市公司中，DMU_7、DMU_9、DMU_{10} 的经营效率值为 1，且松弛变量值为 0，这三个 DMU 为 DEA 有效，其余 7 家公司的经营效率值小于 1，故为非 DEA 有效。

表 8.6　10 家煤炭上市公司的 C^2R 模型结果

DMU 序号	公司名称	θ	s_1^-	s_2^-	s_3^-	s_1^+	s_2^+
1	兖州煤业	0.767	0	0	0.4739	0	0
2	西山煤电	0.5337	0	0	0.1942	0	0
3	国阳新能	0.9051	1.6603	0	1.4782	0	0
4	上海能源	0.6109	0	0	0.6309	0	0

续表

DMU 序号	公司名称	θ	s_1^-	s_2^-	s_3^-	s_1^+	s_2^+
5	金牛能源	0.513 8	0	0	0.109 7	0	0
6	煤气化	0.326 3	0.108 9	0	0.157 3	0	0
7	开滦股份	1	0	0	0	0	0
8	盘江股份	0.466 0	0	0.078 1	0.323 1	0	0
9	兰花科技	1	0	0	0	0	0
10	神火股份	1	0	0	0	0	0

继续通过"投影"运算，对 7 个非 DEA 有效的 DMU 的投入产出进行调整，使其达到 DEA 有效。"投影"分析后的投入产出指标如表 8.7 所示。

表 8.7　"投影"分析后的投入产出指标

DMU 序号	公司名称	调整后的投入指标			调整后的产出指标	
		$\hat{X}_1$	$\hat{X}_2$	$\hat{X}_3$	$\hat{Y}_1$	$\hat{Y}_2$
1	兖州煤业	3.727 8	2.838 0	1.543 4	0.39	0.39
2	西山煤电	3.564 8	2.113 3	1.486 8	0.37	0.37
3	国阳新能	4.467 1	2.814 8	2.350 3	0.54	0.43
4	上海能源	4.142 0	2.474 2	1.727 2	0.43	0.43
5	金牛能源	3.072 8	2.039 9	1.277 6	0.32	0.32
6	煤气化	1.734 9	1.014 9	0.723 8	0.18	0.18
8	盘江股份	3.080 0	2.040 0	1.860 0	0.41	0.28

对比表 8.5 与表 8.7 的经营数据，调整前后的投入产出指标值差别较大，说明一部分的上市公司经营水平较低，经营效率提高的空间很大。

8.6　最优化方法前沿应用的热点追踪

8.6.1　文献研究热点

基于 CiteSpace 软件，以"线性规划""整数规划""0-1 规划"和"数据包络分析"为主题，在中国知网 CNKI 数据库中检索 2012—2022 年间核心期刊发表的经济与管理科学分类的文章，分析研究采用最优化理论的定量分析方法的研究趋势与热点。

图 8.3 为基于最优化方法的关键词共现图谱，共有节点 364 个、连线 400 条，说明文献样本中的 354 个关键词之间共有 400 条共现关系。通过梳理分析结果，归纳出频次最高

的前 10 个关键词如表 8.8 所示。其中，前 3 频次的关键词为"技术进步""科技金融"和"能源效率"；位于前 3 中心度的关键词为"科技创新""科技金融"和"环境规制"。频次和中心度两个维度统计出的关键词在一定程度上反映了应用最优化方法的热点领域。

表 8.8　2012—2022 年关键词词频、中介中心度统计表

排序	频次	中心度	年份	关键词
1	12	0	2014	技术进步
2	11	0.02	2012	科技金融
3	11	0	2012	能源效率
4	6	0.03	2016	科技创新
5	6	0.01	2014	环境规制
6	6	0	2014	循环经济
7	6	0	2015	城镇化
8	6	0	2012	经济效率
9	6	0	2012	环境绩效
10	4	0	2014	节能减排

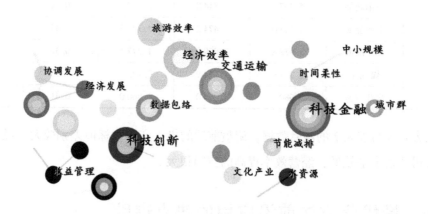

图 8.3　基于最优化方法的关键词共现图谱

表 8.9 为主要突现关键词，2012—2013 年突现关键词为"环境绩效"；2013—2014 年突现关键词为"土地利用"；2014—2015 年突现关键词为"循环经济"和"技术进步"。

表 8.9　采用最优化方法的相关文献前 4 位突现关键词

排序	关键词	突现率/%	开始年份	结束年份	2012—2022 年
1	环境绩效	2.6	2012	2013	▬▬
2	土地利用	3.27	2013	2014	▬▬

排序	关键词	突现率/%	开始年份	结束年份	2012—2022 年
3	循环经济	2.63	2014	2015	▬▬▬▬▬
4	技术进步	2.49	2014	2015	▬▬▬▬▬

8.6.2　高引高关注文献

表 8.10 列出了 2012—2022 年核心期刊中涉及最优化相关方法的高被引文献，文章主要围绕 "技术溢出" "产能利用" "融资效率" "环境福利绩效" "创新效率" "金融效率" "土地利用效率" "能源效率" "企业运营效率" 和 "环境效率" 等主题。下面简要介绍相关高引文献的主要成果。何兴强等[11] 采用非参数 DEA 方法测算全要素生产率，并运用门槛回归模型分析了 FDI 技术溢出在中国经济发展水平、外贸依存度、基础设施建设、人力资本水平 4 个吸收能力因素的门槛效应。董敏杰等[12] 运用数据包络分析法，测算各省份产能利用率。方先明等[13] 运用 DEA 模型对中小企业在新三板市场的融资效率进行了比较研究。宋马林等[14] 基于关联网络数据包络分析将中国各区域总体绩效分解为宏观经济发展绩效与微观环境福利绩效。颜莉[15] 构建了创新效率评价指标体系并基于主成分分析和 DEA 的组合方法评估了我国区域创新效率。

表 8.10　2012—2022 年最优化方法的相关高引论文

排序	题名	作者	来源	发表时间	被引/次
1	FDI 技术溢出与中国吸收能力门槛研究	何兴强；欧燕；史卫；刘阳	世界经济	2014-10-10	468
2	中国工业产能利用率：行业比较、地区差距及影响因素	董敏杰；梁泳梅；张其仔	经济研究	2015-01-20	451
3	中小企业在新三板市场融资效率研究	方先明；吴越洋	经济管理	2015-10-15	421
4	地方保护、资源错配与环境福利绩效	宋马林；金培振	经济研究	2016-12-20	225
5	我国区域创新效率评价指标体系实证研究	颜莉	管理世界	2012-05-15	200
6	我国区域金融效率测度及效率差异研究	陆远权；张德钢	经济地理	2012-01-26	196
7	中国城市土地利用效率空间分异特征及优化路径分析——基于 287 个地级以上城市的实证研究	梁流涛；赵庆良；陈聪	中国土地科学	2013-07-15	189
8	中国区域能源效率演变及其影响因素	张志辉	数量经济技术经济研究	2015-08-05	180

排序	题名	作者	来源	发表时间	被引/次
9	基于 DEA 方法的中国高科技创业企业运营效率研究	熊婵；买忆媛；何晓斌；肖仁桥	管理科学	2014-03-20	177
10	中国工业环境效率及其空间差异的收敛性	张子龙；薛冰；陈兴鹏；李勇进	中国人口·资源与环境	2015-01-29	166

8.6.3　前沿热点应用小结

本章通过 CiteSpace 软件对 CNKI 数据库中涉及最优化方法相关论文进行计量分析，得出以下结论。

（1）在研究热点方面，通过对代表性期刊中的研究热点关键词进行归纳总结，得出目前的研究主要围绕"技术进步""科技金融""能源效率""科技创新""环境规制""循环经济""城镇化""经济效率""环境绩效"和"节能减排"等研究方向。

（2）高被引文章主要涉及"技术溢出""产能利用""融资效率""环境福利绩效""创新效率""金融效率""土地利用效率""能源效率""企业运营效率"和"环境效率"等主题，使用 DEA 方法开展投入产出类"效率评价"是最受关注的研究方法。

参考文献

[1]　李明.详解 MATLAB 在最优化计算中的应用[M].北京:电子工业出版社,2011.

[2]　钱颂迪.运筹学.第 4 版[M].北京:清华大学出版社,2012.

[3]　任金来,李云峰,王玉喜,等.小流域水土资源优化配置线性规划数学模型的构建及求解——以陕南丹凤大南沟小流域为例[J].地质学刊,2019,43(1):122-128.

[4]　刘春梅.管理运筹学基础、技术及 Excel 建模实践[M].上海:格致出版社,上海人民出版社,2016.9.

[5]　李工农.运筹学基础及 MATLAB 应用[M].北京:清华大学出版社,2016.

[6]　陈福来,夏双喜,凌双.Matlab 求解整数规划问题[J].湘南学院学报,2010,31(5):24-27.

[7]　运筹学教材编写组.运筹学[M].北京:清华大学出版社,2012.9.

[8]　魏权龄.数据包络分析[M].北京:科学出版社,2004.

[9]　马占新.数据包络分析模型与方法[M].北京:科学出版社,2010.

[10]　魏晓平,王立宝.基于 DEA 模型的煤炭行业上市公司经营效率评价[J].统计与决策,2005(24):61-63.

［11］　何兴强,欧燕,史卫,等.FDI 技术溢出与中国吸收能力门槛研究[J].世界经济,2014,
　　　　37(10):52-76.

［12］　董敏杰,梁泳梅,张其仔.中国工业产能利用率:行业比较、地区差距及影响因素[J].
　　　　经济研究,2015,50(1):84-98.

［13］　方先明,吴越洋.中小企业在新三板市场融资效率研究[J].经济管理,2015,37(10):
　　　　42-51.

［14］　宋马林,金培振.地方保护、资源错配与环境福利绩效[J].经济研究,2016,51(12):
　　　　47-61.

［15］　颜莉.我国区域创新效率评价指标体系实证研究[J].管理世界,2012(5):174-175.